Günther Cloerkes

Soziologie der Behinderten

Eine Einführung

Unter Mitwirkung von
Reinhard Markowetz

Programm »Edition Schindele«
im Universitätsverlag C. Winter Heidelberg

Die Deutsche Bibliothek – CIP-Einheitsaufnahme

Cloerkes, Günther :
Soziologie der Behinderten : eine Einführung /
Günther Cloerkes. Unter Mitw. von Reinhard Markowetz. –
Heidelberg: Winter, Programm Ed. Schindele, 1997

ISBN 3-8253-8224-9

Umschlagdesign: Drißner-Design und DTP, Heidelberg
Satz: Klaus Brecht GmbH, 69123 Heidelberg
Druck: HVA Grafische Betriebe, Heidelberg

Inhaltsverzeichnis

Vorwort

Dieses Buch ist aus langjähriger Erfahrung im Lehrgebiet Soziologie der Behinderten entstanden. Es soll über die wichtigsten Inhalte ausführlich informieren, hat jedoch nicht den Anspruch, jedes Thema erschöpfend abhandeln zu wollen. Der interessierte Leser muß insofern auf weiterführende Literatur verwiesen werden. Der Erkenntnisstand in einigen Arbeitsbereichen kann mittlerweile als weitgehend gefestigt gelten. Hier sind schon seit langem so gut wie keine wesentlichen Impulse aus der Forschung zu verzeichnen. Andere Bereiche unterliegen naturgemäß starken Veränderungen (so etwa die behindertenspezifische Sozialpolitik oder die Integration behinderter Menschen). Die Leserinnen und Leser sollten hier den künftigen Diskussionsstand im Auge behalten.

Zu einigen Themen wird keine aktuelle Literatur nachgewiesen. Das liegt daran, daß es sie entweder nicht gibt oder daß in neueren Arbeiten nur wiederholt wird, was schon vor vielen Jahren (und dann meistens besser) gesagt worden ist. Mancher Leser wird spezielle Ausführungen zu einzelnen Behinderungsarten vermissen. Eine behinderungsspezifische Differenzierung ist im Rahmen eines solchen Textes nicht immer leistbar. Angesichts erheblicher Definitionsprobleme und der Tatsache, daß die Zahl der Menschen mit mehreren Behinderungen außerordentlich groß ist, halte ich übertriebene Differenzierungen nach »Fachrichtungen« auch nicht grundsätzlich für sinnvoll, im übrigen entspräche dies kaum integrativen Prinzipien.

Soziologie der Behinderten beschreibt und analysiert die tatsächlich zu beobachtende Lebensrealität von Menschen mit Behinderungen in der Gesellschaft. Um diese Realität verständlich zu beschreiben, müssen gelegentlich auch gängige Begriffe verwendet werden, die als abwertend oder diskriminierend empfunden werden könnten. Die Beschreibung einer Realität bedeutet selbstverständlich nicht deren Billigung, sondern ist Grundlage der notwendigen kritischen Auseinandersetzung mit ihr. In einem Buch mit dem Titel »Soziologie der Behinderten« ist die Sicht der Dinge bewußt soziologisch. Dieser Sichtweise muß man nicht im einzelnen zustimmen. Der Leser ist aber in jedem Fall eingeladen, sich ein Stück weit auf behindertensoziologisches Denken einzulassen und vielleicht auch überzeugen zu lassen.

Der Text soll einführendes Lehrbuch und zugleich ein kompetentes Nachschlagewerk für Interessierte sein. Es empfiehlt sich, die Kapitel der Reihe nach zu lesen. Die einzelnen Abschnitte sind jedoch so gestaltet, daß sie auch – insbesondere bei Vorkenntnissen – mit Gewinn einzeln durchgearbeitet werden können. Stichworte und Inhaltsübersicht erlauben eine rasche Vorab-Orientierung. Am Ende eines jeden Kapitels findet sich eine knappe Auswahl von Literatur zur weiteren Vertiefung des Themas.

Bei der Realisierung des Buches haben mich Britta v. Bezold, Manfred Lang und Reinhard Markowetz hilfreich unterstützt. Wesentliche Anregungen haben sich auch aus dem ständigen kritischen Dialog mit meinen Studierenden ergeben. Ihnen allen sei hier herzlich gedankt.

Heidelberg, im September 1996 Günther Cloerkes

Kapitel 1: Behinderung und Menschen mit Behinderungen in soziologischer Perspektive

Stichwörter: Soziologie – Soziologie der Behinderten – Schädigung – Behinderung – behinderter Mensch – Relativität – 4 Paradigmata – 5 Modelle

Inhalt

Im folgenden, einleitenden Abschnitt werden wir uns auseinandersetzen

- mit den wichtigsten **Begriffen** und ihrer Problematik,
- mit der Tatsache, daß **Behinderung** soziologisch keine absolute Kategorie ist, sondern immer **»relativ«** in Abhängigkeit vom sozialen Zusammenhang,
- mit bestimmten wissenschaftlichen Sichtweisen **(Paradigmata)** zur Erklärung des Phänomens und den daraus resultierenden Handlungskonzepten **(Modelle).**

1.1 Begriffe

1.1.1 Was verstehen wir unter »Soziologie« und »Soziologie der Behinderten«?

Definition »Soziologie«

> **»Soziologie«** ist die Wissenschaft vom Zusammenleben der Menschen. Forschungsgegenstand der Soziologie ist das Zusammenleben und Zusammenhandeln der Menschen sowie die hieraus resultierende soziale Wirklichkeit.

Soziologie als empirische Wissenschaft

Soziologie ist eine empirische Wissenschaft (vgl. zum folgenden GUKENBIEHL 1992). Sie erfaßt die soziale Wirklichkeit und analysiert sie nach rational-logischen Regeln, d. h. Verstand und logische Argumentation entscheiden darüber, was »wahr« oder »falsch« ist, nicht etwa dogmatisch vorgegebene Weltanschauungen und auch nicht die rein formale Logik, wie z.B. in der Mathematik. Soziologie geht von folgenden Grundannahmen über die soziale Wirklichkeit aus:

- Der Mensch ist Person und soziales Wesen zugleich, er ist also auf das Zusammenleben mit anderen Menschen angewiesen und wird davon grundlegend beeinflußt.
- Die gesellschaftliche Umwelt des Menschen besteht aus der mit den Sinnen wahrnehmbaren materiellen Welt und einer kulturellen Welt als geistiges und soziales Produkt des Zusammenlebens.
- Die soziale Wirklichkeit ist nicht statisch, sondern sie unterliegt dynamischen Veränderungen, die sowohl die Personen als auch die gesellschaftliche Umwelt betreffen.

Wie jede andere Wissenschaft hat auch die Soziologie eine Reihe von Fachbegriffen entwickelt, die man kennen sollte. Diese Begriffe stehen in Verbindung mit der sozialen Wirklichkeit, die sie beschreiben, und sie gehören auch zu den unterschiedlichen theoretischen Modellen oder Perspektiven über die soziale Wirklichkeit. Fachtermini bilden einen Sinnzusammenhang untereinander. Sie sind ein notwendiges sprachliches Instrumentarium zur Analyse der sozialen Wirklichkeit. Einen guten Überblick bieten allgemeine soziologische Einführungstexte, z. B. KORTE/SCHÄFERS (Hg.), Einführung in Hauptbegriffe der Soziologie oder HENECKA, Grundkurs Soziologie.

Soziologische Begriffe

> **»Soziologie der Behinderten«** ist die Wissenschaft vom Zusammenleben der Menschen. Ihr spezieller Forschungsgegenstand ist die soziale Wirklichkeit von Menschen mit Behinderungen.

Definition »Soziologie der Behinderten«

Der Begriff geht auf WALTER THIMM zurück, der 1972 einen gleichnamigen Reader mit Beiträgen zum Thema vorgelegt hat. Für den Behindertensoziologen stellt sich angesichts seines spezifischen Forschungsgegenstands in besonderem Maße die Frage, ob er das methodische Prinzip der »Wertfreiheit« im Sinne der Wissenschaftlichkeit des Vorgehens überhaupt aufrechterhalten kann. Ich teile die Einschätzung von DAHRENDORF (1967, 87), der Wertfreiheit für »wünschbar« hält, soweit es um die intersubjektive Überprüfbarkeit von Feststellungen über die soziale Wirklichkeit geht. Zugleich stellt er aber auch heraus, daß »der Soziologe ... als solcher stets Moralist, d.h. stets engagiert sein muß. ... Er ist von den Konsequenzen seines Tuns nicht freizusprechen« (87f.). Soziologie der Behinderten wird es also nicht bei einer bloßen Beschreibung der Lebenswirklichkeit von Menschen mit Behinderungen belassen können, sondern erfordert eine kritische Bewertung dieser Realität.

1.1.2 Was verstehen wir unter »Behinderung« und »behinderter Mensch«?

Ich beginne mit einer **juristischen Definition.** Eine sehr typische Begriffsbestimmung findet sich in §39 des Bundessozialhilfegesetzes (BSHG) mit Eingliederungshilfeverordnung. Dort heißt es lapidar:

Medizinisch-juristische Definitionen

> Behinderte sind »Personen, die nicht nur vorübergehend körperlich, geistig oder seelisch wesentlich behindert sind« (SCHULTE/TRENK-HINTERBERGER 1988, 127).

Dann wird der Personenkreis näher beschrieben. Körperlich wesentlich behindert sind danach z.B. neben Menschen mit eingeschränkter

Bewegungsfähigkeit auch solche mit »Spaltbildungen des Gesichtes oder des Rumpfes« (Lippen-Kiefer-Gaumenspalte bzw. Spina bifida als offene Wirbelsäule von Geburt an), körperlich Leistungsschwache infolge von Erkrankungen innerer Organe, Blinde und Sehbehinderte, Gehörlose und Schwerhörige sowie Sprachbehinderte (128). Die Beeinträchtigung muß also »wesentlich« sein (darüber entscheiden die Experten) und sie muß dauerhaft sein, um »Behinderung« von »Krankheit« abzugrenzen (im Gesetz wird ein Zeitraum von mehr als sechs Monaten genannt). Vor allem aber orientiert sich diese Definition ausschließlich an der funktionalen Beeinträchtigung und ist deshalb für den Soziologen völlig ungeeignet. Die medizinisch-juristische Feststellung von Mängeln besagt nämlich nichts über die Auswirkungen auf die Lebensgestaltung des betreffenden Individuums. Der Mensch wird nicht gesehen. Über sozialrechtliche Definitionen von Behinderung kommt man einer halbwegs eindeutigen Begriffsbestimmung auch deshalb kaum näher, weil der Begriff selbst vorausgesetzt oder durch Umschreibungen ersetzt wird (zur Kritik: THUST 1980, 18f.).

Behindertenpädagogische Definitionen

Nun kommt es bei Begriffen auch immer darauf an, in welchem Zusammenhang sie verwendet werden und welchem Zweck sie dienen. Schauen wir uns statt einer juristischen Definition einmal eine aus der Behindertenpädagogik an. BLEIDICK (1992, 12) führt aus:

> »Als behindert gelten Personen, die infolge einer Schädigung ihrer körperlichen, geistigen oder seelischen Funktionen soweit beeinträchtigt sind, daß ihre unmittelbaren Lebensverrichtungen oder ihre Teilhabe am Leben der Gesellschaft erschwert werden«.

Das ist eine so weitgefaßte Definition, daß man sich fragen mag, ob wir in diesem Sinn nicht alle zeitweise oder in bestimmten Situationen daran gehindert sind, am Leben der Gesellschaft teilzunehmen. Aber wäre diese Überlegung so unberechtigt? BLEIDICKS Begriffsbestimmung enthält wichtige Elemente:

- Die Dreiteilung in körperliche, geistige und seelische Beeinträchtigungen,
- die Benennung von »Schädigung« als Ausgangspunkt und
- den Verweis auf die sozialen Konsequenzen des Behindertseins (»Beschränkung der gesellschaftlichen Teilhabe« nach v. FERBER 1972, 40).

Ausgeklammert bleibt jedoch, wie es zum Behindertsein kommt, also die ganz wesentliche Abhängigkeit des Zustands von der gesellschaftlichen Reaktion auf eine »Schädigung«.

Sinnvoll ist zunächst einmal, zwischen **Schädigung und Behinderung** zu unterscheiden. Im internationalen Verständnis nach einer **Klassifikation**

der Weltgesundheits-Organisation (WHO) ist die folgende **Dreiteilung** üblich (vgl. WHO 1980, 27ff.; vgl. auch BRACKHANE 1988, 22ff.; RATH 1985, 37f.):

WHO-Klassifikation

1. **Impairment (Schädigung):** Störung auf der organischen Ebene (menschlicher Organismus allgemein).
2. **Disability (Behinderung):** Störung auf der personalen Ebene (Bedeutung für einen konkreten Menschen).
3. **Handicap (Benachteiligung):** Mögliche Konsequenzen auf der sozialen Ebene (Nachteile, durch die die Übernahme von solchen Rollen eingeschränkt oder verhindert wird, die für die betreffende Person in bezug auf Alter, Geschlecht, soziale und kulturelle Aktivitäten als angemessen gelten).

Ein Beispiel:

> »Ein Kind wird gehörlos geboren (»impairment«). Das hat für seine elementare Lebensfähigkeit keine zwangsläufigen Folgen, kann jedoch dazu führen, daß es keine oder keine hinreichende Sprachkompetenz erwirbt; es wäre damit in der Verständigung und im Verständnis ... behindert (»disability«). Dies kann wiederum dazu führen, daß das betroffene Kind privat und/oder beruflich kein »normales« Leben führen kann, wie es seinen Interessen und Anlagen vielleicht entspräche (»handicap«)« (BRACKHANE 1988, 24).

Der entscheidende Punkt für den Soziologen ist demnach das »Handicap« als mögliche soziale Folge von Schädigung/Behinderung. Im englischen wie im deutschen Sprachgebrauch dominiert allerdings der Begriff »Behinderung« bzw. »disability«. Man sollte ihn deshalb weiterverwenden, aber die sozialen Implikationen von »Handicap« nicht vergessen (die Eindeutschung als »Benachteiligung« ist unbrauchbar). Zwischen Schädigung und Behinderung muß in jedem Fall analytisch getrennt werden.

Bedeutung der sozialen Folgen

Die WHO-Klassifikation stellt vielleicht den geeignetsten Zugang zum Problem dar, gleichwohl zeigen sich bei genauerer Betrachtung Schwächen. Ausgangspunkt ist die Schädigung als eine objektivierbare Abweichung von der Norm, und zwar im organischen Bereich. Woran bemißt sich die Normabweichung? Ist die Schädigung immmer so exakt feststellbar, wie medizinische und sonderpädagogische Diagnostik nahelegen? Sicher kann Behinderung auf einen pathogenen Zustand von gewisser Dauerhaftigkeit zurückgeführt werden. Genauso denkbar ist aber auch, daß Behinderung das Ergebnis eines sozialen Bewertungs- oder Abwertungsprozesses darstellt, selbst ohne objektiv vorhandenen Grund, indem dieser als Schädigung einfach unterstellt wird. Die Schädigung kann sich auch als Folge der negativen Bewertung nachträglich einstellen,

Problematisierung der WHO-Dreiteilung

z.B. als organische Störung nach Feststellung einer psychischen Behinderung. Und sie muß keineswegs nur organischer Natur sein. Lernbehinderung gilt als typisches Beispiel für die Bedeutung des Bewertungsprozesses. Fraglich ist auch der Sequenzcharakter von organischer Störung bis hin zur sozialen Benachteiligung. Behinderung kann zwar »ein weiterer möglicher Ausgang von Krankheit neben Gesundung, Sterben oder Krankbleiben« sein (HENSLE 1982, 18), dies ist aber keineswegs zwangsläufig so.

Behindertensoziologische Definition aus interaktionistischer Sicht

Ich komme zu einer **Arbeitsdefinition von Behinderung und Behinderte,** die dem behindertensoziologischen Forschungsinteresse Rechnung trägt. *Es handelt sich um einen Zugang aus interaktionistischer Sichtweise* (zu alternativen wissenschaftstheoretischen Positionen vgl. 6.1). Bereits in der Einschätzung funktionaler Defekte als »impairment« oder »Schädigung« gibt es erhebliche Bewertungsspielräume.

- Wir gehen deshalb zunächst einmal davon aus, daß bestimmte außergewöhnliche Merkmale von Menschen zwangsläufig Spontanreaktionen auslösen bzw. Aufmerksamkeit hervorrufen werden. Es handelt sich dann um *Merkmale mit Stimulusqualität.* Entscheidend ist das Auslösen einer Reaktion.

Stimulusqualität

- Das Merkmal ist eine *»Andersartigkeit«* und konstituiert eine *»Abweichung«* von sozialen Erwartungen. Die Bewertung von Andersartigkeit ist damit noch nicht festgelegt. Sie kann negativ, ambivalent oder positiv sein. Nur völlige Gleichgültigkeit ist durch das Definitionskriterium »Stimulusqualität« ausgeschlossen.

»Andersartigkeit«

Negative Bewertung

- Von einer Behinderung soll erst dann gesprochen werden, wenn eine Andersartigkeit in einer bestimmten Kultur entschieden *negativ bewertet* wird. Ausschlaggebend ist die unerwünschte Abweichung von den jeweiligen Normen und Erwartungen.

Unsere **Definition** lautet entsprechend (vgl. CLOERKES 1988, 87):

- Eine **Behinderung** ist eine dauerhafte und sichtbare Abweichung im körperlichen, geistigen oder seelischen Bereich, der allgemein ein entschieden negativer Wert zugeschrieben wird.
  »Dauerhaftigkeit« unterscheidet Behinderung von Krankheit. »Sichtbarkeit« ist im weitesten Sinne das »Wissen« anderer Menschen um die Abweichung.
- Ein **Mensch** ist **»behindert«,** wenn erstens eine unerwünschte Abweichung von wie auch immer definierten Erwartungen vorliegt und wenn zweitens deshalb die soziale Reaktion auf ihn negativ ist.

Die »soziale Reaktion« beinhaltet neben formalen Definitionsvorgängen, z.B. durch Diagnostik, insbesondere die Gesamtheit der Einstellungen und Verhaltensweisen auf der informellen Ebene zwischenmenschlicher Interaktionen. »Sichtbare« Abweichungen rufen besonders deutliche Reaktionen hervor. »Sichtbarkeit« bezieht sich aber nicht nur auf den rein visuellen Wahrnehmungsaspekt, sondern meint im weitesten Sinne den Tatbestand, daß das Merkmal Stimulusqualität haben muß. Die »Dauerhaftigkeit« unterscheidet »Behinderung« vom vorübergehenden Zustand der »Krankheit«; ein Großteil chronischer Zustände, die meist als Krankheit bezeichnet werden, sind danach den Behinderungen zuzurechnen (z.B. Aids).

»Sichtbarkeit« und »Dauerhaftigkeit«

Die negative Bewertung einer Andersartigkeit als Behinderung ist durchaus nicht zwangsläufig verknüpft mit einer entsprechend negativen Reaktion auf einen Menschen mit dieser Andersartigkeit. Die unerwünschte Abweichung allein konstituiert also nicht automatisch eine negative Reaktion auf den Menschen. Blindheit wird beispielsweise außerordentlich negativ bewertet, die soziale Reaktion auf blinde Menschen ist hingegen vergleichsweise moderat.

Behinderung ist nicht dasselbe wie behinderter Mensch

Die Bewertung von Behinderung und die Reaktion auf Behinderte sind also zweierlei und strikt voneinander zu trennen (vgl. ausf. 5.3.3).

Diese Trennung hat auch für die Praxis eine außerordentliche Bedeutung und muß pädagogisch sinnvoll genutzt werden. Ein erster Schritt wäre, wenn zumindest die Behinderten-Experten mehr auf eine differenzierte Sichtweise und Terminologie achten würden (vgl. NEUBERT/CLOERKES 1994, 32ff.; CLOERKES/NEUBERT 1988, 52, 63).

1.2 Relativität von Behinderung

Der entscheidende Punkt in unserer Definition von Behinderung ist die negativ bewertete Abweichung von sozialen Erwartungen. Hier stellt sich nun die Frage, wonach sich diese Erwartungen bestimmen. Eine eindeutige Antwort ist unmöglich, weil die soziale Dimension des Behindertseins einen äußerst komplexen Sachverhalt umschreibt. Behinderungen werden in sozialer Hinsicht, d.h. in bezug auf die unmittelbare Lebensführung eines Betroffenen, in ganz unterschiedlichem Maße wirksam. Wir sprechen daher von der »Relativität von Behinderung«.

Behinderung ist immer relativ

> Behinderung ist nichts Absolutes, sondern erst als soziale Kategorie begreifbar. Nicht der Defekt, die Schädigung, ist ausschlaggebend, sondern die Folgen für das einzelne Individuum.

Behinderung ist u.a. relativ in folgenden Zusammenhängen:

Zeitfaktor

- Nach der **zeitlichen Dimension.** Ein Mensch kann zeitlich begrenzt als »behindert« gelten. »Lernbehinderte« beispielsweise sind dies nur für die Dauer der Schulpflicht, danach im Prinzip nicht mehr. Davon zu unterscheiden sind Stigmatisierungskonsequenzen aufgrund des Behindertenstatus, die durchaus andauern können (vgl. 6.3).

Subjektive Verarbeitung

- Nach der **subjektiven Auseinandersetzung** mit der Behinderung. Die Schwere ist dabei nicht entscheidend. Manchmal werden auch »leichte« Schädigungen als katastrophal erlebt und umgekehrt »schwere« Schädigungen erstaunlich gut verkraftet. So kann der Verlust des kleinen Fingers für einen Orchestergeiger ganz elementare Auswirkungen haben, weil die Funktionstüchtigkeit im Beruf betroffen ist.

Lebensbereiche

- Nach den **verschiedenen Lebensbereichen und Lebenssituationen.** Die Behinderung kann dort ganz unterschiedlich zum Tragen kommen, z.B. in Beruf, Schule, Freizeit oder Familie. Der Behinderungsbegriff ist in unserer Gesellschaft fast ausschließlich an Leistungsprinzipien ausgerichtet, insbesondere an der Arbeitsfähigkeit. Der in diesem Sinne amtlich festgestellte Grad der Behinderung besagt jedoch wenig und manchmal gar nichts über andere Lebensbereiche, ja selbst im Berufsleben sind die Auswirkungen einer Schädigung nicht nur subjektiv, sondern auch objektiv höchst relativ: Beim oben erwähnten Verlust des kleinen Fingers wird der Grad der Behinderung mit 10% festgestellt, eine blinde Telefonistin hat einen Grad der Behinderung von 100% und kann gleichwohl voll erwerbstätig sein, zumindest in diesem Beruf.

Kulturspezifische Reaktion

- In Abhängigkeit von der **(kulturspezifischen) sozialen Reaktion.** Grundsätzlich bestimmt die soziale Reaktion, ob eine Behinderung vorliegt oder nicht. Was bei uns als Behinderung gilt, muß woanders durchaus nicht so gesehen werden, und umgekehrt. Dafür gibt es zahlreiche Belege. Unfruchtbarkeit bei Frauen wird in fast allen traditionellen Kulturen als körperliche Behinderung bewertet. Die Reaktion auf psychisch andersartige Menschen ist kulturspezifisch außerordentlich variabel, und auch in unserem Kulturkreis macht es einen Unterschied, ob ein Mitglied des Jet-set durch »exzentrisches« Verhalten Aufmerksamkeit erregt oder irgendein weniger prominenter Bürger. Und angesichts der Verbreitung von Analphabetismus auf der Erde stellt die gesonderte Beschulung »Lernbehinderter« bei uns eine kulturspezifische soziale Reaktion dar, die es im übrigen früher so nicht gegeben hat (vgl. ausf. 5.3 sowie NEUBERT/CLOERKES 1994).

1.3 Paradigmata

Ein Paradigma ist ein theoretischer Ansatz, eine wissenschaftliche Sichtweise, oder – etwas ausführlicher – eine Theorie, die genügend Anhänger hat, gleichzeitig jedoch noch offen genug ist, um neue Problemlösungen zu finden. Paradigmata können sich von daher verändern und in »Krisen« geraten (KUHN 1962). Auch zum Problem Behinderung gibt es verschiedene wissenschaftliche Sichtweisen, von deren Richtigkeit die jeweiligen Anhänger überzeugt sind. Nach BLEIDICK (1976, 411f.; 1977, 66f.) sind es vor allem die folgenden vier:

4 Paradigmata nach Bleidick

1. **Das personorientierte Paradigma** (auch: Medizinisches Modell, ätiologisches Paradigma, individuumzentriertes Paradigma). Es gilt als überholt, ist aber in der behindertenpädagogischen Praxis ohne Zweifel weiterhin die häufigste Sichtweise. Merkmale: Behinderung ist eine individuelle Kategorie, der Defekt ist objektivierbar, beim Behindertsein handelt es sich um ein persönliches, weitgehend unabänderliches und daher hinzunehmendes Schicksal. Die Ursachen sucht man in der Person oder betrachtet sie – sofern exogen nachweisbar – zumindest als individuelle Angelegenheit. Das Forschungsinteresse orientiert sich an der Medizin, eine naturwissenschaftlich objektive Vorgehensweise wird angestrebt. Die Relativität von Behinderung wird kaum gesehen.

   Individuelle Kategorie

2. **Das interaktionistische Paradigma.** Behinderung ist kein vorgegebener Zustand, sondern beruht auf der Zuschreibung von Erwartungshaltungen durch die anderen. Der Mensch mit einer Behinderung ist »in unerwünschter Weise anders« (GOFFMAN 1967, 11), er weicht von wie auch immer bestimmbaren Normen ab. Die Behinderung ist im wesentlichen das Resultat sozialer Reaktionen. Der behinderte Mensch wird typisiert, etikettiert, stigmatisiert, kontrolliert. Behindertsein ist von daher ein Zwangsstatus.

   Resultat sozialer Reaktionen

3. **Das systemtheoretische Paradigma.** Behinderung ist abhängig von der erzwungenen Ausdifferenzierung nach Leistung durch das Bildungs- und Ausbildungswesen in unserem Gesellschaftssystem. In diesen verwaltungstechnisch-bürokratischen Prozessen ist die Qualifikations- und Selektionsfunktion von Schule ganz entscheidend. Sonderschulen haben Entlastungsfunktion für das allgemeine Schulwesen.

   Resultat schulischer Selektion

Resultat kapitalistischer Gesellschaftsordnung

4. **Das gesellschaftstheoretische Paradigma** (auch politökonomisches oder materialistisches Paradigma). Behinderung ist ein Gesellschaftsprodukt und kann nur über die Produktions- und Klassenverhältnisse in einer Gesellschaft verstanden werden. Behinderung ist insofern typisch für kapitalistische Gesellschaftssysteme. Die Schule für Behinderte hat ihren Stellenwert, indem sie Behinderte für schlecht bezahlte Tätigkeiten produziert.

Eine Kurzbeschreibung der vier konkurrierenden Paradigmata findet sich bei HENSLE (1982, 20):

Abb. 1.1: Vier konkurrierende Paradigmata

Behinderung ist...	Behinderung als...	Paradigma
1. ein medizinisch faßbarer Sachverhalt	medizinische Kategorie	personorientiertes
2. eine Zuschreibung von sozialen Erwartungshaltungen	Etikett	interaktionistisches
3. ein Systemerzeugnis schulischer Leistungsdifferenzierung	Systemfolge	systemtheoretisches
4. durch die Gesellschaft gemacht	Gesellschaftsprodukt	gesellschaftstheoretisches

»Integratives« Paradigma

Gegenwärtig ist vermehrt von einem weiteren Paradigma die Rede, dem »integrativen« als Gegensatz zum »sonderpädagogischen«. Ob sich hier tatsächlich ein neues Paradigma etabliert, bleibt abzuwarten.

Paradigmenverknüpfung

BLEIDICK (1976, 413f.; 1977, 69; 1985, 265; 1992, 75ff.) strebt eine Verknüpfung von Paradigmen an, um dem komplexen und mehrschichtigen Sachverhalt »Behinderung« besser gerecht werden zu können. Die Absicht, Paradigmakonkurrenz und Einseitigkeit im Sinne der Belange Betroffener zu vermeiden, ist verständlich und zu begrüßen. An der Möglichkeit einer Realisierung müssen gleichwohl Zweifel angemeldet werden.

Nach der Erstbeschreibung 1976/77 hat BLEIDICK in späteren Veröffentlichungen das interaktionistische und das gesellschaftstheoretische zu einem »gesellschaftstheoretisch-interaktionistischen« Paradigma zusammengefaßt (1985, 264). Er bezieht sich dabei im wesentlichen auf eine recht interaktionistisch anmutende Behinderungsdefinition von JANTZEN (vgl. Kap. 4.2.1) sowie die klare Distanzierung beider Ansätze vom personorientierten medizinischen Modell. Ein solcher Versuch von Paradigmaverknüpfung ist abzulehnen, weil sich die Vertreter beider Richtungen durchaus als eigenständig verstehen und mindestens ein ganz fundamentaler Unterschied darin besteht, daß der gesellschaftstheoretische Ansatz Behinderung ausschließlich mit den Produktions- und Klassenverhältnissen in einer Gesellschaft erklären will. BLEIDICKS theoretische Überlegungen sind auch keineswegs frei von Widersprüchen. So stellt er noch 1977 fest, es sei

> »wichtig, den symbolischen Interaktionismus als sozialpsychologischen Erklärungsansatz für Stigmatisierung und abweichendes Verhalten von einer soziologisch abgeleiteten Gesellschaftstheorie zu unterscheiden. In diesem Fall bewirken nicht allein Einstellungen und Vorurteile gegenüber der Randgruppe von Behinderten deren Aussonderung und Reproduktion, sondern die für ›objektiv‹ gehaltenen gesellschaftlichen Verhältnisse« (62).

Abgesehen von der falschen Einordnung des Symbolischen Interaktionismus als »sozialpsychologischen« Ansatz (vgl. 6.1.3.1), ist diese Trennung der beiden Paradigmata völlig korrekt. Später scheint BLEIDICK dann der Faszination einer Dreiteilung erlegen zu sein, die folgende theoretische Grundauffassungen der Erziehung von Behinderten vorsieht (vgl. 1985, 254; 1992, 64-80):

- Heilpädagogik als medizinisches Modell (personorientiert);
- Sonderpädagogik als systemsoziologisch faßbares Modell (systemtheoretisch);
- Behindertenpädagogik als interaktions- und gesellschaftstheoretisches Modell.

Für die dritte Kategorie ist die Kritik am Gesellschafts- und Sonderschulsystem bezeichnend. BLEIDICKS Ausführungen lassen erkennen, daß er beide Ansätze skeptisch beurteilt, – kein Wunder, denn »eine interaktionstheoretische Behindertenpädagogik muß noch viel stärker als ihre Vorgänger bestrebt sein, sich selbst überflüssig zu machen« (1992, 75). Dies berechtigt allerdings kaum dazu, alle »kritischen« Ansätze zusammenzuwerfen. Im übrigen bezeichnen »Paradigma« und »Modell« durchaus unterschiedliche Dimensionen und sollten nicht durcheinandergebracht werden, – bis hin zur Wortschöpfung »Paradigma-Modell« (BLEIDICK 1985, 270).

1.4 Modelle

5 Handlungsmodelle nach Kobi

Gegen eine Paradigmen-Verknüpfung wendet sich Kobi (1977). Er diskutiert in einem bemerkenswerten Beitrag fünf Modelle als »Grundmuster, nach welchem für den konkreten Einzelfall schließlich Handlungskonzepte und -strategien entwickelt werden« (11). Paradigma und Modell hängen eng zusammen: »Das Paradigma bestimmt die Sichtweise, das Modell die Handlungsweise« (11). Eine Ergänzung oder Verknüpfung der verschiedenen Paradigmata bzw. Modelle hält Kobi deswegen für ausgeschlossen, »weil sie ihrem Wesen nach schon auf das ›Ganze‹ angelegt sind« (12), und eben nicht auf zu aggregierende Teilaspekte. Das nicht nur in der Wissenschaft hinreichend bekannte Aneinander-vorbei-Reden von Vertretern unterschiedlicher Paradigmata ist danach kaum zu überwinden.

Christlich motiviertes »Helfen«

1. Dem **Caritativen Modell** liegt als Paradigma Christi Liebestätigkeit gegenüber Elenden und Verkommenen zugrunde, ihnen kommt in allen Hochreligionen die Rolle von Opfer- bzw. Almosenempfängern zu. Das macht vor allem Sinn für die Helfer, indem sie sich von Schuld- und Mitleidsgefühlen sowie »religiöser Bedürfnisspannung« befreien. Die Strukturen des Caritativen Modells zeigen sich auch noch in der modernen Wohlfahrtspflege: »Der appellative Charakter, die organisierte Großraum-Bettelei, das kasuistische Beispringen, der aktionistische Einsatz zeugen für modernes Management, nicht für eine Modelländerung« (13).

»Austreiben« der Behinderung

2. Das **Exorzistische Modell.** Paradigma ist das Besessensein von einem unreinen Geist. Das personfremde Etwas hat vom Individuum in bösartiger Weise Besitz ergriffen. Als Modell noch heute gebräuchlich (nicht nur beim kirchlich geduldeten Exorzismus), wenn durch geeignete Maßnahmen einem Menschen etwas »ausgetrieben« werden soll (13).

»Reparieren«

3. Das **Rehabilitations-Modell.** Paradigma ist das »Reparieren« bzw. »Wieder-funktionstüchtig-machen« von Körperbehinderten. Das Ziel besteht darin, den Behinderten insbesondere wieder in die Arbeitswelt einzugliedern (13f.).

Heilen durch Bekämpfen der Ursache

4. Ähnliche Überlegungen kennzeichnen das **Medizinische Modell.** Es entstand bezeichnenderweise etwa zeitgleich mit der Heilpädagogik in der Mitte des vorigen Jahrhunderts als Bekämpfungsstrategie gegen Infektionskrankheiten. Ursache jeder Krankheit ist ein Erreger, der im Patienten sitzt und typische, überindividuelle Verlaufsformen der Krankheiten bewirkt. Der Erreger ist nun der Feind, den der Arzt als Jäger ausfindig machen und erlegen muß. Der Patient ist das Feld, auf welchem über Sieg oder Niederlage entschieden wird. Damit zeigen sich formale Ähnlichkeiten mit dem archaischen Exorzistischen

Modell. Das Medizinische Modell hat erhebliche Auswirkungen auf das heutige Arzt-Patient-Verhältnis und den klinischen Betrieb insgesamt. Krankheit verliert ihre soziale und subjektive Dimension, überhaupt jeden Sinn und ist konsequent auszumerzen. Der Patient selbst wird uninteressant, es liegt nur eine betriebswidrige Störung von Organsystemen vor. Das ärztliche Interesse gilt der Krankheit, nicht dem Menschen. Der Arzt ist nicht Partner, sondern Instanz, und er wahrt Distanz über das Arztgeheimnis, eine »verhüllende Zunftsprache« und »joviale Scheindialoge im Chefarzt-Ton« (»Wie geht's uns denn?«). Die Durchsetzung des Modells geschah auch in den Lazaretten und Militärhospitälern als Probierfeldern der modernen Chirurgie. Kobi kritisiert scharf die kaum reflektierte Übernahme des Medizinischen Modells durch Teile der Heilpädagogik, was sich vor allem in objektivierenden Diagnoseprozeduren und institutionalisierten Rollenzuschreibungen zeige (14ff.).

5. Das mit dem Medizinischen Modell konkurrierende **Interaktions-Modell** entstand in der Kriminalsoziologie und in der Psychiatrie, nicht in der Pädagogik. Es gibt danach keine Behinderungen »an sich«, ahistorisch, unpolitisch, sondern sie werden über Zuschreibungen durchgesetzt, und dies ist in hohem Maße abhängig von Machtkonstellationen. Mit Bezug auf Watzlawicks Kommunikationstheorie läßt sich sagen, daß Interaktionen grundsätzlich kreisförmig sind und nicht linear. Entsprechend ist jedes Verhalten sowohl Ursache als auch Wirkung, und der Mensch ist stets Subjekt und Objekt zugleich. Der behinderte Mensch kann von daher nicht bloßes Objekt pädagogischen Handelns sein. Im Interaktions-Modell sieht Kobi eine große Chance für die Heilpädagogik, sich vom quasi-medizinischen Gestus und profanisierter caritativer Haltung zu befreien und wieder den Gesamtzusammenhang des Behindertseins zu sehen (18ff.).

Komplexe soziale Zusammenhänge erkennen

1.5 Zusammenfassung von Kapitel 1

Die Begriffe »Soziologie« und »Soziologie der Behinderten« wurden erläutert. Danach haben wir verschiedene Definitionen von »Behinderung« und »behinderter Mensch« kennengelernt. Ausgehend von der WHO-Klassifikation wurde eine behindertensoziologische Arbeitsdefinition vorgestellt, deren elementares Kriterium die Abweichung von sozialen Erwartungen mit entsprechend negativer Reaktion ist. »Behinderung« ist niemals absolut zu sehen, sondern relativ in verschiedenen Zusammenhängen. Wichtig für den wissenschaftlichen Zugang zum Problem sind die vier Paradigmata (Sichtweisen) nach

Bleidick (personorientiert, interaktionistisch, systemtheoretisch, gesellschaftstheoretisch) sowie die fünf handlungsleitenden Modelle nach Kobi (caritativ, exorzistisch, rehabilitativ, medizinisch, interaktionistisch).

Literatur-Empfehlung:

Bleidick, U.: Metatheoretische Überlegungen zum Begriff der Behinderung. Zeitschrift für Heilpädagogik 27 (1976), 408-415.

Bleidick, U./Hagemeister, U.: Einführung in die Behindertenpädagogik, Band I. Allgemeine Theorie der Behindertenpädagogik. Stuttgart/Berlin/Köln (Kohlhammer), 4. Aufl. 1992.

Cloerkes, G.: Behinderung in der Gesellschaft: Ökologische Aspekte und Integration. In: Koch, U./Lucius-Hoene, G./Stegie, R. (Hg.), Handbuch der Rehabilitationspsychologie. Berlin/Heidelberg etc. (Springer) 1988, 86–100.

Kobi, E. E.: Modelle und Paradigmen in der heilpädagogischen Theoriebildung. In: Bürli, A. (Hg.), Sonderpädagogische Theoriebildung – Vergleichende Sonderpädagogik. Luzern (SZH) 1977, 11-24.

Korte, H./Schäfers, B. (Hg.): Einführung in Hauptbegriffe der Soziologie. Opladen (Leske & Budrich) 1992.

Kapitel 2: Behinderte als soziales Problem

Stichwörter: Soziale Probleme – Bevölkerungsstatistik – Mikrozensus – Schulstatistik – Expertenschätzungen – Relativität des schulorganisatorischen Behinderungsbegriffs – Minoritätenansatz

Inhalt

2.1 Was ist ein soziales Problem?

BELLEBAUM/BRAUN (1974) zählen im Einleitungsaufsatz zu ihrem Reader eine Reihe von sozialen Problemen auf, z. B.: Armut, Alkoholismus, Gastarbeiter, Umwelt, Drogenabhängige, Behinderte. Der **Begriff** »Soziales Problem« ist eine Sammelbezeichnung für eine Vielzahl unterschiedlicher gesellschaftlicher Erscheinungen, denen immer eine *Diskrepanz zwischen sozialen Standards oder Wertvorstellungen und der Realität bzw. den tatsächlichen Abläufen* zugrunde liegt. Ergänzende Feststellungen:

Definition »Soziales Problem«

- »Sozial« ist das Problem, weil es sich auf gesellschaftliche Verhältnisse bezieht.
- Soziale Probleme sind ebenso relativ wie der Tatbestand »Behinderung«; es gibt daher insbesondere interkulturelle Unterschiede in ihrer Einschätzung.
- Soziale Probleme entstehen bevorzugt in Zeiten sozialen Wandels und gesellschaftlicher Differenzierung.
- Beobachtbare Erscheinungen als solche haben keine Qualität als »Problem«, dies ist von der Wahrnehmung durch die Gesellschaft abhängig. Es gibt eine Tendenz, daß immer mehr gesellschaftliche Erscheinungen als »problematisch« definiert bzw. interpretiert werden.
- Zur Eigenart sozialer Probleme gehört, daß die Definierer versuchen, ihre Definitionen zu möglichst allgemein akzeptierten gesellschaftlichen Interpretationen der Realität werden zu lassen. Das heißt: Definierer haben ein Interesse an der Existenz sozialer Probleme bzw. daran, daß bestimmte gesellschaftliche Erscheinungen als soziale Probleme gesehen werden.

Definierer von sozialen Problemen

Wer definiert nun soziale Probleme? In unserer Gesellschaft sind dies insbesondere:

1. **Politische Gruppierungen und Parteien.** Sie sind in erster Linie die Interessenvertretung der eigenen Mitglieder. Bestimmte Gruppen finden hier schwerer als andere eine Lobby. Dies trifft auch für behinderte Menschen zu, vor allem für psychisch Behinderte.
2. **Literatur und Journalismus.** Im Zusammenhang mit der industriellen Revolution gibt es zahlreiche Beispiele für soziales Engagement von Autoren (Charles Dickens, Gerhart Hauptmann, Bertolt Brecht). Ein verdienstvoller Aspekt von Journalismus ist zweifellos, daß er als problematisch empfundene Sachverhalte ins Bewußtsein der Öffent-

lichkeit zu rücken versteht, und dies häufig gegen den Widerstand der politisch Verantwortlichen. Über die Massenmedien wird die erforderliche Breitenwirkung erzielt.

3. **Wissenschaft und Forschung,** vor allem im sozialwissenschaftlichen Bereich. Wissenschaftliche Forschung erlangt mehr und mehr Eigendynamik. Wissenschaft deckt »latente« soziale Probleme auf und überführt sie durch »Aufklärungsarbeit« in »manifeste« soziale Probleme. Darüber hinaus definiert sie aber auch eigenständig Sachverhalte als Probleme, wo noch gar kein öffentliches Problembewußtsein existiert, und das kann gefährlich sein. Mit Bezug auf Behinderte muß man kritisch fragen, ob nicht gelegentlich des Guten zuviel getan wird, gerade auch von der Sonderpädagogik (Diagnostik, Definitionskriterien für »Behinderung«). Die Neigung, sich als Pädagoge, Psychologe, Soziologe, etc. soziale Probleme erst zu schaffen, um die eigene Existenz auf einem eng gewordenen Arbeitsmarkt besser legitimieren zu können, darf jedenfalls nicht übersehen werden.

Sozialer Wandel

Soziale Probleme unterliegen vor allem einem ständigen sozialen Wandel. Es gibt »alte« soziale Probleme (z. B. Armut, Alkoholismus, Obdachlosigkeit) und »neue« soziale Probleme (z. B. Drogenkonsum, Asylanten, alte Menschen). Behinderte wird man wohl eher den alten sozialen Problemen zurechnen müssen, obwohl es gerade hier beachtliche Entwicklungen im Problembewußtsein gegeben hat. Selbstverständlich ist die Bezeichnung behinderter Menschen als »soziales Problem« nicht abwertend gemeint, sondern beschreibt lediglich die empirische Realität.

Die soziologische Analyse sozialer Probleme geschieht im Rahmen der »Theorien abweichenden Verhaltens« (vgl. hierzu ausf. 6.1).

Ich fasse zusammen:

Soziale Probleme sind nicht einfach da. Sie werden als solche erst definiert, und dahinter stecken Interessen. Es handelt sich insofern um ein Phänomen, das mit »Machtstrukturen« zu tun hat, und die Machtressourcen sind naturgemäß bei vielen Problemgruppen gering.

2.2 Wie groß ist das soziale Problem »Behinderte«?

Zuverlässige Daten liegen kaum vor und die verfügbaren Zahlen sind teilweise veraltet. Für behinderte Menschen gibt es keine Meldepflicht. Der Preis dafür – unabhängig von Bedenken gegen eine amtliche Meldepflicht – ist eine große Unsicherheit über das reale Ausmaß des Problems. Mit einer Änderung ist angesichts der gewachsenen Sensibilität für Datenschutzrechte nicht zu rechnen. Für die politische Planung mag dies ärgerlich sein. Aus behindertensoziologischer Sicht sind hingegen eher falsche und unzuverlässige Zahlenangaben ärgerlich. Sie entstehen aufgrund von Mängeln bei der statistischen Erfassung, vor allem aber wegen definitorischer Schwierigkeiten (Differenzierung nach Behinderungsart, Mehrfachbehinderungen, wer ist überhaupt behindert?; vgl. u.a. BINTIG 1980; 1981; KERKHOFF 1976; 1980; PAWEL/PAWEL 1980).

Problematik von Zahlenangaben

Wenn im folgenden trotzdem Zahlen und Statistiken dargestellt werden, dann in erster Linie, um sie kritisch zu hinterfragen und ihre Fragwürdigkeit zu demonstrieren (vgl. auch KOBI *1993, 149-168).* Die Angaben beruhen auf

- amtlichen Zählungen (Bevölkerungsstatistik, Mikrozensus-Erhebungen),
- Schulstatistiken,
- Expertenschätzungen.

2.2.1 Bevölkerungsstatistik

In Mikrozensus-Zusatzerhebungen wird ein repräsentativer Querschnitt der Bevölkerung befragt. Bei der Zählung von 1966 umfaßte die Stichprobe 175.000 Haushalte, erfaßt wurde so jeder 175. Einwohner der Bundesrepublik. Der Interviewer fragte: »Ist ein Mitglied Ihres Haushalts körperlich oder geistig behindert oder vor dem Pensionsalter invalidisiert worden?« Die Antwort trägt er dann wortgetreu ein (vgl. THIMM 1977, 35ff.).

Mikrozensus Bevölkerung

Ergebnisse:

- **Erhebung 1966.** 4,05 Millionen, das sind etwa 6,9% der Gesamtbevölkerung (ohne Kriegsbeschädigte ca. 5,0%). Behindertenquote bei Kindern von 0 – 15 Jahren: 0,8%. Behindertenquote bei den 60 – 65jährigen: 18,3%.

- **Erhebung 1974,** nur Kinder 0 – 15 Jahre (differenzierte Fragestellung): 358.000 oder 2,5% der gleichaltrigen Kinder sind behindert.
- **Erhebung 1976.** 3,3 Millionen oder 5,4% der Gesamtbevölkerung. Diese Zahl kam dem Statistischen Bundesamt bei weitem zu niedrig vor. Es stellte nachträglich fest, daß 953.000 Bezieher einer »Behinderten-Rente« sich nicht als behindert eingestuft hatte. Unter Einschluß dieser Personengruppe wurde schließlich eine Schätzzahl von 4,3 Millionen oder 6,9% der Gesamtbevölkerung angegeben (vgl. KERKHOFF 1976; STATISTISCHES BUNDESAMT 1978; RUNDE 1979).

Diese Zahlenangaben dürfen nicht mit der Zahl der amtlich als »schwerbehindert« anerkannten Menschen verwechselt werden (vgl. dazu 3.2.2.2). Die Statistiker errechneten für 1979 3,4 Millionen oder 5,6% (vgl. STATISTISCHES BUNDESAMT 1981) und für 1988 5,1 Millionen oder 8,2% der Gesamtbevölkerung (vgl. BUNDESMINISTER... 1989, 8). Auch 1992 lag die Quote bei etwas über 8% (vgl. BUNDESMINISTERIUM... 1994, 6).

Die statistische Erfassung behinderter Menschen ist methodisch außerordentlich problematisch. **Fehlerquellen** sind zum Beispiel:

- Die Auskunftspersonen der Haushalte bewerten eine Auffälligkeit anders als Experten, sie haben ein anderes Verständnis von »Behinderung« (Relativität von Behinderung);
- Eltern wollen ein Expertenurteil, auch bei tatsächlicher Sonderbeschulung, für sich nicht akzeptieren;
- Familienmitglieder neigen dazu, Behinderungen zu verschweigen. So kommt es zu einer hohen Dunkelziffer in den »amtlichen« Zahlen.

2.2.2 Schulstatistik

In diesem Bereich sind die zuverlässigsten Daten verfügbar. Aussagen werden allerdings nur gemacht über die Zahl der sonderbeschulten Kinder, nicht über die Zahl der »behinderten« Kinder.

Kinder in Sonderschulen

Tabelle 2.1 zeigt, daß der Anteil der Schüler in Sonderschulen im Vergleich zur Gesamtzahl aller Schüler bis 1990 etwa gleich geblieben ist. Einem deutlichen Rückgang in Schulen für Lernbehinderte standen steigende Schülerzahlen in anderen Sonderschulformen gegenüber. Offensichtlich bewirkt durch die neuen Bundesländer gibt es ab 1991 einen Sprung nach oben und zugleich wieder eine steigende Tendenz.

Tabelle 2.2 verdeutlicht die Entwicklung durch einen Vergleich der Schulentlassungen aus Sonderschulen mit den Schulentlassungen insgesamt (Rückgang bis 1990, Zunahme ab 1990/1991).

In **Tabelle 2.3** wird der Anteil der sonderbeschulten Kinder an der Gesamtzahl aller Kinder im schulpflichtigen Alter (6 bis 15 Jahre) dargestellt. Es ergeben sich deutlich höhere Anteile, weil die Grundgesamtheit aller Schüler wesentlich höher ist als die Grundgesamtheit der Kinder im Alter von 6 bis 15 Jahren und weil es auch Sonderschüler gibt, die 16 Jahre und älter sind. Der Versuch, einen Behindertenanteil an der gleichaltrigen Bevölkerung zu errechnen, ergibt also ein schiefes Bild, so beispielsweise auch meistens bei Zahlenangaben aus sonderpädagogischen Quellen (vgl. z.B. BLEIDICK 1994, 655). Wir sehen die gleiche Entwicklung mit beachtlichen Steigerungsraten zwischen 1992 und 1994.

Tab. 2.1: Prozentualer Anteil der Sonderschüler an der Gesamtzahl aller Schüler. Bundesrepublik Deutschland (alt), 1984–1990. Bundesrepublik Deutschland 1991–1994.

	1984	1985	1986	1987	1988	1989	1990	1991	1992	1993	1994
Alle Schüler (N in 1000)	10.238	9.869	9.550	9.280	9.103	8.997	9.049	11.590	11.808	12.005	12.185
Schulen für Lernbehinderte	1.73	1.66	1.60	1.55	1.50	1.46	147	1.70	1.74	1.76	1.7
Schulen sonstige Behinderte	1.09	1.14	1.18	1.19	1.23	1.28	1.31	1.27	1.31	1.33	1.35
Alle Sonderschulen	2.82	2.80	2.78	2.74	2.73	2.74	2.78	2.97	3.05	3.09	3.14

(Quelle: KMK 1991, 20f.; KMK 1994, 23).

Tab. 2.2: Entwicklung der Schulentlassungen, ab 1991 mit den neuen Bundesländern. 1988 = 100.

	1988	1989	1990	1991	1992	1993	1994
Alle Schulen	100	91.6	87.0	84.9	100.1	103.4	106.3
Lernbeh.	100	90.8	84.5	85.6	100.4	119.4	122.3
Sonst. Beh.	100	99.4	102.3	85.2	85.3	93.6	103.3

(Quelle: KMK 1995, 308).

Tab. 2.3: Prozentualer Anteil der Sonderschüler an der Bevölkerung im schulpflichtigen Alter (6 – 15 Jahre). Bundesrepublik Deutschland, ab 1991 mit den neuen Bundesländern.

	1985	1986	1987	1988	1989	1990	1991	1992	1994
Lernbehinderte	2.534	2.455	2.363	2.267	2.166	2.131	2.389	2.395	2.712
Sonstige Behinderte	1.664	1.741	1.825	1.854	1.884	1.899	1.781	1.788	2.047
Alle Behinderungsarten	4.198	4.196	4.188	4.122	4.050	4.030	4.170	4.183	4.760

(Quelle: KMK 1994, 5; KMK 1995, 23; STATISTISCHES LANDESAMT BADEN-WÜRTTEMBERG 1995, 150. Für 1993 waren keine Angaben verfügbar).

Unterschiede nach Bundesländern

Besonders aufschlußreich ist die überaus unterschiedliche Beschulungspraxis »behinderter« Kinder in den einzelnen Bundesländern, wie in **Tabelle 2.4** gezeigt wird. Die Quote liegt 1992/93 zwischen 2,85% im Saarland und 5,19% in Hamburg. Hohe Anteile an Sonderschülern haben auch die Bundesländer Schleswig-Holstein, Nordrhein-Westfalen und Baden-Württemberg, während es in Rheinland-Pfalz besonders wenige Sonderschüler gibt. Die auffälligen Unterschiede zeigen sich auch für die neuen Bundesländer. Bei den Schülern in Schulen für Lernbehinderte steht Sachsen-Anhalt mit 3,65% an der Spitze und das Saarland (1,54%) und Bayern (1,40%) am unteren Ende. Kein Mensch wird ernsthaft behaupten wollen, daß dies auf eine doppelt hohe Intelligenz der Bayern oder Saarländer zurückzuführen ist. Maßgeblich sind vielmehr vor allem das Angebot an Sonderschulen und bildungspolitisch bedingte Überweisungspraktiken. Der unterschiedlich hohe Ausländeranteil in den einzelnen Bundesländern könnte ebenfalls einen Teil der Varianz erklären; immerhin beträgt der Anteil ausländischer Schüler in Schulen für Lernbehinderte bis zu 38% (vgl. hierzu **Tabelle 2.5**). Die Anzahl der integriert beschulten und als »behindert« diagnostizierten Kinder ist dagegen mit Ausnahme von Saarland (6,7%) und Berlin (6,5%) statistisch äußerst gering (vgl. BLEIDICK 1992, 41); SCHÖLER (1993, 26) nennt einen Durchschnittswert von rund 3%. Die Zahlen sonderbeschulter Kinder liegen für 1994/95 aus unerklärlichen Gründen durchweg deutlich höher. Die geringsten Steigerungsraten haben Berlin und das Saarland. Man wird die weitere Entwicklung abwarten müssen.

Tab. 2.4: Prozentualer Anteil der Sonderschüler an der Bevölkerung im schulpflichtigen Alter (6 bis15 Jahre) in den Schuljahren 1992/93 und 1994/95 nach Bundesländern.

	1992/93		**1994/95**	
Bundesländer	Alle Sonder-schulen	Schulen für Lern-behinderte	Alle Sonder-schulen	Schulen für Lern-behinderte
Baden-Württemberg	4,474 %	2,324 %	4,833 %	2,574 %
Bayern	3,986 %	1,397 %	4,45 %	1,626 %
Berlin	3,751 %	1,944 %	3,87 %	1,987 %
Brandenburg	4,716 %	3,424 %	5,105 %	3,813 %
Bremen	4,686 %	2,954 %	5,555 %	3,475 %
Hamburg	5,190 %	2,409 %	5,47 %	2,887 %
Hessen	3,139 %	1,826 %	3,578 %	2,045 %
Mecklenburg-Vorpommern	4,625 %	3,542 %	5,468 %	3,910 %
Niedersachsen	3,688 %	2,532 %	4,19 %	2,866 %
Nordrhein-Westfalen	4,503 %	2,369 %	5,256 %	2,764 %
Rheinland-Pfalz	3,268 %	2,173 %	3,448 %	2,394 %
Saarland	2,849 %	1,540 %	3,061 %	1,695 %
Sachsen	4,012 %	2,736 %	4,797 %	3,282 %
Sachsen-Anhalt	5,019 %	3,648 %	5,988 %	4,315 %
Schleswig-Holstein	4,711 %	3,103 %	5,042 %	3,336 %
Thüringen	4,545 %	3,200 %	5,396 %	3,522 %
Bundesgebiet	**4,183 %**	**2,395 %**	**4,731 %**	**2,712 %**

(Quelle: KMK 1994, 47; STATISTISCHES LANDESAMT BADEN-WÜRTTEMBERG 1995, 150).

Tab. 2.5: Prozentualer Anteil der ausländischen Schüler an allen Schülern und an den Schülern der Sonderschule für Lernbehinderte nach Bundesländern.

Bundesland	Ausländische Schüler insgesamt Stand 1987	Ausländische Schüler in SfL Stand 1987	Ausländische Schüler insgesamt Stand 1993	Ausländische Schüler in SfL Stand 1993	Überrepräsentation ausländischer Schüler in SfL Stand 1993 mit Rang	
Baden-Württemberg	14,2 %	36,8 %	14,4 %	38,1 %	23,7 %	1
Bayern	7,6 %	12,0 %	8,2 %	14,8 %	6,5 %	8
Berlin	24,5 %	31,8 %	12,8 %	12,7 %	-0,1 %	12
Brandenburg	—	—	0,3 %	0,3 %	0,0 %	11
Bremen	13,7 %	15,1 %	14,6 %	21,2 %	6,7 %	7
Hamburg	17,3 %	23,5 %	18,4 %	27,5 %	9,1 %	4
Hessen	13,4 %	30,3 %	14,9 %	28,9 %	14,0 %	2
Mecklenburg-Vorpommern	—	—	0,2 %	0,1 %	-0,1 %	14
Niedersachsen	5,5 %	9,5 %	7,1 %	16,1 %	9,0 %	5
Nordrhein-Westfalen	13,3 %	21,0 %	13,7 %	26,9 %	13,2 %	3
Rheinland-Pfalz	6,2 %	9,4 %	7,3 %	12,6 %	5,3 %	9
Saarland	6,3 %	10,5 %	7,3 %	14,0 %	6,7 %	6
Sachsen	—	—	0,5 %	0,1 %	-0,4 %	16
Sachsen-Anhalt	—	—	0,2 %	0,0 %	-0,2 %	15
Schleswig-Holstein	4,3 %	7,6 %	5,0 %	8,4 %	3,4 %	10
Thüringen	—	—	0,1 %	0,0 %	-0,1 %	13
Alte Bundesländer ohne Berlin	—	—	11,4 %	23,9 %		
Bundesgebiet	**11,0 %**	**20,0 %**	**9,1 %**	**16,4 %**		

(Quelle: KMK 1987a, 22; KMK 1987c, 128ff.; KORNMANN/KLINGELE 1996, 3 u. 7).

Unterschiede nach Behinderungsart

Eine Aufschlüsselung nach Behinderungsart ist wegen unklarer Definitionskriterien und Mehrfachbehinderungen problematisch. **Tabelle 2.6** gibt Aufschluß über die Verteilung der 48.025 baden-württembergischen Sonderschüler auf die Sonderschulen des Landes im Schuljahr 1993/94.

Tab. 2.6: Schüler an öffentlichen und privaten Sonderschulen in Baden-Württemberg am 21. 9.1994 (Schuljahr 1993/94).

Behinderungsart	Schüler insgesamt	Anteil an allen Sonderschülern	Anteil an allen Schüler
Förderschulen	25.563	53,23 %	2,20 %
Geistigbehinderte	6.500	13,53 %	0,56 %
Blinde und Sehbehinderte	625	1,30 %	0,05 %
Gehörlose und Schwerhörige	1.323	2,75 %	0,11 %
Sprachbehinderte	4.751	9,89 %	0,41 %
Körperbehinderte	3.732	7,77 %	0,32 %
Langfristig Kranke	1.336	2,78 %	0,11 %
Erziehungshilfe	4.195	8,73 %	0,36 %
Insgesamt	**48.025**	**100 %**	**4,13 %**

(Quelle: STATISTISCHES LANDESAMT BADEN-WÜRTTEMBERG 1995, 50).

Die KULTUSMINISTERKONFERENZ (KMK) (1994) nennt Zahlen zum prozentualen Anteil der Sonderschüler an der Gesamtheit schulpflichtiger Kinder, die für das Schuljahr 1992/93 errechnet wurden. Präzise Informationen zur Vorkommenshäufigkeit der einzelnen Behinderungsarten lassen sich hieraus allerdings nicht ableiten, weil als »behindert« einzustufende Kinder auch allgemeine Schulen besuchen, Sonderschüler im nicht schulpflichtigen Alter mitgezählt wurden und es auch schwerstbehinderte Kinder gibt, die nicht schulfähig sind (vgl. BLEIDICK 1994, 653f.). Seit 1993 verzichten die Statistiker auf eine Differenzierung nach Behinderungsart.

Tab. 2.7: Prozentuale Anteile von Schülern in Sonderschulen im Vergleich zur Bevölkerung im schulpflichtigen Alter (6 bis 15 Jahre). Bundesrepublik Deutschland (alt) 1987 und 1992 (mit neuen Bundesländern).

Behinderungsart	1987	1992
Lernbehinderte	2,451 %	2,395 %
Blinde und Sehbehinderte	0,056 %	0,046 %
Gehörlose und Schwerhörige	0,140 %	0,117 %
Sprachbehinderte	0,301 %	0,339 %
Körperbehinderte	0,213 %	0,224 %
Geistigbehinderte	0,644 %	0,572 %
Verhaltensgestörte	0,216 %	0,228 %
Sonstige Behinderte, einschl. Kranke	0,159 %	0,226 %
Insgesamt	**4,180 %**	**4,183 %**

(Quelle: BLEIDICK 1992, 40; KMK 1987 b; KMK 1994, 47ff.).

2.2.3 Expertenschätzungen

Experten schätzen die Zahl der Behinderten deutlich höher ein, als die amtlichen Statistiken nahelegen. Trotz der hier zu beachtenden Funktion von Experten als »Definierer von sozialen Problemen« entsprechen ihre Angaben der Realität wohl noch am ehesten. Für behinderte Kinder im schulpflichtigen Alter gibt es zwei wichtige, wenn auch mittlerweile ziemlich veraltete Quellen: Die Schätzungen des »DEUTSCHEN BILDUNGSRATS« (BR) von 1973 und der »KULTUSMINISTERKONFERENZ DER LÄNDER« (KMK) von 1972. In **Tabelle 2.8** werden diese Expertenschätzungen mit den Ist-Werten Bundesrepublik Deutschland 1992 und Baden-Württemberg 1992 bzw. 1994 verglichen, wobei noch einmal vor einer Überbewertung der Zahlen zu warnen ist, soweit eine Differenzierung nach Behinderungsarten versucht wird.

Tab. 2.8: Zahl der behinderten Kinder im schulpflichtigen Alter (6–15 Jahre) nach Behinderungsart (Prozentwerte). Vergleich von Expertenschätzungen und Ist-Werten für Bundesrepublik und Baden-Württemberg.

	Expertenschätzungen			Ist-Werte (Schüler in Sonderschulen)		
	BR 1973		**KMK 1972**	**BRD 1992**	**BW 1992**	**BW 1994**
Behinderungsart	behindert	von Behinderung bedroht				
Lernbehinderte	2,50 %	3,0–4,0 %	4,00 %	2,395 %	2,324 %	2,58 %
Lernschwierigkeiten		10,0 %				
Geistigbehinderte	0,60 %		0,60 %	0,572 %	0,616 %	0,65 %
Sprachbehinderte	0,70 %	2,5 %	0,50* %	0,339 %	0,474 %	0,48 %
Hörgeschädigte**	0,35 %		0,23 %	0,117 %	0,099 %	0,13 %
Sehgeschädigte**	0,31 %		0,12 %	0,046 %	0,060 %	0,063 %
Verhaltensgestörte	1,00 %		1,00 %	0,228 %	0,401 %	0,42 %
Körperbehinderte	0,30 %		0,20 %	0,224 %	0,345 %	0,38 %
Langfristig Kranke	0,20 %			0,093 %	0,127 %	0,13 %
Sonstige Behinderte				0,170 %		
Insgesamt	**5,96 %**		**6,65 %**	**4,183 %**	**4,474 %**	**4.83 %**

* 1,00% sind außerdem ambulant therapiebedürftig.

** Darunter Gehörlose 0,05% (BR; KMK) bzw. Blinde 0,012% (BR) und 0,015 (KMK). Ist-Werte keine Angaben.

(Quellen: DEUTSCHER BILDUNGSRAT 1973; KMK 1972; KMK 1994; BLEIDICK 1992, 40; STATISTISCHES LANDESAMT BADEN-WÜRTTEMBERG 1993, 50ff.; STATISTISCHES LANDESAMT BADEN-WÜRTTEMBERG 1995, 50).

Vergleich Schätz-Werte und Ist-Werte

Die Unterschiede resultieren vor allem aus der Einschätzung des Anteils der »Lernbehinderten« als bei weitem größter Gruppe. Unter Berücksichtigung der »von Lernbehinderung Bedrohten« ergab sich Anfang der 70er Jahre ein enormer Bedarf an Schulplätzen, nämlich für 4 bis über 10 Prozent der schulpflichtigen Kinder. Die gegenwärtige Quote liegt dagegen bei 2,4% mit allerdings wieder steigender Tendenz.

Die Beschulung geistig behinderter Menschen war noch vor nicht allzu langer Zeit keine Selbstverständlichkeit. Hier scheint der tatsächliche Bedarf gedeckt zu sein. Vollständig in Sonderschulen erfaßt sind auch alle blinden und gehörlosen Kinder. Erhebliche Abweichungen von den

Expertenschätzungen gibt es bei den übrigen Behinderungsarten. Sonderpädagogische Förderung muß keineswegs in Spezialeinrichtungen erfolgen. Deshalb läßt sich aus den Zahlen auch kein Defizit an Sonderschulplätzen ableiten, angesichts der großen Zahl von Mehrfachbehinderungen schon gar nicht für einen bestimmten Sonderschultypus. Das Bundesland Baden-Württemberg hat ein besonders aufwendig ausgebautes Sonderschulsystem. Folgerichtig werden hier deutlich mehr Kinder in Sondereinrichtungen beschult als im Bundesdurchschnitt, bei Geistigbehinderten und Körperbehinderten sogar mehr als nach Expertenmeinung beschult werden müßten.

Mindestens 10 % Behinderte

Expertenschätzungen über die Zahl der behinderten Menschen in der Gesamtbevölkerung liegen bei rund 10%. Die psychisch Behinderten sind nicht dabei, ihr Anteil wird ebenfalls auf bis zu 10% geschätzt (vgl. BRACKHANE 1988, 29). THIMM (1991, 85) hält eine Quote von 13% für realistisch, das wären rund 10 Millionen der Gesamtbevölkerung.

Abschließend ein kurzer Blick auf Zahlenangaben für andere Gesellschaften, der noch einmal verdeutlicht, wie schwierig es offensichtlich ist, die Größenordnung des sozialen Problems »Behinderte« zu beziffern.

Tab. 2.9: Zahl der Behinderten in einigen anderen Gesellschaften.

Land	**Prozent**	**Methode/Population/Jahr**
Botswana	12 %	Nur körperlich Behinderte. Schätzzahlen. 1977.
Burma	12,9 %	Körperlich und geistig Behinderte. Schätzzahlen. 1978.
DDR	9 %	Schwerbeschädigte. 1980.
Finnland	21 %	Körperlich und geistig Behinderte. Chronisch Kranke. 1978.
Großbrittanien	7,8 %	Behinderte über 16 Jahre in privaten Haushalten. 1971.
Österreich	21,4 %	Körper- und Sinnesbehinderungen. Befragung. 1976.
Polen	15 %	Behinderte. Schätzzahlen. 1969/1978.
Schweiz	14,5 %	Schätzung von Pro Infirmis. 1981.
CSSR	7 %	Körperlich und geistig Behinderte. 1978.
USA	10–17 %	»Chronische Beeinträchtigung grundlegender Aktivitäten«. 1979.

(Quellen: HOLTZ 1982, 263; RENKER 1982)

Ich fasse zusammen:

> Angaben über die Zahl behinderter Menschen sind mit äußerster Vorsicht zu bewerten. Realistische Schätzungen gehen von rund 8 Millionen Behinderten in der Bundesrepublik Deutschland aus, das entspricht etwa 10% der Gesamtbevölkerung. Auch höhere Angaben lassen sich durchaus begründen. Die Zahl der behinderten Kinder im schulpflichtigen Alter (6 – 15 Jahre) wird von Experten auf 6% geschätzt. 4,2% der schulpflichtigen Kinder gehen in Sonderschulen.

2.3 Behinderte als Minorität

2.3.1 Was ist eine Minorität oder Minderheit?

Mindestens 8 Millionen Menschen in unserer Gesellschaft sind behindert – das Ausmaß dieses sozialen Problems ist also sehr groß, wohl größer als alle anderen sozialen Probleme. Kann es sich da um eine »Minderheit« handeln? Der Begriff bezieht sich auf eine Teilgruppe innerhalb der Gesellschaft. Er war früher beschränkt auf Gruppen, die sich in ihren Werten und Normen von einer Majorität unterscheiden, z.B. ethnische Minoritäten. Heute hat der Begriff eine weitere Bedeutung. Nach einer Definition im »Lexikon zur Soziologie« ist Minorität die

Definition »Minorität«

> »...Bezeichnung für Teilgruppen innerhalb einer umfassenden Gruppe oder Gesellschaft, die sich von der Majorität ... durch bestimmte (z.B. rassische, sprachliche, konfessionelle) Merkmale unterscheiden, die von der herrschenden Gruppe als weniger wertvoll im Vergleich zu den entsprechenden eigenen Merkmalen angesehen werden. ... Minoritäten werden von denjenigen, für die die herrschende Majorität die Bezugs- bzw. Identifikationsgruppe (Eigengruppe) darstellt, als Fremdgruppen gewählt und entsprechend diskriminiert« (FUCHS et al. 1978, 507).

Der Vorurteilsforscher WIRTH (1945, 945) stellt fest, daß eine Minorität gekennzeichnet ist durch:

- Behandlung physischer oder kultureller Merkmale als andersartig;
- konsequent andere und ungerechte Behandlung;
- Einschätzung seiner selbst als Objekt kollektiver Diskriminierung und
- Vorhandensein einer entsprechenden dominanten Gruppe mit höherem sozialen Status und größerem Prestige.

Weitgehend synonym mit »Minorität« werden die Begriffe »marginal group«, Randgruppe, Randseiter, Außenseitergruppe verwendet. Sie stellen mehr auf die konfliktträchtige soziale Situation ab, ursprünglich bei PARK (1928) und (weiterentwickelt) bei STONEQUIST (1937). Das »Lexikon zur Soziologie« führt zum »marginal man« aus:

> »Die Bezeichnung trifft besonders auf die Lage von Personen zu, die auf der Grenze zwischen zwei Gruppen oder Klassen stehen und weder in die eine noch in die andere voll integriert sind (wie in einigen Gesellschaften z.B. rassische »Mischlinge«). Marginale Individuen leiden im allgemeinen unter Normen- und Rollenkonflikten, Statusunsicherheit und Desorientierung und werden häufig diskriminiert« (FUCHS et al. 1978, 476).

Die Frage, ob nun Behinderte eine soziale Minorität/Randgruppe sind, wird unterschiedlich beantwortet. Im folgenden werden die wichtigsten Positionen knapp dargestellt.

2.3.2 Der Minoritätenansatz

Minoritätentheorie nach Barker

R. G. BARKERS Ansatz (1948, 31ff.) bezieht sich auf körperbehinderte Menschen im weitesten Sinne. Die Kriterien, nach denen Minoritäten definiert sind, treffen danach im Prinzip auch auf behinderte Menschen zu, nämlich:

- Behinderte sind unterprivilegiert. Sie sind von vielen sozial hoch bewerteten Aktivitäten ausgeschlossen, z.B. im beruflichen oder im Freizeitbereich.
- Der Behinderte lebt in der konfliktträchtigen Randzone zwischen zwei Gruppen und wird so zum typischen »marginal man«. Da der Lebensraum zwischen Behinderten und Nichtbehinderten fast nie einer vollständigen Trennung unterliegt, kommt es häufig zu »overlapping situations«, die durch gegensätzliche Rollenerwartungen an den Behinderten gekennzeichnet sind. Auf der einen Seite erwartet man, daß er sich wie ein Behinderter verhält, auf der anderen Seite will er »normal« sein, »wie jeder andere auch«, und – zumindest offiziell – wird dies auch von der Majorität unterstützt.
- Wegen des fehlenden Zugehörigkeitsgefühls zu der einen oder anderen Seite (Nichtbehinderte und Angehörige der jeweiligen Behindertengruppe) muß der Behinderte häufig mit neuen, unbekannten Situationen fertig werden. Dadurch wird seine Unsicherheit noch verstärkt.

Gewisse Unterschiede zu anderen, herkömmlichen Minoritäten werden von BARKER durchaus gesehen, beispielsweise die wichtige Tatsache, daß der behinderte Mensch keineswegs eindeutig Mitglied einer sozialen Gruppe ist, die sich aufgrund gemeinsamer Merkmale konstituiert hat. Die Kritiker von BARKERS Minoritätentheorie haben als Gegenposition das **Konzept der »Disadvantaged Group«** entworfen (vgl. JORDAN

»Benachteiligte Gruppe« nach Jordan

1963). Die »benachteiligte Gruppe« der Behinderten unterscheidet sich danach u.a. in folgenden Punkten von einer Minorität:

- Minoritäten sind im allgemeinen aus sich selbst heraus beständig, kapseln sich nach außen hin ab und haben eigene Normen und Werte. Dies trifft für Behinderte nicht zu.
- Behinderte sind im Gegensatz zu Minoritäten vor offener Diskriminierung geschützt; Hilfe für Behinderte ist positiv sanktioniert.
- Die Behinderung wird im allgemeinen für den Betroffenen zu einer Quelle besonderer Vergünstigungen und Sonderregelungen (»secondary gains«).

Es gibt keine einheitliche Majorität der Nichtbehinderten und auch keine homogene Minderheit der Behinderten. Eine dichotomische Unterscheidung zwischen beiden (wie z.B. bei männlich und weiblich) ist deshalb nicht möglich, vielmehr handelt es sich um ein Kontinuum.

Für die Existenz konkurrierender Standpunkte zum Problem scheinen vor allem zwei unterschiedliche Sichtweisen verantwortlich zu sein. Die erste stellt die Reaktion der Nichtbehinderten in den Mittelpunkt, die zweite will eine klare definitorische Einordnung der Behinderten und fragt danach, ob auch alle nach sozialpsychologischer Lehrmeinung anerkannten Merkmale einer »Gruppe« vorliegen.

Behinderte sind eine Minorität

SAFILIOS-ROTHSCHILD (1970, 110f.) bringt weitere, wichtige **Argumente für eine Anwendung des Minoritäten-Ansatzes:**

- Wie anderen Minoritäten auch wird den behinderten Menschen in den meisten Gesellschaften ein gesonderter Platz eingeräumt. Durch Sondereinrichtungen, Clubgründungen, etc. werden Aktivitäten der Behinderten untereinander und innerhalb eines bestimmten Rahmens gefördert, was tendenziell eine Isolierung bewirkt.
- Wie bei anderen Minoritäten auch werden Behinderte als minderwertig angesehen. Man vermeidet Kontakte mit behinderten Menschen und ist auf Erhaltung sozialer und z.T. auch räumlicher Distanz bedacht.
- Wie bei anderen Minoritäten auch wird die Diskriminierung Behinderter rationalisiert, und zwar meistens dadurch, daß man sie nötigt, »im eigenen Interesse« ihre Andersartigkeit zu akzeptieren.
- Wie Angehörige anderer Minoritäten auch werden behinderte Menschen aufgrund des Gruppenkriteriums kategorisiert, be- und abgewertet, und nicht aufgrund persönlicher, individueller Qualitäten: Die Behinderung überschattet alles (»master status«). Subtilere Differenzierungen werden abgelehnt. Es geht um *die* Behinderten als Minorität.

Insgesamt wird man daher der folgenden Feststellung zustimmen können:

> »Die Kategorie der behinderten Menschen bildet ungeachtet ihrer sozialen Differenzierungen und der verschiedenen Formen ihrer Behinderungen eine Minderheit, deren gemeinsames Merkmal in der Beschränkung der gesellschaftlichen Teilhabe liegt« (v. FERBER 1972, 40).

Ich fasse zusammen:

Zur Frage, ob Behinderte eine Minorität sind, gibt es unterschiedliche theoretische Auffassungen. Die Ähnlichkeiten mit anderen Minoritäten überwiegen: Isolationstendenzen, Zuschreibung von Minderwertigkeit, Rationalisierung diskriminierender Reaktionen, Generalisierung vom Gruppenmerkmal auf die ganze Person.

2.4 Zusammenfassung von Kapitel 2

Behinderte Menschen werden zu den »sozialen Problemen« in unserer Gesellschaft gerechnet. Soziale Problem sind relativ, sie unterliegen dem sozialen Wandel und müssen als solche erst definiert werden. Die Angaben über die Zahl der behinderten Menschen sind widersprüchlich und sollten mit großer Zurückhaltung interpretiert werden. Auch hinter scheinbar objektiven Zahlen stecken Interessen. Mindestens 10% der Bevölkerung der Bundesrepublik Deutschland können als behindert gelten. Trotz dieser hohen Zahl sind Behinderte in sozialwissenschaftlichem Verständnis eine Minderheit.

Literatur-Empfehlung:

Jährliche statistische Veröffentlichungen

- der Kultusministerkonferenz (Sekretariat der Ständigen Konferenz der Kultusminister der Länder in der Bundesrepublik Deutschland, Nassestraße 8, 53113 Bonn)
- der Statistischen Landesämter.

Kapitel 3: Institutionalisierung von Behinderung

Stichwörter: Rehabilitationssystem – Berufsbildungswerke – Berufsförderungswerke – Werkstätten für Behinderte – Sozialpolitik für Behinderte – Schwerbehindertengesetz – Zahl der amtlich Schwerbehinderten – Beschäftigungspflicht – Kündigungsschutz – Arbeitslosigkeit – Selbsthilfe-Zusammenschlüsse – Emanzipation

Inhalt

Institutionen sind Einrichtungen. In der Soziologie wird der Begriff sehr weit gefaßt und bezeichnet jede Form stabiler, dauerhafter Muster, um menschliche Beziehungen in eine dauerhafte Ordnung zu bringen. Wir werden uns in diesem Kapitel also mit der Frage beschäftigen: Wie geht unsere Gesellschaft regelmäßig mit ihren Behinderten um, z.B. im politisch-rechtlichen Bereich, durch spezielle Organisationen, usw.? Es geht um die übliche Bewältigung des sozialen Problems »Behinderte«, und zwar in einem doch recht technokratischen Sinne. Zunächst wird das Rehabilitationssystem in der Bundesrepublik Deutschland dargestellt (3.1), danach diskutieren wir die sozialpolitischen und rechtlichen Grundlagen für behinderte Menschen (3.2), abschließend befassen wir uns mit der politischen Vertretung Behinderter in Verbänden und Selbsthilfeorganisationen (3.3).

Organisatorische Bewältigung des Problems

3.1 Das Rehabilitationssystem der Bundesrepublik Deutschland

Unter **Rehabilitation** versteht man den »Prozeß der (Wieder)-Herstellung körperlichen und seelischen Wohlbefindens und weitestgehender sozialer (Re-) Integration« (BADURA/LEHMANN 1988, 58). Rehabilitation ist also eine sozialpolitische Zielsetzung (vgl. *Sozialgesetzbuch,* 1. Buch, § 10; BRACKHANE 1988, 20). Gleichrangig neben der Rehabilitation von Menschen, die schon behindert sind, steht die Prävention von Behinderungen. Obwohl Rehabilitation nur einen Sinn macht, wenn sie umfassend und nahtlos als gesellschaftliche Integration stattfindet, wird üblicherweise zwischen

4 Bereiche des Rehabilitationssystems

1. medizinischer,
2. beruflicher,
3. schulischer (für behinderte Menschen im schulpflichtigen Alter) und
4. sozialer

Rehabilitation unterschieden. In der Bundesrepublik Deutschland (alte Bundesländer) gibt es ca. 5.000 Einrichtungen für Behinderte (BRACKHANE 1988, 28).

3.1.1 Medizinische Rehabilitation

Zur medizinischen Rehabilitation gehört die Akutversorgung behinderter Menschen in Rehabilitationskliniken ebenso wie die ambulante medizinische, physiotherapeutische und psychotherapeutische Versorgung chronisch Kranker bzw. Behinderter sowie der Rehabilitationssport. Zunehmende Bedeutung wird in Zukunft die geriatrische Rehabilitation gewinnen.

3.1.2 Berufliche Rehabilitation

Einrichtungen für die berufliche Rehabilitation behinderter Menschen sind die Berufsbildungswerke (BBW), die Berufsförderungswerke (BFW) und die Werkstätten für Behinderte (WfB).

3.1.2.1 Berufsbildungswerke

Berufsbildungswerke sind überbetriebliche Ausbildungsstätten, die der beruflichen **Erstausbildung behinderter Jugendlicher** dienen. In den alten Bundesländern gibt es 38 Berufsbildungswerke mit ca. 10.000 Ausbildungsplätzen; ein weiterer Ausbau ist nicht vorgesehen (vgl. BUNDESMINISTERIUM... 1994, 117). In den neuen Bundesländern haben bis 1995 acht BBW's mit geplanten 1.800 Plätzen den Betrieb aufgenommen (vgl. BUNDESMINISTERIUM... 1995, 56). Zu den Vorteilen der BBW's gehört u.a., daß die Berufsausbildung nicht unter einem Produktionszwang steht wie in betrieblichen Ausbildungsstätten und daß zugleich auch medizinische und soziale Rehabilitationsleistungen erbracht werden. Schwerwiegende Nachteile sind die mehrjährige Internatsunterbringung mit sozialer Isolation, die Schonraumfunktion der Einrichtungen sowie die begrenzte Anzahl von erlernbaren Berufen (ca. 50 von rund 370 anerkannten Ausbildungsberufen). Es gibt auch Spezialeinrichtungen für Blinde, Hör- und Sprachbehinderte (vgl. BUNDESMINISTERIUM... 1994, 155f.).

BBW's für Jugendliche

3.1.2.2 Berufsförderungswerke

Berufsförderungswerke sind überbetriebliche Ausbildungseinrichtungen **für behinderte Erwachsene.** Sie dienen der beruflichen Ausbildung, Fortbildung und Umschulung und bieten wie die BBW's zusätzliche Rehabilitationsleistungen an (vgl. BUNDESMINISTER... 1987, 5 – 10). Es gibt in den alten Bundesländern ein Netz von insgesamt 21 Berufsförderungswerken mit rund 12.000 Plätzen, darunter 3 Spezialeinrichtungen für Blinde. Ein weiterer Ausbau ist nicht vorgesehen (vgl.

BFW's für Erwachsene

BUNDESMINISTERIUM... 1994, 117). In den neuen Bundesländern sind bis 1995 sieben BFW's mit geplanten 2500 Plätzen entstanden (vgl. BUNDESMINISTERIUM... 1995, 62). Auch hier besteht eine Einrichtung für Blinde. Die Ausbildungsdauer liegt zwischen 6 und 36 Monaten. Kritisch ist anzumerken:

- Hoher Selektionsdruck. Nur ein kleiner Teil der Behinderten mit besonders guter Rehabilitationsprognose wird angenommen (»Behindertenelite«).
- Zu lange Wartezeit bis zur Entscheidung über die beruflichen Rehabilitationsmaßnahmen.
- Meist Internatsunterbringung mit Zerstörung gewachsener sozialer Bindungen und entsprechender psychischer Belastung.
- Unausgewogene Teilnehmerstruktur (67% männlich, 1/3 unter 25 Jahre alt; vgl. BUNDESMINISTERIUM... 1994, 133f.; TEWS 1988, 199).
- Größe der Einrichtungen (bis zu 1.800 Plätzen).

Inwieweit die 1994 in Kraft getretenen neuen Regelungen im Bereich der gesetzlichen Rentenversicherungen, die beispielsweise die Mitnahme eines Kindes in eine auswärtige Rehabilitationsstätte ermöglichen (vgl. BUNDESMINISTERIUM... 1994, 134), entscheidende Veränderungen des Frauenanteils bewirken, bleibt abzuwarten. Zweifel sind angebracht, da die Situation der Frauen besonders durch deren familiäre Verpflichtungen bestimmt wird, auf welche durch gesetzliche Regelungen nur begrenzt eingewirkt werden kann. Positiv ist wie bei den BBW's zu bewerten, daß es überhaupt derartige Qualifikationsmöglichkeiten gibt. Das Angebot ist aber bei weitem nicht ausreichend und die von der Bundesregierung Ende der 80er Jahre getroffene Entscheidung, trotz steigender Nachfrage keine weiteren Investitionen in diesem Bereich vorzunehmen, ist in höchstem Maße bedauerlich (vgl. auch RUNDE 1985, 216 – 219).

3.1.2.3 Werkstätten für Behinderte

WfB's für besonders schwer Behinderte

Werkstätten für Behinderte sind das letzte Glied in der Kette der beruflichen Rehabilitationseinrichtungen. Aufnahme finden sollen alle besonders schwer behinderten Menschen, die auf dem allgemeinen Arbeitsmarkt nicht beschäftigt werden können (ca. 80% geistig behinderte Menschen). Die Problematik der WfB's liegt vor allem darin, daß einerseits derart Schwerbehinderte nur begrenzt imstande sind, ökonomisch verwertbare Arbeitsleistungen zu erbringen, andererseits aber der Produktionsbereich der WfB's kostendeckend funktionieren soll (vgl. § 12 *Werkstättenverordnung* Schwerbehindertengesetz [SchwbWV]). Es gibt in den alten Bundesländern ein flächendeckendes Netz von 420

WfB's, in denen 120.000 Behinderte beschäftigt sind. In den neuen Bundesländern gibt es 170 WfB's (einschließlich der befristet und vorläufig anerkannten WfB's) mit ungefähr 18.000 Arbeitsplätzen (Stand 3/1994; vgl. BUNDESMINISTERIUM... 1994, 161). Dieses Angebot ist unzureichend, da bereits im Jahre 1974 ein Bedarf von 100.000 bis 200.000 Plätzen ermittelt wurde (vgl. *Bundestagsdrucksache* 7/1974, 1515, 7). Obwohl über 70% der Beschäftigten in Werkstätten für Behinderte unter 40 Jahre alt sind (vgl. ANDERS 1996, 555) und den zu erwartenden Zugängen kaum Abgänge gegenüberstehen, hält die Bundesregierung den Bedarf an Werkstattplätzen für weitgehend gedeckt (vgl. BUNDESMINISTERIUM... 1994, 166). Nur ca. 5% der Beschäftigten gelingt irgendwann einmal der Übergang auf den allgemeinen Arbeitsmarkt (vgl. TEWS 1988, 203).

Probleme der WfB's

Besonders problematisch ist die Rechtsstellung und die Entlohnung behinderter Menschen in Werkstätten für Behinderte. Auch wenn meistens nur etwa 1/3 der Arbeitskraft Nichtbehinderter erreicht werden kann, sind die Beschäftigten doch Arbeitnehmer, ohne daß ihnen der volle Status und die Rechte eines nichtbehinderten Arbeitnehmers gewährt werden, dies vor allem wegen der fehlenden Geschäftsfähigkeit. Ihre Rechtsstellung bezüglich Mutterschutz, Urlaub, Rentenversicherung, etc. ist bislang außerordentlich unbefriedigend geregelt. Der rechtliche Status der Beschäftigten der WfB's soll im Rahmen der Einordnung des Rehabilitations- und Schwerbehindertengesetzes in das Sozialgesetzbuch (SGB IX) geklärt werden. Ebenso unbefriedigend ist das Arbeitsentgelt, das nur bei durchschnittlich DM 246,– monatlich liegt. Nach Abzug der »häuslichen Ersparnis« durch den Sozialhilfeträger in Höhe von DM 60,– verbleiben letztlich also durchschnittlich DM 186,– (vgl. BUNDESMINISTERIUM... 1994, 164). Davon kann natürlich keiner leben, und der Behinderte ist weiterhin von Sozialhilfe abhängig, obwohl er seinen Fähigkeiten entsprechend arbeitet wie andere Arbeitnehmer auch (zur Problematik der WfB's vgl. auch ANDERS 1996; BUNDESVEREINIGUNG LEBENSHILFE... 1991a und b; 1992; DALFERT 1995; SEYL 1996).

3.1.3 Schulische Rehabilitation

In der Bundesrepublik Deutschland existiert ein gut ausgebautes und differenziertes Sonderschulwesen, gegliedert nach Behinderungsarten. Gegenwärtig gibt es Sonderschulen für

- Blinde / Taubblinde
- Gehörlose
- Geistigbehinderte

- Körperbehinderte
- Kranke
- Lernbehinderte
- Schwerhörige
- Sehbehinderte
- Sprachbehinderte
- Verhaltensauffällige.

Perspektiven der Rehabilitation in Sonderschulen

Die einzelnen »Behindertenpädagogiken« ergeben sich aus der Sonderschulorganisation (mit Ausnahme der Schule für Kranke). Diese Gleichsetzung von Behinderung und Sonderschulbedürftigkeit ist außerordentlich kritisch zu bewerten, nicht nur wegen der Tatsache, daß zahlreiche behinderte Menschen mehrfach behindert sind und behinderte Kinder auch Allgemeine Schulen besuchen (vgl. dazu u.a. BLEIDICK 1994, 652). Etwa 4% der schulpflichtigen Kinder werden in Sondereinrichtungen beschult, das waren 1992 rund 360.000. Die allgemein rückläufigen Schülerzahlen seit 1975 haben sich nur an der Schulen für Lernbehinderte ausgewirkt (Reduzierung von 305.187 im Jahr 1975 auf 142.459 im Jahr 1992; alte Bundesländer). An allen anderen Schulen für Behinderte ist die Schülerzahl trotz rückläufiger demographischer Entwicklung in etwa gleich geblieben (vgl. BUNDESMINISTER... 1989, 37; BUNDESMINISTERIUM... 1994, 86ff.). Die Zahlen für alte und neue Bundesländer steigen seither wieder (vgl. 2.2.2). Die zunehmende Zahl integrativ beschulter Kinder ist kaum ermittelbar, eine mehrfach genannte Quote ist 3% (vgl. SCHÖLER 1993, 26).

Zum sonderpädagogischen Arbeitsbereich gehört auch das System der Früherkennung und Frühförderung. 1992 gab es 946 Sonderkindergärten mit etwa 20.800 Plätzen. 1986 besuchten ca. 20.000 behinderte Kinder Regelkindergärten. Im integrativen Bereich gibt es inzwischen 530 Kindergärten (117 Sonderkindergärten und 413 Regelkindergärten) mit 850 Integrationsgruppen. Einzelne behinderte Kinder werden in 780 Regeleinrichtungen integrativ betreut. (vgl. BUNDESMINISTER... 1989, 35; BUNDESMINISTERIUM... 1994, 81). Es ist zu erwarten, daß sich der Trend zur Integration im Kindergarten auch künftig fortsetzen wird (1987 gab es im alten Bundesgebiet lediglich 160 integrative Einrichtungen; vgl. BUNDESMINISTER... 1989, 35), nachdem inzwischen keinerlei Zweifel daran bestehen kann, daß jedes behinderte Kind auch gemeinsam mit nichtbehinderten Kindern erfolgreich betreut und erzogen werden kann, wenn man es nur will (vgl. Kap. 7). Im schulischen Bereich sind die Beharrungstendenzen von Integrationsgegnern hartnäckiger, was nicht zuletzt daran liegen dürfte, daß das betroffene Personal wenig Interesse an unbequemen Innovationen zeigt und die Schaffung entsprechender

Voraussetzungen finanziell aufwendiger ist als die Separierung behinderter Kinder. Immerhin ist inzwischen in den Empfehlungen der KULTUSMINISTERKONFERENZ (KMK) zur sonderpädagogischen Förderung (1994) davon die Rede, daß diese Förderung in allen Schulen stattfinden soll (vgl. u.a. EBERWEIN 1994, 294).

Erwähnt sei hier noch die Förderung der Ausbildungsmöglichkeiten behinderter Menschen im Hochschulbereich (dazu: BUNDESMINISTERIUM... 1994, 94ff.).

3.1.4 Soziale Rehabilitation

Mobilitätsbarrieren

Zur Sozialen Rehabilitation gehören u.a. der Bereich behindertengerechter Umwelt (Bauen, Wohnen, Verkehr) sowie der Freizeit- und Dienstleistungsbereich. Die Wohnverhältnisse behinderter Menschen sind immer noch durch spezielle Anstalten und Heime mit Ghettocharakter gekennzeichnet, die überdies viel zu groß sind. Im Sinne des »Normalisierungsprinzips« müßten wirklich alle Möglichkeiten zum autonomen und individuellen Wohnen genutzt werden, dazu gehören behindertengerechte Konzeptionen für das gesamte Wohnumfeld. Bedingt durch die zunehmende Lebenserwartung behinderter Menschen werden die Forderungen an den sozialen Wohnungsbau immer größer. Stationär in Heimen und Anstalten waren 1992 etwa 118.000 erwachsene behinderte Menschen untergebracht (ohne psychiatrische und geriatrische Einrichtungen; vgl. BUNDESMINISTERIUM... 1994, 178f.).

Auch Erleichterungen der Mobilität Behinderter durch Verbesserungen im öffentlichen Personennahverkehr sind dringend notwendig (vgl. dazu 3.2.3.2; CLOERKES 1988; RIBBECK 1985). Der Ausbau von Sonderfahrdiensten und speziellen Urlaubsangeboten für Behinderte sind hier ebenso zu fördern wie die Beseitigung von Barrieren in Verkehrsmitteln und in der architektonischen Umwelt, deren Existenzberechtigung manchmal schwer nachzuvollziehen ist und die oftmals auch Nichtbehinderten Probleme bereiten. Zielkonflikte mit ökologischen Anliegen dürfen keinesfalls zum Ausschluß behinderter Menschen von Teilen des gesellschaftlichen Lebens führen. Das gilt insbesondere für den Kultur- und Freizeitbereich: So sinnvoll es auch sein mag, Nichtbehinderte 500 Meter vor einer Sehenswürdigkeit zum Verzicht auf ihr Auto zu zwingen, Ausnahmeregelungen für behinderte Menschen müssen möglich sein und toleriert werden, soll es nicht zu ungerechtfertigten Diskriminierungen kommen. Sport- und Freizeitangebote speziell für Behinderte tragen ganz wesentlich zur sozialen Rehabilitation bei.

3.2 Sozialpolitische und rechtliche Grundlagen

3.2.1 Grundzüge der Sozialpolitik für Behinderte

Grundsätze: Aktionsprogramm von 1970

Die erste und heute immer noch im Grundsatz gültige, umfassende Konzeption zur Sozialpolitik für behinderte Menschen wurde **1970** mit dem **»Aktionsprogramm der Bundesregierung zur Förderung der Rehabilitation«** vorgelegt (vgl. *Bundesarbeitsblatt* 5/1970, 339ff.). Es sah vor, daß »allen Behinderten die gebotenen medizinischen, erzieherischen, beruflichen und sozialen Hilfen schnell und unbürokratisch erreichbar sind, unabhängig davon, ob es sich um Kinder, Jugendliche oder Erwachsene handelt und ob die Behinderung angeboren ist, auf einer Erkrankung, einem Unfall oder einer Kriegsbeschädigung beruht«. Die wichtigste Neuerung war die prinzipielle Zusage von Leistungen, unabhängig von Art und Ursache der Behinderung, d.h. die Gleichstellung aller Behinderten oder kurz:

»Finalitätsprinzip statt Kausalitätsprinzip«

Im Aktionsprogramm von 1970 werden 11 Maßnahmenkomplexe genannt:

- Koordination der mit Rehabilitation befaßten Organisationen, Stellen und Behörden
- Neu- und Ausbau eines Systems von Rehabilitationseinrichtungen
- Verbesserung des Rehabilitationsverfahrens im Einzelfall
- Aus- und Fortbildung von Fachkräften der Rehabilitation
- Verbesserung der gesetzlichen Grundlagen der Rehabilitation
- Erschließung neuer Berufstätigkeiten für Behinderte
- Koordinierung von Forschung und Dokumentation
- Schaffung einer einheitlichen Rehabilitationsstatistik
- Beseitigung baulicher und technischer Hindernisse
- Aktivierung der Öffentlichkeitsarbeit und Abbau von Vorurteilen gegenüber Behinderten
- Teilnahme der Behinderten am Leben der Gemeinschaft.

Kritisch ist hierzu anzumerken, daß die grundlegenden Ziele in dieser Auflistung erst am Ende genannt werden. Immerhin wurden in den Jahren danach mehrere wichtige gesetzliche Neuerungen durchgeführt.

Im **3. Gesetz zur Änderung des Bundessozialhilfegesetz (BSHG) von 1974** wird erstmalig festgelegt, daß alle Behinderten einen Rechtsanspruch auf Eingliederungshilfen haben. Es handelt sich hier allerdings nur um »Kann-Leistungen«, die von Ermessensentscheidungen der Verwaltung abhängen. Das BSHG ist im übrigen bis heute nicht in den Gesamtkomplex der Rehabilitationsmaßnahmen mit einbezogen, obwohl dies im Aktionsprogramm von 1970 gefordert wurde (vgl. RUNDE 1985, 200). Bestrebungen hierzu sind im Gange (vgl. BUNDESMINISTERIUM... 1994, 308ff.).

Umsetzung des Aktionsprogramms in Gesetze 1970 bis 1975

Das **Rehabilitationsangleichungsgesetz (RehaAnglG) von 1974** (Stand letzte Änderung 1994) soll sicherstellen, daß im Interesse der Betroffenen eine Koordination und Angleichung der Rehabilitationsleistungen verschiedener Träger erfolgt. Sinnvoll wäre die Schaffung eines einheitlichen Rehabilitationsgesetzes gewesen. Nach dem RehaAnglG bleiben jedoch die Rechtsvorschriften der einzelnen Rehabilitationsträger erhalten, was das Rehabilitationsverfahren im Einzelfall nicht nur kompliziert und unübersichtlich macht, sondern auch einer konsequenten Umsetzung des Finalitätsprinzips im Wege steht: Bis heute macht es einen beachtlichen Unterschied, ob der Hausmann beim Fensterputzen von der Leiter fällt und fortan aufgrund dieses Unfalls behindert ist oder ob seine Frau zur gleichen Zeit in ihrem Beruf als Fensterputzerin von der Leiter fällt und die gleichen Unfallfolgen erleidet. Eine wichtige Aussage im Rehabilitationsangleichungsgesetz ist der Grundsatz

»Rehabilitation vor Rente«

Renten sind erst dann zu bewilligen, »wenn zuvor Maßnahmen zur Rehabilitation durchgeführt worden sind oder wenn, insbesondere wegen Art und Schwere der Behinderung, ein Erfolg solcher Maßnahmen nicht zu erwarten ist« (§ 7(1) *RehaAnglG*). Entsprechend gilt der Grundsatz

»Rehabilitation vor Pflege«

im Rahmen der neuen Pflegegesetzgebung. In einer Zeit, in der auch nichtbehinderte ältere Arbeitnehmer massenhaft vorzeitig in Rente geschickt werden, ist wohl kaum zu erwarten, daß das genannte Prinzip ernsthafte Beachtung findet (vgl. dazu die unausgewogene Teilnehmerstruktur in Berufsförderungswerken; 3.1.2.2 weiter oben).

Das **Gesetz über die Sozialversicherung Behinderter (BehSozVersG) von 1970** regelte, daß Behinderte in Werkstätten für Behinderte (WfB) oder während berufsfördernder Maßnahmen (BBW; BFW) sozialversichert sind. Die Beiträge zur Rentenversicherung werden aus öffentlichen Mitteln subventioniert.

Das **Sozialgesetzbuch (SGB) – Allgemeiner Teil – von 1975** (Stand letzte Änderungen 1994) gibt in § 10 allen Behinderten einen Rechtsanspruch auf Eingliederung. Es handelt sich allerdings nur um »Kann-Leistungen«, die im Ermessen der Verwaltungen liegen. Auch das BSHG ist bis heute nicht hinreichend in die Gesamtmaßnahmenabstimmung einbezogen (vgl. RUNDE 1985, 200; BUNDESMINISTERIUM 1994..., 308ff.).

Der Prophylaxe von Behinderungen im Arbeitsleben dienen das **Arbeitssicherheitsgesetz von 1973** und die **Arbeitsstättenverordnung von 1975.** Ergänzende Bestimmungen für behinderte junge Menschen enthalten das **Berufsbildungsgesetz (BBiG) von 1971,** das **Jugendarbeitsschutzgesetz (JArbSchG) von 1974** und das **Arbeitsplatzförderungsgesetz (APFG) von 1976.**

Das **Arbeitsförderungsgesetz (AFG)** in Verbindung mit der Anordnung des Verwaltungsrates der Bundesanstalt für Arbeit über die Arbeits- und Berufsförderung Behinderter **(AReha) seit 1975** regelt im wesentlichen die berufliche Rehabilitation Behinderter, wobei der Bundesanstalt für Arbeit eine zentrale Rolle zugewiesen wird. Über Mittel aus der Ausgleichsabgabe nach dem Schwerbehindertengesetz wurden den Arbeitgebern rund 930 Millionen DM zur Förderung der Beschäftigung arbeitsloser Behinderter zur Verfügung gestellt, im Jahr 1993 allein 197 Millionen DM. Die Leistungen stiegen von 1989 bis 1992 um 42% (vgl. BUNDESMINISTERIUM... 1994, 149). Arbeitgeber können bis 100% Zuschuß zur Ausbildungsvergütung bzw. bis 80% Zuschuß zum Lohn als Eingliederungsbeihilfe erhalten. Da Arbeitgeber gewohnt sind nach ökonomischen Prinzipien zu handeln, ist die Gesamtbilanz der Millionenprogramme bescheiden: Behinderte wurden nur bei bereits geplanter Personalausweitung eingestellt und nichtbehinderte Arbeitnehmer statt dessen entlassen. Fachleute sprechen in diesem Zusammenhang vom

»Mitnehmereffekt«

Im Jahr 1994 wurde **Artikel 3 (3) des Grundgesetzes** um eine Antidiskriminierungs – Vorschrift ergänzt: »Niemand darf wegen seiner Behinderung benachteiligt werden«. Die Bundesregierung hatte sich bis zuletzt gegen diese Änderung gewehrt (vgl. BUNDESMINISTERIUM... 1994, 306 – 308).

3.2.2 Das Schwerbehindertengesetz

Das Schwerbehindertengesetz (SchwbG) von 1974 ist das zentrale Gesetzeswerk zur Regelung des rechtlichen Status von behinderten Menschen. Es löste das Schwerbeschädigtengesetz (SBG) von 1953 ab und gilt entsprechend dem Finalitätsprinzip für alle (amtlich anerkannten) Schwerbehinderten, unabhängig von Art und Ursache der Behinderung (»Finalitätsprinzip statt Kausalitätsprinzip«). Die letzte Novellierung wurde 1986 vorgenommen, danach gab es einige kleinere Änderungen.

3.2.2.1 Die wichtigsten Vorschriften

Die Schwerbehinderteneigenschaft wird auf Antrag durch das zuständige Versorgungsamt festgestellt. Zu den Aufgaben des Versorgungsamtes gehört:

Versorgungsamt

- Festlegung des »Grads der Behinderung« (GdB; diese Bezeichnung ersetzt seit 1986 die früher übliche »Minderung der Erwerbsfähigkeit«)
- Feststellung zusätzlicher behinderungsspezifischer Merkmale zur Wahrnehmung eventueller Vergünstigungen (Merkzeichen im Ausweis)
- Ausstellung eines entsprechenden Behindertenausweises.

Der **Grad der Behinderung** (GdB) wird in Zehnerschritten von 10 bis 100 anhand gutachterlicher Kriterienkataloge festgelegt. Eine Behinderung liegt vor, wenn der Grad der Behinderung mindestens 20 beträgt. Bei einem Schwerbehinderten muß der Grad der Behinderung mindestens 50 betragen. Behinderte mit einem Grad der Behinderung zwischen 30 und 50 werden auf Antrag den Schwerbehinderten zeitlich begrenzt zum Ausgleich von Nachteilen im Arbeitsleben gleichgestellt, sie sind jedoch keine Schwerbehinderten. Mehrere Funktionsbeeinträchtigungen bei einer Person werden nicht einfach zusammengezählt, um den Grad der Behinderung festzustellen, sondern im Gesamtzusammenhang bewertet.

Schwerbehindert ab GdB von 50

Der **Schwerbehinderten-Ausweis** gilt für eine Dauer von 5 Jahren (vgl. Muster eines Ausweises in BUNDESMINISTERIUM... 1995, 82 – 83). Er kann zweimal verlängert werden, wenn die Voraussetzungen weiterhin vorliegen (vgl. § 6[6] *Ausweisverordnung Schwerbehindertengesetz* [SchwbAwV], BUNDESMINISTERIUM... 1995, 286f.). Die Befristung auf maximal 15 Jahre hatte es bis 1986 nicht gegeben. Nach Auskunft des Bundesministeriums für Arbeit und Sozialordnung bedeute dies nicht, daß einem Schwerbehinderten nach Ablauf der 15 Jahre seine Rechte genom-

Ausweise befristet

men würden. Er muß sich dann jedoch einer erneuten eingehenden Begutachtung unterziehen, um einen neuen Ausweis zu erhalten. Diese Kontrolle ist offensichtlich beabsichtigt. Eine wesentliche Veränderung der maßgeblichen gesundheitlichen Verhältnisse führt auf Antrag zur Neufeststellung des Grads der Behinderung bzw. zum Verlust der Schwerbehinderteneigenschaft.

Der Ausweis kann folgende zusätzliche **Eintragungen (Merkzeichen)** enthalten:

Merkzeichen im Ausweis

- »G« = gehbehindert. Bewegungsfähigkeit im Straßenverkehr ist erheblich eingeschränkt. Übliche Wegstrecken sind zu Fuß nicht zu bewältigen.
- »aG« = außergewöhnlich gehbehindert. Im allgemeinen Rollstuhlabhängigkeit.
- »H« = hilflos. Dies gilt auch für Kleinkinder, sofern sie schwerbehindert sind.
- »B« = ständige Begleitung notwendig. Gilt ebenfalls auch für Kleinkinder, sofern sie schwerbehindert sind.
- »Bl« = blind.
- »RF« = Rundfunkgebührenbefreiung und Telefongebührenermäßigung möglich.

Zuständige Behörde ist das örtliche Versorgungsamt. Übergeordnete Behörden sind die **Hauptfürsorgestellen** in Karlsruhe, Stuttgart, Tübingen, Freiburg, Mainz, Koblenz, Neustadt, Saarbrücken, Darmstadt, Wiesbaden, Kassel, Köln, Münster, Hildesheim, Bremen, Hamburg, Kiel, Berlin, Bayreuth, Würzburg, Ansbach, Regensburg, Landshut, Augsburg und München (vgl. BEAUFTRAGTER... o.J., 13–15). Auch in den neuen Bundesländern wurden Hauptfürsorgestellen geschaffen.

6% bei mehr als 15 Arbeitsplätzen oder Ausgleichsabgabe

Das Kernstück des Schwerbehindertengesetzes ist die **»Beschäftigungspflicht«.** Danach sind alle privaten und öffentlichen Arbeitgeber verpflichtet, 6% Schwerbehinderte zu beschäftigen, sofern sie über mehr als 15 (also 16 und mehr) Arbeitsplätze verfügen. Wer dieser Verpflichtung nicht nachkommt, hat seit 1990 eine »Ausgleichsabgabe« in Höhe von DM 200,– monatlich pro nichtbesetzten Pflichtarbeitsplatz zu entrichten. Der Betrag lag lange Zeit bei DM 50,– und wurde in den 80er Jahren mehrfach erhöht, ohne daß damit bislang nennenswerte Effekte erzielt worden wären. Bemerkenswert: Im Gebiet der ehemaligen DDR reduzierte sich die Ausgleichsabgabe nach dem Beitritt um DM 50,– (vgl. BUNDESMINISTERIUM... 1994, 141). Das alte Schwerbeschädigtengesetz von 1953 kannte noch das Instrument der Zwangseinstellung. Die Mittel aus der Ausgleichsabgabe sind zweckgebunden zur Förderung der beruflichen Rehabilitation der Behinderten und fließen den Arbeitgebern großenteils in Form von Einarbeitungshilfen und Lohnkostenzuschüssen wieder zu (vgl. 3.2.1). Nach §§ 8 bis 10 des novellierten Schwerbehindertengesetzes werden seit 1986 Auszubildende für zwei Pflichtarbeitsplätze und Teilzeitbeschäftige für einen ganzen Pflichtarbeitsplatz angerechnet, Ausbildungsplätze zählen außerdem bei der Berechnung der Pflichtarbeitsplätze nicht mehr mit. Schwerbehinderte mit besonderen Vermittlungsproblemen können auf bis zu drei Pflichtarbeitsplätze angerechnet werden.

In den §§ 15–22 des Schwerbehindertengesetzes ist ein besonderer **Kündigungsschutz** für Schwerbehinderte vorgesehen. Danach kann eine Kündigung nur mit Zustimmung der Hauptfürsorgestelle erfolgen. Der Kündigungsschutz beginnt sechs Monate nach Aufnahme der Beschäftigung, es gibt also eine sechsmonatige Probezeit ohne verbesserten Kündigungsschutz.

Zustimmung der Hauptfürsorgestelle

Schwerbehinderte Arbeitnehmer haben nach § 47 SchwbG Anspruch auf **Zusatzurlaub** von einer Arbeitswoche, d.h. in der Regel von 5 Tagen.

Eine **Schwerbehindertenvertretung** überwacht die Einhaltung des Schwerbehindertengesetzes und wirkt insbesondere bei der Einstellung schwerbehinderter Arbeitnehmer mit. Auch der Arbeitgeber hat einen Schwerbehindertenbeauftragten zu bestellen (vgl. §§ 24–29 SchwbG). An mehr als 250 Hochschulen gibt es inzwischen Behindertenbeauftragte.

3.2.2.2 Zahl der amtlich Schwerbehinderten

Angesichts der Schwierigkeiten mit dem Behinderungsbegriff (vgl. Kap. 1.1.2) ist es nicht verwunderlich, daß es nur ungenaue und widersprüchliche Angaben über die Zahl der amtlich Schwerbehinderten gibt. Auf dem Rehabilitationskongreß »Reha 1989« in Düsseldorf wurde die Zahl von rund 6,4 Millionen Behinderten für alle Behinderten nach den Bestimmungen des Schwerbehindertengesetzes genannt. Im 3. Bericht der Bundesregierung von 1994 ist die Rede von 986.107 erwerbstätigen Schwerbehinderten, 176.558 arbeitslosen Schwerbehinderten, rund 140.000 in Werkstätten für Behinderte tätigen Behinderten und weiteren 5,23 Millionen nicht erwerbstätigen Schwerbehinderten. Das ergibt eine Gesamtzahl von ca. 6,6 Millionen amtlich Schwerbehinderten oder etwas über 8% der Wohnbevölkerung (Stand 1992/93; vgl. BUNDESMINISTERIUM... 1994, 6). 63,0% der Schwerbehinderten sind über 60 Jahre und 1,8% unter 15 Jahre alt; 23,5% der Schwerbehinderten wurde ein GdB von 100 bescheinigt (vgl. HEIN 1995, 376–381). 1984 nannte das Bundesministerium für Arbeit und Sozialordnung eine Zahl von 4,6 Millionen Schwerbehinderten (vgl. BUNDESMINISTER... 1984, 8), 1989 eine Zahl von

Widersprüchliche Zahlenangaben

5,1 Millionen Schwerbehinderten (vgl. BUNDESMINISTER... 1989, 8). In einer Pressemitteilung vom April 1986 ist wiederum von 5,5 Millionen Schwerbehinderten mit einem Grad der Behinderung über 50 die Rede, davon seien etwa ein Drittel im erwerbsfähigen Alter. Nach dem Statistischen Jahrbuch 1985 gibt es 6,6 Millionen anerkannte Schwerbehinderte (vgl. BRACKHANE 1988, 29). SCHULTE (1988, 41) spricht von einer allgemein akzeptierten Zahl von über 5 Millionen und v. FERBER (1988, 82) stellt fest, »7,8 Millionen Behinderte deutscher Staatsangehörigkeit leben in der Bundesrepublik«.

Dem unbefangenen Beobachter fällt es einigermaßen schwer einzusehen, warum es nicht möglich sein soll, zumindest über die Zahl der amtlich ausgegebenen Behindertenausweise genaue Angaben zu machen. Dennoch scheint dies der Fall zu sein, wie aus einem Schreiben des Bundesministeriums für Arbeit und Sozialordnung vom 23.1.1988 an den Verfasser hervorgeht. Dort wird zur Befristung der Schwerbehindertenausweise ausgeführt, dies solle »sicherstellen, daß Ausweise, deren Inhaber verstorben oder verzogen sind, spätestens beim Ablauf der Frist erfaßt werden. Andernfalls würden solche Ausweise auch noch nach dem Wegzug oder dem Tode des Ausweisinhabers in der Statistik ... erfaßt«. Keine amtlichen Zahlen gibt es für Behinderte mit einem Grad der Behinderung unter 50. Unbekannt ist auch die Zahl der – meist älteren – Behinderten, die keine Feststellung nach dem Schwerbehindertengesetz beantragt haben. Bei einer sehr zurückhaltenden ungefähren Bezifferung wird man wohl von ca. 8 Millionen Behinderten in der Bundesrepublik Deutschland ausgehen können. Diese Quote von etwa 10% der Bevölkerung wird auch im internationalen Vergleich immer wieder genannt. Festzuhalten bleibt jedoch unbedingt:

Problematik von Zahlenangaben

- Es handelt sich bei den amtlich Behinderten nicht um die gleiche Gruppe wie bei den Behinderten im soziologisch-pädagogischen Sinne (vgl. 1.1.2 und 2.2). Zu den amtlich Behinderten zählen beispielsweise viele Menschen mit schweren chronischen Erkrankungen, die den Pädagogen nicht interessieren, andererseits sind die Lernbehinderten als größte Gruppe der sonderbeschulten Kinder nicht amtlich behindert.
- Bei nicht wenigen Inhabern amtlicher Bescheinigungen über ihre Behinderteneigenschaft muß die Berechtigung dieser Zuschreibung kritisch bewertet werden.
- Eine große Zahl älterer Behinderter sind amtlich nicht erfaßt, weil sie sich nie um eine Behindertenausweis bemüht haben, der vor allem für jüngere und erwerbstätige Behinderte Vorteile bringt.

- Die Zahlenangaben über die amtlich Behinderten und die Behinderten im soziologisch-pädagogischen Sinne liegen nur zufällig im etwa gleichen Bereich bei ca. 10% der Bevölkerung. Sie beschreiben auf jeden Fall unterschiedlich definierte Gruppierungen.

3.2.2.3 Kritische Anmerkungen

Die Kernpunkte des Schwerbehindertengesetzes sind

- der verbesserte Kündigungsschutz und
- die Beschäftigungspflicht.

Die Beschäftigungspflicht soll dazu führen, daß vermehrt behinderte Menschen eingestellt werden, der Kündigungsschutz soll den Arbeitsplatz dann sichern und erhalten. Beide Maßnahmen sind in ihrer Wirksamkeit durchaus kritisch zu bewerten. Die Kritik an der gegenwärtigen Regelung der Beschäftigungspflicht konzentriert sich auf das Argument, daß eine Verpflichtung ohne deutliche Sanktionen wirkungslos bleiben muß, weil Arbeitgeber gewohnt sind, ökonomisch zu denken und zu handeln und daher die Ausgleichsabgabe in Verbindung mit zu erwartenden Subventionen, beispielsweise für die Einrichtung eines behindertengerechten Arbeitsplatzes, als den »billigeren« Weg bevorzugen.

Kündigungsschutz als Einstellungshemmnis

Der verbesserte Kündigungsschutz nach § 15 SchwbG gilt vielen Sozialexperten als ausgesprochenes Einstellungshemmnis, weil Arbeitgeber meinen könnten, er mache es unmöglich, sich wieder von einem schwerbehinderten Arbeitnehmer zu trennen. Diese Befürchtung ist allerdings unbegründet und das Bundesministerium für Arbeit und Sozialordnung stellt zu Recht beschwichtigend fest, der Kündigungsschutz werde »in seiner Reichweite verkannt« (BUNDESMINISTER... 1989, 74).

Einige Zahlen: 1983 gingen bei den Hauptfürsorgestellen insgesamt 31.640 Anträge auf Zustimmung zur Kündigung ein. Die Zustimmung erfolgte, also der schwerbehinderte Arbeitnehmer wurde tatsächlich entlassen,

- in 7.402 Fällen wegen Betriebstillegung,
- in 10.174 Fällen mit Zustimmung des Schwerbehinderten,
- in 4.556 Fällen in gegenseitigem Einvernehmen (meist mit Abfindung),
- in 3.774 Fällen gegen den Willen des Schwerbehinderten.

Nur 5.715mal wurde die Zustimmung tatsächlich versagt, d.h. der Schwerbehinderte mußte weiterbeschäftigt werden, das sind 18% der Fälle (vgl. BUNDESMINISTER... 1984, 69ff.).

Durchsetzung von Kündigungen

Derart detaillierte Angaben fehlen für die folgenden Jahre. Im »*2. Bericht der Bundesregierung über die Lage der Behinderten...*« von 1989 wird darauf verwiesen, daß die Zahl der Anträge auf Zustimmung zur Kündigung von 25.400 im Jahre 1984 auf 20.950 im Jahre 1987 zurückgegangen sei. Darunter sind 2.500 bzw. 1.950 Fälle von außerordentlicher Kündigung. Die Zustimmung zur Kündigung wurde nur in 16% aller Fälle von ordentlicher bzw. 17% von außerordentlicher Kündigung letztendlich versagt, in allen übrigen Fällen konnte sich der Arbeitgeber mit seinem Vorgehen durchsetzen (vgl. BUNDESMINISTER... 1989, 74).

Der 3. Bericht der Bundesregierung von 1994 legt neue Zahlen vor (vgl. BUNDESMINISTERIUM... 1994, 156 – 158). Für die alten Bundesländer ergibt sich eine Erhöhung der Neuanträge auf Zustimmung zur Kündigung von 14.969 im Jahr 1990 über 16.856 im Jahr 1991 auf 24.075 im Jahr 1992. Die extreme Steigerung im Jahr 1992 wird als »Ausdruck der konjunkturellen und strukturellen Lage« interpretiert, was auch durch die Kündigungsanträge aus betriebsbedingten Gründen (60,5% im Jahr 1992 im Gegensatz zu 47,7% im Jahr 1991) gestützt werde. Eine mögliche Arbeitgeberstrategie, die sich in der deutlichen Verlagerung von personbezogenen zu betriebsbedingten Kündigungsgründen verbergen könnte, wird nicht gesehen. Immerhin sei so der Ermessensspielraum der Hauptfürsorgestellen erheblich eingeschränkt gewesen. Über 38,9% der Anträge wurde streitig entschieden, dabei konnte zu 48,9% der Arbeitsplatz erhalten werden. Rechnerisch ergibt sich so ein Prozentsatz von ca. 19%, in denen dem Schwerbehinderten schließlich nicht gekündigt werden durfte.
In den neuen Bundesländern lag die Zahl der Anträge im Jahr 1991 bei extremen 71.500: 80% davon hatten ihren Grund in einer Betriebsschließung oder wesentlichen Betriebseinschränkung. 1992 fiel die Zahl der Neuanträge auf 19.433. Diese verhältnismäßig hohe Zahl wird noch mit Umstrukturierungsmaßnahmen begründet. Die Anzahl streitiger Verfahren belief sich hier auf 47,7%, dabei konnte über die Hälfte der Arbeitsplätze erhalten werden, woraus sich ein Prozentwert von ca. 22 errechnen läßt.

Insgesamt ist der verbesserte Kündigungsschutz über viele Jahre hinweg also nur für rund 18% der schwerbehinderten Arbeitnehmer tatsächlich wirksam gewesen. Angesichts dieser Situation stellt sich die Frage, ob sich überhaupt Unterschiede zur Arbeitsplatzsicherheit von nichtbehinderten Arbeitnehmern ergeben und die Nachteile der Regelung als »Einstellungshemmnis« nicht größer sind als ihr Nutzen.

Die Beschäftigungspflichtquote von 6% nach § 5 SchwbG *(gilt nur für Arbeitgeber mit mindestens 16 Arbeitsplätzen!)* ist im Durchschnitt niemals seit Bestehen des Gesetzes voll erfüllt worden. Die Ist-Quote lag im

Jahr 1976 bei 4,1%, 1978 bei 4,8%, stieg dann infolge gezielter Werbemaßnahmen zur »innerbetrieblichen Selbstrekrutierung« über 5,5% im Jahr 1980 auf ein Maximum von 5,9% im Jahr 1982. Seither geht die Beschäftigungsquote wieder zurück: Sie sank von 5,3% im Jahr 1984 auf 5,0 % im Jahr 1987. Die privaten Arbeitgeber erreichten 1987 eine Quote von 4,7%, die öffentlichen Arbeitgeber von 5,9% (vgl. BUNDESMINISTER... 1984, 68ff.; BUNDESMINISTER... 1989, 67).

Mißachtung der Beschäftigungspflicht

Die Beschäftigungsquote ist seitdem kontinuierlich weiter bis auf 4,3% im Jahr 1992 (4,4% alte und 3,6% neue Bundesländer) und 4,2% im Jahr 1993 gesunken. Die privaten Arbeitgeber kamen 1992 auf eine Beschäftigungsquote von 3,9% und 1993 auf 3,8%; die öffentlichen Arbeitgeber auf 5,2% in beiden Jahren. Die Bundesdienststellen lagen 1992 bei 5,5% und mußten erstmals seit 1978 wieder Ausgleichsabgabe zahlen. Bei den 16 Bundesländern, deren Beschäftigte überwiegend Lehrer sind, ist die Situation noch desolater. Nur das Saarland erfüllte 1992 mit 7,18% noch die Pflichtquote. Der Durchschnitt aller Bundesländer lag bei 4,26%, im Jahr 1987 dagegen noch bei 4,70% (vgl. BUNDESMINISTER... 1989, 69; BUNDESMINISTERIUM... 1994, 143–147; AKTIONSPROGRAMM 2000... 1995, 51).

Einige Angaben zur besseren Interpretation der wenig aussagekräftigen Durchschnittswerte: Im Jahr 1992 waren rund 163.600 Arbeitgeber beschäftigungspflichtig. Etwa 16% davon haben ihre Beschäftigungspflichtquote von 6% erfüllt, manche davon beschäftigten weit darüber hinaus Schwerbehinderte. Ca. 75% der beschäftigungspflichtigen Arbeitgeber kamen ihrer Beschäftigungspflicht nicht bzw. nicht genügend nach. Ein Drittel der Arbeitgeber beschäftigte überhaupt keinen Schwerbehinderten; dabei handelte es sich überwiegend um Arbeitgeber mit weniger als 100, allerdings immerhin mindestens 16 Arbeitsplätzen. Rund 110.000 der insgesamt 1,035 Millionen im Erwerbsleben stehenden Schwerbehinderten waren bei nicht beschäftigungspflichtigen Arbeitgebern beschäftigt. Für das Jahr 1991 zahlten die Arbeitgeber 975 Millionen an die zuständigen Hauptfürsorgestellen der Länder, um sich von ihrer Verpflichtung freizukaufen (vgl. BUNDESMINISTERIUM... 1994, 144f., 148). Im Jahre 1987 waren es noch 300 Millionen gewesen (vgl. BUNDESMINISTER... 1989, 70). Wie schon angesprochen, sind auch die Beschäftigungsquoten bei den Bundesländern sehr unbefriedigend. Dazu folgende Zahlen (vgl. BUNDESMINISTERIUM... 1994, 147):

Nur 25% der Arbeitgeber erfüllen die Quote

Baden-Württemberg	4,00%	Niedersachsen	4,02%
Bayern	3,68%	Nordrhein-Westfalen	5,60%
Berlin	5,03%	Rheinland-Pfalz	5,13%
Brandenburg	2,58%	Saarland	7,18%
Bremen	5,60%	Sachsen	2,83%
Hamburg	4,97%	Sachsen-Anhalt	2,96%
Hessen	4,90%	Schleswig-Holstein	4,32%
Mecklenburg-Vorpommern	2,56%	Thüringen	2,83%
Durchschnitt	**4,26%**		

Ziel der Beschäftigungspflicht ist die Verringerung der **Arbeitslosigkeit Schwerbehinderter.** 176.558 von insgesamt ca. 6,6 Millionen amtlich Schwerbehinderten waren Ende 1993 bei den Arbeitsämtern als arbeitsuchend registriert und galten somit als arbeitslos. Die Bundesregierung hält sich zugute, die Arbeitslosigkeit Schwerbehinderter von 138.000 im Jahr 1984 auf 116.800 im Jahr 1991 (alte Bundesländer) reduziert zu haben. Fachleute sprechen von einem stark überproportionalen Anteil der Schwerbehinderten an der Gesamtzahl der Arbeitsuchenden. Etwa 27% der arbeitslosen Schwerbehinderten waren 1992 länger als zwei Jahre arbeitslos, während dieser Anteil bei nichtbehinderten Arbeitslosen nur bei 13,2% liegt. In der Statistik sind auch längst nicht alle arbeitswilligen Schwerbehinderten erfaßt (vgl. BUNDESMINISTERIUM... 1994, 145; WITTMANN 1989, 796).

Schwerbehinderte besonders stark von Arbeitslosigkeit betroffen

Die Aussichten Schwerbehinderter auf einen Arbeitsplatz müssen als sehr ungünstig beurteilt werden, weil zu der Behinderung im allgemeinen noch andere erschwerende Umstände kommen wie fortgeschrittenes Alter oder mangelhafte berufliche Qualifikation. 64% der schwerbehinderten Arbeitslosen gegenüber 31,5% aller Arbeitslosen waren 1992 älter als 50 Jahre. 64% der arbeitslosen Schwerbehinderten im Gegensatz zu 35% der Arbeitslosen insgesamt haben keine abgeschlossene Berufsausbildung (vgl. BUNDESMINISTERIUM... 1994, 146). Arbeitgeber begründen denn auch gerne die Nichterfüllung der Beschäftigungspflicht damit, daß sie unter den Schwerbehinderten keine qualifizierten Bewerber finden könnten, so etwa der Computer-Hersteller IBM mit einer Quote von 2,6%. Statt dessen bemüht man sich um »innerbetriebliche Selbstrekrutierung«: In Großbetrieben haben 93% der schwerbehinderten Beschäftigten erst im Laufe ihres innerbetrieblichen Arbeitslebens den Behindertenstatus erlangt (vgl. *»Der Spiegel«*, Nr. 42 v. 16.10.1989, 95, 103).

3.2.3 Weitere Maßnahmen zur Förderung der sozialen Rehabilitation Behinderter

3.2.3.1 Steuerliche Vergünstigungen

Nachteilsausgleich für Behinderte, die Steuern zahlen müssen

Amtlich Behinderte können u.a. folgende steuerlichen Pauschbeträge in Anspruch nehmen (Stand 1996):

- Pauschbetrag zum Ausgleich typischer Mehraufwendungen für die Lebenshaltung, gestaffelt in acht Stufen nach Grad der Behinderung von 600,– bis 2.760,– pro Jahr
- Erhöhter Pauschbetrag von 7.200,– für Blinde und Hilflose
- Erhöhte Kilometerpauschale für Fahrten zur Arbeit bei Grad der Behinderung von mindestens 70 bzw. 50 und Merkzeichen »G«
- Pauschale von bis zu 1.560,– (3.000 km) pro Jahr für Privatfahrten bei Grad der Behinderung über 80 bzw. mindestens 70 und Merkzeichen »G«
- Aufwand für Haushaltshilfe bis 1.800,– pro Jahr
- Freibeträge für Eltern behinderter Kinder.

Schwerbehinderten, die außergewöhnlich gehbehindert, blind oder hilflos sind, wird auf Antrag die KFZ-Steuer erlassen. Nur die halbe KFZ-Steuer zahlen Schwerbehinderte mit Merkzeichen »G« und Gehörlose. Bei Ermäßigung der KFZ-Steuer verringert sich auch die KFZ-Versicherung um 25% bzw. 12,5%.

Als »außergewöhnliche Belastung« (unter Anrechnung eines zumutbaren Eigenanteils) können Schwerbehinderte u.a. geltend machen:

- Sämtliche KFZ-Kosten auf Nachweis bis 15.000 km und bis 0,52 DM/km (nur bei Merkzeichen »aG«)
- Kosten für die Betreuung von Kindern, sofern kein nichtbehinderter Ehegatte zur Verfügung steht.

*Steuerliche Freibeträge sind **nicht** Subventionsleistungen in Höhe der geltend zu machenden Beträge,* sondern verringern lediglich das zu versteuernde Einkommen, von dem je nach Einkommenshöhe ein bestimmter Steuersatz zu entrichten ist. Daraus ergibt sich, daß die steuerlichen Vorteile nur Schwerbehinderten zugute kommen, die überhaupt Steuern zahlen, und daß die Vorteile am größten sind, wenn viel Steuern zu zahlen wären. Von den rund 6,6 Millionen amtlich Behinderten sind aber nur 1.035.000 erwerbstätig (Stand 1992).

3.2.3.2 Erleichterungen im öffentlichen Personennahverkehr

Nach lange andauerndem und kleinlichem Streit gelten seit 1985 folgende Regelungen:

Nachteilsausgleich bei eingeschränkter Mobilität

- Unentgeltlich befördert werden in Bussen und Bahnen Blinde, Hilflose und Kriegsbeschädigte
- Außergewöhnlich Gehbehinderte (»aG«) können für 120,– eine Wertmarke erwerben und dann ein Jahr lang »frei« fahren (und außerdem die KFZ-Steuerbefreiung beantragen)
- Gehbehinderte (»G«) und Gehörlose können zwischen der Wertmarke für 120 ,– im Jahr und der 50%igen KFZ-Steuerermäßigung wählen
- Eine Begleitperson (Merkzeichen »B«) kann kostenfrei fahren, auch wenn der Behinderte selbst zahlen muß
- Freifahrtberechtigte dürfen auch ihren Rollstuhl oder Führhund unentgeltlich mitnehmen.

Die komplizierten Zusammenhänge verdeutlicht ein Schaubild im *»Ratgeber für Behinderte«* (vgl. BUNDESMINISTERIUM... 1995, 94 – 95).

Zum öffentlichen Personennahverkehr zählen Busse, U-, S- und Straßenbahn bzw. Bundesbahn im Umkreis von 50 km vom Wohnsitz des Behinderten. Im Fernverkehr der Deutschen Bundesbahn gibt es keine Freifahrten für Schwerbehinderte, aber einige kleinere bis kleinliche Vergünstigungen (z.B. Begleitperson und Rollstuhl fahren kostenlos, der Behinderte selbst nicht, kostenfreie Platzreservierung für Rollstuhlfahrer, ermäßigte Ausgabe der »BahnCard«, etc.). Ähnlich sieht es im innerdeutschen Flugverkehr aus. Bei Merkzeichen »B« wird die Begleitperson unentgeltlich befördert und Kriegsbeschädigte erhalten einen Nachlaß in ungenannter Höhe (vgl. BUNDESMINISTERIUM... 1995, 92 – 93).

3.2.3.3 Sonstige Vergünstigungen

Parkerleichterungen

Schwerbehinderte mit den Merkzeichen »aG« bzw. »Bl« erhalten auf Antrag eine Ausnahmegenehmigung zur Parkerleichterung (Rollstuhlfahrersymbol) und können dann u.a. in entsprechend gekennzeichneten Parkfeldern bzw. im eingeschränkten Halteverbot maximal 3 Stunden parken (eine Auflistung der Parkerleichterungen findet sich im *»Ratgeber für Behinderte«*). Keine amtlichen Behindertenparkplätze sind gekennzeichnete Parkfelder auf Privatgrund (z.B. Supermärkten).

Für Schwerbehinderte gelten höhere Einkommensgrenzen bei der Wohnungsbauförderung bzw. beim Wohngeld. Schwerbehinderte können eher in Rente gehen. Eine Befreiung von der Rundfunkgebührenpflicht gibt es auf Antrag beim Sozialamt für Schwerbehinderte mit einem Grad der Behinderung von mindestens 80, die am öffentlichen Leben ständig nicht teilnehmen können bzw. für Blinde und hochgradig Sehbehinderte mit einem Grad der Behinderung über 60 und für Hörgeschädigte mit einem Grad der Behinderung von wenigstens 50. Ihnen allen wird »auf Antrag vom Versorgungsamt das Merkzeichen RF zuerkannt« (BUNDESMINISTERIUM... 1995, 108). Blinde, Gehörlose und Sprachbehinderte ab einem Grad der Behinderung von 90 zahlen eine monatliche Telefon-Grundgebühr von DM 5,–. Behinderte Studierende können in bestimmten Fällen länger BAföG erhalten (vgl. BUNDESMINISTERIUM... 1995, 109). Der Bundesminister für Arbeit und Sozialordnung verweist auch auf Eintrittspreis-Ermäßigungen vieler Veranstalter. Nach Recherchen des Verfassers kann davon keine Rede sein: Fast alle Vergünstigungen, vor allem auch beim Besuch gemeindeeigener Einrichtungen, sind inzwischen gestrichen worden.

Weitere »Vorteile«

3.2.4 Kritik und Ausblick

Nach positiven Ansätzen und ehrgeizigen Zielvorgaben Anfang der 70er Jahre muß heute festgestellt werden, daß die Sozialpolitik für Behinderte in der Bundesrepublik Deutschland Stückwerk geblieben ist. 25 Jahre später gibt es immer noch ein verwirrendes Nebeneinander der verschiedenen Leistungsträger (man beachte allein die mehrseitige Auflistung von Zuständigkeiten für Betroffene im *»Ratgeber für Behinderte«*; vgl. BUNDESMINISTERIUM... 1995, 18 – 21). Selbst der zuständige Minister beklagt das völlig gegen alle elementaren Grundsätze des Rehabilitationsrechts verstoßende Leistungsträger-Chaos (vgl. BUNDESMINISTERIUM... 1994, 308 – 312). Ärgerlich ist auch die zunehmende Tendenz, politisch mißliebige Zahlen in den offiziellen Berichten der Bundesregierung auszublenden.

Sozialpolitik für Behinderte ist Stückwerk

Das Schwerbehindertengesetz konzentriert sich auf den Ausgleich von Nachteilen im Arbeitsleben. Seine Wirkungen sind bescheiden, weil vorgesehene Sanktionen nicht ernstgenommen werden. In manchen Bereichen ist sogar die kritische Frage berechtigt, ob es den behinderten Menschen nicht eher schadet als nützt. Steuerliche Vergünstigungen können nur von wenigen Betroffenen tatsächlich in Anspruch genommen werden. Sie sind im übrigen kleinlich, gleichen keinesfalls die realen Nachteile aus und werden seit vielen Jahren nicht den veränderten Lebensbedingungen angepaßt. Ebenso kleinlich und teilweise geradezu skurril angesichts oftmals leerer Busse und Bahnen muten die »Erleichterungen« im öffentlichen Personenverkehr an. Eine Reihe von weiteren »Vergünstigungen« für behinderte Menschen können nur als Almosen bezeichnet werden. Insgesamt entsteht der Eindruck, daß

Kleinlicher Nachteilsausgleich

Behindertsein auf jeden Fall bedeutet, zu den Armen dieser Gesellschaft zu gehören, die um alles bei einer Vielzahl von Ämtern und gegen eine chaotische Fülle von Bestimmungen und Vorschriften kämpfen müssen, – eine beschämende Realität in einem Land, das zu den reichsten dieser Erde gehört (vgl. auch Kap. 4).

Wenig konsequente Umsetzung der Gesetze

Was müßte besser werden? Die Leitlinien der Sozialpolitik für behinderte Menschen ergeben sich aus der Verfassung und den im »Aktionsprogramm der Bundesregierung...« von 1970 festgelegten gesetzgeberischen Prinzipien. Es mangelt an der konsequenten Umsetzung und wohl auch am redlichen politischen Willen. Es ist kein Wunder, daß sich die allermeisten Arbeitgeber vor ihrer Verpflichtung drücken, Schwerbehinderte zu beschäftigen, wenn die Ausgleichsabgabe so lächerlich gering ist. Bei den öffentlichen Arbeitgebern werden sogar Steuergelder für diesen Zweck verschwendet. Liberale Appelle an die Verantwortung aller für gesellschaftspolitische Zielsetzungen haben sich in der Vergangenheit hinreichend als untaugliches Instrument erwiesen. Es macht auch keinen Sinn, Arbeitgeber mit »Einarbeitungszuschüssen« zu überschütten, wenn nach der Einarbeitungszeit kein wirksamer Kündigungsschutz besteht. Notwendig wäre gezielte Aufklärung über die Tatsache, daß behinderte Arbeitnehmer keineswegs pauschal weniger leistungsfähig sind als nichtbehinderte Arbeitnehmer. Beweisbare Nachteile im Einzelfall müßten den Arbeitgebern ersetzt werden. Wer keine Tätigkeiten für behinderte Arbeitnehmer anbieten kann (z.B. in Teilen des Baugewerbes), sollte auch nicht der Beschäftigungspflicht unterliegen. Auf dieser Grundlage hielte ich es für vertretbar, rechtswidrig handelnde Arbeitgeber unter Verweis auf das Diskriminierungsverbot im Grundgesetz zu bestrafen und die Beschäftigung Schwerbehinderter zu erzwingen.

Nachteile aufgrund einer Behinderung müssen ohne Wenn und Aber und in voller Höhe ausgeglichen werden. Um die verbreiteten Mißgunstempfindungen schrittweise abzubauen, sind die Bürger konsequent darüber aufzuklären, daß es sich bei den Leistungen für behinderte Menschen um bloßen Nachteilsausgleich handelt. Es ist würdelos, Betroffene von Amt zu Amt pilgern zu lassen. Eine einzige Behörde könnte für alle notwendigen Hilfen zuständig sein. Diese Hilfen sind nicht zu beantragen, sondern anzubieten, weil die Gesellschaft als solche ihren behinderten Mitbürgern gegenüber in der Pflicht steht und nicht umgekehrt. Im übrigen dürfen Hilfen nicht die Hilflosigkeit noch verstärken und zur Untätigkeit ermuntern, sondern müssen grundsätzlich als Hilfe zur Selbsthilfe konzipiert sein. Behinderte Menschen sollen nicht entmündigt, sondern im Gegenteil befähigt werden, so viel Verantwortung wie möglich für ihr Leben zu übernehmen. Pflegebedürftige Behinderte sollten beispielsweise als selbständige Arbeitgeber für ihre Helfer fungieren können und die notwendigen Kosten ersetzt bekommen. Die auch im sozi-

Hilfe zur Selbsthilfe

alrechtlichen Bereich verbreitete Almosen- und Spendenmentalität muß aufhören, weil sie unehrlich und entwürdigend ist, der nichtbehinderten Mehrheit zu unverdienter Selbstgefälligkeit verhilft und die Behinderten zu heuchlerischen Anpassern verbiegt. Schließlich sollte die Sozialpolitik unbedingt alle Maßnahmen so konzipieren, daß die Eigenständigkeit und Emanzipation behinderter Menschen nach Kräften gefördert wird.

3.3 Die politische Vertretung Behinderter in Selbsthilfe-Zusammenschlüssen

3.3.1 Theoretische Vorbemerkungen

Reaktion auf Defizite der Versorgungssysteme

Selbsthilfe in ihren verschiedenen Organisationsformen ist als Reaktion der Betroffenen auf Defizite in den traditionellen (staatlichen) Versorgungssystemen entstanden. Es gibt innere und äußere Grenzen der gesundheitlichen und sozialen Versorgungssysteme. Die äußeren Grenzen sind bestimmt durch die zunehmende Unbezahlbarkeit der notwendigen Hilfen, die inneren Grenzen ergeben sich aus den Mängeln des institutionalisierten Rehabilitationssystems (z.B. der »medizinische Blickwinkel«, die Verbürokratisierung durch professionelle Experten, die mangelnde Gemeindenähe und Beteiligung der Betroffenen (vgl. HERRIGER 1985a, 5f.). Selbsthilfe in ihren verschiedenen Formen hat also als gemeinsamen Nenner die *Opposition gegen eine unzureichende staatliche Sozialpolitik.* Das Ziel ist, bessere Rahmenbedingungen für ein selbstbestimmtes und autonomes Leben herzustellen. *Die wichtigsten Aufgaben sind Selbstveränderung und Sozialveränderung* (vgl. HERRIGER 1984; 1985b; RADTKE 1985).

3.3.2 Formen von Selbsthilfe-Zusammenschlüssen

3.3.2.1 Selbsthilfegruppe

Merkmale

Selbsthilfegruppen sind gekennzeichnet durch

> »Betroffenheit von einem gemeinsamen Problem, keine oder geringe Mitwirkung professioneller Helfer, sie haben keine Gewinnorientierung, setzen sich als Ziel Selbst- oder Sozialveränderung, betonen gleichberechtigte Zusammenarbeit und gegenseitige Hilfe bei ihrer Arbeitsweise« (HECK/SCHNEIDER 1985, 40).

Sie stellen von daher eine Herausforderung für konkurrierende Verbände und Selbsthilfeorganisationen dar, deren Merkmale weiter unten dargestellt werden.

Typen

Es lassen sich **drei Typen von Selbsthilfegruppen für Behinderte** unterscheiden (vgl. HECK/SCHNEIDER 1985, 41f.):

1. *Behinderungsspezifische Selbsthilfegruppen* (gleiche oder ähnliche Behinderung, Bewältigung der Behinderungsfolgen, z.B. Gruppen von Stotterern, Alkohol- oder Tablettenabhängigen).

2. *Behinderungsübergreifende Selbsthilfegruppen* (weniger gezielte Problembearbeitung, mehr gemeinsame Freizeitgestaltung; mitmachen können Menschen mit unterschiedlichen Behinderungen sowie interessierte Nichtbehinderte; Beispiel: Clubs Behinderter und ihrer Freunde).

3. *Angehörigengruppen* (Problembewältigung und Informationsvermittlung für mitbetroffene Eltern und Angehörige behinderter Kinder).

Verhältnis zur staatlichen Sozialpolitik

Zur **sozialpolitischen Bedeutung von Selbsthilfegruppen** gibt es folgende Thesen (vgl. TROJAN/DENEKE/HALVES 1985):

1. *Substitutions-(Ersatz)These:* Teure professionelle Fremdhilfe kann durch (unentgeltliche) Selbsthilfe von Laien ersetzt werden. Läßt sich empirisch nicht bestätigen.

2. *Komplementaritäts-(Ergänzungs)These:* Selbsthilfegruppen ergänzen professionelle Hilfen und Dienste. Läßt sich empirisch bestätigen.

3. *Medikalisierungs- bzw. Kumulationsthese:* Selbsthilfegruppen fördern ein Anspruchsdenken hinsichtlich immer mehr professioneller Leistungen. Diese Gefahr ist realistisch, Behinderte sollten deshalb »kritische Konsumenten« (vgl. THIMM 1985a) sein.

Die **Leistungen der Selbsthilfegruppen** unterscheiden sich entsprechend dem Typus, wesentlich sind jedoch immer

- Solidarität und
- wechselseitiges Vertrauen.

Selbsthilfegruppen können sich zu regionalen oder überregionalen Arbeitsgemeinschaften (»Dachorganisationen«) zusammenschließen, um nicht nur nach innen, sondern auch über die Gruppe hinweg nach außen als Interessenvertretung zu wirken. Mit dieser systemimmanenten Entwicklungstendenz zu stärkerer Organisierung und Institutionalisierung stellen sie sich jedoch selbst in Frage und finden zu einer anderen Form als Selbsthilfeverband bzw. Selbsthilfeorganisation. Selbsthilfegruppen sind also gewissermaßen eine Vorstufe zur Etablierung umfassender Selbsthilfeverbände (vgl. HECK/SCHNEIDER 1985).

Behinderten-Selbsthilfegruppen gibt es nicht nur für Körperbehinderte, sondern u.a. auch für Sprachbehinderte, Lernbehinderte, Hörgeschädigte und Blinde. Informationen können von der Deutschen Arbeitsgemeinschaft Selbsthilfegruppen e.V., Friedrichstr. 28, 35392 Gießen, angefordert werden.

3.3.2.2 Selbsthilfeorganisation / Selbsthilfeverband

Zur effizienteren politischen Interessenvertretung schließen sich die meisten Selbsthilfegruppen im Laufe ihrer Entwicklung zu Behindertenverbänden als Dachorganisation zusammen. Typisch ist hier die »Bundesarbeitsgemeinschaft Hilfe für Behinderte« (BAG) als Zusammenschluß von rund 60 weiterhin selbständigen Gruppierungen nach Behinderungsart, von der kleinen »Deutschen Zöliakie-Gesellschaft e.V.« bis hin zur »Bundesvereinigung Lebenshilfe für geistig Behinderte e.V.« in der Größenordnung und mit allen Merkmalen eines Behindertenverbands.

Merkmale

Merkmale von Selbsthilfeverbänden sind vor allem

- die große Mitgliederzahl und überregionale Verbreitung,
- Hierarchisierung und Bürokratisierung,
- Distanz zwischen Mitgliedern bzw. Betroffenen und Funktionären sowie eine
- eher gesellschaftskonforme Grundposition.

Bundesweite Zusammenschlüsse

Auf Bundesebene gibt es folgende wichtige **Dachorganisationen:**

- Die »Bundesarbeitsgemeinschaft Hilfe für Behinderte« **(BAG)** mit ca. 600.000 Mitgliedern und rund 60 behinderungsspezifischen Gruppierungen.
- Die »Bundesarbeitsgemeinschaft Clubs Behinderter und ihrer Freunde« **(BAGC)** als eigenständige Initiative von Behinderten und Nichtbehinderten, unabhängig von Behinderungsart und Alter, mit Arbeitsschwerpunkten im kommunalen Bereich (ca. 50 Mitgliedsgruppen).
- Die »Bundesvereinigung Lebenshilfe für geistig Behinderte« **(Lebenshilfe)**, behinderungsspezifisch, zugleich Mitglied der BAG.
- Der »Verband der Kriegs- und Wehrdienstopfer, Behinderten und Sozialrentner Deutschlands« **(VdK)**. Mitgliederzahl ca. 1.000.000.
- Der »Reichsbund der Kriegsopfer, Behinderten, Sozialrentner und Hinterbliebenen« **(Reichsbund)**. Mitgliederzahl ca. 450.000.

Kritik Die beiden letztgenannten Verbände werden allgemein als »etablierte« Behindertenorganisationen bezeichnet und sind exemplarisch für die wichtigsten strukturellen Mängel derartiger Großorganisationen, nämlich Bürokratisierung, Entfernung des Vorstands und der Verwaltung von der Mitgliedschaft, übermäßiges Betreuungsdenken und mangelnde Berücksichtigung der Interessen Zivilbehinderter. Am ehesten akzeptabel dürfte die Organisationsstruktur der BAGC sein. Wegen ihrer Größe sind Behindertenverbände relativ unflexibel und schwerfällig. Ihre Strategie ist die des »stetigen Ganges«, und als anerkannte Gesprächspartner für die Politik sind sie damit auch durchaus erfolgreich. Die Effektivität ist im wesentlichen eine Funktion der Quantität, der hohen Mitgliederzahl, denn eine große, geschlossene Opposition können politische Entscheidungsträger kaum negieren. Der Zusammenschluß verleiht Sicherheit, die Hauptfunktion ist Schutz, der Grundcharakter defensiv, das Prinzip heißt »Erfolg durch Quantität«. Aber auch die Schwächen von Behindertenverbänden lassen sich auf die Quantität zurückführen (vgl. HERRIGER 1985b; RADTKE 1985).

3.3.2.3 Behindertenbewegung

Die Behindertenbewegung hat strukturelle Ähnlichkeiten mit Selbsthilfegruppen und ist die klare Gegenströmung zu den Selbsthilfeverbänden (vgl. zum folgenden insbes. RADTKE 1985 und HERRIGER 1984; 1985b). Während Selbsthilfegruppen sich jedoch tendenziell in Richtung Verband/Organisation entwickeln und oftmals bereits als Mischtypus im Grenzbereich zwischen beiden anzusiedeln sind, ist bei der Behindertenbewegung keinerlei Annäherung zu erwarten, sondern das genaue Gegenteil. Behindertenverbände und Behindertenbewegung bekämpfen einander massiv, weil sie völlig unterschiedliche Vorstellungen von der Realisierung des gemeinsamen Zieles einer autonomen Lebensführung für alle Behinderten haben. Das bedeutet allerdings nicht, daß nicht frühere Kämpfer in der Behindertenbewegung zu Funktionären in Behindertenverbänden mutieren könnten, wenn sie in die Jahre gekommen sind.

Merkmale **Merkmale der Behindertenbewegung** sind Schnelligkeit, Dynamik und Flexibilität, sie lebt von spontanen, überraschenden Aktionen, sie ist eine außerverbandliche und radikale Opposition, sie übt Fundamentalkritik mit oftmals utopischen Forderungen (die aber eine wichtige Zielperspektive vorgeben können), sie vermittelt eine starke Gruppenidentität bei individueller Aktivität und ist sehr öffentlichkeitswirksam. Die politische Durchsetzungskraft ist relativ gering, da sie nicht als ernstzunehmender Gesprächspartner akzeptiert wird. Wie bei anderen Fundamentalbewegungen auch, kann die totale Opposition leicht in oberflächlichen Aktionismus umschlagen. Auf der anderen Seite heben sich Ideenreichtum und Spontaneität erfrischend von der sonst üblichen Betulichkeit und

Anpasserei in der politischen Arbeit für behinderte Menschen ab. Parallelen zu anderen emanzipatorischen Bewegungen (z.B. der Frauen oder der Schwarzen) sind unverkennbar.

Bewegung und Verband ergänzen sich

Theoretiker wie Radtke (1985) plädieren für die Notwendigkeit aller drei Formen von Selbsthilfe-Zusammenschlüssen Behinderter, um ein Maximum an Effizienz über verschiedene Wege zu erreichen. So sei die *Behindertenbewegung das »Sprachrohr der Wünsche« und der Behindertenverband das »Sprachrohr der Bedürfnisse« von Behinderten* (68). Unterschiedliche Strukturprinzipien erschweren das Verständnis füreinander, aber das unterschiedliche strategische Vorgehen ergänzt sich letzten Endes in sinnvoller Weise.

3.3.2.4 Tabellarische Gegenüberstellung von Selbsthilfegruppe, Selbsthilfeorganisation/Verband und Behindertenbewegung

Gruppe	**Organisation/Verband**	**Bewegung**
entstanden wegen Versorgungslücken	entstanden wegen Versorgungslücken	entstanden aus Protest u.a. gegen Verbände
Opposition gegen staatliche Sozialpolitik	Opposition gegen staatliche Sozialpolitik	heftige Opposition gegen staatliche Sozialpolitik
Ziel: autonom leben	Ziel: autonom leben	Ziel: autonom leben
Weg zum Ziel: Selbstveränderung (Solidarität, Emotionalität, soziale Nähe etc.)	Weg zum Ziel: Selbstveränderung und Sozialveränderung (Solidarität, Emotionalität, soziale Nähe etc.)	Weg zum Ziel: Sozialveränderung (vor allem Verminderung von Ablehnung und Unverständnis durch starke Öffentlichkeitsarbeit)
lokale oder überregionale Arbeit	überregionale Arbeit und Verbreitung	lokal begrenzt
geringer Organisationsgrad	hoher Organisationsgrad	geringer Organisationsgrad
kleine Mitgliederzahl	große Mitgliederzahl	kleine Mitgliederzahl
unbürokratisch	bürokratisch mit hauptamtlicher Geschäftsführung	unbürokratisch
geringe Arbeitsteilung	starke Arbeitsteilung	geringe Arbeitsteilung
symmetrische Beziehung	hierarchische Beziehung	Ablehnung von Hierarchien
unmittelbare Beteiligung und Einfluß der Mitglieder	kein direkter Einfluß der Mitglieder/Betroffenen	unmittelbare Beteiligung und Einfluß der Mitglieder
kontinuierliche Gruppenarbeit	keine kontinuierliche Gruppenarbeit	kontinuierliche Gruppenarbeit
unmittelbare Solidarität	indirekte Solidarität mit allen Gleichbehinderten	stabile Gruppenidentität

Gruppe	Organisation/Verband	Bewegung
gegenseitige Hilfe	Fremdhilfe überwiegt	gegenseitige Hilfe
flexibel	relativ flexibel	sehr flexibel
gesellschaftskritische Position	eher gesellschaftskonforme Position	Fundamentalkritik, radikale Opposition
unmittelbare Bedarfsorientierung	langfristige Bedarfsorientierung, »Strategie des stetigen Ganges«	spontan
eher innenorientiert, Bewältigung persönlicher Probleme	schrittweise Forderungen	hohe Forderungen, dadurch breite Öffenlichkeitswirkung
kein Gesprächspartner für Politik	Gesprächspartner für Politik, »Sprachrohr der Bedürfnisse«	kein Gesprächspartner für Politik, »Sprachrohr der Wünsche«

3.3.3 Emanzipation behinderter Menschen durch Selbsthilfe-Zusammenschlüsse

Ziel: Autonomie und Emanzipation

Erklärtes Ziel aller Selbsthilfe-Zusammenschlüsse ist eine möglichst weitgehende Autonomie des behinderten Menschen in seiner Lebensführung, also Emanzipation von Fremdhilfe und Abhängigkeiten. Der Begriff »Emanzipation« bedeutet Befreiung aus einem Zustand der Abhängigkeit, Verselbständigung, Gleichstellung. Dieses Streben nach Unabhängigkeit und Gleichstellung kann nur erfolgreich sein, wenn man aktiv darum kämpft. Die Emanzipation Behinderter bedeutet Befreiung von den behindernden Zwängen, von Vorurteilen, Rollenzuweisungen und Ideologien (vgl. KLEE 1980, 287ff.). Emanzipation heißt: Eigene Maßstäbe zu setzen und durchzusetzen, ein neues Selbstverständnis zu entwickeln, in dem die Behinderung etwas Selbstverständliches wird (vgl. GERBER/PIAGGIO 1984, 5; KLEE 1980, 289; weitere Literatur zum Problemkreis: CHRISTOPH 1984, FREHE 1985; GERBER 1984; HOLTZ 1982; THIMM 1985a; WILLIAMS/SHOULTZ 1982).

Betreuungsdenken, Stellvertreterprinzip, Helfersyndrom

Ein Hauptvorwurf der Kritiker von Selbsthilfegruppen und insbesondere Selbsthilfeverbänden Behinderter lautet nun, daß gerade dieses Ziel der Emanzipation nicht konsequent verfolgt wird, sondern in den Behindertenverbänden ein hohes Maß an *Betreuungsdenken und Entmündigung* der Betroffenen durch die Funktionäre stattfindet. SCOTT (1969) hat diese Vorgänge und deren systemimmanente Bedingungen exemplarisch in seinem Buch *»The Making of Blind Men«* analysiert. HOHMEIER (1975, 16 – 20) und andere Stigma-Theoretiker unterstreichen die Zwangsläufigkeit, mit der Organisationen ihre Klienten in die Behindertenrolle hineinsozialisieren (vgl. dazu 6.2.3). WILMS (1982) spricht vom *»Stellvertreterprinzip«* der Behinderten-Helfer und fordert solidarische Parteilichkeit mit den behinderten Menschen. SCHMIDBAUER (1977; 1983) hat das *»Helfer-Syndrom«* als eine geradezu zwanghafte psychische Spezialität professioneller Helfer mit beachtlichen negativen Konsequenzen für die Entwicklungsmöglichkeiten der Hilfebedürftigen beschrieben. Wenn man sich die Funktionsprinzipien von Behindertenverbänden vergegenwärtigt, kann gar kein Zweifel daran bestehen, daß die Unabhängigkeit behinderter Menschen im allgemeinen eher verhindert als gefördert wird, denn nur über die Etablierung von Abhängigkeiten macht sich eine Organisation unentbehrlich. Unerheblich ist dabei übrigens, ob Funktionäre oder Helfer selbst behindert sind oder nicht: Jede Form von Macht und Einfluß zerstört letzten Endes Solidarität, und die ist auch unter behinderten Menschen in unserer Gesellschaft eher eine seltene Tugend.

Forderungen der Behindertenbewegung

Eine klare Position zum Emanzipationsgedanken hat nur die Behindertenbewegung als ursprünglichste Form eines Selbsthilfe-Zusammenschlusses behinderter Menschen: Fremdbestimmung wird radikal abgelehnt, eine forcierte Emanzipation steht ganz im Vordergrund aller Aktivitäten. Typisch sind die Positionsbestimmungen bei KLEE (1980) und insbesondere im Sammelband *»Behinderten-Emanzipation«* von GERBER und PIAGGIO (1984). Dort finden sich folgende **Forderungen** (vgl. 5 – 8):

- **Selbstvertretung und Selbstbestimmung,** d.h. nicht die Stellvertreter, sondern die Betroffenen selbst sollen in eigener Sache entscheiden und handeln (oder sprechen Weiße für schwarze Bürgerrechtsgruppen, Männer für Feministinnen?).

- **Selbstfindung.** Setzen eigener Maßstäbe und Normen. *»Die Normen der Nichtbehinderten können nicht unsere Normen sein« (6).* Ablehnung von Integration, die eine Assimilation in die Welt der Nichtbehinderten bedeutet und damit Verlust der eigenen Identität (wie bei der Integration von Ausländern). Eine Anpassung an die »Vollkommenheit« der Nichtbehinderten stellt sowieso fast immer eine Überforderung dar. Arbeiter und Frauen verfügen im Gegensatz zu Behinderten über potentielle Macht, weil die Gesellschaft kaum auf sie verzichten kann. Wenn es Behinderte nicht gäbe, wären alle froh.

- **Solidarität.** Sie spielt eine ganz entscheidende Rolle, fehlt aber gerade bei Behinderten, weil Behinderung nichts ist, was verbindet, sondern was man am liebsten loswerden möchte.

Die Autoren im Band von GERBER und PIAGGIO sind sämtlich selbst behindert, genauer gesagt körperbehindert. Sie stehen für die **»Krüppelbewegung«**, und ihre Prinzipien haben sie vor allem aus den theoretischen Annahmen von ERNST KLEE (1980, Kap. 8) abgeleitet. So tritt KLEE für die Ablehnung der Normen Nichtbehinderter als Akt der Befreiung ein (282) oder für die Entwertung stigmatisierender Schimpfwörter

(»Krüppel«) durch Übernahme von den Betroffenen selbst (285). Klee greift hier auf bewährte Bewältigungsstrategien anderer Außenseitergruppen zurück, deren Nutzen allerdings bei Behinderten dadurch erheblich eingeschränkt wird, daß es sich hier um eine Minderheit besonderer Art handelt. Vor allem fehlt die Homogenität und von daher gibt es Schwierigkeiten mit der Entwicklung eines solidarisierenden Ingroup-Bewußtseins (vgl. 2.3).

Problematisierung der Strategie

GERBER/PIAGGIO scheinen die Problematik erkannt zu haben, wenn sie Gründe für die mangelnde Solidarität unter Behinderten diskutieren. Man mag aber kritisch fragen, ob die eigene Aufsatzsammlung einen Beitrag zur Solidarität unter Behinderten darstellt und nicht eher bestenfalls ein Beispiel von solidarischer Interessenvertretung nur *einer* in vieler Hinsicht privilegierten Behindertengruppierung, nämlich der »Krüppel«, ist. Wer spricht denn für die behinderten Menschen, die sich nicht selbst artikulieren können? Warum kommen keine nichtbehinderten Autoren zu Wort, wenn eine Dichotomie »behindert« – »nichtbehindert« real nicht existiert und es fließende Übergänge zwischen behinderten und nichtbehinderten Menschen gibt, wie GERBER/PIAGGIO (1984, 7) völlig richtig feststellen? Hier sehe ich mindestens zwei Gefahren für die ansonsten sehr glaubwürdige und politisch richtige Arbeit der Behindertenbewegungen:

1. Übertriebene Abgrenzung kann die bereits schmale Kommunikationsbasis zwischen Behinderten und Nichtbehinderten weiter schrumpfen lassen, und dies dient nicht dem Abbau von Vorurteilen.
2. Die Solidarisierung von »Vordenkern« der Körperbehinderten darf nicht zur Ausgrenzung von Menschen mit anderen Behinderungen führen, sondern sollte für alle genutzt werden.

Den Behindertenbewegungen wäre anzuraten, vor lauter Fundamentalkritik nicht durchaus existierende Gemeinsamkeiten, etwa mit anderen Selbsthilfe-Zusammenschlüssen Behinderter, zu übersehen, sondern eine begrenzte Kooperation zur Durchsetzung politischer Ziele zu wagen. Insoweit ist der Einschätzung von RADTKE (1985, 69) zuzustimmen:

> »Der Behinderte kann nicht im luftleeren Raum einer Gesellschaftsutopie leben; darum braucht er die Behindertenverbände. Er kann aber ebenso wenig nur auf das deprimierende Heute reagieren, ohne jedes Quentchen ›Prinzip Hoffnung‹, das für die bessere Welt steht; darum braucht er die Behindertenbewegung«.

Perspektiven

Auf dem richtigen Weg scheint am ehesten die **»Autonom-Leben-Bewegung«** (Independent-Living) mit folgenden Grundsätzen zu sein (vgl. ÖSTERWITZ 1996; RÜGGEBERG 1985; Programm/Selbstdarstellung der INTERESSENVERTRETUNG »SELBSTBESTIMMT LEBEN« E.V. (ISL) 1991; WINDISCH/MILES-PAUL 1995):

1. Breiter Behinderungsbegriff im Sinne von Benachteiligung und Diskriminierung; offen für alle Behinderten, unabhängig von Art, Ausmaß und Ursache der Behinderung, von Lebensalter und Lebenssituation.

2. Einzige und entscheidende Voraussetzung ist der Wille zur Autonomie. In diesem Sinne ist der Aufbau folgender Dienstleistungen und Hilfsangebote zu verstehen:

   - Unabhängiges, ganzheitliches und flächendeckendes individuelles Beratungs- und Hilfsangebot, um behinderten Menschen bei der Realisierung eines selbstbestimmten und eigenverantwortlichen Lebens behilflich zu sein.
   - Alternative Helfer- und Pflegesysteme, die Behinderte von stationären Versorgungsangeboten zunehmend unabhängig machen.
   - Internationale Verbindungen zur Weiterentwicklung und Stärkung der »Independent-Living-Bewegung«.

Informationen können von der ISL e.V., Jordanstr. 5, 34117 Kassel, angefordert werden.

3.4 Zusammenfassung von Kapitel 3

In diesem Abschnitt ging es um die Frage, wie unsere Gesellschaft die Probleme der behinderten Menschen löst. Das Rehabilitationssystem umfaßt die Bereiche der medizinischen, beruflichen, schulischen und sozialen Rehabilitation. Wichtig sind die Einrichtungen der beruflichen Rehabilitation Behinderter mit Berufsbildungswerk, Berufsförderungswerk und Werkstatt für Behinderte. Im Rahmen der Sozialpolitik für Menschen mit Behinderungen wurden bereits in den 70er Jahren eine ganze Reihe von gesetzlichen Grundlagen und Prinzipien verabschiedet, deren praktische Realisierung und Koordination jedoch unbefriedigend erscheint. Die zentralen Bestimmungen, insbesondere zur Beschäftigung Schwerbehinderter, finden sich im Schwerbehindertengesetz. Seine Durchsetzung wird nicht konsequent genug verfolgt. Darüber hinaus gibt es zahlreiche andere Maßnahmen zur Förderung der Rehabilitation Behinderter, die in ihrer Gesamtheit eher kritisch beurteilt werden müssen. Interessante Perspektiven als Gegengewicht zu den Defiziten der staatlichen Sozialpolitik bieten die Selbsthilfe-Zusammenschlüsse mit dem zentralen Anliegen einer stärkeren Autonomie und Emanzipation behinderter Menschen.

Literatur-Empfehlung:

BUNDESARBEITSGEMEINSCHAFT HILFE FÜR BEHINDERTE (HG.): Selbsthilfe in der Behindertenarbeit. Bonn (Reha-Verlag) 1985.

BUNDESMINISTER FÜR ARBEIT UND SOZIALORDNUNG (HG.): Dritter Bericht der Bundesregierung: Die Lage der Behinderten und die Entwicklung der Rehabilitation. Bonn 1994. (Erscheint fortlaufend alle fünf Jahre).

BUNDESMINISTER FÜR ARBEIT UND SOZIALORDNUNG (HG.): Ratgeber für Behinderte. Bonn 1995. (Erscheint fortlaufend; jeweils neueste Auflage).

Kapitel 4: Behinderung und sozio-ökonomische Bedingungen

Stichwörter: Schichtzugehörigkeit – soziale Ungleichheit – soziale Merkmale lernbehinderter Schüler – schichtspezifische Differenzen – gesellschaftstheoretischer Ansatz – Arbeitskraft minderer Güte – Abwärtsmobilität

Inhalt

4.1 Behinderung und Schichtzugehörigkeit

Behinderung ist ungleich verteilt, – an dieser Feststellung gibt es unter Fachleuten angesichts der Tatsachen keinen Zweifel. Das Risiko, behindert zu werden, steigt mit sinkender Sozialschichtzugehörigkeit oder »Armut«, und zwar prinzipiell für alle Behinderungsarten. Der Anteil gesellschaftlicher Verursachungsfaktoren wurde in den 70er Jahren besonders hoch eingeschätzt, entsprechend verbreitet waren soziologische Erklärungsmuster mit Betonung sozio-ökonomischer Faktoren. Heute gibt es wieder eine stärkere Tendenz zu naturwissenschaftlichen Begründungen von Behinderung: Die genetisch vorprogrammierten Anlagen der Menschen sind besser erforscht, gelten vielfach auch als besser prognostizierbar und exakter nachzuweisen. Unabhängig von der eigenen Position in diesem Streit (»Anlage-Umwelt-Kontroverse«) sollte gesehen werden, daß auch wissenschaftliche Sichtweisen Trends und Modeströmungen unterliegen. Vermutlich erklären beide Richtungen einen Teil des Phänomens. Die Behindertensoziologie konzentriert sich naturgemäß auf die gesellschaftlichen Bedingungen des Auftretens von Abweichungen, die als »Behinderung« bezeichnet werden.

4.1.1 Was ist soziale Schichtung?

Definitionen: Soziale Ungleichheit, Status, Schicht

»Soziale Schichtung« gehört zu den soziologischen Begriffen, die trotz ihrer diffusen Bedeutung sehr oft verwendet werden. Der Grund dürfte darin liegen, daß es um die Klassifizierung des historisch für alle Gesellschaftssysteme unbestrittenen Phänomens der **»sozialen Ungleichheit«** geht: »Wertvolle, ...nicht absolut gleich und ...systematisch verteilte, vorteilhafte und nachteilige Lebensbedingungen von Menschen, die ihnen aufgrund ihrer Positionen in gesellschaftlichen Beziehungsgefügen zukommen« (Hradil 1992, 148). In historischer Abfolge sind die vorindustrielle Ständegesellschaft, die frühindustrielle Klassengesellschaft und die heutige industrielle Schichtgesellschaft voneinander zu unterscheiden. Eine Schichtgesellschaft ist eine ungleiche Gesellschaft mit abgestuften, allmählichen Übergängen. Das Ungleichheitsgefüge basiert vor allem auf der Berufsstellung mitsamt Bildung, Einkommen und Prestige, also dem **»Status«** eines Menschen. **»Schichten«** sind mehr oder weniger deutlich voneinander unterschiedene Statusgruppen (vgl. Hradil 1992, 149ff.).

In der gängigen Sozialforschung ergibt sich die Sozialschichtzugehörigkeit aus den Einzelbewertungen für Bildung, Einkommen und insbesondere dem Berufsprestige. Früher war es üblich, nach dem **Schichtenmodell** von Kleining und Moore (1968) insgesamt acht Schichten zu unterscheiden: Oberschicht, obere, mittlere und untere

Mittelschicht, obere, mittlere und untere Unterschicht, sozial Verachtete. Heute kann von einem klaren Schichtungsgefüge kaum noch die Rede sein, ohne daß sich allerdings an der sozialen Ungleichheit etwas geändert hätte. Eine soziologische Charakterisierung dieses Gefüges, die den Schichtbegriff ablösen könnte, ist nicht in Sicht. Neuere Forschungen gehen von folgendem Statusaufbau in Deutschland aus (vgl. BOLTE/HRADIL 1988, 220): Oberschicht (2%), obere Mitte (5%), mittlere Mitte (14%), untere Mitte (29%), unterste Mitte/oberes Unten (29%), Unten (17%), Soziale Verachtete (4%). Die empirische Unterscheidung der jeweiligen Schichten ist vor allem im umfangreichen mittleren Spektrum problematisch.

Halten wir also fest: Es gibt soziale Ungleichheit in unserer Gesellschaft. Zur Beschreibung des daraus resultierenden Gefüges verwenden Soziologen den Begriff Schicht. Der Begriff und seine empirische Verwendung sind umstritten, ohne daß man auf ihn verzichten könnte. Kritiker sollten für sich selbst überprüfen, ob in ihren Köpfen eine implizite Vorstellung darüber besteht, wie andere Menschen in unserem gesellschaftlichen Gefüge einzuordnen sind (z.B. als Lehrer bezüglich der Schüler und ihrer Familien). Soweit dies bejaht wird, handelt es sich um eine soziologisch bedeutsame Realität, die mit Sicherheit auch das soziale Handeln bestimmt: Grund genug, die Konsequenzen für behinderte Menschen zu problematisieren.

4.1.2 Lernbehinderung und soziale Herkunft

Begriff »Lernbehinderung« unklar

»Lernbehinderung« ist keine eindeutig meßbare Größe, wie schon die nach Bundesländern völlig unterschiedlichen Quoten der Sonderbeschulung zeigen (vgl. 2.2.2). Die Aufnahme in die Schule für Lernbehinderte (bzw. entsprechende Schulform mit anderer Bezeichnung) erfolgt im allgemeinen nach den Kriterien »Schulleistung« (keine hinreichende Förderung in der Regelschule möglich) und »Intelligenz« (deutliche Testabweichung von der Norm). Daneben spielen sicher strukturelle Faktoren wie Unterrichtsbedingungen oder Angebot an Sonderschulplätzen eine ganz entscheidende Rolle. Die Kriterien sind jedenfalls außerordentlich intepretierbar und alles andere als objektiv, weshalb nicht nur kritische Fachleute als definitionsmäßigen Minimalkonsens feststellen, daß sogenannte Lernbehinderte eben die Schüler der Sonderschule für Lernbehinderte sind.

Merkmale »lernbehinderter« Schüler

Typisch für lernbehinderte Schüler sind eine Reihe von sozialen Merkmalen (vgl. zum folgenden u.a. THIMM 1977, 52ff.; 1979a und b):

- Etwa 90% der Sonderschüler stammen aus den unteren Sozialschichten. Mit diesem Ergebnis wird allerdings keineswegs ein Automatismus in dem Sinne angedeutet, daß fast alle Unterschichtkinder in der Schule für Lernbehinderte anzutreffen wären: Als »lernbehindert« werden nur rund 10% von ihnen eingestuft. Bemerkenswert ist der ständig steigende, wenn auch regional unterschiedlich hohe Anteil von Ausländerkindern (vgl. KORNMANN/KLINGELE 1996).
- Die Familien sind groß mit hoher Kinderzahl, sie wohnen beengt und in schlechten Wohngegenden (häufig in ghettoartigen Randsiedlungen).
- Die familiäre Sozialisation ist gekennzeichnet durch Normenrigidität (starre Regeln ohne Begründung), mangelnde Zukunftsorientierung (sofortige Bedürfnisbefriedigung) und restringierten statt elaborierten Sprachkode. Sie steht damit in Gegensatz zu den schulischen Sozialisationszielen.

Wichtig ist nun, daß sich die genannten Merkmale zusammen mit der Zuschreibung stigmatisierender Persönlichkeitsmerkmale in der Wahrnehmung anderer zu einem typischen Bild vom »Lernbehinderten« verdichten. Lernbehinderung ist ein soziales Phänomen, das aber durch »biosoziale Faktoren« (vgl. WIELAND 1980) ergänzend erklärt werden kann. So sind sozio-ökonomisch benachteiligte Kinder oft auch physisch besonders gefährdet, was sich dann als Störungen der Sinnesfunktionen, als Sprachbeeinträchtigungen oder als leichte hirnorganische Defekte (ohne absolute Kausalität für die Lernschwäche) manifestiert.

4.1.3 Sonstige Behinderungen und soziale Herkunft

Schichtspezifische Risiken

Der Zusammenhang zwischen sozio-ökonomischen Bedingungen und Behinderung ist bei sogenannten Lernbehinderten besonders eindrucksvoll nachweisbar, er gilt aber prinzipiell und entgegen einer häufig geäußerten Ansicht für alle Formen von Behinderung (vgl. zum folgenden u.a THIMM 1977, 62ff.). In den unteren Sozialschichten gibt es eine höhere Säuglingssterblichkeit und eine größere Anfälligkeit für Erkrankungen aller Art. Früherkennung und Vorsorge während der Schwangerschaft, im Umfeld der Geburt und im Säuglingsalter sind unzureichend, die Risiken aufgrund nicht optimaler ärztlicher Versorgung steigen. Vieles spricht dafür, daß die Qualität des ärztlichen Handelns schichtspezifische Unterschiede aufweist. Das Verhältnis von Unterschichtangehörigen zu Gesundheitsdiensten, Ämtern und Behörden ist insgesamt eher problematisch. Es gibt sprachliche Barrieren und eine allgemeine Unfähigkeit, gesellschaftliche Hilfsangebote auch in Anspruch zu nehmen. Unser liberales System benachteiligt offensichtlich Bevölkerungsteile, die es nicht gelernt haben, sich kompetent durchzusetzen.

Im einzelnen wurde der Einfluß der sozialen Herkunft auf das Risiko, behindert zu werden u.a. untersucht für Sehgeschädigte (vgl. HUDELMAYER 1985; RATH 1972; SIEBERTZ 1975), für Hörgeschädigte (vgl. BERGER-SCHERMER 1973; GROHNFELDT 1975; HASCHTMANN/KRETSCHMER 1976; VAN DEN HORST/KAMSTRA 1978), für Sprachbehinderte (vgl. BAUMANN/SANDER 1981; DEUSE 1975; JANTZEN/KAMMEL/ZEISER 1976), für Geistigbehinderte (vgl. COOPER/ORT 1984; EGGERT 1972; LIEPMANN/MARKER 1978; MOHR/MÜLLER/PLEIN 1979) und für psychisch Behinderte (vgl. KEUPP 1975). Unterschichtangehörige waren immer erheblich stärker betroffen als ihrem Anteil in der Bevölkerung entspricht (vgl. auch den Überblick bei EGGERT/MEYWIRTH/TITZE 1980).

4.2 Der gesellschaftstheoretische Ansatz

Naturgemäß ist den Zusammenhängen zwischen Behinderung und sozioökonomischen Bedingungen von Vertretern der materialistischen bzw. gesellschaftstheoretischen Sichtweise (vgl. 1.3) größte Beachtung zugemessen worden. Dieser Ansatz ist makrosoziologisch und vor allem wegen eines gewissen Ausschließlichkeitsanspruchs nicht unumstritten. Was die hier zu diskutierenden Aspekte betrifft hat er aber bei allen Vorbehalten seine Berechtigung, weil er Verkürzungen in eher mikrosoziologischen Ansätzen, wie etwa der interaktionistischen Sichtweise, ausgleichen kann. Im folgenden wird der gesellschaftstheoretische Ansatz beispielhaft anhand des Textes *»Sozialisation und Behinderung«* von WOLFGANG JANTZEN (1974) dargestellt.

4.2.1 Begriffe und sozialgeschichtliche Hypothesen

JANTZENS Absicht ist eine Auseinandersetzung mit der traditionellen Behindertenpädagogik: Sie sei nicht gesellschaftlich fundiert, zu individualistisch, zugleich vernachlässige sie damit den behinderten Menschen als Subjekt (1f.). Die Behindertenpädagogik beziehe sich »psychologisierend« auf das Individuum. Behinderung ist danach ein individuell-pathologisches Problem, eine verdinglichende Kategorie, übersehen werde so die gesellschaftliche Vermittlung (23). JANTZENS Definition von Behinderung weist eine beachtliche Nähe zu den Vorstellungen von Vertretern interaktionistischer Ansätze auf:

Gesellschafts-theoretische Definition von Behinderung

> »Behinderung kann nicht als naturwüchsig entstandenes Phänomen betrachtet werden. Sie wird sichtbar und damit als Behinderung erst existent, wenn Merkmale und Merkmalskomplexe eines Individuums aufgrund sozialer Interaktion und Kommunikation in Bezug gesetzt werden zu jeweiligen gesellschaftlichen Minimalvorstellungen über individuelle und soziale Fähigkeiten. Indem festgestellt wird, daß ein Individuum aufgrund seiner Merkmalsausprägung diesen Vorstellungen nicht entspricht, wird Behinderung offensichtlich, sie existiert als sozialer Gegenstand erst von diesem Augenblick an« (21f.).

Menschenbild

Für JANTZEN ist die Existenz von Behinderung unmittelbar verknüpft mit den Produktionsverhältnissen in einer Gesellschaft. Die Produktionsverhältnisse bestimmen zunächst einmal das gesellschaftliche Sein des Menschen und damit schließlich auch das Bewußtsein, z.B. im Sinne eines negativen, »falschen« Menschenbildes, das Behinderungen und Behinderte überhaupt erst konstituiert (143ff.). Wesentlich ist nun der historische Nachweis dieses Zusammenhangs. Es geht um die Frage, unter welchen gesellschaftlichen (ökonomischen) Bedingungen Behinderung sichtbar wird.

Stellung Behinderter in der Geschichte

Für die sog. »Urgesellschaften« und die »Sklavenhaltergesellschaften« des Altertums stellt JANTZEN lapidar fest, daß die Betreuung Behinderter von der Erwirtschaftung eines Mehrprodukts abhing, ansonsten sei der Betreffende getötet worden. Auf die Normen, Riten und magischen Vorstellungen sei es erst nachrangig angekommen (35ff.). Diese Ausführungen JANTZENS sind extrem einseitig und falsch. Es gibt hinreichende Belege für aufopfernde Betreuung Behinderter und Kranker in traditionellen Kulturen, und zwar relativ unabhängig von der ökonomischen Situation. Schon gar nicht kam es einem »Todesurteil« (40) gleich, wenn jemand erst nach der Geburt behindert wurde (vgl. KOTY 1934; NEUBERT/CLOERKES 1994, 91, 103). Richtig ist die Feststelllung, daß gesellschaftliche Akzeptanz Behinderter im Altertum sehr stark von der Zugehörigkeit zur herrschenden Klasse bestimmt war (39). Im europäischen Mittelalter verbesserte sich die Situation, christliche Vorstellungen führten zu ersten Einrichtungen für Kranke, Alte und Behinderte (41f.). Das »Feudalzeitalter« bis zum Frühkapitalismus (15. bis 18. Jahrhundert) ist nach JANTZEN wiederum eine ungünstige Periode, so hat es z.B. Arbeitshäuser für Behinderte gegeben (48). Im Zeitalter der Aufklärung und des Humanismus kommt es zu einer menschenwürdigeren Behandlung Behinderter (50).

Erst mit dem 19. Jahrhundert entwickelt sich eine differenzierte Behindertenbetreuung. Nach JANTZEN steht dies im Zusammenhang mit der Industrialisierung und dem wachsenden Bedarf an Arbeitskräften. Die

Volksschulen sollen von behinderten Kindern entlastet werden, »Idiotenanstalten« und Vorläufer der Hilfsschulen werden ausgebaut. Einzelfälle pädagogischer Förderung taubstummer oder blinder Menschen aus wohlhabenden Familien gab es bereits sehr früh. Behinderte Kinder aus der Unterschicht wurden dagegen erst gegen Ende des 19. Jahrhunderts beschult (53ff.). Einen deutlichen Zusammenhang mit den Produktionsbedingungen sieht Jantzen auch für die Zeit nach dem Zweiten Weltkrieg. Die Spezialisierung der Behindertenbeschulung sei auf den damaligen Arbeitskräftemangel zurückzuführen (67ff.). Mit der Gründung von Schulen für Geistigbehinderte ab 1962 wurden beispielsweise Mütter von der Betreuung ihrer Kinder freigesetzt und standen dem Arbeitsmarkt zur Verfügung. Hinzu kämen »Prozesse im gesellschaftlichen Überbau« (75) wie der Anspruch eines Sozialstaats. Das Sonderschulwesen wird in der Folgezeit wegen des steigenden Bedarfs an immer qualifizierteren Arbeitskräften weiter extensiv ausgebaut. Dies betrifft insbesondere die Schule für Lernbehinderte als Auffangbecken für Schulversager aus Grund- und Hauptschulen.

Entstehung von Sonderschulen

4.2.2 Behinderung und soziale Lage

Im für uns zentralen Kapitel seines Buches befaßt sich Wolfgang Jantzen (1974) mit Herkunft und sozialer Lage behinderter Menschen in der Bundesrepublik Deutschland. Ausgangspunkt (im Anschluß an Marx) ist die Feststellung, daß Behinderte nur über eine *»Arbeitskraft minderer Güte«* verfügen. Eine »Reparatur« dieser Arbeitskraft sei oftmals nicht möglich oder ökonomisch uninteressant (100). Jantzen formuliert nun zwei grundsätzliche **Hypothesen** (103):

»Arbeitskraft minderer Güte«

- »Mit sinkender sozialer Schicht steigt der relative Anteil Behinderter«, und zwar als Folge der Zunahme an schädigenden biologischen und sozialen Einwirkungen.
- »Mit dem Eintritt der Behinderung beginnt eine Veränderung der individuellen Position innerhalb der Sozialstruktur, die...als Absinken bzw. Abwärtsmobilität gekennzeichnet werden kann«.

Behinderung und Armut

Eine ganze Reihe von empirischen Studien (vgl. hierzu 4.1.2 bzw. 4.1.3) werden diskutiert und belegen die Richtigkeit der Annahmen für lernbehinderte und verhaltensgestörte Schüler, für sprachbehinderte Schüler und für sonstige Behinderte (111ff.). Als ein zusätzliches Ergebnis steht für Jantzen fest, daß die Sonderschule für Lernbehinderte »vor allem die Schule der potientiellen und tatsächlichen *industriellen Reservearmee*« im Sinne von Marx darstellt (120).

»Industrielle Reservearmee«

4.3 Zusammenfassung von Kapitel 4

Forscher recht unterschiedlicher wissenschaftlicher Prägung stimmen in der Erkenntnis überein, daß zwischen Behinderung und sozio-ökonomischen Bedingungen ein deutlicher, empirisch nachweisbarer Zusammenhang besteht. Dieser Sachverhalt ist soziologisch bemerkenswert und für die pädagogische Praxis von erheblicher Bedeutung. Die gesellschaftstheoretische Analyse mag man in mehrfacher Hinsicht kritisch bewerten, so z.B. Teile der historischen Ableitung, die Angemessenheit der marxistischen Terminologie und Erklärungsform, ganz sicher auch den Widerspruch zwischen dogmatischem Ausschließlichkeitsanspruch und recht beliebigem Verwenden von Forschungsergebnissen »bürgerlicher« Wissenschaftler, die JANTZEN ansonsten wegen ihres »falschen Bewußtseins« bzw. »Menschenbilds« heftig ablehnt (vgl. 1974, 182 – 184 sowie kritisch THIMM 1979a, 32). Festzuhalten bliebt eine soziale Realität, die ich nach JANTZENS prägnanter Formulierung (127) so zusammenfasse:

> Behindert wird vor allem der, der arm ist, und wer behindert ist, wird arm. Behinderung und Armut sind eng miteinander verflochten.

Literatur-Empfehlung:

HRADIL, S.: Schicht, Schichtung und Mobilität. In: KORTE, H./SCHÄFERS, B. (Hg.), Einführung in die Hauptbegriffe der Soziologie. Opladen (Leske & Budrich) 1992, 145 – 164.

JANTZEN, W.: Sozialisation und Behinderung. Studien zu sozialwissenschaftlichen Grundfragen der Behindertenpädagogik. Gießen (Focus) 1974.

THIMM, W.: Bedingungen und Besonderheiten der Persongenese Lernbehinderter I. Kurseinheit 4. Hagen (Fernuniversität/Funkkolleg) 1979 (a).

THIMM, W.: Bedingungen und Besonderheiten der Persongenese Lernbehinderter I. Kurseinheit 5. Hagen (Fernuniversität/Funkkolleg) 1979 (b).

Kapitel 5: Einstellung und Verhalten gegenüber behinderten Menschen

Stichwörter: Soziale Reaktion – Einstellung – Vorurteil – Einstellungsforschung – Einstellung und Verhalten – Interaktionsstörungen – Sozialisationsvariablen – Schuldgefühle – widersprüchliche Normen – interkultureller Vergleich – gattungsspezifische Eigenschaften – kulturtypische Eigenschaften – Trennung Behinderung/Behinderte – Universalität der Reaktion – Variabilität der Reaktion – Veränderung der sozialen Reaktion – Informationsstrategien – Kontaktbedingungen – Kombinierte Strategien

Inhalt

Die Erforschung von Einstellung und Verhalten gegenüber Menschen mit Behinderungen ist nach meinem Verständnis der zentrale Arbeitsbereich der Behindertensoziologie. Das folgende Kapitel ist entsprechend umfangreich, kann aber die Problematik im Rahmen eines einführenden Lehrbuchs nur überblicksartig vermitteln. Zur Vertiefung mit detaillierten Informationen, auch über einzelne empirische Studien, wird auf die weiterführende Literatur verwiesen. Ich werde zunächst

- Struktur und Entstehung der Reaktion auf behinderte Menschen besprechen,
- danach in einem längeren Exkurs der Frage nachgehen, ob diese Reaktion im interkulturellen Vergleich einheitlich ungünstig ist oder prinzipiell veränderbar und schließlich
- die Möglichkeiten einer Modifizierung von Einstellung und Verhalten diskutieren.

Das 5. Kapitel und das 6. Kapitel über Stigmatisierung sind thematisch eng verknüpft. Während das Kapitel 5 eher grundlegender Art ist, geht es im Kapitel 6 verstärkt um die tatsächliche gesellschaftliche Durchsetzung der sozialen Reaktion und die Konsequenzen für den einzelnen Menschen.

5.1 Das Problem

Christian von Ferber (1972) hat in exemplarischer Weise die Rolle skizziert, die in der sogenannten »Leistungsgesellschaft« dem behinderten Menschen zugeschrieben oder – besser – zugestanden wird. Es ist weitgehend die eines Außenseiters, dem keine Möglichkeit geboten wird, sein Leben in öffentlich anerkannter Weise zu verwirklichen. Erwartet werden nämlich hochbewertete Leistungen, »strategische Funktionsleistungen«, wie von Ferber sie nennt, und die Behinderung setzt deren Erfüllung enge Grenzen oder macht sie gar völlig unmöglich. So kommt es, daß dem behinderten Menschen keine vordefinierte »Leerform des Verhaltens«, eine soziale Rolle also, zur Verfügung gestellt wird, was eine »Beschränkung der gesellschaftlichen Teilhabe« zur Folge hat. Denn die angebotene Alternative, sich als Behinderter mit einer eigens geschaffenen »Behinderten-Rolle« abzufinden, manifestiert letztlich nur die unsichtbare Linie, die Behinderte und Nichtbehinderte voneinander trennt.

Wesentlich sind in diesem Zusammenhang drei Punkte:

1. Der Behinderte weicht von den gesellschaftlichen Erwartungen ab, er ist, wie GOFFMAN (1967, 13) in seiner Beschreibung von »Stigma« ausführt, »in unerwünschter Weise anders, als wir (ihn) antizipiert hatten«.
2. Was als Abweichung gilt und dann ungünstige Reaktionen hervorruft, ist keineswegs eindeutig und interkulturell konstant. In der einen Gesellschaft mag als krankhaft gelten, was in einer anderen durchaus als völlig normal akzeptiert wird: man denke z. B. an die »Lernbehinderten« bei uns und die Verbreitung des Analphabetismus auf der Erde. Die Defininierung eines sozialen Tatbestandes oder Merkmals als »abweichend« hängt jedenfalls ganz entscheidend von der jeweiligen Werte und Normenstruktur ab; wo beispielsweise Eigentum ein hoher Wert ist, werden Diebe entsprechend hart bestraft.
3. Die negative Bewertung von Menschen mit Behinderungen, wie sie sich in der erwähnten Reduzierung sozialer Teilhabechancen äußert, ist großenteils eine geradezu zwangsläufige Konsequenz der ausschließlichen Orientierung unserer Gesellschaft am Gesunden und Vollhandlungsfähigen. Sie ist also abhängig von den dominierenden Wertvorstellungen, und diese bestimmen unsere Einstellungen und Verhaltensweisen.

5.2 Die Struktur der sozialen Reaktion auf behinderte Menschen

5.2.1 Begriffe

5.2.1.1 Behinderung und soziale Reaktion

Definitionen

»Behinderung« hatten wir in Kap. 1.1.2 definiert als eine dauerhafte und sichtbare Abweichung im körperlichen, geistigen oder seelischen Bereich, der allgemein ein ausgeprägt negativer Wert zugeschrieben wird. Ein Mensch ist »behindert«, wenn erstens eine solche Abweichung von wie auch immer definierten gesellschaftlichen Erwartungen vorliegt und wenn zweitens deshalb negativ auf ihn reagiert wird. Es kommt also auf die »soziale Reaktion« an, sie »schafft« Behinderungen und Behinderte.

Der Begriff **»Soziale Reaktion«** beinhaltet neben formalen Definitionsvorgängen, z.B. durch Diagnostik, insbesondere die Gesamtheit der Einstellungen und Verhaltensweisen auf der informellen Ebene der zwischenmenschlichen Interaktionen. Eine Reaktion erfolgt nur auf

»sichtbare« Abweichungen. »Sichtbarkeit« bezieht sich hier nicht allein auf den rein visuellen Wahrnehmungsaspekt, sondern meint im weitesten Sinne das »Wissen« der anderen um die Abweichung. Die »Dauerhaftigkeit« unterscheidet »Behinderung« vom vorübergehenden Zustand der »Krankheit«. Im übrigen ist die von mir im folgenden vorgenommene dichotomische Unterscheidung zwischen Behinderten und Nichtbehinderten naturgemäß stark vereinfachend und entspricht nicht der komplexen sozialen Realität, die eher Merkmale eines Kontinuums aufweist. Auch auf die Problematisierung behinderungsspezifischer Besonderheiten wird hier aus analytischen Gründen zunächst verzichtet.

5.2.1.2 Wert, Einstellung, Vorurteil, Stigma

Definitionen

»Werte« sind im Prinzip Einstellungen, aber solche zu symbolischen oder abstrakten Konzepten, etwa »Gesundheit«, während Einstellungen ansonsten Bezug nehmen auf konkrete soziale Objekte. So ist beispielsweise die Einstellung zu einer beinamputierten Person abhängig von der Werthaltung des Einstellungsträgers zu den abstrakten Konzepten »Gesundheit« oder »körperliche Integrität«. Die Werte stehen sozusagen »hinter« den Einstellungen, sie sind deshalb die entscheidende Variable in jeder gründlichen Analyse des Verhältnisses zwischen behinderten und nichtbehinderten Menschen.

> Eine **»Einstellung«** ist ein stabiles System von positiven oder negativen Bewertungen, gefühlsmäßigen Haltungen und Handlungstendenzen in bezug auf ein soziales Objekt (vgl. KRECH/CRUTCHFIELD/BALLACHEY 1962, 177).

Die meisten Einstellungstheoretiker unterscheiden **drei Komponenten einer Einstellung:**

- Die *»kognitive«* oder »Wissenskomponente« bezieht sich darauf, daß das Einstellungsobjekt in ganz spezifischer Weise wahrgenommen wird; sie zeigt sich in den Vorstellungen, Überzeugungen und bewertenden Urteilen des Individuums gegenüber einem Einstellungsobjekt.
- Die *»affektive«* oder »Gefühlskomponente« umschreibt den emotionalen Aspekt, die (positiven oder negativen) Gefühle und subjektiven Bewertungen des Individuums gegenüber einem Einstellungsobjekt.
- Die *»konative«* oder »Handlungskomponente« hebt auf die Verhaltensintentionen oder Handlungstendenzen des Individuums gegenüber einem Einstellungsobjekt ab.

Am wichtigsten, gerade was Behinderte betrifft, ist die *»affektive« Komponent als Kern einer sozialen Einstellung.*

»Vorurteile« sind extrem starre, negative Einstellungen, die sich weitgehend einer Beeinflussung widersetzen.

Ich gebe dem »neutralen« Begriff der Einstellung den Vorzug, da die durchgängige Existenz von Vorurteilen gegenüber Behinderten nicht als bewiesen gelten kann. Vorurteile sind nach dieser Definition immer negativ. Die manchmal verwendete Konstruktion »positives Vorurteil« wird abgelehnt (vgl. hierzu 5.4.2.1).

Ein **»Stigma«** ist der Sonderfall eines sozialen Vorurteils und meint die Zuschreibung bzw. die negative Definition eines Merkmals oder einer Eigenschaft. Der Begriff wird in 6.3 ausführlich besprochen.

5.2.2 Einstellungen gegenüber behinderten Menschen

Determinanten von Einstellungen gegenüber Behinderten

Wie sind nun die Einstellungen gegenüber Behinderten? Von welchen Faktoren hängen sie ab? Was ist entscheidend? Die einschlägige Forschung gibt folgende Antworten (Auswahl wichtiger Studien: BÄCHTOLD 1981; 1984; V. BRACKEN 1981; CHRISTIANSEN-BERNDT 1981; CLOERKES 1985; JANSEN 1981; KLAUß 1996; KURTH/EGGERT/BERRY 1994; SEIFERT/STANGL 1981; YUKER 1988a):

1. Die **Art der Behinderung**, insbesondere aber das Ausmaß ihrer Sichtbarkeit sowie das Ausmaß, in dem sie gesellschaftlich hochbewertete Funktionsleistungen (Mobilität, Flexibilität, Intelligenz, Kontakt- und Kommunikationsfähigkeit) beeinträchtigt, ist von erheblicher Bedeutung für die Einstellung zum Behinderten (vgl. u.a. BÄCHTOLD 1984, 35f.; CLOERKES 1985, 167ff.), ebenso eine eventuell angenommene Bedrohlichkeit für andere. Die Schwere einer Behinderung ist hingegen kein wesentlicher Einstellungsfaktor. Abweichungen im geistigen oder psychischen Bereich werden deutlich ungünstiger bewertet als solche im körperlichen Bereich.

2. Der Einfluß **sozio-ökonomischer bzw. demographischer Merkmale** der Einstellungsträger ist vergleichsweise gering. Nennenswerte Zusammenhänge lassen sich nur für die Variablen Geschlechtszugehörigkeit und Lebensalter feststellen. Frauen scheinen Behinderte danach eher zu akzeptieren als Männer. Ältere Personen sind etwas negativer eingestellt als jüngere Personen, die Beziehung ist jedoch nicht linear, sondern hat ihren Höhepunkt bereits um die 50. Was die Variablen Bildungsgrad und Wissen über Behinderte sowie Schichtzugehörigkeit betrifft, so ist eine abschließende Beurteilung wegen zahlreicher Widersprüche und offenkundiger methodischer Schwächen der entsprechenden Untersuchungen nicht möglich. Immerhin läßt sich sagen, daß ein höherer Bildungsgrad und sozio-ökonomischer Status in Verbindung mit viel Faktenwissen über Behinderte noch lange nicht eine positive Haltung zu bewirken braucht. Keine Beziehungen bestehen zwischen den Einstellungen zu Behinderten und dem Beruf, der ethnischen Herkunft, dem Wohnort und dem Familienstand der Einstellungssubjekte.

3. Der Einfluß einzelner **Persönlichkeitsmerkmale** der Einstellungsträger wie Angst, Aggressivität, Autoritarismus, usw. wird unterschiedlich beurteilt. Die häufig in der Literatur vertretene Annahme einer besonders ablehnenden Haltung der sogenannten »autoritären Persönlichkeit« (ADORNO et al. 1968) läßt sich jedenfalls nicht ohne weiteres bestätigen. Eine genauere Kenntnis der Zusammenhänge zwischen Persönlichkeitsmerkmalen und Einstellungen zu Behinderten wäre wünschenswert. Die Annahme, daß besonders ich-schwache, ängstliche, dogmatische und ambiguitätsintolerante Personen tendenziell dazu neigen, Behinderte eher abzulehnen als Personen ohne solche Eigenschaften, ist meiner Überzeugung nach nicht von der Hand zu weisen, wenn man sich die ausgesprochen hohen Interkorrelationen zwischen den einzelnen genannten Merkmalen vergegenwärtigt (vgl. dazu BÄCHTOLD 1981, 326ff.; CLOERKES 1981). BÄCHTOLD (1984) geht von einem nachweisbaren Einfluß der Merkmale »egoistische Nützlichkeitsorientierung«, »Autoritarismus« und »Hilfsbereitschaft« aus.

4. Kontakt mit Behinderten ist ein wichtiger Einstellungsfaktor, der allerdings keineswegs zwangsläufig positive Einstellungen bewirkt, wie verschiedentlich behauptet wird. Ich komme später unter 5.4.3 ausführlich auf diesen Punkt zurück.

Sehr starre Haltung

5. Aus dem bisher Gesagten folgt: Abgesehen von der Art der Behinderung selbst gibt es **kaum *eindeutige* Bestimmungsgründe** für die Einstellungen zu Menschen mit Behinderungen. Dies weist darauf hin, daß wir es offensichtlich mit einer bemerkenswert starren und sehr grundlegenden Haltung zu tun haben. Replikationsstudien im Abstand von 20 Jahren zeigen bestenfalls marginale Veränderungen (vgl. KLAUß 1996). Aufgrund der behinderungsspezifischen Differenzen in den Einstellungen kann die Verletzung sozio-kulturell bedingter Standards oder Werte als das entscheidende Kriterium angenommen werden.

Wesentlich sind: Art der Behinderung und kulturelle Bedingtheit

6. Die **kulturelle Bedingtheit der Einstellungen gegenüber Behinderten** wird in der Behindertenforschung kontrovers und mit einander z.T. widersprechenden Grundannahmen diskutiert. Aufgrund der soziokulturell-historisch gewachsenen und in Sozialisationsprozessen vermittelten Überzeugungen, wonach ein behinderter Mensch elementaren sozialen Werten widerspricht, ist davon auszugehen, daß die Einstellungen sich kulturspezifisch unterscheiden und in einer gegebenen Kultur relativ einheitlich sind. Darüber hinaus werden universell physisch oder psychisch eindeutig abweichende Personen, von ganz wenigen Ausnahmen abgesehen, überall ungünstiger bewertet als Personen ohne solche Mängel (vgl. CLOERKES 1985, 271ff.). Wegen der außerordentlichen Bedeutung der kulturellen Prägung wird die Problematik in einem Exkurs (5.3) zum »Interkulturellen Vergleich« umfassend dargestellt.

5.2.3 Verhaltensweisen gegenüber behinderten Menschen

5.2.3.1 Typische Reaktionsformen

Typische Formen der sozialen Reaktion auf der Interaktionsebene sind

- Anstarren und Ansprechen
- Diskriminierende Außerungen
- Witze
- Spott und Hänseleien (Ärgern)
- Aggressivität bzw. Vernichtungstendenzen.

Es handelt sich hier um ursprüngliche, »originäre« Reaktionen (vgl. 5.2.5.3) bzw. um Formen von Triebabfuhr, die Distanz schaffen sollen. Aber auch solche Reaktionsformen, die auf den ersten Blick »positiv« erscheinen, dienen letzten Endes der Abgrenzung, so etwa

Auch »positive« Reaktionen können ausgrenzen

- Äußerungen von Mitleid (vgl. KLEE 1980, 109ff.)
- Aufgedrängte Hilfe
- Unpersönliche Hilfe (Spenden)
- Schein-Akzeptierung.

Warum dies so ist, wird im folgenden noch begründet. Festzuhalten bleibt, daß echtes Engagement für behinderte Menschen ohne implizite Abwertung, Entlohnung oder Dankbarkeitserwartungen vergleichsweise selten vorkommt.

5.2.3.2 Interaktionsstörungen

Auffällige Behinderungen rufen beim Nichtbehinderten in der Regel psycho-physische Reaktionen wie Angstgefühle, affektive Erregtheit und

Unbehagen hervor. Auf dieser Grundlage entwickeln sich »pathologische« Formen der Interaktion zwischen Nichtbehinderten und Behinderten: Spannung, Verhaltensunsicherheit und Ambivalenzempfindungen lassen den Beteiligten soziale Situationen dieser Art zu höchst unangenehmen Erfahrungen werden, die man antizipatorisch zu vermeiden sucht (vgl. CLOERKES 1985, 411ff.). Eine direkte Konsequenz ist die weitgehende Isolierung behinderter Menschen. Es muß darauf hingewiesen werden, daß derartige Stigmatisierungseffekte relativ unabhängig von der Intention des einzelnen Nichtbehinderten auftreten: sie entziehen sich überwiegend seiner rationalen Kontrolle.

Interaktionsspannungen bewirken Interaktionsvermeidung

TRÖSTER (1990, 24ff.) nennt eine Reihe von **verhaltensrelevanten Aspekten**, die mit der Art der Behinderung verknüpft sind:

Einfluß der Behinderungsart

1. *Auffälligkeit der Behinderung.* Bedeutsame Variable, die mehr meint als die bloße Sichtbarkeit. Drei Stufen können unterschieden werden:
   - Behinderung ist bereits vor Kontaktaufnahme sichtbar, oft prophylaktische Interaktionsvermeidung;
   - Behinderung drängt sich erst beim Kontakt überraschend auf, z.B. bei Hör- und Sprachbehinderungen;
   - Behinderung kann zunächst verborgen und bei längerem und intensivem Kontakt kontrolliert offenbart werden.
2. *Ästhetische Beeinträchtigung.* Meist wichtiger als die funktionale Beeinträchtigung, da möglicher Auslöser heftiger affektiver Reaktionen. Ästhetische Attraktivität erleichtert generell soziale Kontakte.
3. *Funktionale Beeinträchtigung kommunikativer Fähigkeiten.* Belastet Kontakt und Interaktion immer, unabhängig von der Einstellung des Nichtbehinderten.
4. *Zugeschriebene Verantwortlichkeit.* Bei angenommener Schuld des Behinderten für seinen Zustand wird die Interaktion erheblich erschwert, weil Ablehnung bis hin zu Bestrafungen (vgl. »Schockexperimente«; CLOERKES 1985, 455f.) leichter zu rechtfertigen ist. Diese Variable ist unabhängig von der Auffälligkeit.

Interaktionen zwischen behinderten und nichtbehinderten Menschen können aus verschiedenen Gründen besonders belastet sein. Aus der Sicht der Behinderten sind es die oben (5.2.3.1) genannten Reaktionsformen, und es sei nochmal betont, daß auch freundliches Verhalten mit Sympathiebekundungen sehr oft als »Schein-Akzeptanz« interpretiert wird und dann die Ambivalenz noch erhöht (vgl. BÄCHTOLD 1984, 37). Nichtbehinderte erleben Verhaltensunsicherheit und unangenehme psycho-physischen Reaktionen: Hilflosigkeit, Verlegenheit, Anspannung, Unbehagen, Erschüttertsein, Angst, Abscheu, Ekel, bis hin zu hochgradiger

Erregtheit, die sich in meßbaren physiologischen Veränderungen manifestiert (vgl. CLOERKES 1985, 411ff.; TRÖSTER 1988, 10ff., 34ff.). Als einleuchtende Konsequenz geht man möglichen Kontakten dieser Art aus dem Weg und unterstützt (bewußt oder unbewußt) distanzschaffende Stigmatisierungsprozesse (vgl. 6.3).

Natürlich hat man versucht, die empirischen Fakten theoretisch zu erklären. An dieser Stelle können die recht komplizierten Zusammenhänge nur ganz kurz skizziert werden (ausführliche Diskussion in der zitierten Literatur).

Soziologische Erklärungsansätze gehen von den Rollen und Erwartungen der Beteiligten aus (vgl. CLOERKES 1985, 74ff., 420ff.; TRÖSTER 1988, 13ff.): Rollenproblematik

1. *Irrelevanzregel:* Dem Interaktionspartner ist danach eine allgemeine, nichtwertende Aufmerksamkeit entgegenzubringen. Besondere Merkmale wie eine sichtbare Behinderung, die sich der Aufmerksamkeit aufdrängen, sind höflich zu »übersehen«, sie haben ohne Bedeutung (irrelevant) zu sein. Das ist schwer durchzuhalten, führt zu einer »Scheinnormalität« der Begegnung und zu Interaktionsspannungen (vgl. DAVIS 1961).

2. *Interrollenkonflikt:* Die Behinderung wird als niedriges, diskreditierendes Statusmerkmal wahrgenommen. Andere Statusmerkmale des Behinderten können dem entgegenstehen. Der Widerspruch verunsichert und wird meist dadurch aufgelöst, daß alles dem Merkmal »Behinderung« (»spread-effect« nach WRIGHT 1983, »master-status« nach HOHMEIER 1975) untergeordnet wird (vgl. DAVIS 1961).

3. *Uneindeutige Verhaltensregeln* aufgrund mangelnder Erfahrungen im Umgang mit Behinderten führen zu Unsicherheit und Unbehagen in »gemischten« Interaktionen (vgl. DAVIS 1961).

4. *Widersprüchliche Normen:* Das Verhalten gegenüber Behinderten ist gekennzeichnet durch einen Widerspruch zwischen »originären«, affektiven Reaktionen und offiziell erwünschten, positiven Reaktionen. Der Konflikt läßt sich im allgemeinen nur teilweise durch vordergründige Scheinakzeptanz auflösen (CLOERKES 1984). Der Ansatz wird in 5.2.5.3 ausführlich diskutiert.

Überlegungen zur stufenweisen Normalisierung der Interaktion und »Neutralisierung der Abweichung« finden sich bei Davis 1961.

In den **psychologischen Erklärungsansätzen** ist Angst vorm behinderten Menschen und vorm Behindertwerden die zentrale Kategorie (vgl. CLOERKES 1985, 21ff.): Angst

1. *Schuldangst:* Die unerlaubte Ablehnung Behinderter führt zu Schuldangst vor dem verinnerlichten Über-Ich (Gewissen). Der Gedanke wird verdrängt und bewirkt gegen den Behinderten gerichtete Abwehrmechanismen.

2. *Bedrohung der eigenen physischen Integrität:* Die Begegnung mit sichtbar behinderten Menschen aktiviert entsprechende Ängste, die ansonsten (ähnlich wie beim Tod) sorgfältig verdrängt werden. Kontaktvermeidung auch wegen magischer Furcht vor Ansteckung (»Aussätzigen-Syndrom«).

3. *Kognitive Dissonanz:* Menschen streben nach Gleichgewichtszuständen. Alles Fremde und Andersartige wird (abgesehen von gelegentlicher Neugier bei einem maßvollen Reiz) tendenziell gemieden. Die Wahrnehmung von Behinderten kann zu unangenehmen Dissonanzen führen. Dissonanzreduktion erleichtert den Spannungszustand (Beispiel: Spende für Behinderte statt direkter Kontakt).

Hypothesen zu den Gründen

Weitere theoretische Erklärungsansätze für Interaktionsprobleme zwischen behinderten und nichtbehinderten Menschen diskutiert TRÖSTER (1988, 54ff.):

1. Die *Just-World-Hypothese* geht davon aus, daß Menschen im allgemeinen an eine gerechte Welt glauben, in der jeder das bekommt, was er verdient hat. Die Konfrontation mit Behinderten gefährdet diesen Glauben. Man befürchtet, selbst in so ungerechter Weise vom Schicksal betroffen zu werden. Der spannungsreiche Konflikt kann dadurch entschärft werden, daß man entweder seine Zweifel durch kompensatorisches positives Verhalten zu neutralisieren sucht oder in negativer Weise unterstellt, daß der Behinderte verdientermaßen und eigenverantwortlich zum Opfer wurde.

2. *Komplexitäts-Polarisierungs-Hypothese.* Angehörige von Fremdgruppen werden kognitiv viel undifferenzierter wahrgenommen als die Eigengruppe, was zu polarisierenden, extremen Reaktionen führt. Das Bild vom Behinderten ist zu diffus. Mehr Wissen und Informationen müßten sich daher positiv auswirken (kritisch hierzu: 5.4.2).

3. Nach der *Novel-Stimulus-Hypothese* besteht bei fremdartigen Wahrnehmungen (z.B. einer auffälligen Behinderung) ein intrapsychischer Konflikt zwischen Anstarrneigung und der gesellschaftlichen Norm, die dies untersagt (vgl. Irrelevanzregel und kognitive Dissonanz). Die Interaktion wird dadurch belastet. Eine Entspannung der Situation könnte durch angemessenes exploratives Verhalten erreicht werden (vgl. 5.4.6).

4. *Ambivalence-Amplification-Hypothese.* Die zwiespältige Grundhaltung wird in der Begegnung mit einem behinderten Menschen ver-

stärkt, löst innere Konflikte aus und wird als Bedrohung des Selbstkonzepts erlebt. Eine Stabilisierung kann dadurch erfolgen, daß einer der beiden konträren Reaktionstendenzen gefolgt wird (vgl. »kognitive Dissonanz«).

5.2.4 Methodische Probleme

5.2.4.1 Kritik der Einstellungsforschung

Nutzen von Einstellungsuntersuchungen

Die soziale Reaktion umfaßt die Gesamtheit der Einstellungen und Verhaltensweisen gegenüber behinderten Menschen. Aussagen über die Qualität der sozialen Reaktion gehen aber fast immer nur auf die gemessenen Einstellungen zurück; es gibt einige Hundert solcher Untersuchungen mit einem Höhepunkt der Forschungstätigkeit zwischen 1960 und 1980 (vgl. zusammenfassend CLOERKES 1985). Der Nutzen derartiger Einstellungsstudien ist außerordentlich kritisch zu bewerten. Ihre Beliebtheit resultiert wohl vor allem aus der Tatsache, daß es ungleich aufwendiger ist, das reale Verhalten gegenüber Behinderten zu erfassen.

Die wichtigsten *Kritikpunkte* (vgl. CLOERKES 1985, 144ff., 369ff.):

- Zu kleine Stichproben, Verzerrungen bei der Auswahl, überzogene Interpretation der Daten.
- Schwächen der verwendeten Meßinstrumente (meist standardisierte Einstellungsskalen, Soziale-Distanz-Skalen, projektive Verfahren).
- Verfälschungstendenzen angesichts der Sensibilität des Themas: Durch Ausweichen auf neutrale Antwortkategorien (»keine Meinung«), durch Falschantworten, Selbstbeschönigungen und »Lügen«, durch unreflektierte und inhaltsunabhängige Zustimmung zu den Antwortkategorien, insbesondere aber durch normkonforme und »vorurteilsfreie« Reaktionen im Sinne der »sozialen Erwünschtheit« (typisch für Respondenten aus den oberen Sozialschichten und Fachleute).
- Verwendung von »Wissensfragen« und Überschätzung von viel Wissen über Behinderungen als Indiz für positive Einstellungen gegenüber Behinderten, deren Fundierung ja vor allem affektiv ist.
- Verkennung der Problematik, die mit der Vorgabe »verbaler Stimuli« bei der Einstellungsmessung verbunden ist. Das Einstellungsobjekt muß kognitiv überhaupt präsent und bedeutsam sein. Die meisten Befragten kennen behinderte Menschen aber gar nicht hinreichend und schon gar nicht differenziert nach Art der Behinderung (tendenzielle Orientierung an »schweren« Behinderungen, typisch sind Blindheit, Rollstuhlabhängigkeit, schwere geistige Behinderung, etc.; vgl. u.a. BÄCHTOLD 1981, 249ff.).

- Fehlende Unterscheidung zwischen der Einstellung oder Bewertung von »Behinderung« und der Einstellung zum »behinderten Menschen«: Beides ist keineswegs gleichzusetzen (vgl. ausführlich 5.3.3). So wird Blindheit extrem negativ bewertet, während Blinde regelmäßig besonders hohe Sympathiewerte haben.

5.2.4.2 Personalisierungs- und Sympathieeffekt

Reaktionseffekte

In Zusammenhang mit dem Einfluß verbaler Stimuli diskutiert TRÖSTER (1990, 154ff.) zwei wichtige Reaktionseffekte:

1. *Der Personalisierungseffekt.* Vorurteilsbedingte Abwertungen werden leichter und effizienter in bezug auf eine Eigenschaft vorgenommen als in bezug auf eine Person: »Man kann eher etwas 'Schlechtes' über eine Behinderung sagen als über einen behinderten Menschen« (CLOERKES 1985, 390). Die Generalisierung erfolgt von der Behinderung auf die Gruppe mit der Behinderung. Die Behindertengruppe wird allgemein negativer gesehen als eine einzelne behinderte Person. Dieser Personalisierungseffekt wird um so ausgeprägter sein je konkreter, positiver und »als Person« der Behinderte wahrgenommen wird.
2. *Der Sympathieeffekt.* Die verbalen Reaktionen auf körperbehinderte Stimuluspersonen sind gelegentlich positiver als auf nichtbehinderte Stimuluspersonen. Als Erklärung werden neben methodischen Verfälschungen auch positive Attribuierungswirkungen vorgeschlagen.

Der Personalisierungseffekt sollte nach meiner Überzeugung sowohl bei der Interpretation von Forschungsergebnissen als auch für die Praxis möglicher Strategien zur Veränderung der sozialen Reaktion auf behinderte Menschen (vgl. 5.4) ausgesprochen ernst genommen werden. Anders sieht es beim Sympathieeffekt aus, den ich im wesentlichen für ein methodisches Artefakt aufgrund von sozialer Erwünschtheit bzw. Überkompensation negativer Regungen halte. Mitleidsbedingte Regungen wären auch nicht unbedingt als echte Sympathie zu interpretieren. Der Sympathieeffekt wurde im übrigen nur für Körperbehinderte gefunden. Bei Behinderungsformen mit zugeschriebener Eigenverantwortlichkeit dürfte von irgendwelchen Sympathieeffekten nicht viel übrigbleiben.

5.2.4.3 Kritik der Verhaltensforschung

Nutzen von Untersuchungen des Verhaltens

Auch bei der Erforschung des tatsächlichen Verhaltens gegenüber behinderten Menschen müssen zahlreiche und ähnliche Fehlerquellen wie bei den Einstellungen kritisch in Rechnung gestellt werden. Über das Verhalten in natürlichen sozialen Situationen gibt es relativ wenige Studien. Die meisten Untersuchungen waren experimentell in Laborsituationen, vermutlich wegen der besseren Möglichkeit, an »beweiskräftige«, quantitative Daten zu gelangen. Zumindest für Kontakte mit sichtbar behinderten Personen sind die weiter oben (5.2.3.2) dargestellten Interaktionsprobleme (physiologische Streß-Anzeichen, räumlicher Abstand, Blickkontakt, etc.) hinreichend belegt (ausführliche Diskussion bei TRÖSTER 1988). Hinsichtlich der Bedeutung der so in künstlichen Situationen gewonnenen Meßwerte bin ich angesichts der zahlreichen, verfälschenden Einflußvariablen (durchgängig Sympathie-Effekte; vgl. TRÖSTER 1988, 154ff.) außerordentlich skeptisch. Qualitative Fallstudien aus dem natürlichen Umfeld (z.B. Tiefeninterviews oder biographisches Material Behinderter; vgl. CLOERKES 1985, 411ff.) sollten deshalb mehr Beachtung finden, ebenso die Verhaltensbeobachtung von Kindern bei integrativen Kontakten als neues Forschungsfeld.

5.2.4.4 Zum Zusammenhang zwischen gemessenen Einstellungen und tatsächlichem Verhalten

Eine allgemeine und selten hinterfragte Annahme geht davon aus, daß das Denken und Empfinden eines Individuums seinem Handeln vorausgeht und es verursacht. Die enorme Bedeutung der Einstellungsforschung basiert im wesentlichen auf dieser *»Konsistenz-Konzeption«*: Menschen sind danach bestrebt, die einzelnen Komponenten ihrer Einstellungen in Übereinstimmung zu bringen und einheitlich, konsistent also, auf Einstellungsobjekte zu reagieren (vgl. CLOERKES 1985, 16f., 136ff.). Nun ist die Konsistenz-Konzeption eindeutig zu widerlegen. Einstellung und Verhalten stimmen nur in sehr bescheidenem Maße überein (vgl. CLOERKES 1985, 394ff.). Was wir denken und sagen und was wir schließlich tatsächlich tun, unterliegt nämlich nicht dem gleichen Einfluß gesellschaftlicher Vorschriften, – auch das ist eine allgemeine Lebensweisheit. Die Tendenz, sich selbst in »sozial erwünschter« Weise darzustellen, ist gerade bei der Erfassung der Reaktion auf behinderte Menschen eine Fehlerquelle ersten Ranges; schließlich ist die gesellschaftlich offiziell erwünschte Haltung zu Kranken und Behinderten positiv und nicht negativ.

Geringe Übereinstimmung zwischen Einstellung und Verhalten

Von Einstellungen sind gewisse Rückschlüsse auf das tatsächliche Verhalten möglich, mehr nicht. Die Erforschung von Einstellungen sollte daher immer durch zusätzliche Erfassung der Verhaltensdimension ergänzt werden, und zwar durchaus auch über qualitative Verfahren. Es spricht einiges dafür, daß die gemessenen Einstellungen gegenüber Behinderten wegen der Tendenz zu sozial erwünschter Selbstdarstellung eher zu positiv ausfallen. Andererseits kann der soziale Druck in öffentlichen Situationen geradezu vorbildliche Verhaltensweisen gegenüber Behinderten bewirken. Ich neige zu der Annahme, daß die realen Einstellungen gegenüber behinderten Menschen ungünstiger sind als das, was der Einstellungsforscher mißt, und sich auch in einem sehr ungünstigen realen Verhalten niederschlagen würden, wenn gesellschaftliche Vorschriften dem nicht entgegenstehen würden: Euthanasie-Bestrebungen sind kein Relikt aus dem Nationalsozialismus, solange der Gedanke an Stammtischen und hinter vorgehaltener Hand sein Eigenleben führt.

> Halten wir fest: Was sich in den Köpfen abspielt, ist die Einstellungsebene (Einstellung, Vorurteil, Wert, Stigma). Streng davon zu trennen ist immer die Ebene des tatsächlichen Verhaltens. Zwischen beiden Ebenen besteht nur ein begrenzter Zusammenhang, der keine eindeutigen Vorhersagen erlaubt.

> Halten wir weiter fest: Die Bewertung einer Behinderung ist von der Reaktion auf den Menschen mit einer Behinderung zu trennen. Der einzelne Behinderte wird zudem im allgemeinen positiver gesehen als seine Behindertengruppe.

5.2.5 Entstehung der sozialen Reaktion auf behinderte Menschen

5.2.5.1 Sozialisationsvariablen

Werte und Einstellungen werden gelernt

Sozio-kulturelle Werte und Normen werden in Sozialisationsprozessen verinnerlicht. Das Wertsystem eines Individuums bestimmt in hohem Maße seine Einstellungen, auch die gegenüber Behinderten (vgl. zum folgenden Cloerkes 1985, 298ff.). Hier sind Werte wie Gesundheit, Leistungsfähigkeit, Intelligenz, körperliche Integrität und ästhetisches, jugendliches Äußeres von großer Bedeutung. Werte und Normen regeln das Zusammenleben in einer Gesellschaft. Abweichung von Werten und Normen bedroht die individuelle wie gesellschaftliche Stabilität. Bereits in frühester Kindheit wird deshalb eine Gewißheit darüber etabliert, was die grundlegenden Werte sind, und daß ein Verstoß gegen diese Werte negativ sanktioniert, also bestraft wird. Aus der Entwicklungspsychologie wissen wir, daß sehr kleine Kinder (etwa bis zum dritten oder vierten Lebensjahr) noch unbefangen und neugierig auf alles Fremdartige zugehen. Im Alter von acht Jahren lassen sich dann bereits massive Vorurteile nachweisen (vgl. Allport 1971, 315). Was geschieht also in der Zeit dazwischen? Für das Erlernen der sozialen Reaktion auf behinderte Menschen sind insbesondere drei Aspekte von Bedeutung:

1. Über die *Sozialisationsinhalte* wird die kulturelle und soziale Wirklichkeit vermittelt und damit auch Einstellungen und Wert-

haltungen gegenüber Menschen mit Behinderungen. Körperliche, geistige oder seelische Abweichung wird da mit »böse« oder »schlecht« verknüpft: In Märchen und Kindergeschichten, über die Inhalte von Literatur, Massenmedien, Alltagskommunikation. Gerade kleine Kinder übernehmen solche Gleichsetzungen sehr schnell, weil sie zu ganzheitlichem Denken neigen. Also: »Die häßliche Person ist schlecht,... die schöne Person ist gut; gleichzeitig ist sie auch noch reich, stark, gesund, hat ein schnelles Auto, kann singen, tanzen, usw.« (SPIEGEL 1950, 21; zit. nach HEIDER 1977, 216).

2. Daneben sind die *Sozialisationspraktiken* besonders wichtig. Hier finden die hohe gesellschaftliche Bewertung von Gesundheit und »Normalität« und die entsprechende Abwertung von allem, was mit Krankheit zu tun hat, ihre Umsetzung in soziales Handeln. In der elterlichen Erziehungspraxis wird häufig Krankheit oder Behinderung als Druckmittel zur Erzielung konformen Verhaltens eingesetzt und dabei eine Verbindung zu »Strafe« und »Schuld« hergestellt. Bekannte Beispiele sind: »Du wirst dich noch erkälten, wenn du weiter barfuß herumläufst!«; »Wenn du soviele Bonbons ißt, fallen dir die Zähne raus!« oder »kriegst du Würmer«, usw.

3. Schließlich werden die in der frühen Kindheitssozialisation installierten *Vorstellungen vom Behinderten als abweichend von der Norm später kontinuierlich verstärkt.* Man denke nur an die Bösewicht-Funktion von behinderten und mißgestalteten Personen in der Literatur, auf der Bühne, in Kino und Fernsehen, wenn auch sicher nicht immer in so extremer Form wie bei den Figuren des »Frankenstein« oder »Dr. Mabuse« (vgl. u.a. GARDNER/RADEL 1978). In der allgegenwärtigen Werbung gibt es nur Idealmenschen, die den o.g. Werten entsprechen und nicht von ihnen abweichen, wie etwa Behinderte. Sozio-kulturell vorgeprägte Stereotypen werden also dem verunsicherten einzelnen als entlastende Aufhänger für diskriminierende Reaktionstendenzen angeboten.

Einstellungen von Behinderten

An dieser Stelle sei eine Anmerkung zu den *Einstellungen Behinderter gegenüber anderen Behinderten* erlaubt. Behinderte Menschen unterliegen den gleichen Sozialisationsmechanismen wie nichtbehinderte Menschen, sie orientieren sich an den gleichen gesellschaftlichen Wertmaßstäben und sind selbstverständlich nicht frei von den Vorurteilen, die hier zur Diskussion stehen. Oftmals sind sogar besonders deutliche Distanzierungen von anderen Behinderten bzw. Stigmatisierten zu beobachten (vgl. CLOERKES 1985, 248ff.; WOCKEN 1983a; 1993a); ein Grund könnte die damit bewirkte Aufwertung des Selbstbilds sein (Identitätsstrategie; vgl. 6.4.4). Gesehen werden muß allerdings, daß es »die Behinderten« als geschlossene, solidarische Gruppe gar nicht gibt und von daher Personen mit anderen Behinderungen als der eigenen so »anders« erlebt werden wie von Nichtbehinderten (vgl. 2.3).

5.2.5.2 Der kulturhistorische Hintergrund

Historische Vorstellungen

Sozialisation geschieht in einem soziokulturell und historisch begründeten Kontext. Die Gesellschaft mit ihren Normen und Werten geht dem Individuum genetisch voraus, wie eine Grundannahme des Symbolischen Interaktionismus besagt. Unsere heutigen Einstellungen zu Krankheit und Behinderung lassen sich auf fünf verschiedene, historisch bedingte Ansichten und Überzeugungen zurückführen (vgl. CLOERKES 1985, 309f.):

- Hebräisch: Das kranke Individuum ist selbst verantwortlich für seinen Zustand. Krankheit und physische Defekte sind eine Strafe Gottes für begangene Sünden.
- Griechisch: Krankheit und physische Behinderung bedeuten soziale Inferiorität.
- Christlich: Krankheit und Leiden dienen der Läuterung und sind ein Weg zur Gnade Gottes.
- Calvinistisch: Das Fehlen materiellen Erfolges, auch bedingt durch Krankheit oder Behinderung, ist sichtbares Zeichen für den Entzug göttlicher Gnade.
- Wissenschaftlich: Der Kranke oder Behinderte kann nichts für seinen Zustand und wird daher auch nicht dafür zu Rechenschaft gezogen. Diese moderne Sichtweise kann über die »Pathologisierung« der Betreffenden zu neuen, »wissenschaftlichen« Vorurteilen führen.

Die Rolle von Schuldgefühlen und Ängsten

Was die Entstehung abwertender Einstellungen gegenüber Behinderten betrifft, so lassen sich Anteile aller genannten Konzeptionen nachweisen, was als Indiz für die Beständigkeit historisch gewachsener kultureller Überzeugungen und Werthaltungen gelten kann. Eine wichtige Rolle spielt in jedem Fall die Frage nach der Zurechnung von Schuld für den unerwünschten Zustand. Das liegt an der Neigung der Menschen, für alles im Leben eine Erklärung, einen Grund zu finden. Auch die Rolle von Glauben, Aberglauben, magischen Vorstellungen, usw. darf in diesem Zusammenhang nicht unterschätzt werden. Angesichts unfaßbarer, schicksalshafter Ereignisse erfolgt auch heute noch häufig der Rückgriff auf durch Jahrhunderte kulturell tradierte Interpretationsschemata dieser Art. So sind immer noch exorzistische Praktiken mit Billigung der katholischen Kirche möglich, bei denen auch Behinderte zu Tode gequält wurden (vgl. CLOERKES 1985, 314ff.).

Zurechnung von Schuld seitens der Nichtbehinderten läßt sich mit der Entlastung von eigenen Schuldgefühlen und Ängsten erklären (vgl. 5.2.3.2). Die Projektion der eigenen Schuld auf den Behinderten unter Rückgriff auf soziale Vorurteile hat Selbstschutzfunktion. Darüber hinaus dient dieser Mechanismus der Legitimation künftiger negativer Tendenzen: Wer selbst schuld hat, braucht schließlich keine besondere Rücksichtnahme zu erwarten. Die Beziehung zwischen Schuldgefühlen und negativen Einstellungen gegenüber Behinderten ist eine wechselseitige. Die Stabilisierung über Ablehnung ist ist nur vorübergehend; sie erzeugt gleichzeitig neue Schuldgefühle und Schuldangst und führt so zu einem verhängnisvollen Kreislauf, der in der folgenden Abbildung schematisch dargestellt ist (vgl. CLOERKES 1985, 313):

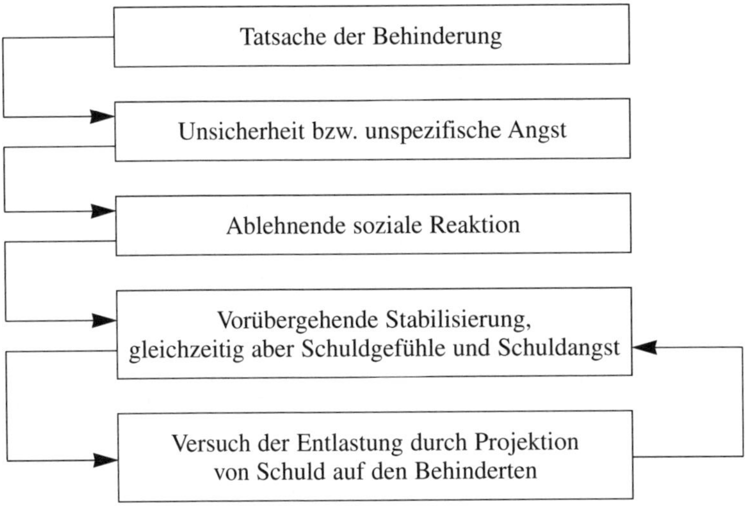

Abb. 5.1: Angst, Schuldgefühle und soziale Reaktion auf Behinderte

5.2.5.3 Widersprüchliche Normen

Die Problematik widersprüchlicher Normen in der sozialen Reaktion auf Behinderte ist bereits in 5.2.3.2 angesprochen worden. Wegen der außerordentlichen Bedeutung wird der Sachverhalt im folgenden ausführlich dargestellt (vgl. CLOERKES 1984).

Soziale Normen

Was sind Normen? Ganz unsoziologisch: Soziale Normen sagen uns, was in einer gegebenen Situation geboten oder verboten ist. Sie geben uns klare Handlungsanweisungen durch Interpretation von Werten. Sie regeln das Zusammenleben der Menschen. Ausgangspunkt ist nun die Feststellung, daß die Funktion der Normen, klare Handlungsanweisungen zu geben und das Zusammenleben der Menschen verbindlich zu regeln, in bezug auf Behinderte nur höchst unzureichend zum Tragen kommt, oder als **These**:

Die Normen sind widersprüchlich, und das führt zu Formen der sozialen Reaktion, die vordergründig akzeptabel sind und Entlastung von Unsicherheit versprechen, letztlich aber Ablehnung und soziale Isolation bewirken.

Störung von Gleichgewichtszuständen

Wenn behinderte Menschen durch ihr »Sosein« in mehr oder weniger ausgeprägter Form von sozialen Erwartungen, Werten und Normen abweichen, dann wird man davon auszugehen haben, daß sie distanzierende und separierende Reaktionen auf sich ziehen, weil Abweichung wesentliche Gleichgewichtszustände auf der individuellen wie auf der gesamtgesellschaftlichen Ebene stört (ausführliche Darstellung der Funktionen von Stigmatisierung in 6.3.2). Zwischen den Individuen einerseits und der Gesellschaft andererseits gibt es in diesem Punkt eine offenkundige Interessenkongruenz: Abweichende Personen stören Gleichgewichtszustände, die Identitätsbalance beim einzelnen und die Systemstabilität auf der gesellschaftlichen Ebene. Deshalb gibt es auch klare normative Anweisungen für die soziale Reaktion.

Normativer Konflikt

Für Behinderte gilt dies alles nun nicht ohne weiteres. Eine absichtliche, aktive Verletzung der Normen liegt ja nicht vor und auch aus moralisch-rechtlichen Gründen darf ihnen ihre Abweichung nicht offiziell angelastet werden. *Die Normen in bezug auf behinderte Menschen sind also widersprüchlich:* Ein ganz entscheidendes Faktum, denn die Haltung des einzelnen Nichtbehinderten wie Behinderten wird durch den normativen Konflikt bestimmt, der daraus resultiert, daß ihm auf der einen Seite per Sozialisation negative Einstellungen vermittelt wurden während gleichzeitig auf der anderen Seite dieselbe Gesellschaft ein offenes »Ausleben« solcher überwiegend affektiver Tendenzen mißbilligt. Eine derartige Konstellation erzeugt unweigerlich Ambivalenzgefühle, Verhaltensunsicherheit und Schuldangst, verstärkt über Reaktionsbildung die ohnehin problematische Beziehung zum Behinderten und verewigt sie in einem verhängnisvollen Kreislauf.

Widersprüchliche Reaktionsformen

Was die Reaktion auf behinderte Menschen betrifft, so lassen sich drei Arten voneinander unterscheiden: »Originäre«, »offiziell erwünschte« und »überformte«. Die schematische Darstellung (vgl. Abbildung 5.2) soll meine folgenden Überlegungen verdeutlichen. Hier sind alle Reaktionsformen und Konsequenzen widersprüchlicher Normen in ihren wechselseitigen Beziehungen und Abhängigkeiten zusammengefaßt. Ich beginne beim linken Drittel, das durch die gestrichelte Linie als sozial »nicht erlaubter« Bereich gekennzeichnet ist.

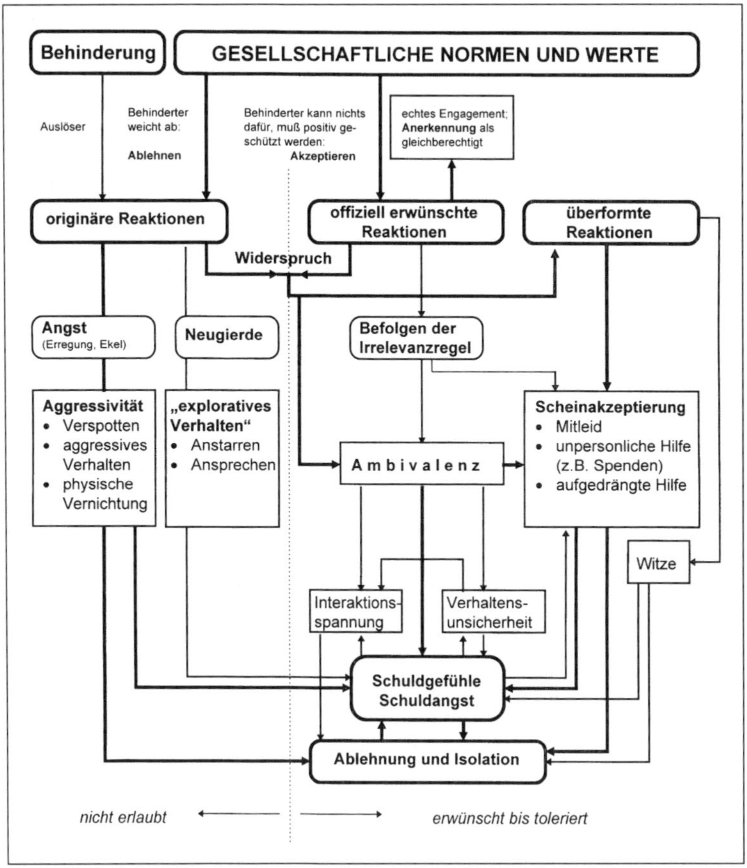

Abb. 5.2: Formen der sozialen Reaktion auf Behinderte, ihre Folgen und Verflechtungen miteinander

1. **Originäre Reaktionen.** Aus der Entwicklungspsychologie weiß man, daß die grundlegenden Werte einer Kultur sehr früh verinnerlicht werden. Kleine Kinder bis zum Alter von etwa drei Jahren reagieren noch unbefangen auf fremdartige Wahrnehmungen. Danach wird die Tatsache, daß ein sichtbar behinderter Mensch von der Norm abweicht, bereits sehr genau wahrgenommen. Es entsteht eine kognitive (wahrnehmungsmäßige) Dissonanz, gestützt durch die in 5.2.5.1 erwähnten Sozialisationsinhalte und -praktiken. Die Reaktion ist ablehnend. »Originär« meint, daß die Reaktion ursprünglich, spontan und affektiv ist. Auslöser für originäre Reaktionen ist die wahrgenom-

Originär = ursprünglich, spontan, affektiv

mene Abweichung. Originäre Reaktionen gibt es zunächst typischerweise bei kleinen Kindern. Hier überwiegt das Element der Neugierde mit den Erscheinungsformen »Anstarren« und »Ansprechen« (manchmal auch »Anfassen«). Dieses »explorative Verhalten« von Kindern führt nicht zu einer unmittelbaren Ablehnung des behinderten Menschen, sondern beinhaltet die Chance einer Normalisierung und ist damit ein bedenkenswerter Aspekt bei Einstellungsänderungsstrategien bzw. Integration (vgl. 5.4 und 7.6.3).
Aggressivität auf der Grundlage unspezifischer Angst ist hingegen charakteristisch für das »Ausleben« originärer Reaktionen. Letzten Endes handelt es sich um Abwehrmechanismen gegenüber psycho-physisch erlebter Angst, die in Erregung und Ekel ihren sichtbaren Ausdruck finden kann und eine Störung von Gleichgewichtszuständen anzeigt, der wiederum mit stigmatisierenden Reaktionen zur Stabilisierung des gefährdeten Gleichgewichts begegnet wird. Aggressive originäre Reaktionen kommen in der sozialen Realität nur selten *offen* zum Tragen, nämlich bei kleinen Kindern (»Kinder sind grausam«) und, was die tatsächliche Vernichtung betrifft, unter extremen politischen Verhältnissen, die das Verhalten legitimieren, wie etwa im nationalsozialistischen Deutschland. Auf der Ebene der Einstellungen gegenüber Menschen mit Behinderungen spielen sie allerdings eine ganz entscheidende Rolle und führen wegen des offiziellen Verbots zu Schuldgefühlen und Schuldangst.

Verhaltensvorschriften

2. **Offiziell erwünschte Reaktion.** Den originären Einstellungen und Reaktionen, die in der frühkindlichen Sozialisation erworben werden, stehen entgegengesetzte gesellschaftliche Normen bzw. Vorschriften gegenüber: Behinderte muß man akzeptieren und als gleichberechtigt anerkennen. Diese Tatsache ist bedeutsam für die Konstituierung von Einstellungen und Reaktionen. Das offiziell erwünschte Verhalten selbst stellt allerdings in der sozialen Wirklichkeit eher eine unbedeutende Variante dar.

Widerspruch führt zu überformten Reaktionen

3. **Überformte Reaktionen** (in der schematischen Darstellung rechts) sind dagegen außerordentlich häufig und beinhalten bereits eine Verarbeitung originärer Reaktionen. Hier finden wir eine Reihe von gesellschaftlich durchaus geförderten Erscheinungsformen: Sie sind ein Ausweg aus dem normativen Konflikt zwischen originärer und offiziell erwünschter Reaktion. Die originären Reaktionen werden, ganz im Sinne der »sozialen Erwünschtheit« nach und nach überformt; das geschieht ungefähr bis zum 11. Lebensjahr. Mit Anpassung an die »offiziellen« Standards der Gesellschaft hinsichtlich der »richtigen« Einstellung gegenüber Behinderten beginnt für den Nichtbehinderten der permanente Ambivalenzkonflikt zwischen »originärer« und »sozial erlaubter« oder »überformter« Haltung zum behinderten Menschen. Das eine ersetzt keineswegs das andere, sondern beide bestehen neben-

einander! Das Wirken starker sozialer Normen läßt es z.B. einem Zwölfjährigen richtig erscheinen, sich öffentlich positiv über Behinderte zu äußeren, während jüngere Kinder noch spontan das sagen, was ihnen an stereotypen Sozialisationsinhalten vermittelt wurde. ALLPORT (1971, 315) führt dazu für Vorurteile im allgemeinen aus:

> »Im Alter von etwa acht Jahren *sprechen* die Kinder oft in einer sehr vorurteilshaften Weise. Jetzt haben sie die Kategorien und die totale Ablehnung gelernt. Aber diese Ablehnung ist hauptsächlich sprachlicher Art... Wenn jetzt die Wirkung der Belehrung in der Schule einsetzt, lernt das Kind eine neue Sprachregelung: es muß demokratisch sprechen. Es muß sich zur Gleichheit aller ... bekennen. Daher finden wir im Alter von zwölf Jahren verbale Freundlichkeit, aber Ablehnung im Verhalten. In diesem Alter endlich beginnt das Vorurteil das *Verhalten* zu beeinflussen, während im sprachlichen Bereich sich die demokratischen Vorschriften auszuwirken beginnen... Bis in die Adoleszenz hinein müsen die Kinder lernen, bis sie die besondere Doppelzüngigkeit des Vorurteils in einer Demokratie beherrschen.«

Doppelzüngigkeit und Scheinakzeptierung

ALLPORT spricht von »Doppelzüngigkeit«. Eben dies kennzeichnet die in der Darstellung unter »Scheinakzeptierung« aufgeführten »positiven« Reaktionen auf Menschen mit Behinderungen. Mitleid ist ein gesellschaftlich hochbewerteter und geförderter Ausweg aus Schuldgefühlen und Ängsten. Mitleid ist in eine sozial akzeptable Form überführter Haß und Aggression. Es schafft Distanz zum Objekt des Handelns (vgl. KLEE 1980, 109ff.). Behinderte Menschen wollen aber zu Recht nicht zum bloßen Objekt degradiert werden und lehnen darum Mitleid mit Nachdruck ab. Unpersönliche Hilfe, z.B. in Form von Spenden für einen »guten Zweck« läßt sich ähnlich interpretieren: Es geht um das »Loskaufen« von drückenden Verpflichtungen und tatsächlicher Konfrontation mit dem Behinderten (vgl. »Caritatives Modell« nach KOBI; Kap. 1.4). Auch aufgedrängte Hilfe bietet Entlastung und demonstriert zugleich Statusüberlegenheit, verbunden mit Abwertung des Behinderten. Der Witz kanalisiert Aggression in sozial tolerierter Weise. Alle »überformten Reaktionen« stehen in Beziehung zu Schuldangst und stützen letztlich die Ablehnung und Isolation von behinderten Menschen.

Psychische Folgen

4. **Ambivalenz.** Die überformten Reaktionsweisen sind Ausdruck der widersprüchlichen Normen und der Ambivalenz zwischen affektiver Abwehr und sozial vorgeschriebener Akzeptanz von Behinderten. Auch wenn dieser Ausweg nicht direkt gewählt wird, beherrscht der Widerspruch als Ambivalenzkonflikt den psychischen Bereich (vgl. die mittlere Ebene von Abb. 5.2) und führt zu Scheinakzeptierung und Ablehnung. Die Ambivalenz in der sozialen Reaktion zeigt sich vor allem dann, wenn etwa sichtbar behinderten Menschen versichert wird, sie würden ebenso behandelt wie »normale« Leute, man aber gleich-

zeitig unausgesprochen von ihnen erwartet, daß sie dieses Angebot nicht überstrapazieren, sondern gesellschaftlich im Hintergrund bleiben (vgl. KRAPPMANN 1969, 71).

5. **Scheinakzeptierung und Irrelevanzregel.** Die dem Behinderten zugestandene Normalität ist das, was GOFFMAN eine »Schein-Normalität« genannt hat, die auf einer bloßen »Schein-Akzeptierung« beruht (1967, 151ff.). Um eine solche vordergründige Akzeptierung im Sinne der sozialen Norm zu sichern, gibt es die »Irrelevanzregel« (vgl. 5.2.3.2; DAVIS 1961, 123; GOFFMAN 1961, 20f.). Es handelt sich dabei um eine Verhaltensvorschrift für den korrekten bzw. höflichen Umgang mit offensichtlich abweichenden Personen: Man ist gehalten, so zu tun, als existiere ihr Handicap gar nicht, als sei es »irrelevant«. Man muß also in der Interaktion so handeln, als sei man an der *ganzen* Person orientiert, nicht an einem bestimmten, besonders auffälligen Merkmal von ihr, – egal wie wichtig oder bemerkenswert dieses auch sein mag. Nun ist es häufig so, daß sich die Tatsache der Behinderung geradezu aufdrängt und die totale Aufmerksamkeit des Nichtbehinderten auf sich zieht, was die Einhaltung der Irrelevanzregel zu einem kaum lösbaren Problem macht. Es kommt zu Verhaltensunsicherheit und Interaktionsspannung (Unbehagen, Streß, Angst, Peinlichkeit, gekünstelte krampfhafte Heiterkeit, etc.). Das antizipatorische Vermeiden von solchen belastenden sozialen Situationen wird durch den Ausweg der Scheinakzeptierung erleichtert.

Folgen für den Umgang mit Behinderten

6. **Verhaltensunsicherheit.** Verhaltensunsicherheit mit Vermeidungstendenzen ist sicher nicht ausschließlich auf das Wirken der Irrelevanzregel zurückzuführen, sie läßt sich auch über die mangelnde Interaktionserfahrung mit behinderten Menschen erklären. Die »Definition der Situation« als Grundlage sozialen Handelns im Sinne MAX WEBERS (1964, 3ff.) wird außerordentlich erschwert. Der Behinderte ist uns insofern ein »Fremder«, bei dem das Erstellen einer personalen Identität als Voraussetzung sinnvoller Interaktion schnell zur kaum überwindbaren Barriere wird (vgl. SCOTT 1969, 26). In Ermangelung einer klaren Vorstellung vom behinderten Interaktionspartner wird die Behinderung selbst zum einzigen und beherrschenden Anhaltspunkt: Falls die Interaktion überhaupt aufrechtgehalten werden kann, erfolgt eine zwanghafte Orientierung an vagen Stereotypen über »die Blinden«, die »Spastiker«, die »geistig Behinderten«, usw. Das heißt, es erfolgt ein Rückgriff auf Vorurteile, die Distanz und Ablehnung beinhalten.

Mangel an Interaktionserfahrung

7. **Schuldgefühle und Schuldzuschreibungen.** Die Folgen widersprüchlicher Normen sind für beide Seiten fatal. Was der Nichtbehinderte auch tut, eine *dauerhafte* Befreiung von Schuldgefühlen und Schuldangst ist wenig wahrscheinlich. Schuldangst ist Angst vor Verletzung

Schuldangst

der gesetzten Wertnormen einer Kultur (MITSCHERLICH 1963, 116). Insoweit dient sie dem gesellschaftlichen Ziel der Sicherstellung angepaßten und normkonformen Verhaltens. Genau dieses Verhalten ist aber aus den hier diskutierten Gründen in bezug auf Behinderte erheblich erschwert. Die psychischen Mechanismen des Schuldkomplexes wurden im vorigen Abschnitt (5.2.5.2) besprochen. Die gesamtgesellschaftliche Dimension der sozialen Reaktion mit Zuschreibung besonderer, devianter Rollen ist ein Hauptthema im 6. Kapitel (6.2.3).

Ich fasse kurz zusammen:

Die Tatsache einer offensichtlichen Behinderung als Auslöser in Verbindung mit Sozialisationsvariablen, die behinderte Menschen als Abweichler von hochbewerteten gesellschaftlichen Standards qualifizieren, führt frühzeitig zur Etablierung originärer Reaktionen. Normabweichungen einzelner Mitglieder der Gesellschaft stören individuelle und gesamtgesellschaftliche Gleichgewichtszustände. Weil Schuldzuschreibung und Ausgrenzung aus moralisch-rechtlichen Gründen bei Behinderten nicht ohne weiteres möglich ist, gibt es offiziell erwünschte Reaktionsformen. Daneben soll die Irrelevanzregel sicherstellen, daß Interaktionen so verlaufen, als gäbe es die Behinderung gar nicht. Originäre Reaktion und offiziell erwünschte Reaktion sind kaum miteinander zu vereinbaren. Die Normen sind widersprüchlich. Der Konflikt zwischen der einmal angelegten affektiven Ablehnung und dem gesellschaftlichen Verbot gerade dieser Reaktion auf Behinderte muß verarbeitet werden. Alle Möglichkeiten, insbesondere die überformten Reaktionen, laufen darauf hinaus, daß behinderte Menschen in der Regel auf Ablehnung stoßen.

Wenn meine Analyse die realen Zusammenhänge einigermaßen treffend beschreibt, dann ergibt sich daraus eine relativ pessimistische Perspektive, solange es nicht gelingt, die geschilderte Widersprüchlichkeit zumindest ansatzweise aufzulösen. Welche Möglichkeiten für Veränderungen gibt es? Wo kann man ansetzen? Der folgende Exkurs zum interkulturellen Vergleich der sozialen Reaktion auf Menschen mit Behinderungen (5.3) geht zunächst der Frage nach, ob die ablehnenden Tendenzen universell sind oder prinzipiell veränderbar. Im Abschnitt 5.4 werden dann die einzelnen Änderungsstrategien dargestellt.

5.3 EXKURS: Die Reaktion auf Menschen mit Behinderungen im interkulturellen Vergleich

5.3.1 Warum interkultureller Vergleich?

Die Erforschung der sozialen Reaktion auf behinderte Menschen findet seit langem ein beachtliches Interesse bei Wissenschaftlern unterschiedlicher Fachdisziplinen, allerdings sind die Aussagen zum Problem vielfach widersprüchlich und spekulativ. Dies gilt für die Begrifflichkeiten, für die Erklärungsversuche zur Entstehung der Reaktion und erst recht im Hinblick auf ihre Veränderbarkeit. So ist beispielsweise ungeklärt, ob negative soziale Reaktionen auf Behinderte ein Universal menschlichen Lebens darstellen oder ob sie eher variabel sind und von sozio-kulturellen Faktoren und möglicherweise auch von der individuellen Persönlichkeitsstruktur abhängen. Die Beantwortung der Forschungsfragen nach Universalität oder Variabilität ist dabei durchaus auch von praktischem Interesse, denn nur wenn Einstellung und Verhalten gegenüber Menschen mit Behinderungen überhaupt variieren, eröffnen sich Chancen für eine Veränderung der Reaktion.

Ist die Reaktion überall gleich oder variabel?

Notwendig sind interkulturell vergleichende Studien; ihr Fehlen wird von maßgeblichen Autoren übereinstimmend beklagt (vgl. SAFILIOS-ROTHSCHILD 1970, 126, 293; TROMMSDORFF 1987, 25; WRIGHT 1983, 444, 447). Die bislang vorliegenden Untersuchungen konzentrieren sich im wesentlichen auf verschiedene ethnische Gruppierungen innerhalb der USA oder auf Vergleiche zwischen westlichen Industriegesellschaften. Völlig ungeeignet sind auch Beschreibungen gegenwärtiger sonderpädagogischer Praxis im Ausland (vgl. KLAUER/MITTER 1987; zur Kritik: ANTOR 1989, 532f.; KEMLER 1988 a, 29ff.); wertvoll hingegen die Auseinandersetzung mit »ethnosoziologischen Implikationen« in heilpädagogischen Lehrbüchern (z.B. bei KOBI 1993, 104-111). Mit einigen historischen Arbeiten ist es zwar gelungen, diese verengte Perspektive ein Stück weit zu öffnen, allerdings unter weitgehender Beschränkung auf europäische Zivilisationen. Die von der Ethnologie dokumentierte weltweite Vielfalt menschlicher Lebensformen wurde kaum berücksichtigt. Erste Ansätze hierzu finden sich bei CLOERKES (1985, 255ff.), sowie bei OBELE/CLOERKES (1985) und TROMMSDORFF (1987).

Explorative Studie von 24 Kulturen

Im folgenden Exkurs werden – notgedrungen stark verkürzt – Ergebnisse einer explorativen Studie vorgestellt, die diese Forschungslücke schließt (vgl. NEUBERT/CLOERKES 1994; Darstellung folgt weitgehend dem Beitrag CLOERKES/NEUBERT 1996). Durchgeführt wurde eine interkulturell vergleichende Sekundäranalyse von meist ethnologischen Feldstudien zu 24 weltweit ausgewählten traditionellen Kulturen (vgl. NEUBERT/CLOERKES 1994, 112ff.). Ein entscheidendes Hilfsmittel bei der Datensammlung war das ethnologische Informationssystem »Human Relations Area Files« (HRAF); es ermöglichte erst das Herausfiltern und systematische Auswerten aller einschlägigen Hinweise zu Behinderung und behinderten Menschen aus einer kaum übersehbaren Materialfülle. Angesichts der bestehenden Wissenslücken – auch im Bereich der Ethnologie – war ein Hauptziel der Studie die Formulierung genauerer Forschungshypothesen (zu Anlage und Methode: NEUBERT/CLOERKES 1994, Kap. 2 und 3).

Nach einer kurzen Zusammenfassung des Forschungsstands (5.3.2) erfolgt eine Präzisierung der Begriffe (5.3.3), dann werden die wichtigsten Ergebnisse der Studie in Thesenform dargestellt (5.3.4) und schließlich noch einige weiterführende Überlegungen skizziert (5.3.5).

5.3.2 Grundannahmen aus der Forschung

In der wissenschaftlichen Diskussion der sozialen Reaktion auf Behinderte finden sich vier miteinander in Beziehung stehende und sich teilweise widersprechende grundlegende Annahmen zur Universalität, interkulturellen Variabilität, kulturellen Uniformität und intrakulturellen Variabilität.

5.3.2.1 Universalität

Alle Menschen reagieren negativ

Weit verbreitet ist die Aussage, daß es eine grundlegende universelle Tendenz gibt, zumindest auf extreme körperliche und geistige Andersartigkeiten in besonderer, eher negativer Weise zu reagieren. Am deutlichsten wird dies von verhaltensbiologisch orientierten Autoren vertreten. So geht SCHIEFENHÖVEL (1983, 28, 39f.) von einer angeborenen Idealvorstellung des schönen, intakten und gesunden Menschen als »philogenetisches Erbe« aus, für ihn hat »unser Verhältnis zum Behinderten ... eine Vorgeschichte, die sich bis ins Tierreich zurückverfolgen läßt« (40; ähnlich: SCHLOSSER 1952). In behindertensoziologischen Arbeiten stoßen solche Erklärungsversuche weitgehend auf Ablehnung (WRIGHT 1983, 444; ZIMMERMANN/KAGELMANN 1978), die Bedeutung der gattungsspezifischen anthropologischen Grundausstattung wird aber mehrfach hervorgehoben (vgl. z.B.: HOHMEIER 1975, 22; SEYWALD 1977, 47ff., 84ff.). In der neueren Primatenforschung wird von Ausgrenzung wie von besonderer Fürsorglichkeit bei Menschenaffen berichtet (vgl. GOODALL 1986; DE WAAL 1995). Wichtig in der Diskussion universeller Reaktionstendenzen auf behinderte Menschen ist, daß sowohl von verhaltensbiologisch wie soziologisch orientierten Autoren nicht unbedingt eine gleichgerichtete negative Qualität unterstellt wird, sondern eher eine Ambivalenz, die zwischen Ablehnung und Hilfe, Ausstoßung und Attraktion schwankt (vgl.

NEUMANN 1978, 92; SAFILIOS-ROTHSCHILD 1970, 4; SCHLOSSER 1952, 234; SEYWALD 1980, 106; sowie Abschnitt 5.2.5.3). Der Konflikt zwischen beidem sei universell, die Lösung kulturspezifisch (SCHIEFENHÖVEL 1983, 28).

5.3.2.2 Interkulturelle Variabilität

Die Reaktion ist in jeder Kultur verschieden

Noch häufiger wird auf kulturelle Unterschiede in der sozialen Reaktion auf Behinderte verwiesen. Begründen läßt sich dies mit dem Einfluß von Werten (vgl. CLOERKES 1985, 255ff.; SAFILIOS-ROTHSCHILD 1970, 126f.; WRIGHT 1983, 81ff., 448ff.), mit system- bzw. kulturspezifischen Funktionsanforderungen (vgl. HANKS/HANKS 1948; HOHMEIER 1975, 10; SAFILIOS-ROTHSCHILD 1970, 126f.) oder auch mit spezifischen Persönlichkeitsmerkmalen (vgl. dazu 5.3.2.4). Daneben gibt es evolutionistische Erklärungen für die interkulturell variable Reaktion auf behinderte Menschen. Nach der »kulturoptimistischen« Variante werden Behinderte mit wachsendem Entwicklungsstand einer Gesellschaft immer positiver bewertet (Modernitätsthese; u.a. HANKS/HANKS 1948; JORDAN/FRIESEN 1968; implizit auch in den meisten sonderpädagogischen Veröffentlichungen). Demgegenüber geht man bei der »kulturpessimistischen« Variante davon aus, daß als Folge zugespitzter Funktionserfordernisse eine zunehmende Ausgrenzung und Abwertung Behinderter zu beobachten ist (z.B. KOTY 1934, 348ff.; WRIGHT 1983, 178ff.). TROMMSDORFF (1987, 30) vermutet: »In eindeutig und differenziert gegliederten Gesellschaften mit hoher Bewertung der sozialen Harmonie wird Behinderung als Störung der Gemeinschaft wahrgenommen«.

5.3.2.3 Kulturelle Uniformität

Die Reaktion ist innerhalb einer Kultur einheitlich

Aufgrund der Internalisierung bestimmter gleichartiger Werte – so wird angenommen – kommt es innerhalb einer gegebenen Kultur zu einer weitgehend einheitlichen, uniformen Reaktion auf behinderte Menschen, sofern diese von Werten abweichen, denen grundsätzliche und herausragende Bedeutung zugemessen wird. Für die Existenz einer kulturell uniformen Reaktion auf Behinderte sprechen eigene Untersuchungsergebnisse (CLOERKES 1985, 392f.), wonach die allermeisten sozio-ökonomischen, demographischen und persönlichkeitsspezifischen Variablen ohne Bedeutung für die überaus starren Einstellungen sind. Gravierende Mängel der sekundäranalysierten Studien, vor allem auf der Basis des »Picture-Ranking-Test« (RICHARDSON et al. 1961) schränken diese Feststellung allerdings ein (zur Kritik: CLOERKES 1985, 267f., 369ff.).

5.3.2.4 Intrakulturelle Variabilität

Angesichts des auch *innerhalb* einer Kultur vorhandenen Spektrums gruppen- und persönlichkeitsspezifischer Reaktionsformen auf Menschen mit Behinderungen wird in zahlreichen Arbeiten die intrakulturelle Variabilität neben der interkulturellen Variabilität und universellen Tendenzen betont, so etwa bei ENGLISH (1977), bei BÄCHTOLD (1986) und NOONAN/BERRY/DAVIS (1970) mit Blick auf Persönlichkeitsmerkmale, bei SAFILIOS-ROTHSCHILD (1970, 126f.) für Schicht- und Geschlechtszugehörigkeit oder bei EDGERTON (1970, 530) aus ethnologischer Sicht. HEINTZ hat bereits 1957 das Problem so gefaßt: Kulturbedingte Wertmaßstäbe bewirken in den einzelnen Gesellschaften außerordentlich konstante Rangordnungen gegenüber Outgroups. »Das schließt natürlich nicht aus, daß ein solcher Wertmaßstab individuell verschieden streng angewendet wird« (68). So gibt es denn auch Versuche, Universalität und Variabilität miteinander zu verknüpfen. Insbesondere die Vertreter der Universalitätsthese interpretieren unterschiedliche Reaktionen auf Behinderte als Ausprägungen einer im Prinzip einheitlichen Grundeinstellung (zur Diskussion: CLOERKES 1985, 296f.; SAFILIOS-ROTHSCHILD 1970, 126, 293; WRIGHT 1983, 442ff.).

Die Reaktion ist innerhalb einer Kultur unterschiedlich

5.3.3 Begriffe und Reaktionsspektrum

Die wissenschaftliche Diskussion zum interkulturellen Vergleich der sozialen Reaktion auf Behinderte ist offensichtlich voller Widersprüche, insbesondere sind die verwendeten Kategorien für eine fundierte Analyse zu verschwommen und ungenau. Der Schlüssel für eine differenziertere Untersuchung der Thesen und zur Vermittlung zwischen kontroversen Positionen liegt deshalb zuerst in der Entwicklung präziser und interkulturell anwendbarer Kategorien.

Wenn wir davon ausgehen, daß das soziale Phänomen Behinderung letztlich an einen Bewertungsvorgang gebunden ist (vgl. HOHMEIER 1982), dann sind gängige Begriffsbestimmungen wegen ihrer möglichen Bindung an kulturspezifische Wertungen im Rahmen eines interkulturellen Vergleichs unzureichend. Zunächst sollte prinzipiell offenbleiben, ob Phänomene, die wir als Behinderung ansehen, in anderen Kulturen gleichermaßen als etwas Besonderes gelten. So wird beispielsweise geringe Körpergröße bei uns als »Zwergwuchs« abgewertet und ist bei Ethnien mit geringerer durchschnittlicher Körpergröße völlig normal. Des weiteren wird nicht jede Besonderheit zwangsläufig als Behinderung bewertet (z.B. im Fall außergewöhnlicher Schönheit). Wir unterscheiden hier deshalb zunächst zwischen Behinderung und »Andersartigkeit«.

Relativität von Behinderung

Merkmale mit Stimulusqualität

Andersartigkeiten sind überdauernde Merkmale im körperlichen, geistigen oder physischen Bereich, die häufig Spontanreaktionen auslösen und/oder Aufmerksamkeit hervorrufen. Es sind also Merkmale mit Stimulusqualität. Entscheidend ist nicht schwer zu fassende »Normalität« oder »Abnormalität«, sondern allein das Auslösen einer Reaktion. Die Wahrscheinlichkeit, eine Reaktion auszulösen, steigt allerdings bei einer visiblen Abweichung von den Normalitätserwartungen. Andersartigkeiten müssen somit empirisch bestimmt werden und können von Kultur zu Kultur variieren. Die Bewertung von Andersartigkeit ist nicht festgelegt: sie kann negativ, ambivalent oder positiv sein. Nur völlige Gleichgültigkeit ist durch das Definitionskriterium »Stimulusqualität« ausgeschlossen.

Negative Bewertung einer Andersartigkeit

Von einer **Behinderung** soll erst dann gesprochen werden, wenn eine Andersartigkeit in einer bestimmten Kultur entschieden negativ bewertet wird. Eine Behinderung ist danach ein überdauerndes Merkmal im körperlichen, geistigen oder psychischen Bereich, das erstens Spontanreaktionen bzw. Aufmerksamkeit hervorruft (Andersartigkeit) und dem zweitens allgemein ein ausgeprägt negativer Wert zugeschrieben wird (vgl. auch 1.1.2). Oder kurz: *Eine Behinderung ist eine Andersartigkeit, der allgemein ein ausgeprägt negativer Wert zugeschrieben wird.* Die negative Bewertung kann mit »deutliche Unerwünschtheit« operationalisiert werden. Indikatoren dafür sind im interkulturellen Vergleich unter anderem Vorsichtsmaßnahmen gegen den Erwerb dieser Andersartigkeit, Heilungs- und Behandlungsversuche, Mitleid, Extremreaktionen (Tötung, Ausstoßung), Isolation, diskriminierende Reaktionen.

Behinderung ist nicht dasselbe wie behinderter Mensch

Ein **Behinderter** *ist ein Mensch, der erstens eine entschieden negativ bewertete Andersartigkeit hat und der deshalb zweitens ungünstige soziale Reaktionen auf sich zieht.* Mit dieser scheinbar banalen Definition werden Behinderung und Behinderte voneinander unterschieden und damit eine für die weitere Argumentation wichtige Differenzierung vorgenommen. Denn die negative Bewertung der Andersartigkeit muß nicht zwangsläufig mit einer ebenso negativen sozialen Reaktion auf den Menschen mit der Andersartigkeit verknüpft sein. Blindheit wird beispielsweise außerordentlich negativ bewertet, die soziale Reaktion auf blinde Menschen ist hingegen vergleichsweise moderat.

Die Bewertung einer Behinderung und die soziale Reaktion auf Behinderte sind also zweierlei und strikt voneinander zu trennen.

Die Notwendigkeit einer solchen Trennung ist methodenkritisch für den Bereich der Einstellungsforschung hervorgehoben worden (vgl. CLOERKES 1985, 389f.), wird jedoch auch in neueren Arbeiten aus der Behindertenforschung selten beachtet. So diskutiert TROMMSDORFF (1987) in einem Kapitel über die »Soziale Wahrnehmung von Behinderten in verschiedenen Kulturen« überwiegend die Bewertung von *Behinderungen* (27ff.) und unterscheidet in ihrem Material auch nicht zwischen Einstellungsstudien und Studien über tatsächliches Verhalten (zur mangelnden Konsistenz zwischen Einstellung und Verhalten gegenüber Behinderten vgl. 5.2.4.4). TRÖSTER (1988; 1990) macht in seinen Beiträgen lobenswerterweise auf diese Problematik aufmerksam (1988, 22ff.; 1990, 100ff.), ebenso auf die Gefahr einer Abwertung der behinderten Person durch das Behinderungsetikett (1988, 26ff.; 1990, 92ff.), zitiert dann aber unkommentiert Untersuchungsergebnisse, in denen nicht zwischen Behinderung und Behinderten unterschieden wird (z.B. 1990, 89, 93, 159ff.).

Typologie der Reaktionsformen und Rollenzuweisungen

Zur Erfassung und Darstellung der sozialen Reaktion auf behinderte Menschen in den untersuchten Kulturen bedienen wir uns einer idealtypischen Einteilung, die an Vorarbeiten von HANKS/HANKS (1948) anschließt (vgl. Abb. 5.3; zur ausführlichen Diskussion: NEUBERT/CLOERKES 1994, Kap. 6; eine interessante behinderungsspezifische Auflistung möglicher Reaktionsformen findet sich bei KOBI 1993, 108f.). Wir unterscheiden die Extremreaktionen aktive Tötung (z.B. Infantizid, Genozid), passive Tötung (unterlassene Hilfe, Pflege oder Versorgung) bzw. Ausstoßung aus der Gruppe, die letztlich zum physischen oder zum sozialen Tod führen sowie verschiedene Schutz- und Hilfereaktionen wie Isolation (Minimum an Schutz und Pflege, aber Ausschluß vom sozialen Leben) mit einer Nicht-Rolle, Einschränkung der Partizipation und damit verbunden teilweiser Rollenverlust, Modifikation der Partizipation (Veränderung von Rechten und Pflichten mit Einschränkungen, mitunter aber auch neue Privilegien) mit der Zuweisung von Sonderrollen, schließlich Laisser-faire trotz negativer Bewertung von Andersartigkeit und Gewährung einer Quasi-Normalität. Sofern keine Reaktion erkennbar ist, handelt es sich definitionsgemäß nicht um eine Andersartigkeit bzw. Behinderung.

Abb. 5.3

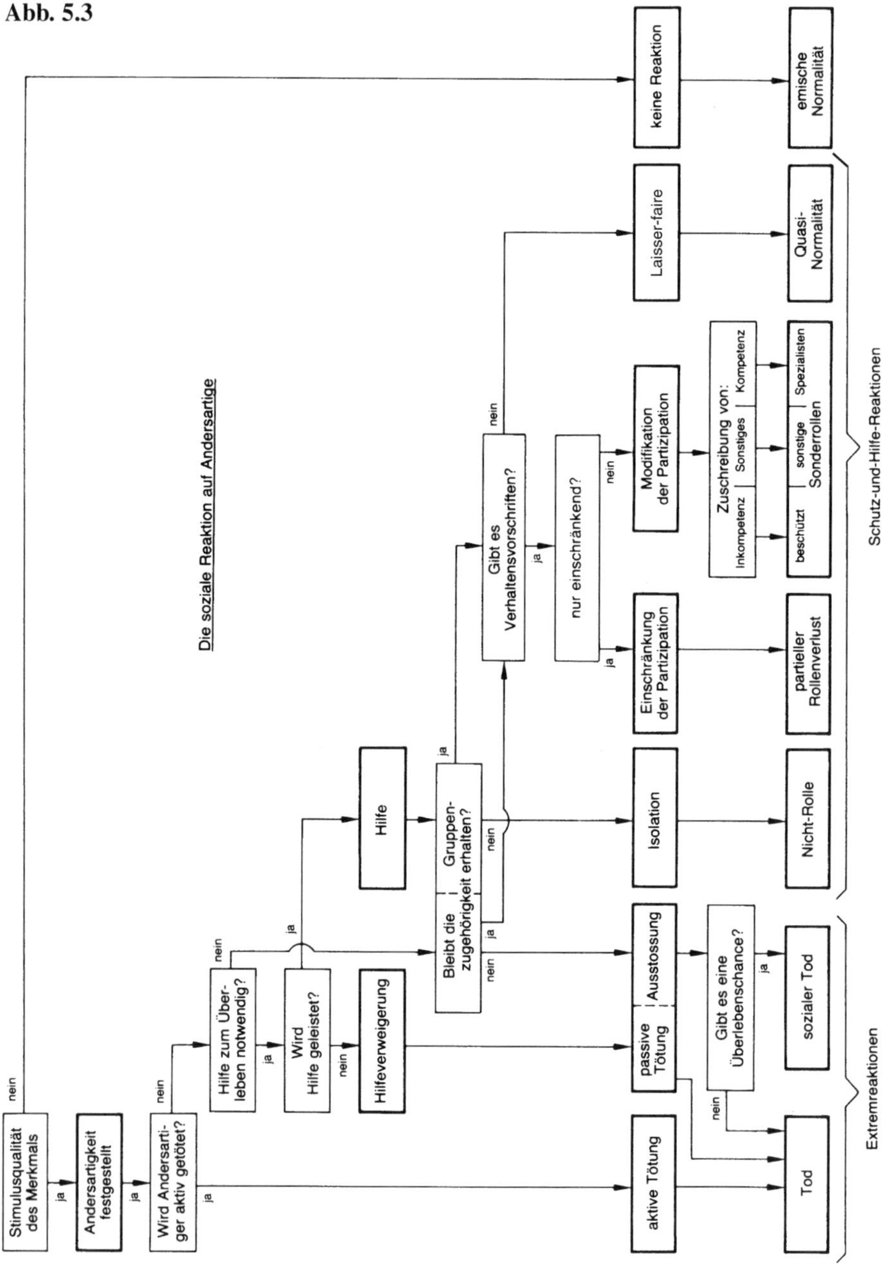
Die soziale Reaktion auf Andersartige
Stimulusqualität des Merkmals
nein
ja
Andersartigkeit festgestellt
ja
Wird Andersartiger aktiv getötet?
nein
ja
Hilfe zum Überleben notwendig?
nein
ja
Wird Hilfe geleistet?
ja
nein
Hilfe
Hilfeverweigerung
Bleibt die Gruppenzugehörigkeit erhalten?
ja
nein
nein
ja
Gibt es Verhaltensvorschriften?
nein
ja
nur einschränkend?
ja
nein
keine Reaktion
Laisser-faire
Modifikation der Partizipation
Einschränkung der Partizipation
Isolation
Ausstossung
passive Tötung
aktive Tötung
Zuschreibung von: Inkompetenz | Sonstiges | Kompetenz
Gibt es eine Überlebenschance?
ja
nein
emische Normalität
Quasi-Normalität
beschützt | sonstige Sonderrollen | Spezialisten
partieller Rollenverlust
Nicht-Rolle
sozialer Tod
Tod
Schutz-und-Hilfe-Reaktionen
Extremreaktionen

5.3.4. Ergebnisse

5.3.4.1 Sechs Thesen

Knapp gefaßt lassen sich die Ergebnisse der explorativen Studie in sechs vorläufigen Thesen formulieren (zu Detailergebnissen mit systematischer Berücksichtigung unterschiedlicher Behinderungen und Beispielen vgl. NEUBERT/CLOERKES 1994, Kap. 5, 7 und 8).

These 1: *Zur Universalität der Bewertung von Behinderung*

Ein großer Teil der untersuchten Andersartigkeiten, insbesondere solche mit starken Funktionseinschränkungen, (z.B. extreme körperliche Deformationen, Blindheit, Unfruchtbarkeit) wird interkulturell einheitlich negativ bewertet. Es kann deshalb von *universellen Tendenzen bei der Bestimmung von Behinderung* gesprochen werden. Andersartigkeiten mit weniger deutlichen Funktionseinschränkungen (z.B. zusätzliche Finger oder Zehen, ungewöhnliche Kopfformen, Narben) werden dagegen eher interkulturell variabel bewertet.

Universelle Tendenzen bei vielen Behinderungen

These 2: *Zur interkulturellen Variabilität der sozialen Reaktion auf behinderte Menschen*

Bei den meisten Formen von Andersartigkeit (z.B. offensichtlichen körperlichen oder geistigen Einschränkungen) variiert die Reaktion auf entsprechend andersartige Menschen interkulturell. Es gibt deshalb eine *deutliche Tendenz zur Variabilität der sozialen Reaktion auf behinderte Menschen.* Das Ausmaß der Variation und der Häufigkeit der verschiedenen Reaktionsformen ist jedoch unterschiedlich in Abhängigkeit von der Art der Andersartigkeit. Daneben gibt es gegenüber Menschen mit bestimmten Andersartigkeiten auch *universelle Reaktionstendenzen* (z.B. Infantizid bei Neugeborenen mit extremen Deformationen; häufig Einschränkung der Partizipation bei unfruchtbaren Frauen).

Reaktion auf Behinderte variabel mit universellen Tendenzen

These 3: *Zur kulturellen Uniformität der Bewertung von Behinderung*

Die Bewertung von Andersartigkeit ist tendenziell kulturell uniform (z.B. bei Unfruchtbarkeit, sexuellen Abweichungen, körperlichen Andersartigkeiten auch mit geringen Funktionseinschränkungen). Das heißt: Innerhalb einer Kultur gibt es nur selten große Variationen bei der Bestimmung von Behinderung.

Behinderung kulturell uniform

These 4: *Zur intrakulturellen Variabilität der Reaktion auf behinderte Menschen*

Die Reaktion auf Menschen mit einer bestimmten Andersartigkeit kann intrakulturell erheblich variieren (z.B. bei Körperbehinderten mit starken Funktionseinschränkungen, bei psychisch oder geistig Behinderten). Es gibt aber auch Kulturen, in denen gegenüber Menschen mit einer be-

Reaktion auf Behinderte intrakulturell variabel

stimmten Andersartigkeit kulturell uniform reagiert wird. Variabilität der Reaktion ist möglich, jedoch nicht zwangsläufig.

These 5: *Zu Extremreaktionen gegenüber behinderten Menschen*

Infantizid ist häufig

Extremreaktionen finden meist direkt nach der Geburt statt und treffen dann besonders Menschen mit hochvisiblen Behinderungen. Die Tötung oder der Verstoß älterer Kinder bzw. Erwachsener wird dagegen nur in Ausnahmefällen bei Altersbehinderung, extremer psychischer Andersartigkeit oder bei kontinuierlichen schweren Regelverstößen berichtet.

These 6: *Zum Reaktionsspektrum*

In den meisten Kulturen gibt es ein Spektrum mehrerer möglicher Reaktionen auf Andersartige. Die Breite dieses Spektrums variiert von Kultur zu Kultur.

5.3.4.2 Neubewertung der gängigen theoretischen Annahmen

Auf der Grundlage der in den sechs Thesen formulierten Ergebnisse lassen sich die widersprüchlichen Annahmen der Behindertenforschung über die soziale Reaktion auf Behinderte neu einordnen und neu bewerten.

1. Die interkulturelle Ebene (Vergleich zwischen verschiedenen Kulturen)

Universalität in der Bewertung von Behinderungen

Die theoretische Annahme einer *universell negativen Reaktion* (5.3.2.1) trifft vor allem für die Bewertung von Andersartigkeiten mit deutlichen Funktionseinschränkungen zu (These 1), jedoch nicht – wie in der Literatur meistens behauptet – generell für die Reaktion auf alle *Menschen* mit einer Behinderung. Universelle Reaktionstendenzen gibt es nur gegenüber Menschen mit extremen Deformationen (These 2), ansonsten bestimmt Variabilität das Bild. Es mag sein, daß sich die Autoren bei der Formulierung ihrer Annahme einen Behinderten vorstellten, dem elementare gattungsspezifische Merkmale des Menschen fehlen. Dies wird jedoch nirgendwo gesagt. *Allgemein auf Behinderte bezogen ist die Universalitätshypothese nicht haltbar.*

Variabilität in der Reaktion auf Menschen mit Behinderungen

Die zweite gängige theoretische Annahme (*interkulturelle Variabilität*, vgl. 5.3.2.2), wird durch das ethnographische Material *deutlich bestätigt, soweit die Reaktion auf behinderte Menschen gemeint ist* (These 2). Die Art der Behinderung wirkt sich auf die Variabilität aus, auch dieser Punkt wird von vielen Autoren gesehen. Die fehlende Differenzierung zwischen Aussagen zur Bewertung von Andersartigkeiten bzw. Behinderungen und Aussagen zur Reaktion auf behinderte Menschen erweist sich allerdings auch hier als problematisch. Wenn es um die Bewertung von Behinderungen geht, so sind Tendenzen zur interkulturellen Variabilität nur für solche Andersartigkeiten festzustellen, die geringe oder keine Funktionsbeeinträchtigungen mit sich bringen (These 1).

Die interkulturelle Ebene ist also gekennzeichnet durch Universalität mit Bezug auf die Bewertung von Behinderung und Variabilität mit Bezug auf die Reaktion gegenüber behinderten Menschen.

2. Die intrakulturelle Ebene (Beurteilung einer spezifischen Kultur)

Die Annahme von der *kulturellen Uniformität* (5.3.2.3) läßt sich anhand des ethnologischen Materials nur für die Bewertung von Andersartigkeiten bzw. Behinderungen belegen (These 3). Kulturelle Uniformität der Reaktion gegenüber Menschen mit Behinderungen, wie dies in der Literatur postuliert wird, ist dagegen nur in einigen Kulturen und bei bestimmte Andersartigkeiten festzustellen (These 4). Die Gegenposition einer *intrakulturellen Variabilität* (5.3.2.4) gilt nach unseren Ergebnissen durchaus für die Reaktion auf Menschen mit einer bestimmten Andersartigkeit bzw. Behinderung, denn sie kann in der Tat intrakulturell erheblich variieren (These 4), nicht jedoch für die Bewertung von Andersartigkeiten (These 3).

Als besonders wichtiges Ergebnis muß deshalb hervorgehoben werden: Viel Übereinstimmung gibt es interkulturell und besonders intrakulturell in der *Bewertung* von Andersartigkeiten, die *Reaktion* auf Menschen mit unerwünschten Andersartigkeiten ist dagegen interkulturell und auch intrakulturell variabel, denn sie hängt von zahlreichen Einflußvariablen ab, ist vielschichtig und nicht eindeutig determiniert. *Es geht um nichts weniger als den Unterschied zwischen der Einschätzung eines »Sachverhalts« und der Einschätzung eines »Menschen«. Bei der Einschätzung eines Menschen ist eben nicht nur dessen körperlicher, geistiger oder psychischer Zustand von Bedeutung, sondern auch seine sozialen Beziehungen und vieles andere mehr.* Deshalb sind hier keine eindeutigen Aussagen mit Ausschließlichkeitsanspruch möglich.

Die Reaktion ist variabel, nicht beliebig

Darüber hinaus konnte gezeigt werden, daß die *soziale Reaktion auf behinderte Menschen durchaus nicht beliebig ist* (Thesen 5 und 6). Extremreaktionen betreffen besonders Menschen mit hochvisiblen Behinderungen. Sie kommen vornehmlich als Infantizid zum Tragen, also vor Aufnahme des Betreffenden in die Gruppe. Die Möglichkeit, beliebig zu reagieren, wird durch ein kulturspezifisches Reaktionsspektrum eingeschränkt, also: *Variabilität, aber nicht Beliebigkeit.*

5.3.5 Weiterführende Überlegungen

5.3.5.1 Ein alternatives Denkmodell

In der Literatur finden sich im Prinzip vier wesentliche Ansätze zur Erklärung der Bewertung von Behinderung und der Reaktion auf Behinderte:

- Evolutionismus,
- Verhaltensbiologie,
- Funktionalismus und der Verweis auf
- kulturspezifische Werte.

Evolutionistische Annahmen können aufgrund der empirischen Evidenz direkt kritisiert werden. Weder die kulturoptimistische Variante einer stetigen Verbesserung der Lage behinderter Menschen im Verlauf der Menschheitsentwicklung noch die kulturpessimistische Variante, wonach »früher« bzw. bei den »Naturvölkern« alles besser war, finden eine Bestätigung. Für verhaltensbiologische Ansätze sprechen immerhin die eindeutigen Hinweise auf eine universelle Bewertung einzelner Behinderungen (These 1) sowie die tendenziell negativen Reaktionen auf Menschen mit extremen Mißbildungen (These 2). Andererseits läßt sich die weit verbreitete Variabilität der Reaktion auf Behinderte mit verhaltensbiologischen Aussagen nicht vereinbaren. Hier soll nun ein alternatives Denkmodell unter Einbezug funktionalistischer und wertbezogener Erklärungselemente zur Diskussion gestellt werden. Es folgt den eingangs vorgetragenen Überlegungen zur Begrifflichkeit und kann entsprechend in drei Schritten skizziert werden:

1. Bestimmung von Andersartigkeit

Gattungsspezifische Eigenschaften haben immer Stimulusqualität

Ausgangspunkt ist das Konstrukt der Normalitätserwartung, die in der frühen Kindheit erlernte Vorstellung darüber, wie Menschen in körperlicher, geistiger und psychischer Hinsicht üblicherweise beschaffen sind. Die Variationsbreite dessen, was noch als normal gilt, ist interkulturell höchst unterschiedlich. Der interkulturelle Vergleich zeigt zugleich eine Reihe von Gemeinsamkeiten, und zwar immer dann, wenn es um **»gattungspezifische Eigenschaften«** geht, also etwa die Grundelemente des Körpers (Kopf mit Augen, Nase, Mund und Ohren, Arme und Beine), daneben die Geschlechtszugehörigkeit, die Fortpflanzungsfähigkeit, psychische Grundstrukturen. Zahlreiche deutlich sichtbare und schwerwiegende Andersartigkeiten betreffen gattungsspezifische Eigenschaften, widersprechen damit universell erlernten Normalitätserwartungen und haben deshalb regelmäßig Stimulusqualität.

Trotz universeller, gattungstypischer Gemeinsamkeiten gibt es offenkundig eine enorme Variationsbreite menschlicher Eigenschaften mit angebbaren Grenzen innerhalb einer gegebenen Kultur. Auch diese **»kulturtypischen Eigenschaften«** prägen die jeweilige Normalitätserwartung. Was in einer Kultur die Regel ist, kann in einer anderen als Abweichung gelten, beispielsweise bestimmte körperliche Äußerlichkeiten wie Hautfarbe, Kopfform, Körperbau, Behaarung. Abweichungen von kulturüblichen Eigenschaften haben nur in der jeweiligen Kultur Stimulusqualität, was die Relativität einiger Andersartigkeiten (bzw. Behinderungen) größtenteils begründet (vgl. 1.2). Die Verletzung von Normalitätserwartungen hinsichtlich kulturtypischer Eigenschaften erklärt vor allem Andersartigkeiten im psychischen Bereich, während deutliche körperliche und geistige Andersartigkeit überwiegend mit verletzten Normalitätserwartungen gattungsspezifischer Art zusammenhängt, was eine stärkere universelle Stimulusqualität bewirkt.

Kulturtypische Eigenschaften ergänzen die Normalitätserwartung

2. Bewertung von Andersartigkeit bzw. Bestimmung von Behinderung

Unser Schlüsselbegriff ist hier das **»kulturspezifische Ideal«**. Es kann zunächst auf Funktionalitätserfordernisse im körperlichen, geistigen oder psychischen Bereich zurückgeführt werden, die für das Leben in einer bestimmten Kultur wichtig sind. Dazu gehören z.B. Mobilität bei Nomadenkulturen, Ausdauer bei Kulturen, die unter extremen Umweltbedingungen leben, sprachliche Kompetenz, wenn das Handeln auf dem Markt vorherrscht. Aus dieser Sicht erscheinen nach westlichen Kriterien inhumane Bewertungen und Reaktionen zunehmend plausibel. Die negative Bewertung von Unfruchtbarkeit erklärt sich so aus der zentralen Bedeutung von Nachkommenschaft für das Überleben im Alter, und Genozid (Tötung alter Menschen), Infantizid (Tötung Neugeborener) sowie Ausstoßung können bei existentieller Bedrohung der Gruppe durchaus als »kulturadäquat« gelten.

Kulturspezifische Funktionalitätserfordernisse

Nicht alles läßt sich jedoch auf Funktionserfordernisse zurückführen, es gibt auch einen **nicht funktional erklärbaren Bestandteil des kulturspezifischen Ideals.** Dazu zählen Tätowierungen, männliche und weibliche Beschneidungen, bestimmte Kopfformen, aber auch etwaige Sonderregeln zur Bewertung spezieller Andersartigkeiten, die von den Vorgaben des kulturspezifischen Ideals abweichen. Gesonderte Bewertungen finden sich häufig für geistige und psychische Andersartigkeiten, und sie sind dann Grundlage großer Variabilität von Extremreaktionen bis hin zur Zuweisung von geachteten Sonderrollen.

3. Die tatsächliche Reaktion auf Andersartige bzw. Behinderte

Abweichungen von Normalitätserwartung und kulturspezifischem Ideal lösen zwar regelmäßig Reaktionen aus, bestimmen aber nicht deren Inhalt. Es scheint keine genauen Regeln für die soziale Reaktion zu geben, sie ist inter- und häufig auch intrakulturell variabel. Zumindest **drei wichtige Einflußfaktoren** lassen sich allerdings empirisch nachweisen:

- Art der Behinderung (CLOERKES 1985, 167ff.)
- Zeitpunkt des Eintretens der Behinderung
- Situation der Gruppe (Krisen, ökologische Subsistenzbedingungen).

Bedeutung der Behinderungsart

Die **Art der Behinderung** wirkt sich auf verschiedene Weise aus. Zunächst muß eine Andersartigkeit bzw. Behinderung als solche erst entdeckt werden, dies ist besonders bei hochvisiblen Körper- und Sinnesbehinderungen fast zwangsläufig der Fall. Daneben kann man annehmen, daß negative Reaktionen auf behinderte Menschen auch eine Konsequenz von subjektiven und objektiven Belastungen für das soziale Umfeld sind. Objektive Belastungen können aus dem Hilfe- und Pflegebedarf von Behinderten resultieren; ihre Verteilung, vor allem zwischen Angehörigen und öffentlichen Institutionen, variiert je nach Kultur. Zu den subjektiven Belastungen gehören Unsicherheit, Angst und Abscheu vor Behinderten, und solche eher irrationalen Momente bestimmen die soziale Reaktion auf Menschen mit Behinderungen bekanntermaßen ganz erheblich (vgl. 5.2.3.2). Behinderte Menschen können zudem durch Ansteckung (Lepra) oder ihnen zugeschriebene magische Wirkungen zu einer Gefahr werden. Ob die Bedrohung nach westlichen Rationalitätsmaßstäben real ist oder nicht, ist dabei völlig unerheblich.

Extremreaktionen bei nicht gesicherter Gruppenzugehörigkeit

Der **Zeitpunkt des Eintretens der Behinderung** scheint sehr deutlich das Vorkommen von Extremreaktionen zu beeinflussen. Sie finden sich am ehesten gegenüber Neugeborenen und werden direkt nach der Geburt vorgenommen. Der Grund dafür dürfte in der noch nicht gesicherten Gruppenzugehörigkeit liegen. Behinderungen, die erst später eintreten, haben deutlich seltener Extremreaktionen zur Folge, die Variabilität nimmt zu. Bislang ausgefüllte Rollen und bereits erworbenes Prestige bleiben meist erhalten. Besondere Privilegien für behinderte Menschen, die eine Weiterentwicklung im sozialen Gefüge fördern könnten, waren jedoch in unserem ethnologischen Material nicht nachzuweisen, d.h. es gibt keine Hinweise auf grundlegend andere und günstigere Wertmaßstäbe in bezug auf Behinderte in anderen Kulturen.

Systematische Extremreaktionen äußerst selten

Die **Situation der Gruppe**, genauer gesagt die Anfälligkeit für Versorgungslücken, ist ebenfalls mit Extremreaktionen in Verbindung zu bringen. Gerade in Kulturen, die häufiger in Überlebenskrisen geraten, finden sich Berichte über Genozid. Dabei darf jedoch nicht übersehen werden, daß letztlich nur wenige Fälle sicher verbürgt sind, denen in der Regel ein schwerer Entscheidungsprozeß vorausging. Insgesamt ist in dieser Hinsicht HANS PETER DUERRS Grundthese vom »Mythos des Zivilisationsprozesses« (1988; 1990; 1993; vgl. auch bereits KOTY 1934) zuzustimmen: Von einer systematischen Tötung behinderter Menschen wegen unzureichender ökonomischer Bedingungen in den »Urgesellschaften« und »Sklavenhaltergesellschaften des Altertums« (vgl. JANTZEN 1974, 37ff.) kann überhaupt keine Rede sein. Die gezielte und massenhafte Vernichtung sogenannter »Ballastexistenzen« als »lebensunwert« ist jedenfalls ein einmaliger Vorgang der jüngeren Geschichte einer hochentwickelten Kultur.

5.3.5.2 Mögliche Perspektiven

Folgerungen aus dem interkulturellen Vergleich

Strategien zur Verbesserung des Verhältnisses zwischen Behinderten und Nichtbehinderten werden ausführlich im folgenden Abschnitt (5.4) dargestellt. Hier nur ein kleines Zwischenresümee aus den Ergebnissen des interkulturellen Vergleichs:

- Besondere Bedeutung für die Praxis eines angemesseneren Umgangs mit behinderten Menschen hat nach meiner Überzeugung die *strikte Trennung zwischen »Behinderung« und »Behinderten«*. Alle Verallgemeinerungen und Stigma-Generalisierungen sind problematisch und sollten vermieden werden. Gefordert ist eine differenzierte Sichtweise und Terminologie, gerade bei den »Behinderten-Experten«. Die *Person* des behinderten Menschen muß hervorgehoben werden und eine konsequente Abgrenzung sowohl gegenüber dem Merkmal »Behinderung« als auch gegenüber der Behindertengruppe erfahren (vgl. auch 5.2.4.2: Personalisierungseffekt).
- In traditionellen Kulturen gibt es zwar den Infantizid von sichtbar schwerbehinderten Neugeborenen, aber eine große Akzeptanz der existierenden Behinderten. Der gegenwärtigen Ausgrenzungsdiskussion über behinderte Menschen ist entschieden entgegenzuwirken, auch wenn sie in noch so erschreckender Weise dem Zeitgeist unser nach »Lebensqualität« gierenden Gesellschaft entspricht.
- Die Chancen für eine Änderung der negativen Bewertung von Behinderung, beispielsweise über neue, humanere Wertorientierungen in einer weniger leistungsorientierten Gesellschaft, sind eher skeptisch zu beurteilen. Abweichungen von gattungsspezifischen Normalitätserwartungen dürften wohl auch langfristig davon unbeeinflußt bleiben.
- Anders sieht es bei der tatsächlichen Reaktion auf *behinderte Menschen* aus. Zum einen ist die Palette der Reaktionsmöglichkeiten außerordentlich vielfältig, keineswegs nur starr und ablehnend. Zum anderen kann die Reaktion intrakulturell, also bei gleichem Wertsystem, variieren. Hier gibt es einen nutzbaren Spielraum für Verhaltensänderungen.
- Anzustreben ist eine schrittweise Reduzierung der subjektiven und objektiven Belastungen. Helfen stellt meistens eine objektive

Belastung dar. Dem Entstehen persönlicher Abhängigkeitsverhältnisse kann durch Kollektivierung von Verantwortung und Festschreibung eines Hilfeanspruchs, wie im Sozialstaat üblich, entgegengewirkt werden. Bei den subjektiven Belastungen scheint insbesondere das Problem der Unsicherheit in der Interaktion mit behinderten Menschen lösbar, und zwar durch frühzeitige Integration.

Wie gehen andere Kulturen mit Behinderung und Behinderten um? Können wir von ihnen lernen? In der hier vorgestellten Studie konnte keine Kultur mit »Modellcharakter« für unsere Gesellschaft gefunden werden. Behinderung ist überall unerwünscht. Aber die Reaktionsmöglichkeiten auf Menschen mit einer Behinderung sind vielfältig und damit prinzipiell veränderbar. Aus dieser Tatsache müssen endlich die richtigen Schlüsse gezogen werden.

5.4 Möglichkeiten der Veränderung der sozialen Reaktion auf behinderte Menschen

Im folgenden Abschnitt (vgl. CLOERKES 1986) werde ich nach einer knappen Beschreibung der Ausgangsposition die einzelnen Strategien zur Veränderung der sozialen Reaktion auf Behinderte in ihrer theoretischen und empirischen Dimension diskutieren und eine kritische Bewertung vorzunehmen versuchen, die sich auf Sekundäranalysen empirischer Untersuchungen stützt. Im einzelnen geht es um

- Informationsstrategien (5.4.2)
- Kontakt (5.4.3)
- Simulation des Behindertseins bzw. Rollenspiel (5.4.4)
- Einwirkung auf persönlichkeitsspezifische Merkmale (5.4.5)
- Kombinationen verschiedener Strategien (5.4.6)
- Veränderung des normativen Kontextes (5.4.7).

5.4.1 Die Voraussetzungen

Grundsätzliche Feststellungen

Wie ist der Ausgangspunkt für Änderungsstrategien? Die Struktur der sozialen Reaktion auf Behinderte legt zunächst die folgenden Feststellungen nahe:

1. Angesichts einer sehr stabilen und starren Grundhaltung gegenüber behinderten Menschen ist der verfügbare Spielraum für Veränderungen relativ gering.
2. Die soziale Reaktion auf Behinderte ist weitgehend irrational und affektiv bestimmt, was eine hohe Änderungsresistenz zur Folge hat. Modifikationen werden daher kaum dadurch zu bewirken sein, daß primär die kognitive Ebene angesprochen wird.
3. Ein ganz entscheidender Punkt scheint die kulturelle Bedingtheit der sozialen Reaktion zu sein. Bei schwersten Behinderungen sind universelle Reaktionstendenzen zu beobachten, die einer positiven Beeinflussung enge Grenzen setzen. Ansonsten gibt es eine außerordentlich große Variabilität und damit prinzipielle Veränderungsmöglichkeiten. Besondere Beachtung muß die gesellschaftliche Wertestruktur in ihrer Dynamik finden.
4. Die Widersprüchlichkeit der gesellschaftlichen Normen in bezug auf Behinderte führt zu schwerwiegenden Ambivalenzkonflikten, psychischen Abwehrstrategien und auf bloßer Scheinakzeptanz basierenden Reaktionsformen.
5. Die ungünstige soziale Reaktion beruht teilweise auf undifferenzierten Verallgemeinerungen hinsichtlich der ganzen Behindertengruppe sowie auf einer vereinfachenden Gleichsetzung von negativ bewerteter Behinderung und der Person mit einer Behinderung.
6. Einstellungen gegenüber behinderten Menschen werden bereits in der frühesten Kindheit gelernt. Je früher eine Beeinflussung der Einstellungsentwicklung stattfindet, desto höher sind die Erfolgsaussichten einzuschätzen.

5.4.2 Informationsstrategien

Der Glaube an die Macht der Medien

Eine Durchsicht der einschlägigen Literatur läßt keinen Zweifel daran: Informationsstrategien wird ein außerordentlich hoher Stellenwert im Bemühen um eine Verbesserung von Einstellungen und Verhaltensweisen gegenüber behinderten Menschen eingeräumt (vgl. zum folgenden CLOERKES 1982 b). Ausgangspunkt ist der insbesondere in der deutschsprachigen Behindertenforschung immer wieder vorgetragene Befund, die Nichtbehinderten wüßten viel zu wenig über die Behinderten und die unterschiedlichen Behinderungsarten. Dieser Mangel an Informiertheit sei unbedingt zu korrigieren, weil er eine sachliche Beurteilung erschwert und mangelndes Wissen durch irrationale oder magische Vorstellungen ersetzt wird, vor allem was die Genese von Behinderungen betrifft. Ziel müsse sein, das Bild vom Behinderten »in der Öffentlichkeit schärfer zu konturieren« (JANSEN 1981, 131), das sei eine »echte Massen-Medien-Aufgabe« (v. BRACKEN 1981, 340). Favorisiert werden massenmediale Informations- und Aufklärungskampagnen. So hat der unerschütterliche Glaube an die Macht der Medien bei der Vermittlung von »Wissen« über Behinderte auch die Aktivitäten im Rahmen des »Internationalen Jahres der Behinderten 1981« ganz entscheidend bestimmt.

5.4.2.1 Das Vorverständnis von Einstellungserwerb und -änderung

Für den kritischen Beobachter stellt sich da die Frage: Worauf gründet sich eigentlich die Zuversicht, über Informationsprogramme und Vermittlung von mehr Faktenwissen über Behinderungen und behinderte Menschen seien durchgreifende Einstellungsänderungen zu bewirken? Maßgeblich dürften zwei gleichermaßen populäre Annahmen sein, zum einen die vom Vorurteil als »Voraus-Urteil«, zum anderen das sogenannte »Konsistenztheorem«.

Vorurteil als Voraus-Urteil

Annahme 1: Einstellungen bzw. Vorurteile werden gelernt, allerdings nicht durch tatsächliche Erfahrungen mit dem Vorurteilsobjekt. Vorurteile wären dann im Grunde »Voraus-Urteile«, vorschnell, überhastet und vor genauer Prüfung und Berücksichtigung der Tatsachen gefällte Urteile (vgl. auch den Wortsinn des englischen »prejudice« bzw. lateinischen »praejudicium«). Theoretiker wie HEINTZ (1957, 28) oder ALLPORT (1971, 20) stützen in ihren Definitionen die These vom Voraus-Urteil. Wenn sie recht hätten, dann müßte das »falsche Urteil« in dem Maße einer ausgewogenen, realitätsgerechten Haltung weichen, in dem der Mangel an Wissen über das Vorurteilsobjekt beseitigt wird und eine Korrektur zuläßt.

Konsistenztheorem

Annahme 2: Einstellungen setzen sich aus drei Komponenten zusammen, der kognitiven, der affektiven und der Handlungskomponente (vgl. 5.2.1.2). Nach dem »Konsistenztheorem« nun ist ein Individuum bemüht, diese drei Komponenten in Übereinstimmung zu bringen, so daß man von einer einheitlichen Reaktion auf das Einstellungsobjekt sprechen kann, die sich auch im tatsächlich beobachtbaren Verhalten niederschlägt (vgl. 5.2.4.4). Von Einstellungen ließe sich also auf Verhalten schließen. Wenn es gelingt, eine der drei Einstellungsebenen zu beeinflussen, wird sich das auf die Einstellung insgesamt auswirken und von dort aus auch auf das Verhalten.

Kognitive Strategien gegen affektive Haltung?

Die hier skizzierten Annahmen sind vermutlich deshalb so populär, weil sie versprechen, durch rationale Strategien wie »public relations«, Werbung, etc. könne man das »falsche« oder nicht vorhandene Bild vom Behinderten leicht ins rechte Licht rücken und verändern. Vorbild ist die massenmediale Produktwerbung. Die Erkenntnis, daß in bezug auf behinderte Menschen die affektive Komponente entscheidend ist, scheint der Bevorzugung kognitiver Strategien nicht im Wege zu stehen. Zum einen mag man in der Behindertenforschung immer noch nicht von dem Irrglauben abrücken, viel »Sachwissen« sei ein sicherer Indikator für positive Einstellungen (zur Kritik vgl. CLOERKES 1985, 381ff.; PHILLIPS 1971; STUMME 1975). Zum anderen vertraut man den Techniken »persuasiver Kommunikation«: »Die Werbefachleute müssen versuchen, Informationen und Handlungsanweisungen gegen den affektiven Widerstand der Nichtbehinderten so interessant anzubieten, daß beim Nichtbehinderten Interesse, Verständnis und Kooperationsbereitschaft geweckt werden« (JANSEN 1980, 113). Informations- und Aufklärungsprogramme stellen grundsätzlich Kommunikationsprozesse dar. Gesicherte Erkenntnisse aus der Kommunikationstheorie sind von daher ebenso zu beachten wie solche aus der behindertenspezifischen Einstellungsforschung.

5.4.2.2 Das Zugangsproblem: Selektive Wahrnehmung

Die Bereitschaft, sich ändern zu lassen

Wenn man auf die kognitive Dimension setzt, also auf das »Vernünftige« im Menschen, dann muß der Angesprochene auch bereit sein, sich und seine Einstellungen überhaupt beeinflussen zu lassen. Das heißt: Informationen und Faktenwissen werden nur insoweit festgehalten und akzeptiert, als ein Interesse daran besteht und sie nicht mit bereits vorhandenen Einstellungen kollidieren. Was behinderte Menschen betrifft, so wird man kaum davon ausgehen können, daß bei den Nichtbehinderten eine breite Motivation besteht, sich belehren zu lassen. Die vorhandenen Einstellungen sind dem ja zumeist nicht gerade förderlich. Es existiert allerdings ein anhaltender sozialer Druck, der über Schuldgefühle und das »schlechte Gewissen« ausgenutzt werden könnte. Direkte Informationsstrategien können eher abgeblockt werden als indirekte Informationsstrategien, die überwiegend nach der »stellvertretenden Erfahrungsmethode« (ALLPORT) funktionieren. Die Wirklichkeit von Filmen, Schauspielen, Erzählungen, etc. beruht auf subtilen Identifikationsmechanismen. Das Zugangsproblem wird dadurch erleichtert. Eine massenmediale Beeinflussung über »unterschwellige« Wahrnehmungsprozesse, etwa durch das Fernsehen, ist allerdings weitaus weniger realistisch als vielfach angenommen wird (vgl. u. a. KLAPPER 1961, 84ff., 1967; MALETZKE 1963, 187ff.; SECORD/BACKMAN 1964, 226ff.). Das hängt damit zusammen, daß der Mensch sich offenkundig am liebsten so manipulieren läßt, wie seine Einstellungen bzw. Vorurteile es ihm vorgeben. Unsere Wahrnehmung ist in hohem Maße selektiv, dies nicht zuletzt im Sinne eines Schutzmechanismus zur Reduzierung von Umweltkomplexität. Was bedeutet das für die Chancen, unerwünschte Einstellungen gegenüber Behinderten durch Information zu verändern?

ALLPORT (1971, 489f.) trifft genau den Punkt, wenn er feststellt: »Propaganda für Toleranz wird selektiv wahrgenommen. Jene, die sie nicht in ihr Inneres aufnehmen wollen, haben keine Schwierigkeiten, das zu vermeiden. Jene aber, die sie aufnehmen, haben es meistens nicht nötig.« Und HEINTZ (1957, 56) verweist auf die »wichtige Tatsache, daß die vorurteilsvollen Personen vornehmlich jene Informationsquellen benutzen, die ihre Vorurteile besonders eingehend bestätigen«. Insbesondere bei massenmedialer Information ist eine exakte Nutzungskontrolle kaum möglich. Es ist daher zu befürchten, daß aufgrund der selektiven Wahrnehmung bereits existierende Haltungen eine Stabilisierung erfahren: eine ernstzunehmende Gefahr angesichts überwiegend ungünstiger Einstellungen gegenüber Behinderten. Empirische Untersuchungen über die Darstellung behinderter Menschen in den Medien belegen jedenfalls, daß sie – wenn überhaupt – mehr in negativen als in positiven Zusammenhängen gezeigt werden, was bestehende Vorurteile eher manifestieren als abbauen dürfte (vgl. DONALDSON 1981; GARDNER/RADEL 1978; in Comics: RAPP 1985; WEINBERG/SANTANA 1978; in der Unterhaltungsliteratur: BERNSMEIER 1980; KAGELMANN 1982; UTHER 1981; in der Kinder- und Jugendliteratur: BENECKEN 1993; KEUTHEN 1990; KRENZER 1981; PRILL 1991; ZIMMERMANN 1982; in Schulbüchern: BEHRENS 1988). Beispiele für eine geschickte Darstellung sind noch selten (zur Situation bei uns vgl. v. BEZOLD 1994).

Darstellung Behinderter in den Medien

5.4.2.3 Bumerang-Effekte

Vorurteils- und Kommunikationstheoretiker haben wiederholt darauf hingewiesen, daß ein Zuwachs an Wissen nicht notwendigerweise etwas mit Einstellungen oder Einstellungsänderung zu tun hat. Auch in der behindertenbezogenen Einstellungsforschung gibt es dafür zahlreiche Belege (vgl. CLOERKES 1985, 191 ff., 225ff.). Erinnert sei hier an die bereits 1954 formulierte Mahnung eines Klassikers der Vorurteilsforschung:

> »Reines Erlernen von Tatsachen führt oft zu einem dieser drei gleich nichtigen Ergebnisse: sie werden schnell vergessen, oder sie werden verdreht, bis sie zur Rechtfertigung der bestehenden Einstellungen dienen, oder die Information sitzt isoliert in irgendeiner Ecke des Geistes ohne Verbindung zu den Leitstellen des lebendigen Verhaltens ... Wir müssen zugeben, daß die reine Information weder die Einstellungen noch das Verhalten notwendig verändert... Zugleich haben wir keinerlei Beweise, daß gute Tatsacheninformation in irgendeiner Weise schadet« (ALLPORT 1971, 482f.).

Information kann Vorurteile verstärken

Daß Information, wenn schon nicht besonders nützlich dann doch wenigstens nicht schädlich sei, muß freilich relativiert werden. Bei sehr starr im übergreifenden Wertsystem verankerten Einstellungen, die durch Gefühlsbetontheit und ein hohes Maß an Ich-Beteiligung gekennzeichnet sind, ist mit starkem Widerstand gegen Änderungsversuche zu rechnen. Einstellungen gegenüber Behinderten sind häufig von dieser Art. Im Falle direkter Konfrontation besteht dann die Gefahr sogenannter Bumerang-

Effekte: statt einer Verminderung ungünstiger Einstellungen tritt eine Verstärkung ein (vgl. v. CRANACH/IRLE/VETTER 1969). »Wer Einstellungen nachhaltig beeinflussen will, muß sich (die) positiven Dispositionen zunutze machen und muß vermeiden, die negativen Dispositionen versehentlich anzusprechen« (RONNEBERGER 1980, 99). Generell läßt sich feststellen: Je »neutraler« die zu beeinflussenden Einstellungen sind, desto erfolgreicher werden Informationsprogramme sein (SECORD/BACKMAN 1964, 226). Einstellungen gegenüber Behinderten sind jedoch höchst selten »affektiv neutral«.

5.4.2.4 Angst als Druckmittel

Information darf keine Ängste schüren

Information, vor allem über die Massenmedien, ist nur dann wirksam, wenn sie (latente) Ängste beruhigt statt sich angsterregender Appelle zu bedienen. Dies gilt in besonderer Weise für das Verhältnis zwischen behinderten und nichtbehinderten Menschen: Irrationale und unspezifische Gefühle von Angst und Unsicherheit spielen eine Schlüsselrolle in der Erklärung der sozialen Reaktion auf Behinderte. Insofern sind Fernseh-Spots mit Bildern von bedauernswerten Behinderten, die über Angsterzeugung zur Gesundheitsvorsorge beitragen sollen (»Schluckimpfung ist süß – Kinderlähmung grausam«; mit entsprechenden Aufklärungskampagnen in Schulen noch Ende der 80er Jahre), in höchstem Maße fragwürdig. Starke Angstappelle und Drohungen verstärken erwiesenermaßen negative Einstellungen, ganz im Sinne des Bumerang-Effekts (vgl. die Funktion der Sozialisationsvariablen in 5.2.5.1 sowie die JANIS/FESHBACH-Studie von 1953). Und schwache Angstappelle sind wirkungslos, weil sie verdrängt werden. Konsequenterweise sollte mindestens in bezug auf Menschen mit Behinderungen völlig auf derartige Strategien verzichtet werden. Richtige Ansätze zeigt die Anti-Aids-Kampagne der »Bundeszentrale für gesundheitliche Aufklärung«.

5.4.2.5 Ausnutzung von Schuldgefühlen

Information sollte keine Schuldgefühle ausnutzen

Unter 5.2.5.3 wurde auf die normativen Konflikte und die daraus resultierenden Schuldgefühle gegenüber behinderten Menschen hingewiesen. Hier ist der Ansatzpunkt für das behindertenspezifische Engagement des Fernsehens im Rahmen der ZDF-»Aktion Sorgenkind« (vgl. MOHL 1980; 1982). Diese Veranstaltung ist ein Paradebeispiel für die organisierte und gesellschaftlich institutionalisierte Ausnutzung von Konflikten und Schuldgefühlen in bezug auf Behinderte. Vordergründig sozial wünschenswerte Reaktionen wie Mitleid und »unpersönliche Hilfe« in Form von Spenden werden in ein psychohygienisches Massenerlebnis gebracht, das gleichermaßen »funktional« für alle erscheint: Millionen für die glücklichen Gewinner, Millionen für den »guten Zweck«. Angesichts der enormen Breitenwirkung (die Sendung hatte zu ihrer besten Zeit rund 16 Millionen Zuschauer, vgl. ZDF-Jahrbuch 1981, 218) muß kritisch angemerkt werden (vgl. auch HEILER 1982; KLEE 1980, 109ff.):

- Mitleid bedeutet für Behinderte Distanzierung, Abwertung, Reduzierung von der Person, vom Menschen, auf ein zu verwaltendes soziales Problem. Die »showgerechte Vermarktung von Behinderten« (KLEE) in solchen Fernsehspektakeln erfüllt den Tatbestand einer Herabwürdigung und Beleidigung von Menschen mit Behinderungen.
- Die Entlastung von Schuldangst ist für den Spender nur temporär. Bei nächster Gelegenheit wird er wieder den institutionalisierten Ausweg wahrnehmen und so die soziale Distanz zum Behinderten verewigen (vgl. zur Theorie 5.2.5.2).
- In der Sendung selbst kommen keine Behinderten vor, und es wird auch nicht über Behinderte informiert, sondern erst danach, wenn der Spaß vorbei ist und als abschaltbare Zugabe. Das mag die Spendenfreudigkeit optimieren, nicht jedoch die Chancen für eine Einstellungsänderung.
- Die Mittel für eine dem Grundgesetz entsprechende Versorgung, Betreuung und Förderung von Menschen mit Behinderungen sind von der ganzen Gemeinschaft aufzubringen, nicht von einzelnen Spendern mit überwiegend begrenztem finanziellem Spielraum. Die Ausnutzung von Schuldgefühlen ist grundsätzlich kontraproduktiv, wenn integrative Zielvorstellungen tatsächlich realisiert werden sollen.

5.4.2.6 Positive Darstellung

Positive Darstellung der Person mit einer Behinderung

Effektive Kommunikationsstrategien basieren auf der optimalen inhaltlichen und formalen Präsentation der Aussage. Es ist leichter, für etwas zu werben, das allgemein als positiv empfunden wird. Behinderung ist unerwünscht, nichts Positives und provoziert Vermeidungstendenzen. Eine klare Trennung zwischen der Behinderung und der Person mit einer Behinderung ist deshalb notwendig. Die Person sollte so dargestellt werden, daß man sich mit ihr (ungeachtet der Behinderung) identifizieren kann. Besonders geeignet sind auch prominente behinderte Persönlichkeiten mit beachtlicher Lebensleistung (z.B. über Autobiographien; vgl. BLANKE 1985). Die Behinderung kann sachlich als eines von vielen Merkmalen des betreffenden Menschen angesprochen werden. Der Neigung, das unerwünschte Attribut auf die Person zu verallgemeinern (Stigma-Generalisierung) ist unbedingt entgegenzuwirken (vgl. DONALDSON 1980).

Von daher erscheint es auch durchaus vertretbar, bei hoher Visibilität und affektiver Besetztheit der Schädigung eine Anpassung an die gesellschaftlich erwünschten Standards (z. B. durch Schmuckprothesen, kosmetische

Korrekturen) vorzunehmen, um existentielle Interaktionsbarrieren zu relativieren. Veränderungen des äußeren Erscheinungsbilds, von Kosmetik und Mode bis hin zur Inanspruchnahme chirurgischer Maßnahmen, gehören nun einmal zur alltäglichen Normalität der meisten Menschen (zur Diskussion bei geistig behinderten Menschen: SHUSHAN 1981; STRAßMEIER 1983; vgl. auch 8.6.2). Sie sollten deshalb Behinderten nicht vorschnell unter Verweis auf ihre Identität vorenthalten werden (vgl. THIMM 1983), wenn die Verhältnismäßigkeit derartiger Schritte beachtet wird: Niemand käme schließlich auf die Idee, einem nichtbehinderten Menschen das Recht auf individuelle Präsentation seines Äußeren abzusprechen.

5.4.2.7 Meinungsführer

Glaubwürdigkeit des Kommunikators

Die Wirkung von Kommunikation beruht sehr stark auf der Glaubwürdigkeit des Kommunikators. Wenn bekannte Persönlichkeiten mit hohem Ansehen und Prestige für eine Sache eintreten, dann wird die Wahrscheinlichkeit einer Einstellungsänderung in ihrem Sinne erhöht (vgl. HOVLAND/WEISS 1952; TRIANDIS 1975, 252ff.). Sie fungieren als »Meinungsführer« und »Multiplikatoren«, an denen man sich orientiert, bis hin zur Identifikation mit den von ihnen vertretenen Ansichten. Was behinderte Menschen betrifft, so wird dieses Prinzip noch zu wenig beachtet bzw. nur ansatzweise und unter falschen Vorzeichen, beispielsweise wenn Stars in Benefizaktionen mehr für sich selbst als für die Anliegen Behinderter werben. Ohne Frage können auch selbst behinderte Menschen sehr glaubhafte Meinungsführer sein.

5.4.2.8 Experten und Betroffene

Ein Großteil der Informationen über Menschen mit Behinderungen wird von mehr oder weniger qualifizierten Behindertenexperten weitergegeben. Sie sind vielbeachtete und umworbene Gäste bei Diskussionsrunden in den Fernsehstudios, sie kommentieren Banales und Bewegendes in den entsprechenden Spalten der Journale. Sie gelten als glaubwürdig, weil ihre Expertisen im Publikum auf ein beachtliches Maß an Glaubwürdigkeit stoßen, – Wissen ist Macht, für Behindertenexperten gilt der Satz allemal. Wenn die Macht der Experten im wesentlichen auf ihrer Wissensüberlegenheit beruht, dann ist bei ihnen ein reges Interesse daran zu vermuten, daß Wissen Macht ist und bleibt, und daß weiterhin naive Wissensgläubigkeit die Welt regiert. Einigermaßen paradox mutet von daher schon die beharrliche Forderung nach »mehr Wissen« durch die Behindertenexperten an. Einerseits wird zwar durch die Gleichsetzung von Wissen und positiven Einstellungen die eigene angebliche Vorurteilsfreiheit unterstrichen. Andererseits würde aber ein hoher

Wissensstand bei vielen »Laien« in letzter Konsequenz den eigenen Expertenstatus gefährden. Fragwürdig ist es auf jeden Fall, wie FRITZ SACK (1971, 57) in bezug auf psychisch Behinderte formuliert, »die allgemeine Öffentlichkeit zu Mini-Psychiatern zu machen, zu atomisierten Laien-Heilkundigen«, weil sich dann jeder anmaßen könnte, über die Zuschreibung von Behinderungen zu entscheiden, wo doch schon die Behindertenexperten in ihrer Uneinigkeit hierbei keine gute Figur machen. Anzustreben ist vielmehr, daß die Behinderten die Öffentlichkeitsarbeit selbst in die Hand nehmen. Die Informationen wären viel glaubwürdiger als dies ein Experte in seiner Stellvertreterfunktion jemals fertigbringen könnte. Zudem würde der Neigung von Experten, ihre eigene Macht auf der Grundlage von Wissen zu stabilisieren (nicht selten auf Kosten der Betroffenen), entgegengewirkt. Die entsprechenden Forderungen von behinderten Autoren sind zu unterstützen (vgl. u.a. GERBER/PIAGGIO 1984; MÜRNER/SCHRIBER 1993; SANDFORT 1982; vgl. auch 3.3.3); glaubwürdige autobiographische Arbeiten Behinderter können sehr zur wirkungsvollen Öffentlichkeitsarbeit beitragen (vgl. z.B. SIERCK 1992).

Betroffene sind glaubwürdiger als »Experten«

5.4.2.9 Empirische Ergebnisse

Effektivität massenmedialer Information ist sehr gering

Im Vordergrund des Interesses stehen massenmediale Informationsprogramme über behinderte Menschen. Ihre Effektivität ist insgesamt nur als sehr gering einzustufen: »Deutliche Veränderungen von Einstellungen durch Massenkommunikation sind unwahrscheinlich« (SECORD/BACKMAN 1964, 227). Weil dies kaum jemals ernsthaft in Zweifel gezogen wurde, sind empirische Untersuchungen mit Bezug auf Behinderte selten. Hier sei nur an die großangelegte Aufklärungskampagne von CUMMING/CUMMING (1957) und die Evaluation der BBC-Fernsehserie »The hurt mind« durch CARSTAIRS/WING (1958) erinnert: Der massive Einsatz der Medien änderte nichts an den Einstellungen gegenüber psychisch Behinderten. Für Deutschland war die massenmediale Aufklärungsarbeit im »Jahr der Behinderten 1981« ein riesiges, aufwendiges Live-Experiment, wissenschaftlich begleitet vom IMW-Forschungsinstitut. Im Forschungsbericht wird u.a. festgehalten (vgl. IMW 1982, 200f.):

- Ein »grundlegender Einstellungswandel« ist ebensowenig bewirkt worden wie ein Zuwachs an »differenzierten Kenntnissen zu den konkreten Problemen behinderter Menschen«, bestenfalls eine »verstärkte Sensibilisierung«, die daraus abgeleitet wird, daß mehr Personen bei Selbstauskünften bekundeten, ihr Interesse und Wissen habe zugenommen.

- Immerhin 39% gaben trotz des Druckes in Richtung sozial erwünschter Selbstdarstellung zu, die Informationen seien bei ihnen »wirkungslos abgeprallt«.
- Bei der persönlichen Bewertung des Internationalen Jahres meinten 26% der Befragten insgesamt und 36% der Befragten ohne Kontakt zu Behinderten, es habe nichts bewirkt. Daran werde deutlich, so resümieren die Autoren, »wie stark die Barrieren bei dem ... Teil der Bevölkerung sind, der sich bewußt oder unbewußt von Behinderten und dem Problem Behinderung distanziert«. Es ist zu vermuten, daß es sich dabei um den harten Kern der »Vorurteilshaften« handelt, deren starre Haltung möglicherweise noch stabilisiert wurde.

Kombinationen mit gut strukturierter Information können effektiv sein

Für die Wirksamkeit massenmedialer Information in bezug auf Behinderte spricht also nicht gerade viel. Ernstzunehmende Forscher haben sich daher auf die Untersuchung von Informationsprogrammen konzentriert, die exakt auf einen kleinen Kreis zugeschnitten und gut durchstrukturiert sind, zumal in Kombination mit anderen Einstellungsänderungsstrategien wie Kontakt (vgl. dazu 5.4.6). Die Ergebnisse dieser Studien (Sekundäranalyse von ca. 100 Untersuchungen), in denen die Wirkungen von Information allein (Vortrag, Film, Besichtigung von Einrichtungen, etc.) bzw. mit Ergänzung durch Kontakt überprüft wurden, zeigen folgendes Bild:

1. Über die Hälfte der Einstellungsänderungsversuche war nicht erfolgreich; nicht selten verschlechterten sich die Einstellungen aufgrund der Informationen.
2. Einstellungen gegenüber psychisch oder geistig Behinderten sind schwerer zu verändern als solche gegenüber körperlich Behinderten.
3. Günstig sind: Ergänzung der Information durch Kontakt; positive Darstellung des behinderten Menschen mit Betonung persönlicher, nicht behinderungsspezifischer Qualitäten; Präsentation der Informationen durch Behinderte selbst statt durch Nichtbehinderte (live oder video); Gelegenheit zu »explorativem Verhalten«, zu »erlaubtem Anstarren« abweichender Merkmale des Behinderten.

Ich fasse zusammen:

> Informationsprogramme sind nicht grundsätzlich als ineffektiv abzulehnen, sofern gewährleistet ist, daß eine Reihe von überaus komplexen Wirkungsbedingungen sorgfältige Beachtung finden. Informationsvermittlung über Behinderungen und Behinderte dürfte allerdings bestenfalls als *ergänzende* Maßnahme ihre Berechtigung haben. Insofern wird der Nutzen dieser Strategie zur Veränderung von Einstellungen gegenüber behinderten Menschen bei weitem überschätzt, von der Gefahr gegenteiliger Effekte ganz zu schweigen.

5.4.3 Kontakt

Direkter Kontakt mit behinderten Menschen wird von vielen Fachleuten als die wichtigste Determinante für die Qualität der Einstellungen Nichtbehinderter angesehen (vgl. CLOERKES 1982 a; WRIGHT 1983, 470ff.). So gehen auch die zahlreichen Vorschläge und Modellversuche zur integrierten Beschulung behinderter und nichtbehinderter Kinder von dem Grundgedanken aus, daß unmittelbare und möglichst frühzeitige Kontakte einer positiven und akzeptierenden Haltung im späteren Leben förderlich sind (vgl. Kap. 7).

5.4.3.1 Die Kontakthypothese

Grundannahmen der Kontakthypothese

Maßgeblich für die verbreitete Erwartung eines Zusammenhangs zwischen Kontakt mit Behinderten und der Qualität der Einstellungen zu Behinderten sind im wesentlichen **drei theoretische Annahmen.**

- **Annahme 1** wurde bereits unter 5.4.2.1 besprochen: Kontakt kann danach wie Information zur Korrektur fehlerhafter »Voraus-Urteile« führen.
- **Annahme 2** geht auf die »Gleichgewichtstheorie« von FRITZ HEIDER zurück. Nach HEIDER (1977, 227ff.) tendiert eine Person A dazu, eine ihr nicht vertraute Person B nicht zu mögen und umgekehrt dazu, eine ihr vertraute Person C zu mögen. Denn: Nichtvertraute Situationen sind wahrnehmungsmäßig unstrukturiert, so daß sie als bedrohlich empfunden werden. Hinzu kommt der Energieaufwand bei der Bewältigung des nicht Vertrauten. Es ist einfach »bequemer, alte Kleidung zu tragen und mit alten Freunden zu sprechen« (229). Charakteristisch für das Verhältnis zwischen Behinderten und Nichtbehinderten ist nun in der Tat ein Mangel an Vertrautheit mit dem körperlich, geistig oder seelisch »Andersartigen«. Kontakt soll dazu beitragen, diese Fremdheit abzubauen und statt dessen Vertrautheit zu schaffen.

- **Annahme 3:** Während Vermeidung von Kontakt »das universelle Kennzeichen von solchen menschlichen Beziehungen ist, bei denen Ähnlichkeit, Harmonie, Freundschaft und Liebe fehlen« (CRAWLEY 1927, 108), gibt es auf der anderen Seite eine ausgeprägte Tendenz, solche Personen zu mögen, mit denen durch Interaktion oder Nähe ein Kontakt besteht. HOMANS (1968, 125f.) hat dies in dem Satz zusammengefaßt, »daß Personen, die häufig miteinander in Interaktion stehen dazu tendieren, einander zu mögen«, und er fügt hinzu: »Wenn sich die Häufigkeit der Interaktion zwischen zwei oder mehr Personen erhöht, so wird auch das Ausmaß ihrer Zuneigung füreinander zunehmen, und vice versa«.

Diese drei theoretischen Annahmen lassen sich – nunmehr bezogen auf die Behindertenproblematik – in **zwei Thesen** zusammenfassen:

1. Personen, die über Kontakte mit Behinderten verfügen, werden günstigere Einstellungen gegenüber Behinderten zeigen als Personen, die keine derartigen Kontakte haben oder hatten.
2. Je häufiger Kontakt mit Behinderten bestanden hat, um so positiver wird die Einstellung des Betreffenden sein.

In dieser einfachsten Form liegt die Kontakthypothese den allermeisten Arbeiten aus der Behindertenforschung zugrunde.

5.4.3.2 Bedingungen des Kontakts zwischen Behinderten und Nichtbehinderten

Den qualitativen Bedingungen bzw. der Art des Kontakts wird in der Forschung viel zu wenig Beachtung geschenkt. Aus der allgemeinen (also nicht auf behinderte Menschen bezogenen) Vorurteilsforschung weiß man schon seit langem, daß häufige oberflächliche und zufällige Kontakte gar nichts an den Vorurteilen ändern, sondern sie eher verstärken (vgl. ALLPORT 1971, 269; AMIR 1969, 330). »Je größer die Zahl der unpersönlichen Sozialkontakte, desto vielfältiger wird Andersartigkeit erlebt, desto mehr verfestigen sich Vorurteile« (WOLF 1969, 930). Worauf es ankommt, ist also weniger die Häufigkeit als vielmehr die Intensität der Kontakte mit dem Einstellungsobjekt. Der positive Einfluß enger, intimer Beziehungen, insbesondere das Miteinander in einem gemeinsamen Lebensraum, ist wiederholt nachgewiesen worden. Der intensiven Beziehung müssen allerdings affektive, gefühlsmäßige Bindungen zugrundeliegen. »Freude am Kontakt« und »positive Gefühle« beim Zusammensein mit einem behinderten Menschen haben darum einen günstigen Einfluß auf die Einstellung. Kontakte mit Behinderten sollten des weiteren freiwillig sein und die Möglichkeit eines »Ausweichens« in andere Sozial-

Intensität, Emotionalität, Freiwilligkeit

beziehungen nicht ausschließen. Berufliche Kontakte etwa erfüllen diese Bedingungen nur selten: sie haben oft Zwangscharakter, dann nämlich, wenn sie nicht von grundsätzlich positiven Einstellungen getragen sind. Ähnliches läßt sich sicher für familiäre Kontakte und Schulkontakte sagen.

> **Halten wir also fest:** Nicht die Häufigkeit des Kontakts mit behinderten Personen ist entscheidend, sondern seine *Intensität.* Nicht jeder intensive und enge Kontakt ist aber der Entwicklung positiver Einstellungen förderlich; wichtige Nebenbedingungen sind seine *emotionale Fundierung* und seine *Freiwilligkeit.*
>
> Weitere günstige Bedingungen sind
> - relative *Statusgleichheit,*
> - die Erwartung einer gewissen *»Belohnung«* aus der sozialen Beziehung und
> - die *Verfolgung gemeinsamer wichtiger Aufgaben und Ziele,* beispielsweise bei Arbeitskontakten in einem leistungsneutralen Klima.

Gefahr der Verstärkung negativer Einstellungen

Ein anderes fundamentales Prinzip in der Beziehung zwischen Einstellung und Kontakt, das mehr noch als die bisher aufgezählten Bedingungen über den Nutzen der Kontakthypothese entscheidet, wurde bereits 1921 von PARK UND BURGESS beschrieben:

> »Liebe und Haß, Sehnsucht und Abscheu, Sympathie und Feindschaft nehmen mit der Intimität der Verbindung in ihrer Intensität zu ... Die Tatsache ist, daß bei engerem Kontakt in Abhängigkeit von der Situation entweder Attraktion oder Widerwille das Ergebnis sein kann.« (283f.; zit. nach HEIDER 1977, 224).

> Das heißt: Eine urspüngliche Einstellung tendiert dazu, sich bei Kontakt mit dem Einstellungsobjekt zum Extrem hin zu verstärken. Eine primär negative Einstellung kann durch Kontakt noch unterstrichen werden. Eine primär positive Einstellung wird hingegen durch Kontakterfahrungen weiter bestärkt.

Dabei geht es nicht um automatische Abläufe, sondern um Tendenzen bzw. Risiken unreflektierter Kontaktarrangements. Starre Anti-Haltungen würden so nicht zum Positiven hin verändert, sondern eher verstärkt. Empirische Ergebnisse bestätigen diese Gefahr. Ist die behinderte Kontaktperson oder -gruppe überhaupt geeignet, um vorgefestigte Stereotypen zu widerlegen? Führt der Kontakt zur Erfahrung von Ähnlichkeiten und Gemeinsamkeiten oder ist das Gegenteil der Fall? Läßt sich die Neigung zur vorurteilsbestätigenden »selektiven Wahrnehmung«

überwinden? Park und Burgess heben die Intensität des Kontakts sowie die Kontaktsituation hervor und verweisen damit auf die Bedeutung der Qualität von einstellungskorrigierenden Kontakten: Auch intensive Kontakte müssen zusätzlich die genannten Bedingungen möglichst vollständig erfüllen. Noch einmal erinnert sei hier an die wichtige Tatsache, daß die Chancen für Einstellungsänderungen – gerade über Kontakt – in der frühesten Kindheit am günstigsten sind.

5.4.3.3 Zur empirischen Überprüfung der Kontakthypothese

Im folgenden nehme ich Bezug auf die Ergebnisse von Sekundäranalysen empirischer Untersuchungen zum Gegenstand:

- CLOERKES 1985, 209ff. (über 200 analysierte Studien)
- YUKER 1988b (274 Studien: 51% positiv, 39% unverändert, 10% negativ).

1. Die allgemeine Beziehung zwischen Kontakt und Einstellungen gegenüber Behinderten

Einfache Kausalbeziehung wird überwiegend bestätigt

Was diese einfache Kausalbeziehung (vgl. These 1) betrifft, so bestätigen die meisten empirischen Untersuchungen (fast 60% nach eigener Analyse) die Kontakthypothese. Kritisch hinzuweisen ist auf die fast immer mangelhafte Operationalisierung der Variable Kontakt. Fragen wie »Kennen Sie einen Behinderten?« oder »Begegnen Sie regelmäßig einem Behinderten?« sind wenig geeignet, das wirklich notwendige Kontaktminimum im Sinne der Hypothese zu garantieren. Mit Zurückhaltung ist darum auch die idealisierende Annahme zu beurteilen, in Ländern der Dritten Welt könnte die wegen der großen Zahl und den Lebensumständen intensivere Wahrnehmung behinderter Menschen eine leichtere Akzeptanz bewirken (vgl. KEMLER 1988 b; TROMMSDORFF 1987 27f., 44; dagegen: WICHMANN 1996, 55ff.).

2. Einstellungen von Personen mit überdurchschnittlich häufigen Beziehungen zu Behinderten

2.1 Professionelle Helfer

Beruflicher Kontakt garantiert keine Einstellungsänderung

Berufliche Kontakte mit behinderten Menschen lassen sich danach unterscheiden, ob sie im medizinischen, im pädagogischen oder im sozialen Bereich stattfinden.

- Mehrfach gründlich untersucht wurden die Einstellungen von Krankenhaus- und Anstaltspersonal. Ergebnis: Personen, die an der *medizinischen* Betreuung und Versorgung von Behinderten mitwirken, haben recht unterschiedliche Einstellungen, und zwar vor allem in Abhängigkeit von ihrer beruflichen Qualifikation. Ihre Haltung ist aber praktisch nicht anders als die von Laien. Auffällig ist die Diskrepanz zwischen hohem Fachwissen und z.T. eindeutiger Ablehnung Behinderter bei Ärzten.

- Professionals im *pädagogischen* Bereich (Sonderpädagogen) sind durchaus nicht frei von ungünstigen Einstellungen gegenüber ihren Schützlingen. Neben positiven Einstellungen, besonders im Vergleich zu den Kollegen von der Regelschul-Pädagogik, wurden auch neutrale bis ablehnende Haltungen gefunden.
- Professionelle Helfer im *sozialen* Bereich wie Rehabilitationsberater und Betreuer in Werkstätten für Behinderte zeigen die vergleichsweise günstigsten Einstellungen (vgl. z.B. GÜNTHER et al. 1982).

Zusammenfassend muß festgestellt werden: Beruflicher Kontakt mit behinderten Menschen garantiert keineswegs günstigere Einstellungen.

2.2 Familienangehörige

Familiärer Kontakt garantiert keine Einstellungsänderung

Bei *Eltern von behinderten Kindern* wurden fast immer überaus positive Einstellungen registriert (vgl. z. B. v. BRACKEN 1981, 122ff., 176ff.). Angesichts des besonderen Druckes, sozial unerwünschte und insofern nicht akzeptable Regungen zu unterdrücken, kann dies kaum überraschen. Immerhin gibt es ernstzunehmende Hinweise darauf, daß latente Formen der Ablehnung eines behinderten Kindes durch die Eltem eher die Regel sind (vgl. u.a. THANNHÄUSER 1976, 60ff.; CLEMENS 1979, 30f.). Mehr als 80 Tiefeninterviews, die ich mit Eltem contergangeschädigter Jugendlicher sowie Mannheimer Eltern von geistig behinderten Kindern durchgeführt habe, stützen diese Annahme. Es ist von daher wahrscheinlich, daß Eltem behinderter Kinder weitgehend die in der Bevölkerung vorherrschenden Einstellungen gegenüber Behinderten teilen, und daß ihnen eine psychische Bewältigung des Konflikts zwischen unbewußter Ablehnung des behinderten Kindes und den normativen Verpflichtungen aus der Elternrolle nur selten in wirklich befriedender Weise gelingt (vgl. auch 8.2). Für *andere Familienangehörige* stellt sich der Sachverhalt weniger kompliziert dar; sie reagieren im wesentlichen wie familienfremde Personen (vgl. KLAUß 1996, 63), es gibt aber auch Belege für überaus negative Einstellungen von Familienangehörigen. *Der Einfluß familiärer Kontakte und Bindungen auf die Einstellung gegenüber Behinderten darf also keinesfalls überschätzt werden.*

2.3 Schulkameraden

Schulische Kontakte können die Einstellungen verändern

Großes Interesse haben zu Recht Überlegungen gefunden, die Einstellungen von Kindern gegenüber behinderten Altersgenossen (»peers«) durch Kontakt zu ändern, z.B. über integrierte Beschulung (ausführlich: Kapitel 7). Die meisten Studien bedienen sich soziometrischer Verfahren. Da soziometrische Wahlen Handlungsintentionen darstellen, ist mit einer guten Prädikatorqualität auf tatsächliche Verhaltensweisen zu rechnen. Für *körperlich behinderte Schüler* (und mit »körperlich« meine ich analog zum angloamerikanischen Verständnis auch Seh-, Hör- und Sprachbehinderungen) ergibt sich ein widersprüchliches Bild: Die Untersuchungsergebnisse reichen von »gute Integration« bis zu »starke Ablehnung«. Nichtsoziometrische Studien stützen eher die Annahme, daß Kontakt positive Auswirkungen hat. Für *lernbehinderte* Schüler sind empirisch recht gut abgesicherte Aussagen möglich. Ausgangspunkt ist die kaum umstrittene Feststellung, daß »lernbehinderte Kinder in regulären Klassen sozial isoliert (sind) und zu den am wenigsten beliebten Schülern in der Klasse (gehören)« (KNIEL 1979, 102). In Sonderklassen gibt es nun allerdings ebenfalls Gruppenprozesse, die auf eine Isolation weniger intelligenter Kinder mit geringeren Schulleistungen hinauslaufen (vgl. KNIEL 1981). Bezüglich der Schulleistungen der Kinder kann als gesichert gelten, daß alternative Formen von Unterricht dem herkömmlichen Sonderschulunterricht gleichwertig oder überlegen sind. Grundlage einer wirklich erfolgreichen sozialen Integration sind aber die Einstellungen der nichtbehinderten Mitschüler sowie die Zugehörigkeitsempfindungen der behinderten Kinder, und hier sind die entsprechenden Untersuchungsergebnisse wenig ermutigend. Lernbehinderte Kinder werden in soziometrischen Wahlen häufiger als nichtbehinderte Kinder abgelehnt, dies bei vollständiger wie bei Teilintegration, unabhängig von der Dauer des Kontakts und generalisierbar über unterschiedliche Kontaktsituationen. Nicht selten ist eine verstärkte Ablehnung aufgrund des vermehrten Kontakts zu verzeichnen. Neuere Untersuchungen, wie die Studie von HAEBERLIN et al. (1990), bestätigen insgesamt diese in unterschiedlichen Gesellschaften gewonnenen Erkenntnisse. Schüler mit *Verhaltensauffälligkeiten* sind auch bei Integration die problematischste Gruppe (vgl. BERGES 1996, 262).

Kontakte zwischen behinderten und nichtbehinderten Kindern können also sowohl positive wie negative Rückwirkungen auf die Einstellungen haben, was wiederum die enorme Bedeutung der qualitativen Kontaktbedingungen unterstreicht. Die Wirkungen schulischer Kontakte scheinen bei körperbehinderten Kindern günstiger zu sein als bei lernbehinderten Kindern. Bei Spielkontakten sieht es genau umgekehrt aus (vgl. u.a. GOTTLIEB 1971; ESSER 1975, 54). Der Grund dürfte in den unterschiedlichen Auswirkungen behinderungsbedingter Defizite angesichts schulischer Leistungsanforderungen zu suchen sein.

3. Gezielte Kontakte im Rahmen von Einstellungsänderungsprogrammen

Gezielte Kontaktprogramme sind sinnvoll

Neben »natürlichen« Kontakten im Lebensumfeld gibt es auch Studien, bei denen die Variable Kontakte sehr gezielt und meist unter Berücksichtigung der o. g. Bedingungen zur Veränderung von Einstellungen und Verhaltensweisen gegenüber Behinderten eingesetzt wurde. Hierzu zählen auch Modellversuche aus der Integrationspädagogik (vgl. Kap. 7; zur »Kooperation« in Baden-Württemberg: BERGES 1996). Die Ergebnisse sind ermutigend, und sie sind deutlich erfolgversprechender als solche aufgrund reiner Informationsprogramme oder unstrukturierter Kontakte. Es gibt eine Tendenz, Kontakt, Information und andere Strategien miteinander zu kombinieren. Hier zeichnen sich künftige Forschungsschwerpunkte ab.

Ich fasse zusammen:

> Zwischen Kontakt mit behinderten Menschen und den Einstellungen gegenüber Behinderten existiert eine Kausalbeziehung. Fraglich ist allerdings, ob Kontakt in dem Maße zu einer positiveren Haltung gegenüber Behinderten führen kann, wie dies oft erwartet wird. Kontakt kann nämlich unter Umständen sogar negative Auswirkungen haben. Von entscheidender Bedeutung sind eine Reihe qualitativer Bedingungen des Kontakts. Sofern deren strikte Beachtung gesichert ist, dürfte der Kontaktvariablen – auch ergänzt durch andere Strategien – eine erhebliche Bedeutung zukommen.

5.4.4 Simulation von Behindertsein / Rollenspiel

Realistische Simulation kann nützlich sein

Dem Ansatz liegt als theoretische Überlegung zugrunde, daß sich eine Steigerung der Fähigkeit zur Empathie und Rollenübernahme (role-taking) günstig auf die Haltung zu anderen Menschen auswirken müßte. Die relativ wenigen empirischen Untersuchungen sprechen für den Nutzen dieser Strategie: Eigene Erfahrungen durch Simulation der Rolle des Behinderten scheinen danach günstige Auswirkungen auf die Einstellungen Nichtbehinderter zu haben (vgl. u.a. CLORE/JEFFERY 1972; IBRAHIM/HERR 1982; JONES et al. 1981; KLEE 1980, 144ff.; MARSH/FRIEDMAN 1972; PREUSS/RASPER 1984; SAWYER/CLARK 1980; zusammenfassend: HORNE 1988). Im Rollstuhl zu fahren, für eine bestimmte Zeit blind, gehörlos oder armamputiert zu sein fördert die Sensibilität für die oft schwierige Lebenssituation behinderter Menschen. Dabei geht es weniger um die primäre Behinderungserfahrung als vielmehr um das Nacherleben der vielfältigen sozialen Konsequenzen von Behinderung, beispielsweise in Interaktionsprozessen. Die simulierte Situation muß realistisch sein, der simulierte Behindertenstatus sollte von außen klar erkannt werden können, Laborexperimente sind abzulehnen. Auch bei beobachtenden, nicht-aktiven Teilnehmern wurden positive Effekte verzeichnet (vgl. CLORE/JEFFERY, 1972) Ein weiterer Vorzug des Verfahrens ist darin zu sehen, daß es bereits bei Kindern sinnvoll eingesetzt werden kann. »Desensibilisierungsstrategien« nutzen ähnliche Mechanismen (vgl. dazu u.a. COHEN 1978). Wieder muß die Bereitschaft zur Einstellungsänderung als wichtigste Vorbedingung vorhanden sein.

5.4.5 Einwirkung auf persönlichkeitsspezifische Merkmale

Manche Theoretiker gehen von einer »vorurteilsvollen Persönlichkeitsstruktur« der Einstellungsträger aus (vgl. 5.2.2) und schlagen vor, diese gezielt zu beeinflussen. Typisch ist der Rückgriff auf psychoanalytisch fundierte Konzeptionen; im weitesten Sinne handelt es sich auch hier um Informationsstrategien. Die theoretischen Begründungen für den Einsatz von individueller Psychotherapie, Gruppentherapie (»sensitivity training«), Training von Selbst-Einsicht, etc. sind recht schlüssig (vgl. u.a. ALLPORT 1971, 487ff.), empirische Überprüfungen hingegen selten und methodisch fragwürdig. Gewisse Modifikationen scheinen unter günstigen Bedingungen möglich zu sein. Eine grundsätzliche Bereitschaft, die eigenen Einstellungen kritisch zu hinterfragen, muß auch hier vorausgesetzt werden.

5.4.6 Kombinationen verschiedener Strategien

Integrierte Programme sind oft wirksam

Um die Basis der Einstellungen gegenüber Behinderten breiter zu beeinflussen, werden zunehmend integrierte Programme mit den Hauptkomponenten Kontakt und Information eingesetzt und auf ihre Wirksamkeit überprüft (vgl. DONALDSON 1980; HORNE 1988). Bei Beachtung der für die Einzelmaßnahmen wichtigen Bedingungen können kombinierte Strategien offensichtlich die gesamte Effektivität vergrößern. *Ergebnisse:*

- Kontakt ist am effektivsten, wenn er gut strukturiert und sorgfältig kontrolliert wird.
- Der gleichberechtigte Status der Beteiligten ist bei direktem Kontakt die wichtigste Variable.
- Information als alleinige Maßnahme ist wenig effizient. Am wirksamsten sind Informationen, die in direktem Kontakt von einer glaubwürdigen behinderten Person selbst präsentiert werden.
- Auch Kontakt und Information über Medien (Video) mit positiver Darstellung des behinderten Menschen kann günstig sein. Dagegen spricht kaum etwas für objektive Informationen über Behinderungen.
- Ergänzungen durch Simulation des Behindertseins sowie das Lesen von (autobiographischer) Literatur über Behinderte können die Effektivität vergrößern. Gruppendiskussionen zum Thema haben dagegen oft negative Auswirkungen.
- Besonders günstig ist, wenn es gelingt, Unbehagen in direktem Kontakt mit einem positiv wirkenden behinderten Menschen abzubauen. Zu vermeiden ist alles, was Unsicherheit und Angst erzeugen oder bestehende Vorurteile verstärken könnte.

YUKER (1988b, 274) faßt die wichtigsten **Bedingungen für erfolgreiche Strategien** (Kontakt bzw. Information) so zusammen:

- Die behinderte Person sollte in den wesentlichen Interaktionsfeldern kompetent und glaubwürdig sein, über soziale und kommunikative Fähigkeiten verfügen und die eigene Behinderung verarbeitet haben.
- Die nichtbehinderte Person sollte möglichst unbelastet von negativen Vorstellungen über Behinderungen und behinderte Menschen sein sowie in Herkunft, Persönlichkeit und Status ähnliche Voraussetzungen einbringen.
- Die Begegnungen sollten kooperativ und lohnend für die Beteiligten sein, gut strukturiert und nicht zu oberflächlich, so daß ein Kennenlernen der Einzigartigkeit des anderen möglich wird.

Komplexe Vorbedingungen

YUKER'S Auflistung dürfte klarmachen, wie komplex die Anforderungen an Änderungsstrategien sind. Bei manchen Funktionseinschränkungen wäre nach diesen Vorgaben von vornherein kein Erfolg zu erwarten. Ganz wesentlich scheint mir angesichts der enorm diffizilen Vorbedingungen bei den Nichtbehinderten zu sein, daß die behinderte Menschen selbst sich kompetent und aktiv für eine Verbesserung der Situation einsetzen. Dazu gehören insbesondere auch gute Kenntnisse über die Mechanismen der Vorurteilsprozesse und der Interaktionsdynamik. Sie sollten in diesem Anliegen nach Kräften von den Fachleuten unterstützt werden, und zwar ohne dabei neue Abhängigkeiten zu schaffen.

Rolle der Behinderten

Die Stärkung der Handlungskompetenz behinderter Menschen gehört zu den allerwichtigsten Rahmenbedingungen für einen Abbau negativer Einstellungen und Handlungstendenzen.

Zulassen von »originären Reaktionen«

Sehr aufschlußreich sind auch die Experimente von LANGER et al. (1976) zur *Novel-Stimulus-Hypothese* (vgl. 5.2.3.2). Hier wurden Information und indirekter Kontakt über das Medium »Photographien von sichtbar physisch abweichenden Personen« eingesetzt, um dem bekannten Interaktionsstreß bei direkter Konfrontation mit Behinderten und der damit verbundenen Gefahr von Bumerang-Effekten entgegenzuwirken. Die Gelegenheit zum sonst nicht erlaubten »Anstarren« abweichender Merkmale von behinderten Menschen (originäre Reaktion von kleinen Kindern; vgl. 5.2.5.3) scheint Ambivalenz und Unbehagen bei direkten Kontakten deutlich zu verringern und dürfte damit vielfach überhaupt erst eine Chance für wirksame Änderungen in Einstellung und Verhalten eröffnen.

5.4.7 Veränderung des normativen Kontextes

An anderer Stelle (5.2.2) wurde bereits darauf verwiesen, daß die Abweichung des behinderten Menschen von so wichtigen Werten wie Leistung, Gesundheit, Intelligenz und Funktionstüchtigkeit die ungünstige soziale Reaktion erst begründet. Des weiteren haben wir die fatalen Folgen von Sozialisationsprozessen kennengelernt, in denen widersprüchliche Handlungsanweisungen bzw. Normen in bezug auf Behinderte vermittelt werden (5.2.5). Einstellungsänderung ohne Berücksichtigung der vorgegebenen Werte- und Normenstruktur hat keine Chance! Gesellschaftliche Realität mit ihren Werten und Normen ist aber nicht statisch, sondern dynamisch, prozeßhaft, ständigem sozialen Wandel unterworfen und damit prinzipiell veränderbar. Drei Aspekte verdienen hier Beachtung.

5.4.7.1 Gesetzgebungsmaßnahmen

Problematik von rechtlichen Maßnahmen

Ihr Nutzen im Rahmen der Vorurteilsbekämpfung ist umstritten. Die klassische Einschätzung von Sumner (1906), daß »Recht die Bräuche nicht ändern kann«, ist durchaus begründet. Rechtsnormen vermögen zwar öffentliche Diskriminierung zu reduzieren, ob ihre Wirkung jedoch über die kognitive Ebene hinaus bis zum affektiven Kern von Einstellungen reicht, erscheint zweifelhaft. Befürworter des Ansatzes argumentieren, Gesetzgebungsmaßnahmen könnten zu einer kognitiven Dissonanz zwischen stigmatisierenden Einstellungen gegenüber Behinderten und entstigmatisierender Rechtsnorm führen, der man durch Einstellungsänderung zu entgehen sucht (vgl. Lautmann 1975). Dies ist nicht ohne weiteres von der Hand zu weisen; so dürfte beispielsweise die Liberalisierung sexueller Vorschriften zu Beginn der 70er Jahre eine Veränderung entsprechender Einstellungen begünstigt haben. Gern wird auch auf die strengen Anti-Diskriminierungsgesetze in den USA verwiesen. Ob sich die kürzlich ins Grundgesetz aufgenommene Erweiterung des Artikels 3 (Gleichheitsgrundsatz) um den ausdrücklichen Hinweis auf behinderte Menschen positiv auswirken wird, bleibt abzuwarten. Die Aufzählung einzelner Benachteiligungsverbote gab es ja schon immer und konnte eklatante Ungerechtigkeiten (beispielsweise gegenüber Frauen) nicht verhindern. Das Grundgesetz gilt für *alle Menschen.* Der Ruf nach Sonderrechten für Behinderte – auch wenn er von Betroffenen kommt – offenbart eine Sichtweise, die dieser Selbstverständlichkeit mißtraut. Hier neige ich deshalb dem Standpunkt von Muth (1991, 1) zu, der die Integration Behinderter als ein unteilbares, demokratisches Grundrecht versteht, weshalb jede Separierung in Sondereinrichtungen eine Diskriminierung darstellt, die nach allerstrengsten Maßstäben zu begründen wäre.

5.4.7.2 Sozialisationsinhalte und -praktiken

Die soziale Reaktion auf behinderte Menschen ist durch das Wirken widersprüchlicher Normen geprägt, und diese gehen zurück auf das zumindest in den hochkomplexen westlich-industriellen Gesellschaften offensichtliche Spannungsverhältnis zwischen den Anforderungen nach Leistung einerseits und demokratischer Solidarität mit den Benachteiligten andererseits. Die Ergebnisse aus dem interkulturellen Vergleich (vgl. 5.3) legen nahe, daß solche normativen Konflikte nicht unbedingt als universelle Bestandteile des menschlichen Lebens anzusehen sind. Eine größere Eindeutigkeit der Sozialisationsvariablen wäre insofern günstig. Auf jeden Fall sollte in der Sozialisation die Kompetenz zur Bewältigung widersprüchlicher Normen gestärkt werden; dies gilt für Behinderte wie für Nichtbehinderte. Behinderten Menschen sollte darüber hinaus ein hohes Maß an Handlungskompetenz im Umgang mit vorurteilsgeprägten und verunsicherten Nichtbehinderten vermittelt werden, – eine ganz entscheidende Aufgabe künftiger Behindertenpädagogik. Dieses Ziel läßt sich am wirksamsten durch konsequente Integration realisieren (vgl. Kap. 7). Aus dem interkulturellen Vergleich kommt die These, daß die Festlegung auf familienbezogene im Gegensatz zu individualistischen Werthaltungen eine günstige Sozialisationsvariable sein könnte (vgl. TROMMSDORFF 1987, 41f.). Die empirischen Belege sind schwach. Wenig hilfreich wäre eine Familienorientierung in Verbindung mit Rückzug aus anderen sozialen Bezügen.

Umgang mit normativen Konflikten

5.4.7.3 Verschiebungen in der gesellschaftlichen Wertestruktur

Der interkulturelle Vergleich zeigt, daß eine objektiv gleiche Andersartigkeit je nach kulturellem Wertsystem völlig unterschiedlich bedeutsam sein kann, bis hin zur Bedeutungslosigkeit (vgl. 5.3). Läßt sich diese grundsätzliche Variabilität auch innerhalb einer gegebenen Gesellschaft nutzen? Beispiele für durchgreifende qualitative Umschichtungen gesellschaftlicher Werte im Zeitraum von wenigen Jahren sind leicht zu finden. Man denke nur an die Sensibilisierung für ökologische Mißstände: Prozesse, die inzwischen die politische Wirklichkeit entscheidend prägen. Optimisten gehen davon aus, daß im Zuge derartiger Veränderungen in der Wertestruktur Behinderung eines Tages als ganz »natürliche« Variante des sozialen Lebens begriffen werden könnte. Pessimisten verweisen dagegen auf konservative Tendenzen in den zurückliegenden Jahren: Rezession und Massenarbeitslosigkeit haben diese über den Bereich der Sozialpolitik hinaus begünstigt und zu einer bedenklichen Verschlechterung der Lebenssituation sozial Schwacher und Behinderter geführt. Geradezu zwangsläufig muten von daher die Lebenswert-Diskussionen im Umfeld einer »neuen Behindertenfeindlichkeit« (THEUNISSEN 1989) an.

Wertewandel

Hohe Erwartungen verbinden sich mit der Möglichkeit einer langfristigen Relativierung des Leistungsprinzips und korrespondierender Werte: Von einer ständig vergleichenden Werthaltung, »comparative«, wie BEATRICE WRIGHT (1983, 178ff.) sie nennt, zu einer Werthaltung, die die einzigartigen inneren Qualitäten des Bewertungsobjekts betont, die sog. »asset values«. Kein Zweifel, daß behinderte Menschen von einer solchen Entwicklung profitieren würden. Andererseits scheinen die ökonomischen Bedingungen mitsamt Leistungsfetischismus keine so entscheidende Variable zu sein, denn der interkulturelle Vergleich traditioneller Kulturen offenbart alle Formen der sozialen Reaktion auf Behinderte, unabhängig von Wirtschaftsform und Reichtum der Ethnien (vgl. 5.3). Egoismus, Utilitarismus und Nützlichkeitsdenken als wesentliche Charakteristika behindertenfeindlicher Personen (vgl. BÄCHTOLD 1984, 31) werden vemutlich durch kapitalistische Strukturen gefördert, aber sie sind weder zwangsläufig noch undenkbar in nichtkapitalistischen Gesellschaftssystemen.

Abkehr vom Leistungsprinzip

Andersartigkeit und Abweichung von gesellschaftlichen Funktionserfordernissen sind eine Realität, mit der ehrlich umgegangen werden sollte. Deshalb muß die Existenz von Sonderrollen für behinderte Menschen durchaus nicht diskriminierend sein, sofern sie konsequent von traditionellen Relikten (z.B. Unterstellung völliger Hilflosigkeit) befreit werden. Unstreitig sind mögliche negative Folgen der traditionellen Behindertenrolle (vgl. 6.2.3). Andererseits wird im Erkennen, Zuschreiben und Legitimieren von Unfähigkeit infolge einer Behinderung die soziale Akzeptanz für Mängel in der Rollenausübung gesichert, und dadurch kann ein gewisses Maß von gegenseitiger Verhaltenssicherheit wiederhergestellt werden. *Sonderrollen bieten die Chance, dem Anpassungszwang der Normalität zu entgehen.* Dies ist aber erst ein Gewinn, wenn behinderte Menschen trotzdem gesellschaftliche Anerkennung erfahren: »Anderssein« darf nicht gleichgesetzt werden mit »weniger wert sein«. Eine so definierte Sonderrolle hätte den Vorteil, daß sie »Schonraum *und* normale soziale Bezüge« bietet, und dies wäre eher zu akzeptieren als »Schonraum plus Isolation in Sondereinrichtungen« oder auch das bloße »Diktat der Normalität«.

Notwendigkeit von nicht diskriminierenden Sonderrollen

Günstig auswirken könnten sich Verschiebungen in der quantitativen Relation zwischen nichtbehinderten und behinderten Menschen, hervorgerufen im wesentlichen durch den medizinischen Fortschritt mit gestiegener Lebenserwartung, vermehrter Unfallhäufigkeit ohne Todesfolge, etc., die eine krasse Distanzierung gegenüber der immer größer werdenden »Minderheit« der Behinderten nicht mehr ohne weiteres zulassen. Eine nicht zu unterschätzende Einflußmöglichkeit haben die Menschen mit Behinderungen selbst (vgl. 3.3.3). Sozialer Wandel kann sehr durch aktives Engagement im Sinne einer emanzipatorischen Bewegung vorangebracht werde, – dies sollte allerdings geschickt und mit Augenmaß

Aktive Emanzipation Behinderter

geschehen. Die Anzeichen für ein gewachsenes politisches Bewußtsein bei einigen Behindertengruppen sind ermutigend.

Ein Wertewandel ist also wichtig, weil die Einstellungen von den Werten abhängen und jede Einstellungsänderungsstrategie dieser Tatsache Rechnung tragen muß. Die grundlegenden Veränderungsprozesse sind aber hochkomplex und nur in Grenzen beeinflußbar; sie sind sicher nicht kurzfristig zu erwarten, sondern eher im Zeitraum von Generationen. Um verstehbar zumachen, daß behinderte Menschen anders, aber darum nicht weniger wert sind, dürfen sie zuallererst nicht mehr ausgegrenzt werden. Die »unsichtbaren Schranken« zwischen Nichtbehinderten und Behinderten sind nicht zuletzt ein Ergebnis ihrer gewollten »Unsichtbarkeit«. Wer die Grundrechte unseres Gemeinwesens wirklich ernst nimmt, wird sich deshalb für ein uneingeschränktes Zusammenleben aller Menschen in ihrer ganzen Unterschiedlichkeit und Einzigartigkeit von klein auf einsetzen müssen. Nach dem gegenwärtigen Forschungsstand ist dies der einzig sinnvolle Weg zu einer positiven Veränderung der sozialen Reaktion auf Behinderte.

Akzeptanz von »Anderssein« bei Integration

5.5 Zusammenfassung von Kapitel 5

Nach Abklärung der wichtigsten Begriffe wurde die Struktur von Einstellungen und Verhaltensweisen gegenüber Behinderten dargestellt. Der diesbezügliche Forschungsstand erlaubt recht gut abgesicherte Aussagen zum Problem. Sehr wichtig sind die Art der Behinderung sowie die kulturelle Bedingtheit der sozialen Reaktion. Für die häufigen Interaktionsstörungen werden eine Vielzahl von Erklärungsversuchen angeboten. Die Erforschung der sozialen Reaktion ist gekennzeichnet durch gravierende methodische Mängel. Eingehend haben wir uns mit der Entstehung ablehnender Tendenzen auf behinderte Menschen befaßt. Neben den Sozialisationsvariablen und der kulturspezifischen Schuldproblematik scheint die Widersprüchlichkeit der sozialen Normen eine wesentliche Rolle zu spielen.

In einem Exkurs zum interkulturellen Vergleich der sozialen Reaktion auf Menschen mit Behinderungen sind wir insbesondere der Frage nachgegangen, ob es Variablität und damit prinzipielle Veränderbarkeit gibt oder nicht. Ablehnung behinderter Menschen scheint danach nicht als Reaktionsmuster vorgegeben zu sein, bei sichtbar Schwerstbehinderten waren aber auch universell negative Reaktionstendenzen festzustellen. Dies könnte als Hinweis auf eine stabile und nicht beeinflußbare Kernhaltung gedeutet werden.

Recht widersprüchlich und erst teilweise gesichert sind unsere Kenntnisse über Möglichkeiten der Veränderung von Einstellungen und Verhaltensweisen gegenüber Behinderten. Der Wert von massenmedialen Informationsstrategien wird allgemein überschätzt; die theoretische wie empirische Analyse belegt nur eine geringe Effektivität. Der Erfolg von Kontaktprogrammen steht oder fällt mit der Beachtung zahlreicher qualitativer Bedingungen, deren Realisierung oft enge Grenzen gesetzt sind. Kombinationen von Kontakt, Information und weiteren Strategien wie z.B. Simulation von Behindertsein scheinen die Wirksamkeit zu vergrößern. Allen Strategien im mikrosozialen Bereich gemeinsam sind zwei ganz wesentliche Einschränkungen:

- Ihr Erfolg hängt ab von der Bereitschaft, seine Haltung ändern zu wollen.
- Vorhandene ungünstige Haltungen können unter Umständen noch verstärkt werden.

Eine gezielt einsetzbare und erfolgssichere Strategie zur Veränderung von Einstellungen gegenüber behinderten Menschen gibt es noch nicht. In dieser Situation scheint es ratsam, das Forschungsinteresse verstärkt auf die Rahmenbedingungen der sozialen Reaktion auf Behinderte zu lenken. Monokausale Ansätze werden der Komplexität des Problems nicht gerecht. Von Bedeutung ist die Gesamtheit der sozio-kulturellen Bedingungen, insbesondere aber die Dynamik und Veränderbarkeit gesellschaftlicher Wertstrukturen. Langfristig die besten Möglichkeiten werden von einer konsequenten und sorgfältig geförderten sozialen Integration behinderter Menschen ausgehen.

Literatur-Empfehlung:

CLOERKES, G.: Die Kontakthypothese in der Diskussion um eine Verbesserung der sozialen Teilhabechancen Behinderter. Zeitschrift für Heilpädagogik 33 (1982a), 561-568.

CLOERKES, G.: Die Problematik widersprüchlicher Normen in der sozialen Reaktion auf Behinderte. Vierteljahresschrift für Heilpädagogik und ihre Nachbargebiete (VHN) 52 (1984), 25-40.

CLOERKES, G.: Einstellung und Verhalten gegenüber Behinderten. Eine Bestandsaufnahme der Ergebnisse internationaler Forschung. Berlin (Marhold), 3. Auflage 1985.

NEUBERT, D./CLOERKES, G.: Behinderung und Behinderte in verschiedenen Kulturen. Eine vergleichende Analyse ethnologischer Studien. Heidelberg (Universitätsverlag C. Winter – Programm »Edition Schindele«), 2. Auflage 1994.

YUKER, H.E. (ED.): Attitudes toward persons with disabilities. New York (Springer) 1988 (a).

Kapitel 6: Behinderung als Stigma

Stichwörter: Devianz – struktureller Ansatz – prozessualer Ansatz – Symbolischer Interaktionismus – Krankenrolle – Behindertenrolle – Stigmatisierung – Identitätsbegriff – Identitätsstrategien – Privates und Soziales Selbst – Selbstbild – Entstigmatisierung durch Integration

Inhalt

6.1 Behinderung als abweichendes Verhalten

6.1.1 Was ist abweichendes Verhalten (Devianz)?

In der sozialwissenschaftlichen Literatur werden gesellschaftlich »problematische« Formen des Verhaltens wie z.B. Kriminalität, Prostitution, Selbstmord, Drogenmißbrauch unter der systematischen Kategorie »abweichendes Verhalten« (Devianz) abgehandelt. Der gemeinsame Nenner aller Formen abweichenden Verhaltens ist die *Verletzung sozialer Normen* als allgemein bekannte und (überwiegend) akzeptierte Regeln des Zusammenlebens. *Normen sind generalisierte Verhaltenserwartungen von unterschiedlicher Verbindlichkeit.* Sie dienen der wechselseitigen Orientierung des Handelns von Menschen. Normen können juristisch abgesichert und mit Strafandrohung verknüpft sein (z.B. das Tötungsverbot) oder auch als bloße Pflichten des Alltags bzw. Gewohnheiten wirksam werden und Verhaltenssicherheit gewährleisten.

Devianz = Abweichung von Normen

Obwohl bei Behinderung nicht unbedingt ein abweichendes *Verhalten* im engeren Sinne vorliegen muß, läßt sich der Erklärungsansatz gut anwenden. Der Zusammenhang zwischen Behinderung und Abweichung liegt darin, daß der behinderte Mensch »anders« ist als man erwartet. In seinem »Sosein« entspricht er nicht den gesellschaftlichen Erwartungen. Das kann auch ein abweichendes »Verhalten« einschließen (z.B. bei psychischen Behinderungen), muß es jedoch nicht (z.B. bei den meisten körperlichen Behinderungen).

Zur *Entstehung* abweichenden Verhaltens gibt es verschiedene Theorien, z.B. biologische, medizinische, sozialpathologische oder sozialpsychologische. Für uns sind vor allem zwei soziologische Ansätze wichtig: Der »strukturelle Ansatz« und der »prozessuale Ansatz« (LEMERT 1964, 58). Ich beschränke mich im folgenden auf die Darstellung dieser beiden konkurrierenden Strategien oder »Paradigmata« zur Erklärung von Devianz.

Theoretische Ansätze

Wissenschaftstheoretischer Hintergrund des strukturellen Ansatzes ist die »Strukturell-funktionale Theorie« (PARSONS 1951/68; MERTON 1968). Als Beispiele werden wir die Krankenrolle nach PARSONS (1958) und die Behindertenrolle nach HABER UND SMITH (1971) diskutieren. Wissenschaftstheoretischer Hintergrund des prozessualen Ansatzes (auch: »interaktionistischer Ansatz«) ist der »Symbolische Interaktionismus« (G.H. MEAD 1934/68), Anwendungsbeispiel die Behindertenrolle nach FREIDSON (1966; 1970).

Zur Verdeutlichung folgende Übersicht (Abb. 6.1):

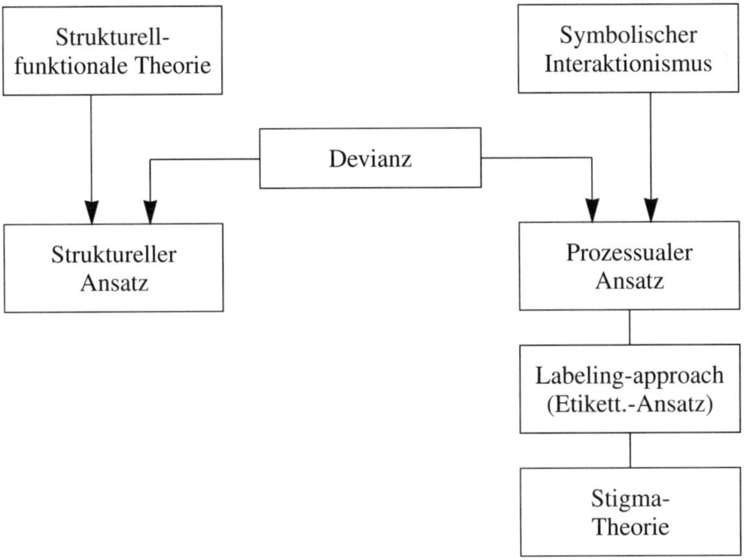

6.1.2 Der strukturelle Ansatz

> Das wichtigste Merkmal des strukturellen Ansatzes ist die Annahme, daß ein Beobachter zweifelsfrei feststellen kann, ob abweichendes Verhalten vorliegt oder nicht. Als Kriterium gilt die **Normverletzung**. Was die Normen vorschreiben, ist ebenso **objektiv faßbar** wie deren Verletzung. Auf behinderte Menschen bezogen: Die Normabweichung ist durch Diagnostik nachzuweisen.

Zentraler Punkt des strukturellen Ansatzes sind die Spannungen zwischen dem gesellschaftlichen Normensystem und dem konkreten Handeln des Individuums. Dieser Dualismus Individuum – Gesellschaft ist u.a. zum Gegenstand des **Anomie-Konzepts** geworden (vgl. DURKHEIM 1893; 1897; ähnlich: »Entfremdung« nach MARX). Mit »Anomie« ist ein Zustand sozialer Desintegration gemeint. Er wird verursacht durch zunehmende Arbeitsteilung und ist verbunden mit abnehmenden Sozialkontakten. Folge von Anomie ist eine allgemeine »Normlosigkeit« und abweichendes Verhalten.

Zusammenhang Anomie und Devianz

Die systematische Verknüpfung von Anomie und abweichendem Verhalten erfolgte durch R.K. MERTON (1968). MERTON unterscheidet:

- Kulturelle Ziele, die verhaltensleitenden Wünsche und Erwartungen der Menschen (»cultural structure«);
- Normen, die die Mittel vorschreiben, welche zur Realisierung der Ziele erlaubt sind und
- die Verteilung dieser Mittel bzw. den normierten Zugang zu ihnen (»social structure«).

Wenn Ziele und Mittel auseinanderklaffen, z.B. bei fehlender »opportunity structure« in sozial benachteiligten Gruppen, wird die Bindung an die kulturell bestimmten Ziele bzw. an die legitimen Mittel zu ihrer Erreichung geschwächt. Es kommt dann zu einer anomischen Situation, auf die das Individuum mit unterschiedlichen Formen abweichenden Verhaltens reagiert. Beispiel: »Ausleihen« von Autos für eine Spritztour bei Jugendlichen der 50er und 60er Jahre. Abweichendes Verhalten im Sinne MERTONS ist also »eine Verhaltensform, durch die die Spannung zwischen vorgegebenen Zielen und den (eingeschränkten) Möglichkeiten ihrer Erreichung bewältigt wird« (KEUPP 1972, 133). Nach dem Verhältnis, in dem kulturelle Ziele und legitime Mittel zueinander stehen, unterscheidet MERTON fünf Typen der Anpassung an den anomischen Zustand: Konformität, Innovation, Ritualismus, Rückzug (Eskapismus) und Rebellion. Bei Konformität werden Ziele wie Mittel bejaht; erst die übrigen vier Typen sind Formen abweichenden Verhaltens. Andere Autoren wie PARSONS (1951/1968) haben MERTONS Ansatz weiterentwickelt und dabei eine stärkere Betonung der Persönlichkeitsstruktur gegenüber der Sozialstruktur vorgenommen: Der »anomische« Mensch ist danach gestört, krank, unfähig zur angepaßten Situationsbewältigung.

Beispiele aus der Behindertenforschung finden sich bei PARKER/KLEINER (1966) für psychisch Behinderte und bei THIMM (1971) für Blinde.

Kurze Kritik des strukturellen Ansatzes (vgl. u.a. DREITZEL 1972, 42ff.; KEUPP 1972, 147ff.):

Statische Sicht, Absolutsetzen von Normen

- Die verhaltensleitenden Normen und Werte werden nicht hinterfragt, sondern deren universelle Gültigkeit unterstellt, zumindest in einem gegebenen Gesellschaftssystem.
- Der Zusammenhang von Abweichung und sozialer Kontrolle wird nicht aufgezeigt.
- Der Ansatz bleibt im Prinzip immer statisch, den gesellschaftlichen Gegebenheiten verhaftet, er ist darum konservativ und ahistorisch. Die sich ständig wandelnden Bedingungen in einer Gesellschaft werden nicht angemessen berücksichtigt.
- Die Relativität von Normen und Normverletzungen wird nicht gesehen. Ich hatte in 6.1.1 das Tötungsverbot erwähnt. Es gilt als universell

akzeptierte Norm, von der es gleichwohl gewichtige Ausnahmen gibt. So *darf* der Soldat nicht nur töten, sondern er *muß* es sogar, sonst riskiert er eine harte Bestrafung wegen Befehlsverweigerung. Die allgemeine Norm wird also ins Gegenteil verkehrt: Das Verbotene wird nicht nur erlaubt, sondern verbindlich gefordert.

6.1.3 Der prozessuale Ansatz

6.1.3.1. Kurzer Abriß des Symbolischen Interaktionismus

Die Vertreter des prozessualen Absatzes (oder »labeling approach«) stehen durchweg in der Tradition des »Symbolischen Interaktionismus« (COOLEY 1922; THOMAS 1928; G.H. MEAD 1934/68) mit folgenden Grundgedanken (vgl. u.a. KRAPPMANN 1969, 20f.; ROSE 1962/67): Prinzipien

1. Menschliches Verhalten und soziales Geschehen befinden sich in einem ständigen, *dynamischen Prozeß und niemals in einem Gleichgewichtszustand.*
2. Gesellschaft und ihre Kultur besteht vor jedem einzelnen Menschen. Im lebenslangen *Sozialisationsprozeß* wird die Beteiligung an Interaktionen erlernt, und zwar in einer Weise, die *nicht nur passive Anpassung, sondern aktive Einflußnahme* ist.
3. Der Mensch ist auf soziale Beziehungen zu anderen angewiesen. Er *schreibt anderen Interpretationen in bezug auf sich selbst zu* und gewinnt auf diese Weise ein *»Selbst« bzw. »Identität«*. Das Selbst als Spiegel-Ich (»looking-glass self«: COOLEY 1922, 183f.) entwickelt sich erst über soziale Erfahrungen und Aktivitäten mit »signifikanten anderen«, also Menschen, deren Reaktionen uns wichtiger sind als die von anderen. Das Selbst besteht aus dem »me« als meiner Vorstellung, wie andere mich sehen und dem »I« als meiner ganz persönlichen Auffassung von mir selbst, als »Selbst-Verständnis«.
4. *Der Mensch lebt in einer symbolischen Umwelt. Das bedeutet: Alle sozialen Objekte (Gegenstände, Personen, Verhaltensweisen) werden vom Individuum »interpretiert« und erhalten dadurch soziale Bedeutungen.*
5. Das Interpretieren der Umwelt wird als *»Definition der Situation«* bezeichnet. Das Individuum erfährt so im Interaktionsprozeß verhaltensleitende Impulse:
   »Wenn die Menschen Situationen als real definieren, dann sind sie real in allen Konsequenzen« (THOMAS 1928, 572).

Soziale Rollen sind nicht statisch, sondern werden in einem wechselseitigen Prozeß der Definition und Neudefinition der Situationselemente ständig neu erschlossen. BERGER/LUCKMANN (1969) sprechen in diesem Zusammenhang von der »gesellschaftlichen Konstruktion der Wirklichkeit«: Soziales Handeln wird erst durch gesellschaftlich verbindliche Situationsinterpretationen verständlich.

6. Die empirische Analyse konzentriert sich auf jedermann zugängliche *Alltagserfahrungen.* Die angemessene Forschungsmethode ist daher die Beobachtung von Verhalten, wie es unter »normalen« Umweltbedingungen abläuft (qualitative Verfahren).

6.1.3.2 Merkmale des prozessualen Ansatzes

Devianz ist im wesentlichen das **Resultat sozialer Reaktionen.** Im Mittelpunkt des Interesses steht nicht die Frage, wer abweicht, sondern wie die anderen den »Abweichenden« definieren. *Abweichendes Verhalten liegt dann vor, wenn eine Verhaltensweise negativ sanktioniert (bestraft) wird:* **»Abweichendes Verhalten ist jedes Verhalten, das die Leute so etikettieren«** (BECKER 1963, 9).

Zuschreibungen als zentrales Element

Auffälligem Verhalten kommt danach also nicht aus sich heraus eine bestimmte soziale Bedeutung zu, sondern diese Bedeutung geht erst aus *gesellschaftlichen Interpretationsregeln* hervor. Die Menschen ordnen sich gegenseitig und selbst ständig ein, sobald sie miteinander in soziale Beziehungen treten. Die Identität (auch die abweichende Identität) einer Person bestimmt sich letztlich aus solchen Etikettierungen, Typisierungen, Bewertungen.

Den Grundannahmen des Symbolischen Interaktionismus entsprechend wird Abweichung als *dynamischer Prozeß* verstanden (»Karriere« nach BECKER 1963, 24; »primäre« und »sekundäre« Devianz mit abweichender Identität nach LEMERT 1951, 77). Eine objektive Feststellung von Normen und deren Verletzung durch die deviante Person, wie es der strukturelle Ansatz voraussetzt, ist unmöglich.

Die **Kritik am prozessualen Ansatz abweichenden Verhalten** konzentriert sich auf folgende Punkte (vgl. u.a. KEUPP 1972, 200ff.):

- Vernachlässigung gesamtgesellschaftlicher Systembedingungen (makrosoziologische Ebene);

- Vernachlässigung normativer Aspekte und konkrethistorischer Phänomene;
- Forschung zur empirischen Bestätigung der hochkomplexen Zusammenhänge ist äußerst schwierig.

6.2 Krankenrolle und Behindertenrolle

6.2.1 Der soziologische Rollenbegriff

Menschliches Handeln ist im wesentlichen Rollenhandeln, d.h. es ist ausgerichtet an der Summe der Erwartungen anderer. Diese Erwartungen haben eine gewisse Verbindlichkeit: Man hat sich »rollenkonform« als Mutter, Student, Verkehrsteilnehmer, Patient, usw. zu verhalten, andernfalls sind Sanktionen möglich. Man spricht auch von (zugeschriebenen oder erworbenen) sozialen Positionen, die Menschen nacheinander oder zur gleichen Zeit einnehmen. »Soziale Rollen bezeichnen Ansprüche der Gesellschaft an die Träger von Positionen« (DAHRENDORF 1969, 33). Voraussetzung für die Übernahme von sozialen Rollen ist die Sozialisation zu einem handlungsfähigen Mitglied der Gesellschaft. Dieser Prozeß ist lebenslang und durchaus nicht nur als einseitige Anpassung zu verstehen. Dauerhaftes abweichendes Verhalten führt in der Regel zur Sozialisation in die Rolle eines Devianten; das Verhalten wird damit wieder rollenkonform.

Handeln orientiert sich an den Erwartungen der anderen

6.2.2 Die Krankenrolle

Das Krankenrollenkonzept geht zurück auf TALCOTT PARSONS (1958, 10ff.) und ist ein Beispiel für die Anwendung des strukturellen Ansatzes. Gesundheit ist danach eine der funktionalen Vorbedingungen eines jeden sozialen Systems. Krankheit ist folgerichtig »dysfunktional«, weil sie die Ausübung normaler Rollenverpflichtungen unmöglich macht. Der Kranke entzieht sich den Normen und Verhaltenserwartungen innerhalb seiner üblichen Sozialbeziehungen; er weicht ab. **Krankheit ist eine besondere Form abweichenden Verhaltens.** Im Konzept der Krankenrolle wird diese Form von Devianz verbunden mit dem Prozeß sozialer Kontrolle, um die »Dysfunktionalität« von Krankheit in steuerbaren Grenzen zu halten. Es gibt einen institutionalisierten Rollentypus »Krankenrolle«.

Krankheit ist unerwünschtes Verhalten

Die vier Merkmale der Krankenrolle:

1. Das kranke Individuum wird von seinen normalen Rollenverpflichtungen befreit.
2. Das kranke Individuum wird nicht für seinen Zustand verantwortlich gemacht.
3. Die sich in Krankheit manifestierende Abweichung ist sozial unerwünscht und daher an Bedingungen geknüpft (»konditional«): Dem kranken Individuum wird auferlegt, seinen Zustand zu überwinden.
4. Das kranke Individuum ist hilfsbedürftig. Es ist verpflichtet, sachkundige Hilfe zu suchen und mit dem Arzt zu kooperieren.

Die **Kritik an Parsons' Krankenrollenkonzept** konzentriert sich insbesondere auf die Annahme eines eindeutig diagnostizierbaren Krankheitszustands sowie auf die Tatsache, daß zahlreiche Krankheiten offenkundig nicht zur Übernahme der Krankenrolle mit allen vier Merkmalen führen (harmlose Erkrankungen, unheilbare und stigmatisierte Krankheiten) (vgl. Cloerkes 1985, 58ff.).

6.2.3 Die Behindertenrolle

6.2.3.1 Behindertenrolle nach Freidson (prozessualer Ansatz)

Der Medizinsoziologe Eliot Freidson (1966; 1970) hat ein Konzept zur Rolle des behinderten Menschen aus prozessualer Sicht entwickelt, das im folgenden dargestellt werden soll. Freidson argumentiert zunächst auf der Grundlage der vier Krankenrolle-Merkmale nach Parsons, die er allerdings nicht statisch, sondern in dynamischer Auslegung als in Interaktionen aktivierte, soziale Interpretationsschemata der Abweichungstendenzen versteht:

- **1. Kriterium: Zuschreibung von Verantwortung** (bei Parsons Merkmal 2). Das Individuum wird entweder für einen Zustand abweichenden Verhaltens verantwortlich gemacht (z.B. bei Kriminalität) oder es wird nicht verantwortlich gemacht (z.B. bei Krankheit oder Behinderung).
- **2. Kriterium: Zuschreibung von Schweregrad oder Ausmaß der Abweichung** (abgeleitet aus Merkmal 1 bei Parsons). Geringfügige Abweichungen lösen nur unbedeutende soziale Reaktionen aus. Erst bei schwerwiegenden Abweichungen kommt es zur Enthebung von

normalen Rollenverpflichtungen und Auferlegen der Sonderrolle eines Devianten (sekundäre Devianz).

Freidson gelangt so zu einer Vierfeldertafel (vgl. 1970, 231), in der zum einen zwischen Verantwortlichkeit und Nichtverantwortlichkeit, zum anderen zwischen geringfügiger und schwerwiegender Abweichung (nach der *zugeschriebenen* sozialen Reaktion) unterschieden wird. Typisch für abweichendes Verhalten mit Zuschreibung von Verantwortung wäre Kriminalität, typisch für abweichendes Verhalten mit Entlastung von Verantwortung wäre Krankheit.

Verantwortlichkeit und Ausmaß der Abweichung bestimmen die Reaktion

Freidson stellt nun fest, daß seine Typologie nicht alle tatsächlich vorkommenden Formen von abweichendem Verhalten im Bereich Krankheit/Behinderung erfaßt. Er zieht deshalb ein weiteres Kriterium heran:

- **3. Kriterium: Die bedingte bzw. konditionale Legitimierung der Devianz** (Merkmal 3 bei Parsons).

Eine solche zeitlich begrenzte und an Bedingungen geknüpfte Entbindung von normalen Rollenverpflichtungen ist nicht zu erwarten bei chronischen Krankheiten mit voraussichtlich tödlichem Ausgang sowie bei irreversiblen Schädigungen oder Behinderungen. In diesen Fällen gibt es keine Bedingungen, weil davon ausgegangen wird, daß eine Rückgewinnung des Normalzustands unmöglich ist. Die Abweichung ist dann ohne Einschränkungen und Bedingungen legitim.

Besondere Bedingungen bei Krankheit/ Behinderung

Es gibt also bei den Devianzformen ohne Zuschreibung von Verantwortlichkeit (mit entsprechender Bestrafung) Sonderrollen, die bedingt legitim sind, und solche, die ohne Einschränkung legitim sind.

Für die Rolle behinderter Menschen trifft allerdings beides nicht richtig zu. Ihre soziale Situation ist gekennzeichnet durch einen elementaren Widerspruch zwischen offizieller Entlastung für ihre Abweichung von der Norm einerseits und tatsächlicher Diskriminierung mit Zuweisung einer besonderen, abweichenden Rolle andererseits.

Freidson bezeichnet dies als *»stigmatisiert«* (zum Begriff vgl. 6.3.1). Behinderte Menschen werden, was die Konseqenzen ihrer Abweichung betrifft, eher in die Nähe der Kategorie Kriminalität als in die der Kategorie Krankheit gerückt. Ganz deutlich wird dies im Fall der institutionellen Verwahrung von psychisch Behinderten. Mancher Strafverteidiger sollte sich insoweit auch fragen, ob es wirklich besser für seinen Mandanten ist, auf »Schuldunfähigkeit wegen seelischer Störungen« nach § 20 StGB zu plädieren und die (möglicherweise lebenslange) Unterbringung in einer psychiatrischen Anstalt zu riskieren statt auf eine

Widersprüchliche, stigmatisierende Rolle bei Behinderten

Freiheitsstrafe. Beim »Kranken« haben sich die anderen, die »Gesunden«, den Gegebenheiten anzupassen. Beim »Stigmatisierten« (Behinderten) wird hingegen davon ausgegangen, daß er sich anzupassen habe, wenn er mit Nichtstigmatisierten (Nichtbehinderten) zusammen sein will.

Als wichtigstes Ergebnis von FREIDSONS Überlegungen ist die Verdeutlichung der *Ambivalenz und Widersprüchlichkeit* in der sozialen Reaktion auf Menschen mit Behinderungen hervorzuheben (vgl. auch 5.2.5.3). So ist auch zweifellos die Etablierung einer eigenen Behindertenrolle, die sich eindeutig von der Krankenrolle abhebt, begründbar. Die verschiedenen Formen abweichenden Verhaltens nach Zuschreibung von Verantwortung lassen sich in der folgenden **Taxonomie (Abb. 6.2)** zusammenfassen:

Taxonomie von Formen abweichenden Verhaltens nach zugeschriebener Verantwortung (Abb. 6.2)
(verändert nach FREIDSON 1970, 230, 239; CLOERKES 1985, 64)

	Zuschreibung von Verantwortung			
	Individuum wird veranwortlich gemacht (Kriminalität)	Individuum wird offiziell nicht verantwortlich gemacht (Behinderung)	Individuum wird nicht verantwortlich gemacht (Krankheit)	
		stigmatisiert	bedingt legitim	uneingeschränkt legitim
Beispiel	Mord	Geistige Behinderung, Aids	Lungenentzündung	Krebs
Konsequenzen	Ersatz normaler Verpflichtungen durch neue. Verlust normaler Privilegien.	Entbindung von einigen normalen Verpflichtungen. Auferlegen neuer Verpflichtungen. Wenige oder keine neuen Privlegien.	Zeitlich befristete Befreiung von normalen Verpflichtungen. Zusätzliche Privilegien. Verpflichtung, sich behandeln zu lassen und mit dem Arzt zu kooperieren.	Dauernde Entbindung von zahlreichen normalen Verpflichtungen. Ausdrücklicher Zuwachs an Privilegien.

6.2.3.2 Behindertenrolle nach Haber/Smith (struktureller Ansatz)

Typisch für die strukturelle Sichtweise der Behindertenrolle ist ein Beitrag von HABER UND SMITH (1971). Die Autoren kommen zu folgenden **Grundaussagen:**

Behindertenrolle ist positiv für alle

1. Die Behindertenrolle ist Ausdruck einer *Anpassung* des Betroffenen *an Rollenerwartungen,* die seinem Zustand »behindert« angemessen sind. Die Rolle des Behinderten ist vordefiniert, wird durch Sozialisation vermittelt, legt seine Teilhabe am Leben der Gesellschaft fest und hat Einfluß auf sein Selbstkonzept.
2. *Die Behindertenrolle hat positive Funktionen. Sie ist funktional für den Behinderten und für den Nichtbehinderten,* weil sie Klarheit über die gegenseitigen Rollenerwartungen schafft. Sie schützt den Behinderten vor Überforderung und »normalisiert« damit sein Verhältnis zu anderen Menschen. Sie »legalisiert« die Abweichung des Behinderten im Gegensatz zu der von anderen Devianten.
3. Die Behindertenrolle unterscheidet sich von der Krankenrolle vor allem dadurch, daß beim Behinderten eine *generelle Umdefinition der Person* mit Zuweisung einer neuen Rolle und einer neuen Identität erfolgt.
4. Die Feststellung, Zuteilung und Legitimation der Behindertenrolle *»normalisiert« die Stellung des Behinderten in der Gesellschaft.* Er wird nicht zum »illegitimen« Devianten mit Bestrafung und Ausschluß, sofern er sich nicht in halsstarriger Weise dem Verlangen der Kontrollinstanzen nach Konformität widersetzt. Ein niedrigeres Lebensniveau und geringere soziale Teilhabechancen sind ein angemessener Preis für die »Normalisierung«.
5. Im »Normalisierungsprozeß« (nicht zu verwechseln mit dem »Normalisierungsprinzip«!) wird »unnormales« Aussehen und Verhalten als für Behinderte »normal« umdefiniert. Dies geschieht in erster Linie in den *Kontrollinstanzen bzw. Einrichtungen für Behinderte.* Sie können Behindertenrollen gewähren oder verweigern.

Kritische Stellungnahme:

- Die Argumentation ist nüchtern, objektiv und frei von sozialem Engagement: Die Behindertenrolle ist funktional für alle Beteiligten.
- Die realen Vorgänge werden gut beschrieben. So werden Funktionseinschränkungen aufgrund einer Behinderung in der Regel die gegenseitigen Rollenerwartungen beeinflussen. HABER/SMITH übergehen aber mögliche Stigmatisierungskonsequenzen als unbedeutend.

- Die gesellschaftlichen Rollenerwartungen und Normen werden nicht hinterfragt. Man denkt »in den Normen«, nicht »über die Normen« (THIMM 1975, 151, 154). Behinderung wird damit zur absoluten, nicht hinterfragbaren Kategorie. Die Denkrichtung ähnelt dem »personorientierten Paradigma« (vgl. 1.3)
- Soziale Integration ist unmöglich, wo nur Anpassung gefordert wird. Eine übliche Rechtfertigungsstrategie für die Existenz von separierenden Behinderteneinrichtungen wird kritiklos übernommen, die Interessen der behinderten Menschen geraten darüber aus dem Blick (vgl. SCOTT, 1969, 80ff.) .

6.3 Stigma und Stigmatisierung

6.3.1 Begriff und Merkmale

Definitionen

Den Begriff »Stigma« hat GOFFMAN (1967) in die soziologische Diskussion eingeführt. Was ist ein Stigma?

Mit Stigma bezeichnet man eine Eigenschaft einer Person, »die zutiefst diskreditierend ist« (GOFFMAN 1967, 11).

GOFFMAN führt weiter aus:

»Ein Individuum, das leicht in gewöhnlichen sozialen Verkehr hätte aufgenommen werden können, besitzt ein *Merkmal, das sich der Aufmerksamkeit aufdrängen* und bewirken kann, daß wir uns bei der Begegnung mit diesem Individuum von ihm abwenden... Es hat ein **Stigma,** das heißt, es ist **in unerwünschter Weise anders,** als wir es antizipiert hatten« (ebd., 13).

Abweichung von normativen Erwartungen

Ein Mensch mit einem Stigma entspricht in seiner »aktualen sozialen Identität« nicht den normativen Erwartungen seiner Umwelt. Diese normativen Erwartungen als antizipierte Vorstellungen von einem »Normalen« nennt GOFFMAN »virtuale soziale Identität« (ebd., 10; zum Identitätsbegriff vgl. 6.4.2). Bei einem Menschen mit einem Stigma besteht eine Diskrepanz zwischen virtualer und aktualer sozialer Identität: Er weicht in seinem Sosein von sozialen Normen ab.

Leicht übersehen wird dabei der wichtige Hinweis, daß Eigenschaften »an sich weder kreditierend noch diskreditierend« sind: »ein und dieselbe

Eigenschaft vermag den einen Typus zu stigmatisieren, während sie die Normalität eines anderen bestätigt« (ebd., 11). Stigma bezieht sich also auf »Relationen«, kann sich erst in sozialen Beziehungen darstellen. *Es geht nicht um das Merkmal selbst, sondern um die »negative Definition des Merkmals bzw. dessen Zuschreibung«* (HOHMEIER 1975, 7). Folgerichtig ist für GOFFMAN Stigma auch »die Situation des Individuums, das von vollständiger sozialer Akzeptierung ausgeschlossen ist« (1967, 7).

Relativität von Eigenschaften

Für Stigmata gelten im übrigen die gleichen Definitionskriterien wie für Vorurteile (vgl. 5.2.1.2): Immer negativ, komplexer Inhalt, affektive Geladenheit, historische und interkulturelle Variabilität, Tendenz zur Generalisierung des Merkmals auf die ganze Person. Man kann den Begriff deshalb mit HOHMEIER (1975, 7) auch so definieren:

»Ein Stigma ist ... der Sonderfall eines sozialen Vorurteils gegenüber bestimmten Personen, durch das diesen negative Eigenschaften zugeschrieben werden«.

Eigenschaften oder Verhaltensweisen der Betroffenen können dabei durchaus eine wichtige Rolle spielen, weil an derartigen Merkmalen leichter anzuknüpfen ist (vgl. HOHMEIER, a.a.O.). Solche Merkmale haben Stimulusqualität, sie drängen sich der Aufmerksamkeit in negativer Weise auf (GOFFMAN 1967, 13) und werden als »Andersartigkeit« bewertet (vgl. 5.3.3).

Merkmale mit Stimulusqualität

GOFFMAN (1967, 12f.) unterscheidet drei *Typen von Stigmata:*

- Physische Deformationen (z.B. Körperbehinderungen);
- individuelle Charakterfehler (z.B. geistige Verwirrung, Sucht, Gefängnishaft);
- phylogenetische Stigmata (Rasse, Nation, Religion).

Behinderte wären danach den beiden erstgenannten Typen zuzuordnen.

Stigmata wie Vorurteile wirken auf der Ebene der Einstellungen, d.h. es geht noch nicht um tatsächliches Verhalten. Von Stigma zu trennen ist darum der Begriff »Stigmatisierung«:

Stigma = Einstellung, Stigmatisierung = Verhalten

Stigmatisierung ist das *Verhalten* aufgrund eines zueigen gemachten Stigmas.

Stigma und Stigmatisierung können in einem engen Zusammenhang stehen, sie müssen es aber nicht in jedem Fall. Wichtig ist also der

Rückschluß von beobachtbarem, tatsächlich stigmatisierendem Verhalten auf das Stigma.

Rechtfertigung von Stigmatisierungen

Die Diskriminierung von Menschen mit einem Stigma erfolgt sehr wirksam – wenn auch oft gedankenlos – über die Konstruktion einer *Stigma-Theorie*, »eine Ideologie, die ihre Inferiorität erklären und die Gefährdung durch den Stigmatisierten nachweisen soll« (GOFFMAN 1967, 14). Zu unterscheiden sind *»Diskreditierte« und »Diskreditierbare«*. Im ersten Fall nimmt das stigmatisierte Individuum an, daß man über sein Anderssein schon Bescheid weiß, daß es unmittelbar evident ist. Im zweiten Fall geht es davon aus, daß sein Zustand noch nicht bekannt bzw. wahrnehmbar ist (vgl. ebd., 12). Ein Stigmatisierter wird wahrscheinlich mit beiden Situationen Erfahrung haben und sich über »Stigma-Management-Techniken« darum bemühen, sein unerwünschtes Anderssein möglichst zu verbergen.

Generalisierung

Stigmatisierungen knüpfen bei Merkmalen von Personen an. Diese Merkmale können sichtbar oder unsichtbar sein (z.B. körperliche Behinderung, Gruppenzugehörigkeit, Verhalten). Die »Visibilität« oder Sichtbarkeit erleichtert das Stigmatisieren. Auf der Grundlage eines Stigma tendieren die »Normalen« dazu, weitere Unvollkommenheiten und negative Eigenschaften zu unterstellen. Über derartige *Generalisierungen* wird das Stigma zum alles beherrschenden »master status«. Die Zuschreibung wird durch Verwendung spezifischer *Stigmatermini* (Krüppel, Bastard, Schwachsinniger, etc.) unterstrichen (vgl. GOFFMAN 1967, 14f.; HOHMEIER 1975, 7-10).

Von entscheidender Bedeutung für die Durchsetzung von Stigmatisierungen ist die Macht, über die Stigmatisierer und Stigmatisierte verfügen.

6.3.2 Funktionen und Folgen von Stigmatisierung

Stigmatisierte Gruppen gibt es in allen Gesellschaften. Warum wird also stigmatisiert? **Welche Funktionen haben Stigmata?** HOHMEIER (1975, 10-12) unterscheidet die Mikroebene des einzelnen Individuums von der gesamtgesellschaftlichen Makroebene.

1. Funktionen auf der Mikroebene (Individuum):

- *Orientierungsfunktion.* Vorausstrukturierung sozialer Situationen, dadurch Verringerung von Unsicherheit.
- *Entlastungsfunktion* durch selektive und verzerrte Wahrnehmung sowie durch Projektion verdrängter Triebansprüche (Aggressionen) auf »Sündenböcke«.

- *Identitätsstrategie.* Wiederherstellung des gefährdeten seelischen Gleichgewichts durch betonte Abgrenzung gegenüber der Andersartigkeit.

2. Funktionen auf der Makroebene (Gesellschaft):

- *Systemstabilisierung* durch Regelung des Umgangs zwischen gesellschaftlichen Gruppen und des Zugangs zu knappen Gütern wie Status, Berufschancen, etc..
- *Kanalisierung von Aggressionen* auf schwache »Sündenböcke«.
- *Verstärkung der Normkonformität* der Nicht-Stigmatisierten: Ohne Stigmatisierte wäre es kein Vorteil, »normal« zu sein.
- *Herrschaftsfunktion.* Unterdrückung und Ausschluß von konkurrierenden Gruppen.

Wichtige Funktionen

Ganz offenkundig haben Stigmata also sehr wichtige Funktionen für den einzelnen wie für die Gesellschaft. Diese Interessenkongruenz sorgt dafür, daß Stigmatisierungsprozesse allgegenwärtig und außerordentlich schwer reduzierbar sind. So gesehen sind *alle* prinzipiell »Diskreditierbare« und stehen ständig in der Gefahr, erfolgreich stigmatisiert zu werden. GOFFMAN (1967, 158) verdeutlicht das am Beispiel des einzigen, vollständig akzeptablen männlichen Wesens in Amerika: »Ein junger, verheirateter, weißer, städtischer, nordstaatlicher, heterosexueller, protestantischer Vater mit Collegebildung, voll beschäftigt, von gutem Aussehen, normal in Gewicht und Größe und mit Erfolgen im Sport«.

Erhebliche Folgen

Welche Folgen haben Stigmatisierungen? Sie sind für Betroffene tiefgreifend und außerordentlich schwer rückgängig zu machen (vgl. HOHMEIER 1975, 12-14).

- *Auf der Ebene gesellschaftlicher Teilhabe* droht Diskriminierung durch formellen oder informellen Verlust von bisher ausgeübten Rollen, es kommt zu Kontaktverlust, zu Isolation und Ausgliederung.
- *Auf der Ebene der Interaktionen* orientiert sich alles am Stigma, die Person und ihre Biographie wird in diesem Sinne umdefiniert. Die Interaktionen sind durch Spannungen, Unsicherheit und Angst erschwert (vgl. 5.2.3.2).
- Auf der *Ebene der Identität* drohen daher erhebliche Gefährdungen und Probleme.

6.3.3 Sozialisation zum Stigmatisierten

Die Sozialisation in die Rolle eines Stigmatisierten geschieht in drei Zusammenhängen; am Ende dieses Prozesses steht eine veränderte Persönlichkeit (vgl. HOHMEIER 1975, 15ff.):

- Erstens in der primären *Kindheitssozialisation,* sofern das Stigma bereits vorhanden ist,
- zweitens fortlaufend in den *Interaktionen* mit den »Normalen«, und zwar durch deren typisierende Erwartungen sowie die spannungsreiche Interaktionssituation selbst, schließlich
- drittens als *Klient von speziellen Organisationen,* in denen eine neue soziale Identität konstruiert wird.

Rolle der Einrichtungen und Experten

Die Einrichtungen nennt man auch Instanzen sozialer Kontrolle. Dort wirken mit Amts- und (nicht immer) Sachautorität ausgestattete Experten, die in der kritischen Literatur auch als »Zuschreibungsspezialisten« bezeichnet werden. Ihr offizielles Ziel ist die möglichst effiziente Rehabilitation bzw. Resozialisierung innerhalb eines zweckbestimmten, formalisierten und bürokratisierten Rahmens. Die Arbeit der Organisationen orientiert sich an »Alltagstheorien« über die Klienten, ihre Probleme und Perspektiven, wobei notwendigerweise vom Einzelfall abstrahiert werden muß. Zu den Alltagstheorien gehört fast immer die tendenzielle Pathologisierung des stigmatisierten Individuums. Dadurch wird es in die Nähe von Eigenschaften gerückt, die man in unserer Gesellschaft besonders negativ bewertet (personorientiertes Paradigma bzw. medizinisches Modell). Der Definitionsmacht der Organisationen haben die Betroffenen im allgemeinen nichts entgegenzusetzen. Der meist niedrige sozio-ökonomische Status unterstreicht noch die Aussichtslosigkeit, sich den Zuschreibungen der Kontrollinstanzen zu entziehen, und konstituiert oftmals ein zusätzliches Stigma (vgl. 4.1). Zentraler Aspekt der Sozialisation zum Stigmatisierten dürfte die Interaktionsebene sein, sie bestimmt alle genannten Bereiche.

6.3.4 Hypothesen zur Entstehung von Stigmatisierungen

JÜRGEN HOHMEIER nennt in seinem Beitrag (1975, 20-22) einige Hypothesen zur Entstehung von Stigmatisierungen.

Machtinteressen

- Kulturspezifische Erklärungen betonen die Herrschaftsstruktur in der Gesellschaft mit den konkreten Machtinteressen von Institutionen (Wirtschaft, Kirche, Bildung, etc.) und bestimmenden Gruppen. Zusammenhänge könnten auch bestehen zur zunehmenden *Zweck-Mittel-Orientierung* aller gesellschaftlichen Teilbereiche sowie der

Existenz von Leistungsnormen, denen immer weniger Menschen entsprechen können.

- Ein anderer und für mich ganz wichtiger Erklärungsansatz bezieht sich auf die *»Grundausstattung des Menschen«* mit dem naturhaften oder anerzogenen Bedürfnis nach Unterscheidung vom anderen, nach Triebabfuhr und nach Orientierung an vorurteilshaften Schwarz-Weiß-Kategorien. Möglicherweise liegt dem auch eine generelle Angst vor dem vermeintlich Andersartigen zugrunde. Interkulturell vergleichende Untersuchungen der sozialen Reaktion auf behinderte Menschen bestätigen diese Annahme universeller und elementarer Bedürfnisstrukturen (vgl. 5.3). Angst

6.4 Die Stigma-Identitäts-These

6.4.1 Zum Problem

Symbolischer Interaktionismus und Stigma-Ansatz haben in der Mitte der 70er Jahre in der Behindertenforschung beachtliche Aufmerksamkeit hervorgerufen (vgl. zum folgenden NEUBERT/BILLICH/CLOERKES 1991). Angeregt wurde diese Entwicklung durch THIMM (1975a und b; vgl. auch ANTOR 1976; BITTNER 1973; Grohnfeldt 1976b; HOMFELDT 1974; PREUSS-LAUSITZ 1971). Die zentralen Aussagen dieser Theorie standen in deutlichem Widerspruch zur gängigen Auffassung von Behinderung. Anstelle eines Eigenschaftspotentials wurde Behinderung im Stigma-Ansatz als das Ergebnis eines Zuschreibungsprozesses angesehen. Vor allem aber ging es um die folgende

Grundannahme: Stigmatisierende Zuschreibungen führen zwangsläufig zu einer massiven Gefährdung bzw. Veränderung der Identität stigmatisierter Menschen.

Kritik der Behindertenforschung

Nach den ersten Arbeiten zur Stigmatisierung von Behinderten hat die Entwicklung des Ansatzes keine wesentlichen Fortschritte gemacht. Die Annahme einer geradezu automatischen Identitätsstörung bzw. -umformung (Stigma-Identitäts-These) findet sich unverändert wieder (vgl. z.B. GRZESKOWIAK 1980; SCHRIBER 1986; THIMM 1985; WÖHLER 1982, 112), obwohl empirische Studien zum Problem durchaus widersprüchliche Ergebnisse erbrachten (vgl. DÖNHOFF-KRACHT 1980b; WOCKEN 1983a). Einige Autoren fanden überraschend positive Selbstbilder bei Behinderten (z.B. GROHNFELDT 1976a; KRUG/RHEINBERG/PETERS 1977; WOCKEN 1983b). So gelangte WOCKEN (1983b) zu dem Schluß, daß seine

Ergebnisse die Stigma-Identitäts-These widerlegen. Andere Studien stützen eher die stigmatheoretische Annahme eines negativen Selbstkonzepts behinderter Menschen (vgl. z.B. MOSER 1986; PFEIFFER 1972).

Die Widersprüche sind zum Teil auf methodische Unterschiede zurückzuführen, sie verweisen aber auch auf theoretischen Nachholbedarf: Die Stigma-Identitäts-These wurde häufig unpräzise formuliert und die Entwürfe verschiedener Autoren weichen mitunter deutlich voneinander ab (zusammenfassend: FREY 1983, 11-42). Derartige Theoriemängel blieben bei der Rezeption durch die Behindertenforschung weitgehend unbeachtet. Im folgenden wird eine revidierte Fassung der Stigma-Identitäts-These vorgestellt, die geeignet erscheint, das Konzept angemessen zu nutzen. Ich beziehe mich dabei auf die Weiterentwicklung der gängigen soziologischen Identitätskonzeptionen von GOFFMAN und KRAPPMANN/THIMM zu einem neuen und überzeugenderen Identitätsmodell durch HANS-PETER FREY (1983; vgl. auch FREY/HAUßER 1987).

6.4.2 Wichtige soziologische Identitätskonzepte in der Behindertenforschung

6.4.2.1 Goffman

Grundlegend für jede Auseinandersetzung mit der Identitätsproblematik behinderter Menschen ist GOFFMANS bereits in 6.3.1 angesprochende Buch *»Stigma. Über Techniken der Bewältigung beschädigter Identität«* (1967). Als Endpunkt von Stigmatisierung wird die Organisation der Identität um ein deviantes Verhaltensmuster angenommen: Devianz ist eine erlernte soziale Rolle. GOFFMAN konzentriert sich auf die Frage, wie das deviante Individuum mit seiner besonderen Situation umgeht. Er unterscheidet dabei drei Identitäten: die soziale Identität, die persönliche Identität und die Ich-Identität.

Gruppenzugehörigkeit

- **Soziale Identität** (social identity). Menschen ordnen sich routinemäßig typisierend in soziale Kategorien ein (vgl. GOFFMAN 1967, 10). Soziale Identität beschreibt die Zugehörigkeit zu einer solchen Kategorie (z.B. Student, Körperbehinderter, Drogenabhängiger). Sofern die Angehörigen der Personenkategorie durch ein unerwünschtes Merkmal gekennzeichnet sind, kann dies ein Aufhänger für Stigmatisierungen sein (vgl. 6.3.1).

Identifizierung einer bestimmten Person

- **Persönliche Identität** (personal identity) beschreibt bei GOFFMAN (1967, 72-74) die Einzigartigkeit eines jeden Menschen, die in direkter Verbindung mit der jeweils einzigartigen Biographie steht. Zentral ist dabei der Aspekt der Identifizierung einer bestimmten Person, wie dies beispielsweise durch einen Personalausweis geleistet wird. Nicht gemeint mit persönlicher Identität ist das »Innerste des Seins« einer

Person (ebd., 74), was durch die mißverständliche Übersetzung des Begriffs in der deutschen Ausgabe mit »persönlich« statt »personal« nahegelegt wird. Es handelt sich also bei GOFFMAN um eine *externe* Kategorie der Verortung eines Individuums im sozialen Umfeld.

- **Ich-Identität** (ego identity) meint bei GOFFMAN in Anlehnung an ERIKSON (1968) den Innenaspekt von Identität. Der Begriff wird eher am Rande erwähnt. Ich-Identität ist »das subjektive Empfinden seiner eigenen Situation und seiner eigenen Kontinuität und Eigenart, das ein Individuum allmählich als ein Resultat seiner verschiedenen sozialen Erfahrungen erwirbt« (ebd., 132).

Subjektives Empfinden

Die dreifache Identitätstypologie (soziale, persönliche und Ich-Identität) kennzeichnet verschiedene Problembereiche beim Umgang mit Stigmatisierten. Soziale Identität verdeutlicht, wie Stigmatisierung zustandekommt. Die stigmatisierte Person wird aufgrund eines Merkmals einer ungünstigen sozialen Kategorie zugeordnet. Im Zusammenhang mit der persönlichen Identität zeigt GOFFMAN Techniken der Informationskontrolle und des Stigma-Managements, mit deren Hilfe Stigmatisierte ihre Stigmata verbergen bzw. auftretende Interaktionsprobleme bearbeiten. Ich-Identität schließlich ist »zuallererst eine subjektive und reflexive Angelegenheit« (a.a.O.). Sie beschreibt den Zugang zu den Empfindungen eines stigmatisierten Individuums (vgl. ebd., 133). Interaktionserfahrungen haben einen starken Einfluß auf Empfindungen und damit auf die Ich-Identität. Wie diese Einflüsse aber wirksam werden, wird von GOFFMAN nicht weiter untersucht. Es bleibt bei dem Verweis auf das Identitätskonzept von ERIKSON.

Konzentration auf die äußeren Aspekte

GOFFMAN befaßt sich in erster Linie mit den verschiedenen Außenanforderungen an eine stigmatisierte Person und die dadurch provozierten Widersprüche in der Selbsterfahrung des Individuums. Danach bietet die Umwelt einen Handel an (vgl. ebd., 151-155): Vom stigmatisierten Individuum wird verlangt, sich weitgehend so zu benehmen, als ob es normal sei. Dafür werde es dann auch wie ein Normaler behandelt. Zugleich wird ihm deutlich gemacht, daß es nicht normal ist und daß es dies anzuerkennen habe. Es soll die zugeschriebene Andersartigkeit (z.B. eine Behinderung) akzeptieren. Insbesondere habe es kein Recht, sich auf Normalität zu berufen. GOFFMAN spricht deshalb von *»Scheinnormalität«* und *»Scheinakzeptanz«*. »Kurzum, es wird ihm gesagt, daß es wie jeder andere ist und daß es dies nicht ist – wenngleich es unter den Sprechern wenig Übereinstimmung darüber gibt, wie viel es von jedem für sich beanspruchen sollte« (ebd., 154f.). Damit macht die Außenwelt auch Vorgaben darüber, wie ein stigmatisiertes Individuum über sich denken sollte. Ich-Identität ist Gegenstand einer öffentlichen Diskussion. Dies alles wird für das Individuum zum Problem, weil es anders ist. Am Ende seiner Arbeit gibt GOFFMAN allerdings zu erkennen, daß alle Menschen

Alle Menschen haben Identitätsprobleme

gleichermaßen den Zumutungen und Zuschreibungen der Umwelt ausgesetzt sind und den Anforderungen an Normalität nicht genügen können. Deshalb folgert er, daß seine Analyse für alle Interaktionen Gültigkeit habe (vgl. ebd., 156ff.).

6.4.2.2 Krappmann

Für KRAPPMANN (1969) steht im Vordergrund, wie ein Individuum seine Identität vor Schaden bewahren kann (HAEBERLIN/NIKLAUS 1978, 41). Seine Identitätskonzeption basiert auf GOFFMANS Dreiertypologie. **Identität ist eine Leistung,** vor allem hinsichtlich der folgenden zwei Anforderungen:

- Zum einen soll das Individuum den Erwartungen seines Gegenübers entsprechen und sich in vorgegebene Kategorien einordnen lassen, d.h. es soll eine **soziale Identität** (social identity) annehmen.
- Zum anderen soll das Individuum seine eigenen spezifischen Erwartungen vermitteln und sich damit selbst als einzigartig zeigen, d.h. es soll eine **persönliche Identität** (personal identity) haben.

Erwartungen entsprechen und einzigartig bleiben

Die Möglichkeit, Einzigartigkeit zu präsentieren, ergibt sich für das Individuum aus früheren Erfahrungen und den daraus resultierenden Haltungen und Verpflichtungen. Zugleich schränkt Einzigartigkeit den Spielraum ein, die Erwartungen eines Gegenübers erfüllen zu können.

> Die Teilnahme an einer Interaktion erfordert somit nach KRAPPMANN die Auflösung widersprüchlicher Anforderungen. »Im Falle der 'social identity' wird verlangt, sich den allgemeinen Erwartungen unterzuordnen, im Falle der 'personal identity' dagegen, sich von allen anderen zu unterscheiden. Es wird also zugleich gefordert, so zu sein wie alle und zu sein wie niemand« (ebd., 78).

Die gleichzeitige Erfüllung der nach KRAPPMANN an sich unvereinbaren Forderungen wird ermöglicht, indem der Interaktionspartner zugleich eine *Schein-Normalität* ('phantom normalcy') und eine *Schein-Einzigartigkeit* ('phantom uniqueness') zuerkennt (vgl. ebd., 74-79). Die Interaktion verläuft damit auf einer »als-ob-Basis«. Schein-Normalität erlaubt die »als-ob-Übernahme« der sozialen Erwartungen und bietet zugleich die Möglichkeit zu signalisieren, anders zu sein als alle anderen, d.h. eine eigene Biographie zu haben und an einer spezifischen Auswahl von Interaktionen beteiligt zu sein. Schein-Einzigartigkeit erlaubt die »als-ob-Übernahme« der Anforderung, einzigartig zu sein bei gleichzeitiger Berücksichtigung der allgemeinen Erwartungen (vgl. ebd., 78f.). KRAPPMANN sieht das Individuum zu einem ständigen Balanceakt zwischen sozialer Identität und persönlicher Identität aufgefordert: »Diese Balance aufrechtzuerhalten, ist die Bedingung für **Ich-Identität**« (ebd., 78). Das Ziel ist also eine angemessene Selbstdarstellung und Anpassung, ohne daß Diskrepanzen und Konflikte geleugnet werden (vgl. HAEBERLIN/NIKLAUS 1978, 41).

Leistung des ständigen Balanceakts

Die Individualität des Individuums besteht in der Art, wie es balanciert. Der unumgängliche Balanceakt birgt jedoch zwei Gefahren. Erstens kann das Individuum die Balance verlieren, weil es ihm nicht gelingt, sich von der sozialen Identität abzuheben, wenn es die Erwartungen der anderen vollständig übernimmt. Zweitens droht Verlust der Balance, wenn es die Erwartungen der anderen völlig ignoriert und in seiner die persönliche Identität konstituierenden Einzigartigkeit aufgeht. In beiden Fällen ist »Nicht-Identität«, verbunden mit gravierenden Persönlichkeitsstörungen die Folge, wie KRAPPMANN am Beispiel von Schizophrenen vorführt (1969, 174-198). »Für jedes Individuum ist seine balancierende Ich-Identität ein ständiger Versuch, sich gegen Nicht-Identität zu behaupten... Mit Menschen ohne Ich-Identität ist es nicht möglich zu interagieren« (ebd., 79).

Gefährdungen der Identität

Obwohl auf GOFFMAN gestützt, unterscheidet sich KRAPPMANNS Modell in wesentlichen Punkten von diesem. Bei Goffman ist die persönliche Identität eine *Tatsache*, die an die physische Existenz eines Menschen gebunden ist. Jeder Mensch kann von anderen unterschieden werden, da an ihm eine einzigartige, kontinuierliche Reihe sozialer Fakten (Biographie) festgemacht werden kann. Jeder Mensch hat also persönliche Identität. Bei KRAPPMANN wird der Besitz einer einzigartigen persönlichen Identität zu einer an das Individuum herangetragen *Forderung*, die es erst durch angemessene Selbstdarstellung erfüllen muß. Persönliche Identität muß erarbeitet werden, ist eine Leistung, verbunden mit dem Risiko des Scheiterns. KRAPPMANN sieht deshalb in der Aufgabe von Einzigartigkeit und der vollständigen Übernahme einer angesonnenen sozialen Identität ein Problem. Für GOFFMAN stellt sich das völlig anders dar: Einzigartig ist letztlich jeder; das Problem liegt in der Nichterfüllung sozialer Erwartungen (vgl. auch BERGER/LUCKMANN 1970, 176f.). Sobald dies der Fall ist, folgt aus der Einzigartigkeit die Möglichkeit, diesen Makel aufzudecken. Ist der Makel erstmal bekannt, wird gefordert, zum Makel zu stehen und zugleich Normalität vorzuspielen, d.h. sowohl anders als auch normal zu sein. Daraus folgt die Ambivalenz der Selbsteinschätzung, die von Goffman als wesentliches Identitätsproblem genannt wird. KRAPPMANN (1969, 79) hingegen verweist mit seiner Fassung von Ich-Identität auf einen Integrations- und Balanceaspekt von Identität und spricht darüber hinaus vom »Zuerkennen« von Ich-Identität durch das Gegenüber.

Unterschiede zu Goffman

6.4.2.3 Thimm

Die beiden Identitätskonzeptionen von GOFFMAN und KRAPPMANN wurden insbesondere durch THIMM (1975 a und b) für die Behindertenforschung erschlossen, allerdings ohne die hier aufgezeigten Unterschiede zwischen den Theoretikern zu diskutieren (vgl. z.B. ebenso DING 1981, GROHNFELDT 1981, GRZESKOWIAK 1980, 221f.; HAAG 1980, KRUSE/KIEFER-PAEHLKE 1988; SCHRIBER 1986). Auf eine Abgrenzung zu KRAPPMANN verzichtet auch SCHÄFER (1983) in seiner anspruchsvollen Analyse zum theoretischen Bezugsrahmen GOFFMANS. Bei THIMM findet sich KRAPPMANNS Konzept der balancierten Ich-Identität und dessen Sichtweise von Einzigartigkeit als einer Forderung an das Individuum ebenso wie die doppelte Gefahr einer Nicht-Identität durch Aufgabe der persönlichen Identität einerseits und durch Aufgabe der sozialen Identität andererseits (THIMM 1975a, 137-140). Neu sind die auf DREITZEL (1972, 291-313) zurückgehenden Bezeichnungen »Distanzstörung« und »Kontaktstörung« (vgl. THIMM 1979a, b, c; 1985, 557-560) und die Darstellung der möglichen Identitätsprobleme in einem übersichtlichen Schema (THIMM 1975a, 139; bis 1994, 62), das später von zahlreichen behindertenpädagogischen Autoren übernommen wurde.

Identitätsstörungen bei Behinderten

Abb. 6.3: Identität und mögliche Störungen nach THIMM

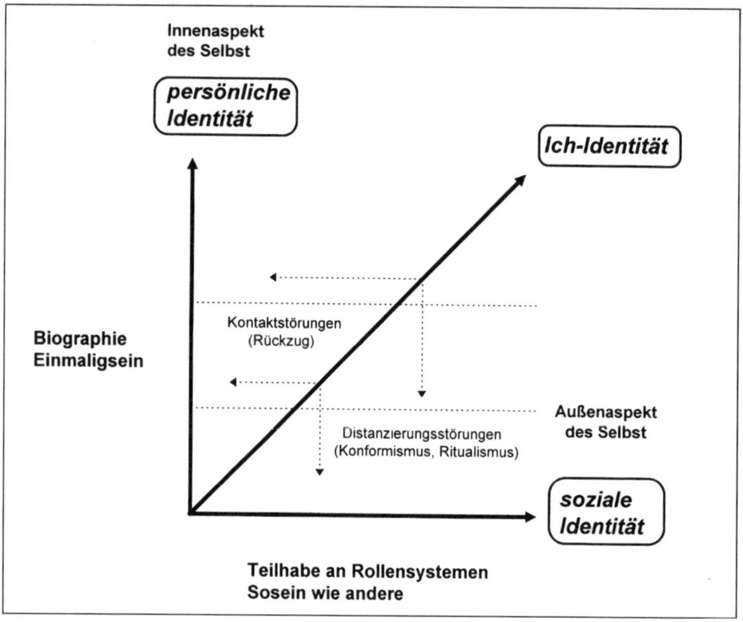

THIMM lehnt sich eng an KRAPPMANNS Ansatz an. Identitätsstörungen werden an der Selbstdarstellung des Individuums, d.h. im Balance-Aspekt der Identität festgemacht. Das von GOFFMAN thematisierte subjektive Empfinden und die Selbstreflexion stigmatisierter Individuen bleiben auch hier unberücksichtigt. KRAPPMANN erklärt seinen Ansatz beispielhaft an der empirischen Realität Schizophrener, deren Problematik sich besonders für die Darstellung einer Identitätsstörung eignet. Weil Schizophrenie aber kein klassisches Beispiel für Stigmatisierung ist, wird das Stigma-Problem nur am Rande erwähnt. Demgegenüber bezieht sich THIMM in seinen Arbeiten auf alle Behinderten, insbesondere auf Lernbehinderte (THIMM 1975a; 1979a; THIMM/FUNKE 1977) und Sehgeschädigte (THIMM 1985). Mit dieser Schwerpunktbildung folgt er eher GOFFMAN.

6.4.2.4 Kritik der Krappmann-Rezeption in der Sonderpädagogik

KRAPPMANNS Identitätskonzept ist hierzulande (und *nur* hierzulande) innerhalb der Sonderpädagogik außerordentlich populär geworden und wird bis heute immer wieder verwendet. Dies mag am eingängigen Dualismus zwischen Individuum (persönliche Identität) und Gesellschaft (soziale Identität) liegen. Vor allem aber dürfte eine besondere Faszination von KRAPPMANNS Hauptthese ausgehen, wonach Ich-Identität eine Fähigkeit ist, die durchaus nicht jeder in hinreichender Weise besitzt und die im Prinzip auch pädagogisch vermittelbar sein soll. Insbesondere KRAPPMANNS ausführliche Diskussion von vier *»identitätsfördernden Fähigkeiten«* (vgl. 1969, 132-173), nämlich

Kann man Identität lernen?

- Rollendistanz
- Empathie (»role taking«)
- Ambiguitätstolerenz
- Identitätsdarstellung

hat zu entsprechenden Umsetzungsvorschlägen für das pädagogische Handeln geführt.

Dabei wurde versucht, die von THIMM für Lernbehinderte postulierten Identitätsstörungen auf andere Behindertengruppen zu übertragen. So kommt GROHNFELDT (1976b) unter Verwendung des THIMM-Schemas zu dem Ergebnis, Sprachbehinderte seien überangepaßt (soziale Identität) während Hörgeschädigte zu Kontaktstörungen wegen des Rückzugs auf ihre Einzigartigkeit (persönliche Identität) neigten. Eine Adaption für geistig behinderte Menschen findet sich bei GRZESKOWIAK (1980). Besonders extensiv und anhaltend wird die Identitätsprobklematik in der Hörgeschädigtenpädagogik diskutiert (vgl. u.a. AHRBECK 1992; DING 1981; 1983; 1991; HINTERMAIR/VOIT 1990; HORSCH 1991; KRUSE/KIEFER-

PAEHLKE 1988). Für psychisch behinderte Menschen hat DÖRNER (1972, 140) eine Unfähigkeit zur Identität und damit eine Nicht-Rolle konstatiert.

Die übliche Verwendung des Identitätsmodells nach KRAPPMANN/THIMM ist aus mehreren Gründen kritisch zu bewerten:

Eingeengte Begrifflichkeit

1. Eine Auseinandersetzung mit Begriff und Theorie fehlt fast durchgängig. In zahlreichen Arbeiten zur Identität behinderter Menschen wird der Begriff praktisch losgelöst von einer ernstzunehmenden Definition verwendet (vgl. z.B. AHRBECK/RATH 1995; ALBERTINI 1991; JANSEN 1986; LEYENDECKER 1985; 1986; RANK 1990; SPINDLER 1993); typisch ist die Verengung auf ERIKSON (1950/1968) und KRAPPMANN (1969) unter Ausblendung von GOFFMAN (1967) (vgl. z.B. AHRBECK 1992; HAUßER 1995; KRUSE/KIEFER-PAEHLKE 1988, 17ff.; kritisch: HINTERMAIR 1996, 102).

Das Bild vom behinderten Menschen

2. Identitätsstörungen bei behinderten Menschen werden als geradezu zwangsläufig angesehen, und zwar nicht nur – wie bei THIMM (1975a) – als Folge des Stigmatisierungsprozesses, sondern ganz im Sinne des strukturellen Ansatzes als Konsequenz der »Behinderung«. Das bedeutet genau genommen: Behinderte sind defizitäre Wesen, denen selbst eine so elementare Fähigkeit wie die zur balancierenden Ich-Identität fehlt.

   Die Attribuierung von negativen Persönlichkeitsmerkmalen bei Hörgeschädigten und Sprachbehinderten hat immer noch den Umfang ganzer Bestandslisten in einschlägigen Lehrbüchern (vgl. z.B. ANGERMEIER 1982, 212; BOSSHARD 1972; FÜHRING/LETTMAYER 1981, 13, 84, 149; LANE 1989, 47; WIRTH 1994, 362, 400). Derartig unbedachte bis arrogante Stigmatisierungen durch »Behinderten-Experten« sind mit Recht, wenn auch wirkungslos, kritisiert worden (vgl. BAUMGARTNER 1980; HINTERMAIR 1994/95, 362-365; KOBI 1986, 20ff.), denn sie verallgemeinern zu Typologien, was unschwer auch bei einer Vergleichspopulation Nichtbehinderter festzustellen wäre. Die Menschenbilder von Laien, von wissenschaftlichen Experten und von professionellen Helfern ähneln einander in eindrucksvoller und fataler Weise (vgl. CLOERKES 1994): Sie offenbaren eine Sicht, die den Kriterien von Vorurteilen gegen behinderte Menschen entspricht (vgl. v. BRACKEN 1981, 36-45).

   Ich halte es also für bedenklich, von vornherein zu unterstellen, daß hörgeschädigte Menschen ein »beschädigtes Leben« (DING 1991, 31) oder »geschädigtes Leben« (HORSCH 1991, 22) führen und ihre »geschwächten Identitäten« (DING 1981, 320; HORSCH 1991, 22) anzunehmen haben, weshalb über Identitätserziehung zu helfen sei, »ihr Leben als das Leben eines Behinderten anzunehmen, d.h. eine Identität aufzubauen, die Unvermögen und Begrenztheiten einschließt« (DING

1991, 33). Identitätsprobleme sind sicher keine Spezialität hörgeschädigter oder behinderter Menschen (vgl. GOFFMAN 1967, 160ff.). Es ist von daher nicht einzusehen, warum ausgerechnet in Sondereinrichtungen durch eine besondere Identitätserziehung stigmatisierungsbedingte (nicht zwangsläufig schädigungsbedingte) Nachteile ausgeglichen werden sollen statt über die Stigmafaktoren und integrative Alternativen nachzudenken. Wenn schon die Überwindung des vorherrschenden personorientierten Paradigmas gefordert wird (vgl. DING 1991, 35), dann sollte wegen der Glaubwürdigkeit auch darauf verzichtet werden, Unzulänglichkeiten nur an behinderten Menschen festzumachen.

3. Die Prämisse, Behinderte hätten besondere Defizite an »identitätsfördernden Fähigkeiten«, ist nicht einleuchtend. Anders als die Behindertenexperten unterstellen, verfügen behinderte Menschen durchaus über identitätsfördernde bzw. identitätserhaltende Strategien, was anhand des FREY-Modells in 6.4.3.3 noch zu zeigen sein wird. Sie sind vermutlich geübt im Bewahren von Distanz gegenüber der zugeschriebenen Rolle eines Behinderten. Sie zeigen im tagtäglichen Umgang mit Nichtbehinderten ein hohes Maß an Empathie für deren Interaktionsprobleme (jedenfalls notwendigerweise mehr als umgekehrt). Sie müssen viel mehr Ambiguität und Ambivalenz aushalten als Menschen ohne Behinderungen, d.h. Erwartungsdiskrepanzen und unvollständige Bedürfnisbefriedigung ertragen (vgl. KRAPPMANN 1969, 151), – das stärkt. Und auch die Identitätsdarstellung als Präsentation eigener Erwartungen nach außen gehört zu den notwendigen Erfahrungen als Behinderter. Im übrigen: Muß der die Identität fördernde Helfer nicht befürchten, daß er sich selbst überflüssig macht, weil er zugleich die Emanzipation seiner Schützlinge von den Helfern fördern würde?

Behinderten-spezifische Defizite?

4. Die Vorschläge zur praktischen Umsetzung der Identitätserziehung sind ebenso vage wie die Präzisierung dessen, was Identität als Erziehungsziel eigentlich ist. Vorgeschlagen werden Rollenspiel und handlungsorientierter Unterricht (vgl. HORSCH 1991, 25-28). Offen bleibt, warum Identitätserziehung unter sonderpädagogischen Schonraumbedingungen statt in der integrativen Lebensrealität erfolgen muß.

Identitäts-erziehung in Sonder-einrichtungen?

6.4.3 Stigma und Identität – das Modell von Frey

Der gravierendste Mangel in den vorgestellten Identitätskonzepten liegt in der fehlenden bzw. unzureichenden Erfassung des Innenaspektes. Offen bleibt, wie die Probleme bearbeitet werden und wie es zu einer bestimmten Ich-Identität kommt. Hier setzt HANS-PETER FREY mit einem eigenen

Modell zur Untersuchung der Identität jugendlicher Straftäter an (1983, 42-83). Neben den hier schon diskutierten Arbeiten von GOFFMAN und KRAPPMANN stützt sich FREY auf das wissenssoziologische Konzept von BERGER/LUCKMANN (1970), daneben bezieht er weitere soziologische Beiträge aus den USA sowie psychologische Theorien ein. FREYS Überlegungen lassen sich in einem heuristisch und hierarchisch aufgebauten Filter-Speicher-Modell zusammenfassen (vgl. FREY 1983; FREY 1987; FREY/HAUßER 1987). Im folgenden werden zunächst die drei »Identitäts-Aspekte« oder »Identitäten« nach FREY erläutert (6.4.3.1), gefolgt von einer kritischen Bewertung des Modells (6.4.3.2), abschließend wird die Bedeutung des Ansatzes im Hinblick auf die Bewältigung von Identitätsproblemen diskutiert (6.4.3.3).

6.4.3.1 Aspekte der Identität

FREY (1983, 15) unterscheidet *drei verschiedene Aspekte von Identität.* Identität als

1. »das Ergebnis externer Typisierungs- und Zuschreibungsprozesse« *(externer Aspekt),*
2. »das Ergebnis interner Typisierungs- und Zuschreibungsprozesse« *(interner Aspekt),*
3. »die spezifische Integrationsleistung einer Person« *(Integrations- und Balanceaspekt).*

Soziale und persönliche Identifizierung

- **Externer Aspekt:** Gemeint ist der einer Person zugeschriebene Status, er umfaßt *die soziale und persönliche Identifizierung durch andere* und entspricht somit weitgehend der von GOFFMAN beschriebenen sozialen und persönlichen Identität (FREY 1983, 43-45). Zum externen Aspekt gehören sämtliche Erfahrungen und Informationen eines Individuums über seine sachliche und personale Umwelt. Das Hauptaugenmerk in einem interaktionistischen Modell gilt jedoch dem Interaktionspartner. Er schreibt soziale und persönliche Identität zu und hat spezifische Erwartungen (vgl. Abb. 6.4).

Abb. 6.4: Der »externe Aspekt« nach FREY

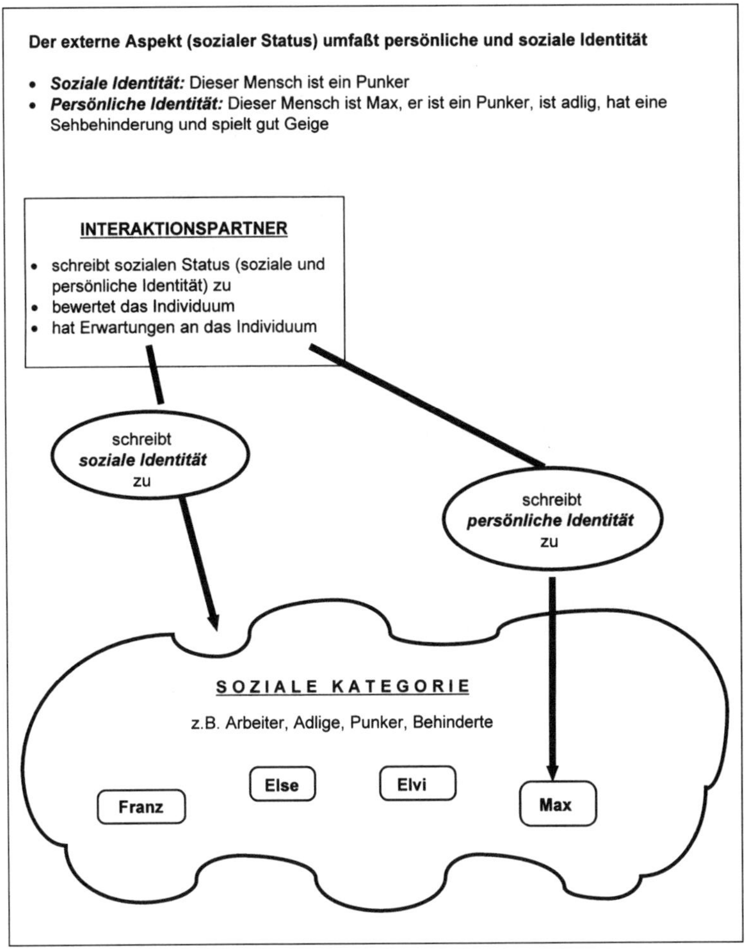

- **Interner Aspekt.** Der interne Aspekt (FREY spricht von Selbst) wird als reflexiver Prozeß aufgefaßt und *entspricht* damit *der Ich-Identität bei* GOFFMAN. FREY unterscheidet zwei Ebenen: das Soziale Selbst und das Private Sebst (vgl. Abb. 6.5).

Verarbeitungs-mechanismen

  - Das **Soziale Selbst** steht für die die »interne Ebene der Selbsterfahrung, auf der die *Person sich aus der Perspektive ihrer Umwelt definiert«* (FREY 1983, 47). Es geht um die *Frage, wie die anderen das Individuum sehen,* und wie das Individuum dieses *ver-*

Wie sehen mich die anderen?

mutete Fremdbild von sich selbst wahrnimmt. Das Soziale Selbst nimmt also Außeninformationen wahr, es wählt wichtige Informationen aus, und auf diese Weise entsteht ein Bild von der Meinung anderer.

Wie sehe ich mich selbst?

- Das **Private Selbst** steht für die Selbstinterpretation aus der eigenen privaten Perspektive: »*Wie sehe ich mich selbst?*« (FREY 1983, 48). Die Antwort findet sich in den »internen Selbsterfahrungen, die eine Person als bewahrtes Wissen über sich selbst, als Teil ihrer Biographie 'anerkannt' hat« und stellt eine »Abkoppelung der biographisch angeeigneten privaten Selbsterfahrung von den aus den jeweiligen Interaktionskontexten übernommenen Erfahrungen über sich selbst« dar (FREY/HAUßER 1987, 18). Das Private Selbst wird zum »Sediment transsituationaler Erfahrung« (FREY 1983, 70). Es *bewertet das Soziale Selbst, übernimmt Inhalte des Sozialen Selbst oder weist sie zurück. So entsteht ein privates Bild von sich selbst (Selbstbild).*

Identitätsdarstellung als Ergebnis

- **Integrations- und Balanceaspekt** (vgl. Abb. 6.5). Dieser dritte Aspekt schließt an KRAPPMANNS Entwurf der balancierten Identität an. FREY spricht von »Identität als Integrationsleistung diskrepanter Selbst-Erfahrung« (ebd., 55), ein Prozeß intrapersonaler Integration, in dem »divergierende Elemente externer und/oder interner Zuschreibungen aufgelöst oder ausbalanciert werden« (1983, 15). Dies geschieht über Informationsverarbeitung und nach außen gerichtete Handlungsstrategien. FREY schlägt vor, den Begriff Identität nur auf diesen dritten Aspekt anzuwenden und den Innenaspekt mit Selbst zu bezeichnen. *Identität integriert Privates und Soziales Selbst, berücksichtigt auch andere Rahmeninformationen, leitet das Handeln an und bestimmt die Identitätsdarstellung.* Auf der Basis der Integrations- und Balanceleistung findet die Präsentation der Identität nach außen hin statt. Diese Selbstdarstellung des Individuums kann durchaus vom Privaten Selbst abweichen.

Abb. 6.5: Interaktionsmodell zum Identitätskonzept von FREY

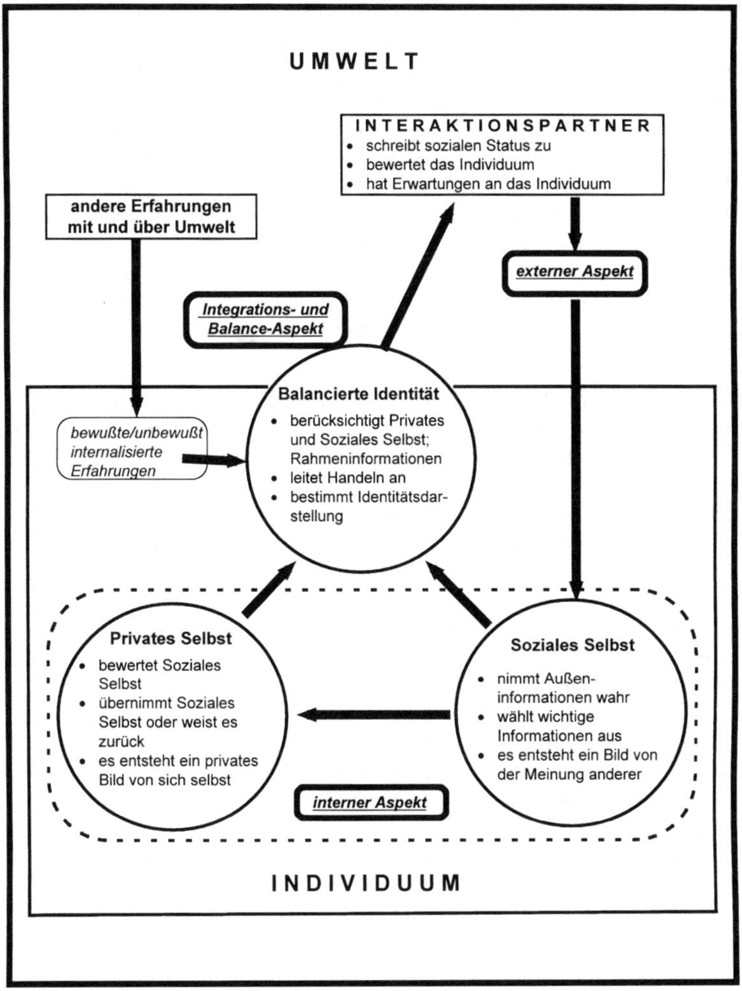

6.4.3.2 Kritische Einordnung des Frey-Modells

Wie jedes theoretische Modell hat auch das von FREY entwickelte Grenzen, die seinen Erklärungsbereich einschränken. FREYS Sichtweise ist eindeutig soziologisch (genauer: interaktionistisch), berücksichtigt aber mit dem internen Aspekt durchaus die Prozesse im Individuum. Der

Hauptwert des FREY-Modells liegt darin, daß es die soziale Realität besser erklären kann, als dies bei GOFFMAN oder KRAPPMANN der Fall ist. GOFFMAN vernachlässigt bewußt die internen Aspekte, also die Verarbeitung von Stigmatisierungsprozessen. KRAPPMANN bezieht sich nur auf die empirische Realität von extrem psychisch Gestörten; die in der Sonderpädagogik vorgenommene Ausweitung seiner Überlegungen auf alle Behindertengruppen beinhaltet die Gefahr einer vorschnellen Pathologisierung behinderter Menschen. FREY zeigt zudem, daß Stigmatisierung keineswegs als Automatismus verstanden werden muß, dem der Betroffene ohne Optionen und Entscheidungsmöglichkeiten ausgeliefert ist. Sein Modell lenkt die Aufmerksamkeit auf die innerpsychischen Stigmatisierungskonsequenzen, erhebt jedoch nicht den Anspruch, die alles steuernde psychische Instanz (»Ego« in der Psychoanalyse, »I« bei G.H. MEAD 1934/68) erklären zu wollen (kritisch hierzu: HEIZMANN 1990, 29ff.).

Berücksichtigung aller wichtigen Elemente

Das Modell ist in erster Linie ein Handlungsmodell, zeigt aber nur einen Teil der realen Möglichkeiten. Im Mittelpunkt steht die Verarbeitung von Fremdwahrnehmungen. Nur rationales, organisiertes Handeln wird erfaßt. Wegen dieser rationalistischen Konzeption bleiben subtile Signale (z.B. Körpersprache) ebenso unberücksichtigt wie Affekthandlungen. Die Abläufe lassen sich am ehesten mit schrittweise gesteuerten Filterprozessen vergleichen (FREY 1983, 52f.). Informationen laufen vom »externen Aspekt« über »Individuum« zum »internen Aspekt« und über intrapersonale Integration und Identitätspräsentation zurück als Handlungsstrategie nach außen (vgl. Abb. 6.5). Auf diese Weise wird (Umwelt)komplexität reduziert. Die deutlichste Filterfunktion in diesem Prozeß hat das Soziale Selbst. Es ist notwendigerweise viel flexibler als das Private Selbst, das man sich als eine Art Langzeitspeicher vorstellen kann. Sozialer Ausdruck dieses Regelkreises von Informationsverarbeitung und -bewertung ist aber die als Integrations- und Balanceleistung verstandene »Identität«. Die Steuerung der Filterprozesse geschieht über psychische Energien und steht in FREYS soziologischem Konzept nicht zur Diskussion.

Regelkreis-Verständnis

6.4.3.3 Bewältigung von Identitätsproblemen

Mit der Integrations- und Balanceleistung bemüht sich das Individuum um Sicherstellung von

1. Kontinuität,

2. Konsistenz und

3. positiver Selbsterfahrung, und zwar durch Aktivierung von

4. Identitätsstrategien.

1. Kontinuität (vgl. FREY 1983, 58-63). Mit Bezug auf ERIKSON (1968) formuliert FREY: »Identität des Selbst liegt, ...vor, wenn das Individuum sein personales und soziales Selbst als zeitlich gleichbleibend erfährt« (60).

Zeitliche Dimension

Menschen streben danach, ihr einmal etabliertes Selbst zu erhalten.

Kontinuität muß also immer wieder aufs neue hergestellt werden. Neue Informationen werden dabei mit den vorhandenen verglichen. Probleme treten auf, wenn die »gesicherte Verortung im sozialen Bezugssystem« in Frage gestellt wird und Soziales Selbst und Privates Selbst deutlich voneinander abweichen (FREY 1983, 54).

Dies ist z.B. der Fall, wenn ein Mensch durch einen Unfall eine Behinderung erleidet. Aber auch ein von Geburt an behindertes Kind erfährt erst im Verlauf seiner Sozialisation, daß es anders ist als die anderen, was zu einem Identitätskonflikt führt. Zunächst ist das Private Selbst noch häufig das eines Nichtbehinderten mit einem Handicap. Die Umwelt reagiert jedoch auf die Behinderung und der zugeschriebene Status wird der eines Behinderten. Sobald dies vom behinderten Individuum wahrgenommen wird, gerät es unter den Druck, das Soziale Selbst der neuen Fremdbewertung anzupassen. Bei Übernahme der Zuschreibung als Behinderter entsteht ein Widerspruch zum alten Privaten Selbst (Nichtbehinderter), d.h. die Kontinuität der privaten Selbsterfahrung ist bedroht. Das Individuum befindet sich in einem Konflikt: Soll es den Widerspruch zum neuen Sozialen Selbst in Kauf nehmen oder sich auf ein neues Privates Selbst (Behinderter) einrichten? Die Fragen »Hat sich das Urteil der anderen über mich geändert?« und »Muß ich mein privates Urteil über mich selbst ändern?« sind gleichermaßen von Bedeutung (ebd., 61).

2. Konsistenz (vgl. FREY 1983, 54-72). Kontinuität erfaßt zeitliche Variationen. Konsistenz bezieht sich dagegen auf die Teilnahme an mehreren Interaktionssystemen im gleichen Zeitraum.

Interaktionsdimension

Menschen streben nach einem Ausgleich zwischen widersprüchlichen Anforderungen von außen und dem etablierten Privaten Selbst.

Das Ziel einer völlig konsistenten Identität ist kaum zu erreichen, möglich ist jedoch eine Balance zwischen den widerstreitenden Anforderungen. Das Individuum muß zwischen den verschiedenen Erwartungen wählen, es muß Prioritäten setzen. »Das kann es aber nur, wenn es einigermaßen verläßlich weiß, was es selber will und wie es sich sieht« (FREY 1983, 66): Kontinuität und Konsistenz müssen dabei gegeneinander abgewogen werden. FREY unterstreicht im Gegensatz zu KRAPPMANN die Tendenz des Individuums, »von seiner bisherigen Selbsterfahrung nur so viel in Frage zu stellen, als es für die Beteiligung an der gegenwärtigen Interaktion unbedingt nötig ist« (ebd., 67). Anpassungen an Außenanforderungen werden erst dann vorgenommen, wenn dies auf Dauer unvermeidlich erscheint.

Durch die Trennung zwischen Sozialem und Privatem Selbst läßt sich das doppelte Kontinuitäts- und Konsistenzproblem genauer formulieren Es besteht in der ständigen Anforderung an das Individuum,

> »(1) die Kontinuität (seiner) privaten Selbsterfahrung zu sichern und (2) die Inkonsistenz zwischen sozialer und privater Selbsterfahrung auszugleichen bzw. erträglicher zu halten« (FREY 1983, 71).

Das Interesse an Kontinuität wird von FREY als ein Bedürfnis des Individuums angesehen. KRAPPMANN betont dagegen, daß die Interaktionspartner vom Individuum die Selbstdarstellung im Rahmen einer kontinuierlichen Biographie erwarten.

Hedonistische Dimension

3. Positive Selbsterfahrung (vgl. FREY 1983, 72-74). Kontinuität und Konsistenz betreffen die Behandlung von Umweltinformationen nur im Hinblick auf Bestätigung und Nichtbestätigung. Das Individuum unterscheidet aber auch zwischen angenehmen und unangenehmen Informationen. FREY (ebd., 73) führt das hedonistische Prinzip als Handlungspostulat ein:

Menschen bemühen sich, positive Selbsterfahrungen zu maximieren und negative Selbsterfahrungen zu minimieren.

Das Bemühen um Kontinuität wird dadurch relativiert. »Personen mit negativer Selbsterfahrung werden deshalb eine positive Änderung anstreben, Personen mit positiver Selbsterfahrung werden versuchen, diese aufrecht zu erhalten« (ebd., 74). Angenehme Inkongruenzen sind somit kein besonderes Problem, da eine Anpassung an positive Informationen nicht belastend ist. Unangenehme Inkongruenzen sind hingegen tatsächlich problematisch, denn sie stellen das bis dahin positive Selbstbild in Frage.

4. Identitätsstrategien (vgl. FREY 1983, 75-79). Die genannten Beispiele (Behinderung als Folge eines Unfalls oder von Geburt an) beziehen sich auf unangenehme Inkongruenzen. Das Individuum wird sich in solchen Fällen gegen den Druck wehren, das Soziale bzw. Private Selbst den neuen, unangenehmen Informationen anzupassen. Dazu stehen ihm verschiedene Identitätsstrategien zur Verfügung.

- Auf der **kognitiven Ebene** besteht die Möglichkeit, die neuen unangenehmen Informationen nur selektiv bzw. verzerrt wahrzunehmen (kognitive Dissonanz). Unangenehme Informationen können heruntergespielt, übersehen oder durch höherer Bewertungen von positiven Informationen entwertet werden. Auf diese Weise wird eine Veränderung des Sozialen Selbst vermieden. Trotz der Zuschreibung eines negativen Status ist es so möglich, ein positives Soziales Selbst zu bewahren, das die Realität nur gebrochen aufnimmt.

Selektive Wahrnehmung

- Auf der **Handlungsebene** hat das Individuum die Möglichkeit, das Bild der Umwelt von ihm durch entsprechende Handlungen und Argumente zu korrigieren, z.B. indem es die Glaubwürdigkeit der Kritiker in Frage stellt, seine anderen Qualitäten stärker betont bzw. Mängel durch besondere Leistungen kompensiert, Entschuldigungen für Versagen oder abweichendes Verhalten bietet, seine Abweichung bagatellisiert oder völlig leugnet (vgl. STENGER 1985 zu Coping-Strategien bei Kriminellen und GOFFMAN 1967 zu Stigma-Management-Techniken). Daneben kann es unangenehme Interaktionen abbrechen und/oder nach anderen Bezugspersonen suchen (FREY 1983, 77).

Handlungsstrategien

Das Individuum verfügt also über verschiedene, auch partiell nutzbare Möglichkeiten, das **Soziale Selbst** vor unangenehmen Neuinformationen zu schützen.

Schutz des Sozialen Selbst

Auf behinderte Menschen bezogen heißt dies: Sie können ein positives Soziales Selbst zu schützen versuchen, indem sie sich stigmatisierenden Einflüssen entziehen, beispielsweise durch Wechsel der Bezugsgruppe oder indem entsprechende negative Informationen ignoriert werden.

Wenn das gelingt, besteht zunächst noch kein Identitätsproblem. So kann etwa die Schonraumfunktion der Sonderschule vor dem Hintergrund dieser Überlegungen durchaus zum Erhalt eines positiven Selbst beitragen (vgl. u.a. die Ergebnisse von HAEBERLIN/BLESS/MOSER/KLAGHOFER 1990). Erst wenn solche Identitätsstrategien zum Schutz des Sozialen Selbst nicht zum Erfolg führen, muß das angenehme Soziale Selbst den unangenehmen Informationen angepaßt werden. Dies geschieht aber keineswegs zwangsläufig, sondern ist nur *eine* mögliche Reaktion auf unangenehme Außeninformationen (FREY 1983, 75), die insbesondere dann anzutreffen ist, wenn das Individuum in mehreren Bezugsgruppen in gleicher Weise negativ bewertet wird.

Sobald das angenehme Soziale Selbst korrigiert werden muß, gerät auch das **Private Selbst** unter Änderungsdruck, denn das neue unangenehme Soziale Selbst stimmt dann nicht mehr mit dem alten angenehmen Privaten Selbst überein. Zwar sind Abweichungen des Privaten Selbst vom Sozialen Selbst die Regel, aber dieser Widerspruch ist nur in Grenzen

Schutz des Privaten Selbst

erträglich, denn Inkongruenzen zwischen einem unangenehmen Sozialen Selbst und einem angenehmen Privaten Selbst erzeugen Unsicherheit (vgl. auch STENGER 1985, 44f.). Fehlende Bestätigung schafft psychischen Druck und so wird – vermittelt durch das Soziale Selbst – schließlich auch das Private Selbst von unangenehmen Außeninformationen betroffen. Das Individuum kann nun versuchen, sein angenehmes Privates Selbst vor dem unangenehmen Sozialen Selbst zu schützen. Im Prinzip stehen erneut die genannten Identitätsstrategien zur Verfügung.

Identitätsstrategien gegen Stigmatisierungsdruck

Auch wenn behinderte Menschen ihre Stigmatisierung als Soziales Selbst akzeptieren, können sie die damit verbundenen Zuschreibungen zurückweisen oder als wenig bedeutsam einordnen und so ihr angenehmes Privates Selbst erhalten. Aber eine solche Identitätsstrategie kann auch mißlingen, denn der Änderungsdruck ist »um so stärker, je schwieriger es bisher schon war, das Private Selbst gegenüber Diskrepanzen des Sozialen Selbst aufrechtzuerhalten« (FREY 1983, 78). Dann wird die private Selbsterfahrung den unangenehmen Informationen anzupassen sein, und nur in diesem Fall bewirkt Stigmatisierung eine Änderung durch Übernahme der Abwertung in das Private Selbst. Wie das Individuum Stigmatisierungen tatsächlich verarbeitet ist für die Umwelt allerdings nicht immer zweifelsfrei zu erkennen, da seine Selbstdarstellung nur bedingt Auskunft über das Private Selbst gibt. Das Individuum »versucht, sich den anderen so zu präsentieren, wie (es) gerne gesehen werden möchte« (ebd., 82). Wenn die Selbstdarstellung aber überzeugen soll, muß das Individuum auf die Bewertung durch die Umwelt eingehen und einen Kompromiß zwischen dem Privaten Selbst, den wahrgenommenen Umweltanforderungen und weiteren Rahmenbedingungen suchen. Die jeweiligen Umweltbedingungen begrenzen somit die Auswahl an erfolgversprechenden Identitätsstrategien.

Ich fasse zusammen:

Umgang mit Stigmatisierungen

Das Individuum kann Stigmatisierungen auf zweifache Art begegnen.

1. Im *Sozialen Selbst,* indem es veränderten Bewertungen widerspricht, diesen ausweicht oder sie völlig leugnet. Damit erhält es sich den Eindruck, daß zumindest der relevante Teil der Umwelt weiterhin eine positive Einschätzung seiner Person vornimmt: Ein Mensch mit einer Behinderung sieht sich in diesem Falle nicht durchgängig als abgewertet oder stigmatisiert an.
2. Im *Privaten Selbst* kann das Individuum der Stigmatisierung entgegentreten, indem es zwar die negativen Bewertungen durch andere wahrnimmt, aber ihre Berechtigung leugnet bzw. sie als relativ unwichtig ansieht.

Nur wenn die Identitätsstrategien auf beiden Ebenen des Selbst versagen, kann die angenehme Selbsterfahrung nicht mehr aufrechterhalten werden und es kommt zur Anpassung des Privaten Selbst an die unangenehmen Bewertungen durch die Außenwelt.

Das Modell von FREY verdeutlicht, daß

- unangenehme neue Informationen (z.B. aufgrund von Stigmatisierung) ein angenehmes Selbst bedrohen,
- auf diese Bedrohung durch Stigmatisierung in vielfältiger Weise reagiert werden kann und
- die offene Identitätspräsentation nach außen keinen direkten Schluß auf das dahinterliegende Selbst erlaubt.
- **Stigmatisierungsfolgen sind also weder zwangsläufig noch einheitlich, wie die klassische Stigma-Identitäts-These behauptet. Sie müssen darum im konkreten Fall empirisch ermittelt werden.**

6.4.4 Identität, Selbst- und Fremdbild behinderter Menschen

Mit der präzisierenden Weiterführung der Stigma-Identitäts-These durch HANS-PETER FREY wird eine klärende Reinterpretation empirischer Ergebnisse zum Selbstbild von Behinderten möglich. Die Frage, ob behinderte Menschen nun ein positives oder negatives Selbstbild aufweisen, verliert dabei an Bedeutung: Beides belegt die Vielfalt der Reaktionen auf Stigmatisierung. Betont sei an dieser Stelle, daß es keinen Zweifel an der Tatsache von Stigmatisierungen geben kann, auch nicht an entsprechenden Erfahrungen von Menschen mit Behinderungen. Hier geht es um die Auswirkungen und die Verarbeitung von Stigmatisierung durch die Betroffenen. Zu den angewendeten Identitätsstrategien gibt es in der Forschungsliteratur nur wenige brauchbare Hinweise. Der FREY-Ansatz ermöglicht aber eine Verknüpfung von Theorien und Ergebnissen zum Bereich Identität mit solchen aus der Fremd- und Selbstbildforschung. FREYS Konzeption des internen Aspekts mit einem Privaten Selbst und einem Sozialen Selbst entspricht nämlich der bekannten Trennung zwischen Selbstbild (Autostereotyp) und vermutetem Fremdbild (Projektives Heterostereotyp). Das reale Fremdbild der anderen (Heterostereotyp) findet sich in Freys externem Aspekt mit der Zuschreibung sozialer und persönlicher Identität. Identität als Integrations- und Balanceaspekt hat zwischen den »Bildern« zu vermitteln.

Begriffliche Entsprechungen

Diskrepanz positives Privates Selbst – negatives Soziales Selbst

Für **Lernbehinderte** ermittelte WOCKEN (1983a, 67ff.; 1983 b, 177ff.) in seinen Untersuchungen zur Sozialen Distanz ein positives Selbstbild, das sich deutlich vom negativ wahrgenommenen Fremdbild, bezogen auf Hauptschüler, absetzt (ähnlich: DÖNHOFF-KRACHT 1980a, 31-49, 108-115; 1980b, 83). In das FREY-Modell übertragen bedeutet dies, daß ein positives Privates Selbst einem negativen Sozialen Selbst gegenübersteht. Zur Bewältigung der Diskrepanz stehen offensichtlich mehrere, auch gleichzeitig anwendbare Identitätsstrategien zur Verfügung. Zum einen könnten die Lernbehinderten der direkten Ablehnung durch Rückzug in die eigene Gruppe entgehen (vgl. WOCKEN 1983b, 482). Sie reagieren damit auf der Handlungsebene, und darin ist durchaus ein Fügen in die Randgruppenexistenz zu sehen (vgl. THIMM 1975a, 140f.). Es muß aber nicht zwangsläufig auch eine Kontaktstörung vorliegen (THIMM, ebd.), die Auswahl der Bezugsgruppe kann vielmehr durch gezielte Kontaktaufnahme erfolgt sein. Zum anderen können Lernbehinderte ihre Abwertung als ungerechtfertigt empfinden und andere, weniger diskriminierende Gründe für ihr Schulversagen anführen, beispielsweise Fehler von Lehrern, aber auch sozio-kulturelle Benachteiligungen (vgl. AMMANN/PETERS 1981). Solche Rechtfertigungsversuche schützen vor allem das Private Selbst. Die positive Selbstdefinition wird allerdings kaum im weiteren Umfeld durchsetzbar sein. AMMANN/PETERS (1981, 10-12) sprechen in diesem Zusammenhang von defensiven Bewältigungsstrategien. Die schlechte Bewertung des Merkmals und die daran gebundene Zuschreibung werden von den Lernbehinderten geteilt, sie stellen lediglich die Existenz des Merkmals für sich selbst in Frage, manchmal werden aber auch eigene Mängel als Grund für das Schulversagen eingestanden, wie DÖNHOFF-KRACHT (1980a, 13; 1980b, 82) zeigt. Eine alternative Bewältigungsstrategie wäre die offensive Bewältigung (AMMAN/ PETERS, ebd.): Die Existenz des Merkmals wird akzeptiert, nicht jedoch die negative Bewertung. Der Versuch, Dummheit offensiv zu bewältigen (»Ich bin dumm, aber was macht das schon«) ist allerdings kaum realistisch, während Körperbehinderte sich durchaus offensiv gegen ihre Abwertung wenden (vgl. u.a. GERBER/PIAGGIO 1984).

KOCHAN-GRAMANN (1990) und MEISER (1990) untersuchten in enger Anlehnung an WOCKEN (1983a, b) Identitätsaspekte von Schülern einer Sonderschule für **Verhaltensgestörte.** Auch hier legen Diskrepanzen zwischen Selbstbild, Fremdbild und vermutetem Fremdbild ein durch Stigmatisierungsprozesse beeinträchtigtes Soziales Selbst nahe. Auffallend ist jedenfalls, daß das vermutete Fremdbild, das von KOCHAN-GRAMANN in enger Affinität zum Sozialen Selbst gesehen wird, deutlich kontrastiert zum Selbstbild und damit zum Privaten Selbst. Offen bleibt die Frage, wie weit in dieses Bild bereits Auswirkungen von Identitätsstrategien einfließen (zum besonders hohen Stigmatisierungspotential bei verhaltensgestörten Schülern vgl. auch BERGES 1996, 262).

Für **Blinde** konnte SCOTT (1969, 23f.) zeigen, daß sie in höchst unterschiedlicher Weise auf Zumutungen des Blindenstereotyps reagieren. Nur einige übernehmen die Stigmatisierung unwidersprochen und werden zu »rechtgläubigen Blinden«, die auch ihr Privates Selbst den Deutungen anderer anpassen. Andere schirmen ihr Privates Selbst nach außen ab und übernehmen die Identität eines Nichtbehinderten, der nicht sehen kann (vgl. PFEIFFER 1972). Bei der Identitätspräsentation erfüllen sie jedoch häufig die an sie gerichteten Erwartungen im Sinne von GOFFMANS Schein-Normalität. So können sie Probleme vermeiden, z.B. durch das Annehmen von unnötiger Hilfe, oder auch die zugeschriebene Hilflosigkeit ausnutzen, z.B. als Bettler. Nur wenige Blinde versuchen, die negativen Zuschreibungen seitens der Umwelt im Sinne einer offensiven Bewältigung zurückzuweisen. Bei Grenzfällen zwischen Sehbehinderung und Blindheit kann es mitunter möglich sein, sich durch Stigma-Management-Techniken der Merkmalszuschreibung ganz zu entziehen (vgl. GOFFMAN 1967, 94-131; SCOTT 1969, 74).

Schutz des Privaten Selbst

Über **Sprachbehinderte** liegen nur wenige Untersuchungsergebnisse vor. Sie zeigen das Bemühen, ein positives Selbstbild zu erhalten, und meist gibt es bei Sprachbehinderten auch keine Hinweise auf ein negatives Selbstbild (Privates Selbst) (vgl. GROHNFELDT 1976a, 104; 1976b, 731; KEESE 1971/72; RANDOLL/KLEIN/SPANIER 1989). Das Bedürfnis nach mehr Kontakt muß nicht zwangsläufig als Überanpassung gedeutet werden (GROHNFELDT 1976b, 731), es könnte auch Ausdruck eines tatsächlichen Mangels an Kontakten sein (ähnlich bei Lernbehinderten).

Wie kaum eine andere Behindertengruppe suchen **Gehörlose** ihre Selbstbestimmung in zwei recht unterschiedlichen Welten. Sie sind hineingeboren in die Welt der Hörenden, die sie allseitig umgibt, in der sie leben und arbeiten. Es ist eine Welt, die sie nicht oder nur undifferenziert hören können, zu der sie aber gehören wollen (das gilt generell für alle behinderten Menschen!), eine Welt, die durch Lautsprache bestimmt wird, die den Gehörlosen hart die Grenzen kommunikativer Kompetenz und Akzeptanz vor Augen führt. Identität suchen deshalb viele Gehörlose in der Gehörlosengemeinschaft, oft im Gehörlosenverein, der sogar mit dem Slogan wirbt: »Die Heimat des Gehörlosen ist sein Verein«. Fragen und Probleme gebärdensprachlicher Kommunikation spielen hier eine beachtliche Rolle (vgl. hierzu u.a. FISCHER/LANE 1993; HINTERMAIR/VOIT 1990) Ähnlich wie bei Lernbehinderten und Sprachbehinderten gibt es für Gehörlose und Schwerhörige Hinweise auf überraschend positive Selbstbilder (vgl. CLAUßEN 1973, 231, 234).

Grundsätzlich läßt sich nachweisen, daß Stigmatisierungen zunächst einen Angriff auf das Selbst des Stigmatisierten darstellen, dem durch Abwehrmaßnahmen begegnet wird. Vom Erfolg der angewendeten Identitätsstrategien hängt es ab, ob eine partielle oder auch völlige

Anpassung an den zugeschriebenen Status stattfindet. Der durch das Modell von FREY erweiterte Stigma-Ansatz ist kein Prognoseinstrument, sondern bietet einen nützlichen analytischen Rahmen zur Untersuchung der Verarbeitungsprozesse von Stigmatisierungen. Dies ist unerläßlich, wenn es um Entstigmatisierung und soziale Integration als Ziele pädagogischen Handelns geht.

6.4.5 Zur Situation behinderter Frauen

JENS WIENHUES (1988) kennzeichnet die Forschungslage im Untertitel seines Buches *»Behinderte Frauen«* völlig zutreffend: *»Einführung in ein wenig beachtetes soziales Problemfeld«*. Die folgenden Ausführungen im Rahmen des vorliegenden Textes können notwendigerweise nur knapp ausfallen und sollen vor allem zur Weiterarbeit auf der Grundlage erster Feststellungen in Thesenform (nach WIENHUES, a.a.O.) anregen:

Doppelte Benachteiligung

- Behinderte Frauen unterliegen sowohl dem Behindertenklischee als auch dem Geschlechtsrollenklischee, daraus resultiert eine doppelte Benachteiligung. Weibliche Attribute (Attraktivität, Mutterrolle) können oft zur Verbesserung der Situation nicht eingesetzt werden, ebenso mangelt es an beruflichen Kompensationsmöglichkeiten. Behinderten Frauen wird verstärkt das tradierte historische Frauenklischee zugeschrieben.
- In der öffentlichen Diskussion ist meist die Rede von dem Behinderten (männlich) oder dem behinderten Kind (sächlich), nur höchst selten von der Behinderten (weiblich). Behinderte Frauen gelten als geschlechtslose Wesen. Sie sind weder hinreichend attraktive Partnerinnen für Männer noch ernstzunehmende Konkurrentinnen.
- Hilflosigkeit und Abhängigkeit kennzeichnen die Frauen- wie die Behindertenrolle. Die gesellschaftliche Verkindlichung verstärkt Tendenzen zu erlernter Hilflosigkeit.
- Auch von männlichen Behinderten wird »weibliches« Rollenverhalten erwartet, damit lastet auf behinderten Frauen ein verstärkter Erwartungsdruck, sich noch »weiblicher« zu verhalten.
- Die besonderen Problem behinderter Frauen werden bis heute von der neuen Frauenbewegung übersehen oder ausgeklammert.

Gut beschrieben wird die besondere Situation behinderter Frauen u.a. in dem überwiegend autobiographischen Sammelband *»Geschlecht: Behindert. Besonderes Merkmal: Frau«* (vgl. HERMES/EWINKEL et al. 1992). Auswahl weiterer Texte zum Problem, meist bezogen auf körperbehinderte Frauen: ALBRECHT/EMMERICH/SCHMIDT 1995; ARNADE 1992; BARWIG/BUSCH 1993; EHRIG 1996; EVANG. AKADEMIE BAD BOLL o.J.

(1991); LUGMAYR 1991; NIEHAUS 1996; zur Problematik bei geistig behinderten Frauen: BARZEN 1991; FRISKE 1995; PIXA-KETTNER 1991; PIXA-KETTNER/BARGFREDE/BLANKEN 1995; zur Identitäts- und Gewaltproblematik: DREIKOSEN 1993.

Solidaritätsdefizite

Behinderte Frauen erheben immer wieder und sehr massiv den Vorwurf mangelnder Solidarität und Abgrenzung, gerade durch emanzipationsengagierte Frauen. So formuliert KRIEGER (1994) in Thesenform zur Ausgrenzung durch die »Lesbenszene« u.a. (vgl. auch BEER 1991; KRIEGER 1991; MAYER 1994; SCHOPMANS 1994):

- »Jede gesellschaftliche Minderheit betrachtet isoliert ihre eigene Unterdrückung«.
- »Die jeweilige Gruppe vollzieht Ausgrenzung gegenüber der anderen Gruppe«.
- »Die Lesben der Dominanzkultur – weiß, nichtbehindert, mittelstandsangehörig, christlich sozialisiert – grenzen Krüppellesben aus«.

Wenn man über die Gründe nachdenkt, stößt man auf ähnliche Erklärungen wie sie für Solidaritätsdefizite unter behinderten Menschen gelten: Die Normen und Werte der nichtbehinderten und männlich geprägten Welt werden letztlich als verbindlicher und erfolgversprechender übernommen. Ähnlichkeit aufgrund des Merkmals »Frau« verstärkt Kontaktängste und Abgrenzungsbestrebungen. Über derartige Mechanismen müßte innerhalb der Frauenbewegung unbedingt eine offene Auseinandersetzung geführt werden (vgl. DREIKOSEN 1993).

Zu diskutieren wäre auch der Widerspruch zwischen der These, behinderte Frauen hätten besonders weiblich zu sein und der These, es werde »Geschlechtsneutralität« zugeschrieben. Von weniger visibel behinderten Frauen, beispielsweise mit Intelligenzdefiziten, kann sexuelle Attraktivität durchaus im Sinne der These kompensatorisch und als Identitätsstrategie eingesetzt werden. Für deutlich sichtbar und schwerer behinderte Frauen würde dagegen in »geschlechtslosem« Rollenverhalten eine gesellschaftlich akzeptierte Nische angeboten.

6.5 Entstigmatisierung behinderter Menschen

Es macht wenig Sinn, die Stigmatisierung Behinderter ausführlich darzustellen, ohne auf Möglichkeiten der Entstigmatisierung einzugehen. Grundsätzlich wäre zunächst einmal auf alle Strategien zu verweisen, die bereits im Kapitel über die Veränderung der sozialen Reaktion (5.4) beschrieben wurden, – schließlich ist Stigma der Sonderfall eines sozialen Vorurteils. Die Ausführungen im 5. Kapitel sind hier also noch einmal aufzugreifen, ohne sie wiederholen zu wollen. Dennoch ist die Sichtweise jetzt eine etwas andere: Stärker auf die soziale Rolle des Behinderten mit seinen Stigmatisierungserfahrungen und – vor allem – Identitätsstrategien bezogen. Entstigmatisierung kann kaum einseitig über das wenig realistische Ziel verfolgt werden, die Gesellschaft und die soziale Reaktion auf Behinderte zu verändern, ohne den behinderten Menschen überhaupt als handelndes und handlungsfähiges Subjekt in den Mittelpunkt der Wahrnehmung zu rücken. Der hier vorzustellende Versuch eines Konzepts verknüpft die Erkenntnisse über Identität aus diesem Kapitel mit der Erkenntnis aus dem Kapitel 5, daß sich allein die Variable »gelebter Kontakt mit Behinderten« als erfolgversprechende Strategie zur Veränderung der sozialen Reaktion erwiesen hat.

6.5.1 Der Ausgangspunkt

Soziale Distenz zu Sonderschülern

Einen guten Einstieg in die Problematik bieten die Untersuchungen von HANS WOCKEN (1983a; b) zur sozialen Distanz zwischen Hauptschülern und Sonderschülern (vgl. auch 6.4.3.3). Seine Ergebnisse (Methode: Semantisches Differential mit Polaritätenprofilen) lassen sich so zusammenfassen (vgl. 1983b, 477ff.):

1. Sonderschüler haben ein sehr positives und keineswegs schlechteres Selbstbild als Hauptschüler. WOCKEN kommentiert: »Die Ergebnisse liegen ganz auf der Linie bezugsgruppentheoretischer Erwartungen und widerlegen mit beschämender Eindeutigkeit die stigmatheoretische Prognose einer beschädigten Identität« (478).
2. Hauptschüler haben ein negatives Fremdbild von Sonderschülern.
3. Den Sonderschülern ist diese Tatsache sehr wohl bewußt. »Zwischen dem vermuteten Fremdbild der Sonderschüler und ihrem Selbstbild besteht eine schockierende Diskrepanz« (480).
4. Das Fremdbild der Hauptschüler ist aber erheblich freundlicher, als es die Sonderschüler vermuten.

In der Diskussion dieser Ergebnisse relativiert WOCKEN seine erste Einschätzung einer klaren Widerlegung der klassischen Stigma-Identitäts-These. Zwar sei es »recht naiv zu glauben, daß Individuen widerspruchslos jene Identität akzeptieren und verinnerlichen, die ihnen von der herrschenden Meinung zugedacht wird« (1983b, 482). Andererseits könnten mit Hilfe der Bezugsgruppentheorie »in einer bedenklichen Weise ghettoisierende Lebensräume und isolierende Erfahrungsareale zu psychohygienischen Schonräumen hochstilisiert und gerechtfertigt werden« (ebd.; ähnlich u.a. THIMM 1975a, 141). Letzten Endes ist eben die Frage, was man als angemessene, lebensgerechte Bezugsgruppe für behinderte

Schonraumfunktion

Schüler erachtet: Den Schonraum Sonderschule als harmonisierenden Mikrokosmos oder die Gesamtgesellschaft der Nichtbehinderten mit ihren Widrigkeiten und Herausforderungen. Wir sind mit WOCKEN und vielen anderen der dezidierten Ansicht, daß jeder Versuch eines Ausschlusses behinderter Menschen aus den für andere üblichen gesellschaftlichen Bezügen nicht den ethischen und rechtlichen Grundsätzen unseres Gemeinwesens entspricht.

Stigmatheorie oder Bezugsgruppentheorie

WOCKEN (1983b) gelangt zu dem Schluß, daß weder die Stigmatheorie noch die Bezugsgruppentheorie die beobachteten Phänomene hinreichend erklären können. Stigmatisierte Individuen richten sich nämlich nicht einseitig nur nach der gesellschaftlichen Reaktion oder den Erfahrungen innerhalb der Eigengruppe: »Aufbau und Wandel von Selbstkonzepten sind … als ein interaktives Produkt von Selbst- und Fremddefinition zu verstehen« (483). Damit bestätigt WOCKEN die Richtigkeit der in 6.4.3 dargestellten Überlegungen von FREY (1983) zur Begründung eines über die klassische Stigma-Identitäts-These hinausführenden Identitätsmodells, ohne auf diese Bezug zu nehmen. Der von WOCKEN geforderten »Differenzierung selbstbezogener Erfahrungsquellen« (483) trägt FREY mit der Trennung von Privatem Selbst und Sozialem Selbst Rechnung. In anderer Terminologie ist bei WOCKEN von »vermuteter Fremdidentität«, »persönlicher Selbstidentität« (487) oder auch »Selbstkonzept« die Rede, und er stellt die entscheidende Frage: »Wie werden lernbehinderte Schüler mit diesem lebensbedrohlichen Angriff auf ihre psychische Gesundheit fertig?« (486). Sie wehren sich über Identitätsstrategien: »Das positive Selbstkonzept der Sonderschüler muß ... als ein Ergebnis selbstwertstabilisierender und -erhöhender Strategien aufgefaßt werden. ... Sie attribuieren sich Normalität, wissen aber zugleich um ihre wahre Situation am Rande der Normalität« (484). In neueren Arbeiten konzentriert WOCKEN sich folgerichtig auf das zentrale Problem »Bewältigung von Andersartigkeit« (1993a).

Identitätsstrategien

Zu zeigen war also, daß die Stigma-Identitäts-These in ihrer durch FREY (1983) um den »internen Aspekt« erweiterten Form wesentliche Abläufe im Spannungsfeld zwischen behindertem Menschen und der Gesellschaft einer weiteren Klärung zuführen kann. Darüber hinaus bietet sie hilfreiche Ansatzpunkte zur Entwicklung von Entstigmatisierungsstrategien. Stigmatisierung hat – anders als im klassischen Stigma-Ansatz (vgl. 6.2.3 bzw. 6.3) unterstellt wird – nicht *zwangsläufig* zur Konsequenz, daß Betroffene ihr Leben fortan in einer völlig neuen, fremdbestimmten Rolle führen müssen und ihre Identität unwiderbringlichen Schaden nimmt. Stigmatisierte Individuen sind den Vorgängen nicht hilflos ausgeliefert, sondern sehr oft in der Lage, sich selbst und ihre Identität hinreichend zu schützen. Das mag uns überraschend erscheinen, weil wir uns zu sehr daran gewöhnt haben, in defizitären Kategorien über sie nachzudenken, ihnen Hilflosigkeit zuzuschreiben und Fähigkeiten zur Identitätserhaltung abzusprechen. Die Erkenntnisse aus dem modifizierten Stigma-Identitäts-Modell rechtfertigen deshalb noch keineswegs die Tolerierung unnötiger Stigmatisierungsprozesse, schon gar nicht im Rahmen verantwortungsbewußten (behinderten)pädagogischen Handelns! Stigmatisierung bedeutet immer eine unter Umständen fatale Gefährdung der Identität und der psychischen Integrität von Menschen. Stigmatisierung und das Aktivieren von Abwehrstrategien betrifft allerdings nicht nur das Leben der bedauernswerten anderen, sondern uns alle. Es geht um Erfahrungstatbestände aller Menschen. Die Ausführungen zu Entstigmatisierung, Identität und sozialer Integration gehen alle an, können für alle wichtig oder zumindest hilfreich sein.

6.5.2 Identität, soziale Integration und Entstigmatisierung

Modifizierte Stigma-Identitäts-These

Im folgenden **Versuch eines Entstigmatisierungs-Konzepts** (vgl. dazu MARKOWETZ 1996a) geht es zunächst noch einmal unter Bezugnahme auf das Modell von FREY (1983) und Überlegungen von HAUßER (1995) um die Frage der Identität und der Identitätsstrategien behinderter Menschen. Jede Stigmatisierung stellt eine Bedrohung des Selbst dar und schafft Identitätsprobleme, denen mit Identitätstrategien begegnet wird. Erst wenn diese Abwehrstrategien versagen, und nur dann, kommt es zu einer Beschädigung der Identität mit recht gravierenden Konsequenzen. Soziologisch ist Stigma-Abwehr überdies eine Frage der Ausstattung der Beteiligten mit Macht.

Abb. 6.6: Die Stigma-Identitäts-These

Stigmatisierungen

↓

Bedrohung des Selbst

↓

Identitätsprobleme

↓

Identitätsstrategien:

- Zuschreibungen selektiv, verzerrt wahrnehmen
- Zuschreibungen überspielen
- Zuschreibungen herunterspielen
- Zuschreibungen widersprechen, Kompetenz der Zuschreibenden anzweifeln
- Zuschreibungen leugnen, für unwahr und/oder unwichtig erklären

- Mängel durch Überbetonung anderer Qualitäten kompensieren
- Entschuldigungen für das »Versagen« und/oder das »abweichende Verhalten« anführen
- unangenehme Interaktionen abbrechen
- andere Bezugsgruppe(n) suchen und in sie hineinwechseln

↓

Identitätsstrategien versagen

↓

»beschädigte Identität«

- Anpassung des Selbst an die Bewertungen durch die Außenwelt
- **Fremdbestimmung** statt Selbstbestimmung
- Rückzug in die Gruppe »seinesgleichen«
- Fügung in die Randgruppenexistenz
- Isolation, Ausgliederung, Kontaktverlust, **»Desintegration«**

Identitätsrelevante Erfahrungen

Zur Bestimmung der Auswirkungen von Stigmatisierungen auf die Identität eines Individuums wäre zunächst einmal zu klären:

1. Welche Erfahrungen sind für das Subjekt überhaupt identitätsrelevant?
2. Wie werden diese Erfahrungen vom Subjekt wahrgenommen, bewertet und beeinflußt?
3. Wie deutet das Subjekt die Summe seiner Erfahrungen auf der innerpsychischen Meta-Ebene?

Identitätsrelevant

- sind situative Erfahrungen, die einem Menschen subjektiv wichtig sind und bedeutsam erscheinen, die ihn subjektiv betroffen machen und beschäftigen!
- sind die Einflüsse und Rückmeldungen, die ein Mensch durch den »sozialen Spiegel«, also die Widerspiegelung des eigenen Handelns und So-Seins in den Re-Aktionen der anderen erfährt, sowie die eigene Auseinandersetzung mit diesen Reaktionen!

Analog zu den Komponenten einer Einstellung (vgl. 5.2.1.2) ist davon auszugehen, daß auch für die Identität der Menschen drei miteinander verflochtene, sich wechselseitig bedingende und auszubalancierende Komponenten maßgeblich sind:

Abb. 6.7: Identität als kognitive, affektive und konative Generalisierung situativer Erfahrungen

IDENTITÄT		
hat 3 Komponenten, die miteinander in Beziehung stehen, sich wechselseitig bedingen und von jedem Subjekt trianguliert und ausbalanciert werden müssen:	entsteht aus situativer Erfahrung:	situative Erfahrungen werden transsituativ generalisiert a) über die Zeit (Kontinuität) b) über Lebensbereiche (Konsistenz)
kognitive Komponente (denken)	**Selbstwahrnehmung** →	**Selbstkonzept**
affektive Komponente (wahrnehmen, fühlen, empfinden)	**Selbstbewertung** →	**Selbstwertgefühl**
konative Komponente (handeln, antizipieren, Einfluß nehmen)	**personale Kontrolle** →	**Kontrollüberzeugung**

Umgang mit identitätsgefährdenden Erfahrungen

In der folgenden Abbildung 6.8 werden die Begriffe aus dem FREY-Modell mit denen aus der behindertenspezifischen Selbst- und Fremdbildforschung in Verbindung gebracht:

- Wie geht ein behinderter Mensch mit den Zuschreibungen um?
- Wie entsteht Identität?

Abb. 6.8: Selbstbild, vermutetes Fremdbild und Fremdbild werden miteinander in Beziehung gesetzt und zur IDENTITÄT trianguliert

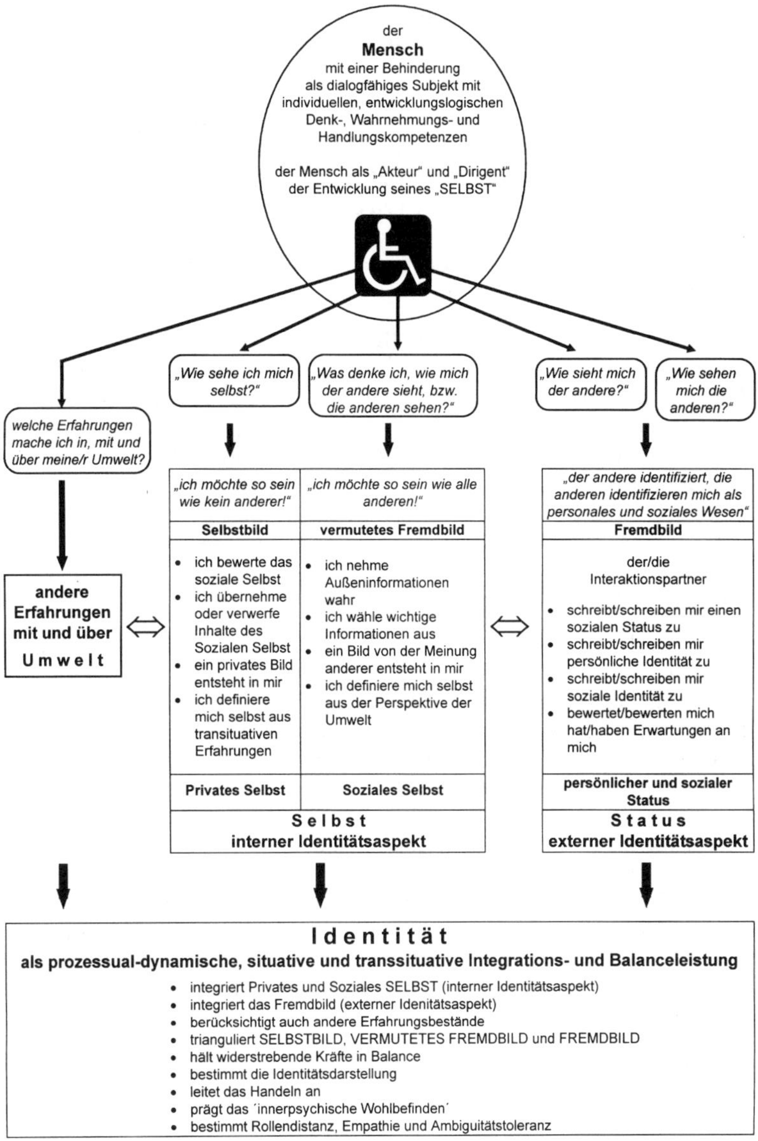

Auf der Grundlage der bisherigen Überlegungen ergibt sich die zentrale **Hypothese**:

Eine gelungene soziale Integration behinderter Menschen trägt ganz entscheidend zur Identitätsentwicklung bei, verhindert »beschädigte Identität« und führt zu Entstigmatisierung.

Günstige Auswirkungen von Integration

Im Handlungs- und Erfahrungsfeld Integration (vgl. ausf. Kap. 7) haben alle Beteiligten »verläßlichen Kontakt« und damit reichhaltig Gelegenheit, miteinander zu kooperieren, sich selbst, den Interaktionspartner und das Kollektiv kennenzulernen und sich zu entfalten. Integration wird hier deshalb als ein Prozeß aufgefaßt, der in besonders günstiger Weise kognitive, affektive und konative Komponenten von Einstellungen trianguliert und soziale Vorurteile vermeiden hilft.

Integration ist ein essentieller Beitrag zur Entstigmatisierung von Menschen mit Behinderungen, der sich in den Identitätskonzepten der Interaktionspartner niederschlägt (vgl. MARKOWETZ 1996a). Eine gelungene personale Integration fördert die Entfaltung eines positiven sozialen Selbst (Selbstbildes). Eine gelungene soziale Integration fördert die Entfaltung eines positiven sozialen Selbst (vermutetes Fremdbild). Beide zusammen konstituieren ein Selbst, das Einfluß und Widerstand auf das Fremdbild ausübt und dieses im Sinne real erlebter Verhältnisse verändern und fortschreiben kann. Sogenannte »beschädigte Identitäten« sind unter integrativen Bedingungen reversibel.

Dialogische Validierung

Ein zentraler Aspekt im Prozeß der Integration ist die dialogische Validierung identitätsrelevanter Erfahrungen. Was ist »dialogische Validierung«? Dialog ist ein besondere Form der Kommunikation. Dialoge sind nicht notwendigerweise an Sprache gebunden, sondern können auch nonverbal (z.B. mit schwerstbehinderten Menschen) stattfinden. Dialogisch validieren bedeutet, sich immer wieder aufs neue gegenseitig in einem komplexen Beziehungsnetz vom Daseins- und Seinszustand zu vergewissern, die wechselnden Konstellationen zu erfahren und zu deuten (vgl. KOBI 1993, 413ff.). Es kommt darauf an, die soziale Wirklichkeit zu erfassen, zu beobachten, zu beschreiben, miteinander zu erörtern. Dialogische Validierung setzt voraus, daß alle Interaktionspartner ihre aktuelle Befindlichkeit zum Ausdruck bringen wollen und können. Das Erlernen von Methoden der Dialogischen Kommunikation und Validierung ist deshalb eine wichtige integrationspädagogische Aufgabe.

Die Identitätsentwicklung behinderter Menschen verläuft bei Integration insgesamt günstiger. Integration löst die alten Bilder von Menschen mit Behinderungen zugunsten der Etablierung von egalisierenden Menschenbildern auf. Das Fremdbild bleibt nicht länger hypothetisches Konstrukt, sondern wird im Handlungs- und Erfahrungsfeld Integration prinzipiell praktisch nachvollziehbar und überprüfbar. Das Bild vom Behinderten wird insgesamt realitätsgerechter. Es muß zwischen den Polen Nähe und Distanz ausbalanciert und gegebenenfalls täglich immer wieder neu hergestellt werden. Integration nimmt alle Interaktionspartner in die Pflicht, in ökosystemischer Weise über sich selbst, über den anderen und über die beide umgebende dingliche Welt zu reflektieren.

Integration bietet keine Garantie für durchgängig vorurteilsfreie Meinungen und das völlige Ausbleiben von Stigmatisierungen, aber sie trägt ganz entscheidend dazu bei, sich ungünstigen Einflüssen zu widersetzen und die eigene psychische Integrität zu bewahren. Langfristig ist zu erwarten, daß von Integration mehr Toleranz für andere Menschen, eine größere Angstfreiheit aller und eine geringere Neigung zu identitätsstabilisierenden Stigmatisierungsstrategien ausgehen wird.

Zur Verdeutlichung der Zusammenhänge zwischen Integration und Identität folgendes Schaubild (vgl. Abb. 6.9):

Abb. 6.9: Dialogische Validierung identitätsrelevanter Erfahrungen als Entstigmatisierungsprozeß und Voraussetzung für die Entfaltung »unbeschädigter Identitäten«

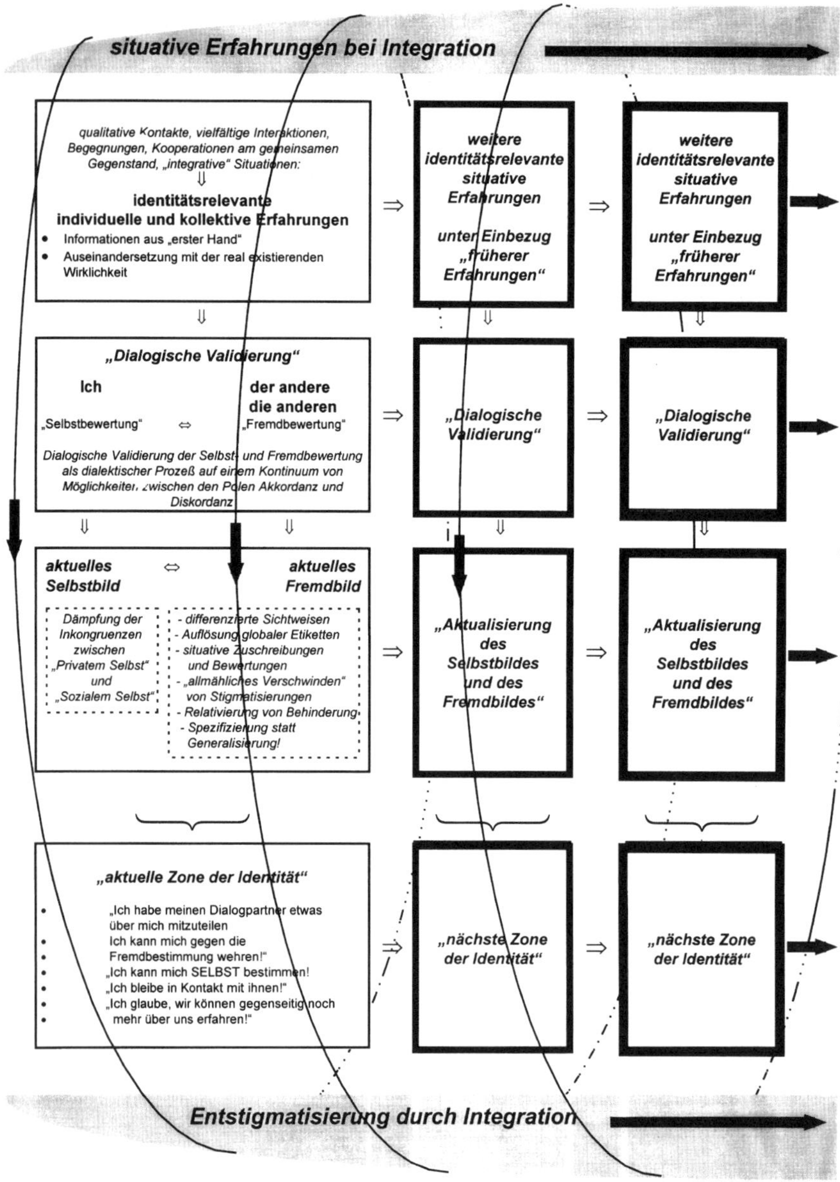

Der (Sonder)pädagogik wird mit einiger Berechtigung vorgeworfen, sie trage zur Stigmatisierung bei. Abschließend soll darauf verwiesen werden, daß eine wohlverstandene integrative Pädagogik immer zugleich eine identitätsfördernde Pädagogik sein wird, die insofern entstigmatisierende Wirkungen hat. *Nicht gemeint ist eine »Identitätserziehung« im Rahmen von Sondereinrichtungen (vgl. 6.4.3.3), sondern gerade durch die Auflösung separierender Lebenswelten.* Weiterführende Überlegungen finden sich im folgenden Kapitel 7.

Entstigmatisierung durch Integration

Eine identitätsstiftende Pädagogik als Baustein einer Integrationspädagogik ist eine Pädagogik, in der

jeder Mensch
entsprechend seinem Entwicklungsstand
mittels seiner momentanen Wahrnehmungs- Denk- und Handlungskompetenzen
seine identitätsrelevanten Erfahrungen
für seine Identitätsentwicklung
dialogisch validieren
kann.

Die Dialogische Validierung ist für »Stigmatisierte« eine offensive Identitätsstrategie zur Vermeidung einer »beschädigten Identität«
und
für die »Stigmatisierer« eine Chance, ihre Einstellungen, Erwartungen, Zuschreibungen und Bewertungen an der Realität zu überprüfen und zu differenzieren.

Solange Dialogische Validierung stattfindet, findet keine Aussonderung statt!

Aber: Der Mensch ist der Akteur seiner Identitätsentwicklung. Der Pädagoge kann nur assistieren, begleiten, unterstützen, anregen, anstiften, ermutigen, kooperieren und vermitteln.

Wobei?
Z.B. dabei,

- sich und den anderen als dialogfähiges Subjekt zu entdecken,
- identitätsrelevante Erfahrungen zu erkennen, d.h. subjektive Betroffenheit von Gleichgültigkeit und die wahrgenommene Wichtigkeit von der Nichtigkeit unterscheiden zu lernen,
- den Dialog als ein basales Instrument kennen- und spielen zu lernen, mit dem man auf vielfältigste Art und Weise »miteinander-in-Beziehung-treten« kann,
- die Dialogische Validierung als Chance und erlernbare Methode aufzufassen, die Einstellungen und Verhaltensweisen gegenüber stigmatisierten Personen positiv verändern kann,
- sich im Dialog zu üben, sich Dialogfertigkeiten und -kompetenzen anzueignen und sich darin lebenslang fortzubilden.

Wie?

- Qualitative Kontaktsituationen schaffen, die Begegnungen zwischen »behinderten« und »nichtbehinderten« Menschen zulassen.
- Projektarbeit und Kooperation am gemeinsamen Gegenstand als »vermittelndes Etwas« zwischen den dialogfähigen Subjekten.

6.6 Zusammenfassung von Kapitel 6

Behinderung ist aus soziologischer Sicht eine Form abweichenden Verhaltens. Für die Analyse sind zwei sehr unterschiedliche devianztheoretische Ansätze wichtig: Der strukturelle und der prozessuale Ansatz. Behinderten Menschen wird eine besondere gesellschaftliche Rolle mit allen Konsequenzen zugewiesen. Nach dem strukturellen Ansatz ist die Behindertenrolle objektiv begründet und insgesamt funktional. Nach dem prozessualen Ansatz ist die Behindertenrolle das Resultat sozialer Reaktionen, nicht objektiv begründbar, widersprüchlich und hat stigmatisierenden Charakter.

Stigmatisierungsprozesse haben wichtige Funktionen für den einzelnen wie für die Gesellschaft. Stigmatisierung gehört von daher zu den Realitäten des Zusammenlebens von Menschen. Entscheidend für die Durchsetzung von Stigmatisierungen ist die Macht, über die Stigmatisierer und Stigmatisierte verfügen. Die Folgen von Stigmatisierung sind erheblich. Die klassische Stigma-Theorie geht vor allem von massiven und zwangsläufigen Gefährdungen der Identität stigmatisierter Menschen aus (Stigma-Identitäts-These).

Die wichtigsten soziologischen Identitätskonzepte in der Behindertenforschung haben GOFFMAN, KRAPPMANN/THIMM und FREY vorgelegt. In der Sonderpädagogik wird fast ausschließlich auf das KRAPPMANN/THIMM-Modell Bezug genommen. Die defizitorientierte Unterstellung einer »beschädigten Identität« bei behinderten Menschen muß kritisch gesehen werden, weil sie die Bedeutung von Identitätsstrategien verkennt und ihrerseits zur Stigmatisierung beiträgt. Das Modell von FREY kennzeichnet eine Abkehr von der traditionellen Stigma-Identitäts-These und zeigt, daß dem Individuum auf zwei Ebenen des Selbst Strategien zur Verfügung stehen, um seine Identität zu schützen. FREYS Überlegungen erlauben auch eine neue Interpretation von Untersuchungsergebnissen zum Selbst- und Fremdbild Behinderter. Im Versuch eines Entstigmatisierungs-Konzepts wird der Zusammenhang zwischen sozialer Integration und der Identitätsentwicklung behinderter Menschen betont.

Literatur-Empfehlung:

FREY, H.-P.: Stigma und Identität. Eine empirische Untersuchung zur Genese und Änderung krimineller Identität bei Jugendlichen. Weinheim/Basel (Beltz) 1983.

GOFFMAN, E.: Stigma. Über Techniken der Bewältigung beschädigter Identität. Frankfurt (Suhrkamp) 1967 (engl. 1963).

HOHMEIER, J.: Stigmatisierung als sozialer Definitionsprozeß. In: BRUSTEN, M./HOHMEIER, J. (Hg.), Stigmatisierung 1. Zur Produktion gesellschaftlicher Randgruppen. Neuwied/Darmstadt (Luchterhand) 1975, 3-25.

KRAPPMANN, L.: Soziologische Dimensionen der Identität. Strukturelle Bedingungen für die Teilnahme an Interaktionsprozessen. Stuttgart (Klett) 1969.

SCOTT, R.A.: The making of blind men. A study of adult socialization. New York (Russell Sage Foundation) 1969.

THIMM, W.: Lernbehinderung als Stigma. In: BRUSTEN, M./HOHMEIER, J. (Hg.), Stigmatisierung 1. Zur Produktion gesellschaftlicher Randgruppen. Neuwied/Darmstadt (Luchterhand) 1975 (a), 125-144.

WOCKEN, H.: Untersuchungen zur sozialen Distanz zwischen Hauptschülern und Sonderschülern. Vierteljahresschrift für Heilpädagogik und ihre Nachbargebiete (VHN) 1983 (b), 467-490.

Kapitel 7: Integration von Menschen mit Behinderungen

von REINHARD MARKOWETZ

Stichwörter: Integrationsverständnisse – Grundsätze und Prinzipien – Rahmenbedingungen – Theorieentwicklungen – Integratives Paradigma – Statistische Angaben zum Stand der schulischen Integration – Sozialentwicklung und Selbstbild behinderter Kinder – Wahrnehmung von Behinderung – Einstellungen und Bereitschaft zu integrativer Erziehung – Elternurteile – Integration von Menschen mit schwermehrfachen Behinderungen

Inhalt

7.1 Einleitung

Das bildungspolitische Programm »Integration«, ausgelöst durch das Gutachten der Bildungskommission des Deutschen Bildungsrates vom Oktober 1973, stellt die Sonderpädagogik nach dem Auf- und Ausbau des Sonderschulwesens, verbunden mit der Sicherstellung des Bildungsrechtes für Behinderte, vor die zweite große Herausforderung nach 1945.

Kontroverse Diskussionen

Der Prozeß der Integration behinderter Menschen in die Gesellschaft ist erklärtes Ziel. Die Hypothese, daß die Integration in die Schulgesellschaft gleichzeitig eine bessere Eingliederung in die Gesellschaft nach sich ziehe, löste eine lebhafte und kontroverse Diskussion um die Möglichkeiten und Grenzen der gemeinsamen Unterrichtung von behinderten und nichtbehinderten Schülern aus. Entsprechend schwierig gestalteten sich die integrativen Bemühungen von Eltern und engagierten Vertretern aus der pädagogischen und sozialwissenschaftlichen Theorie und Praxis. Integration fand immer dort statt, wo es durchsetzungsfähige und engagierte Eltern bzw. Elterninitiativen gab. Vielerorts konnte man die Modellsituation zur Regelsituation machen, einen Integrationsstandort sichern; insgesamt erwies sich die Übertragung integrationstheoretischer und praktischer Erkenntnisse auf die Fläche als äußerst schwierig.

Heute nach zwanzig Jahren haben mehrere Landesregierungen durch Gesetzesänderungen Integration rechtlich verankert bzw. Änderungsentwürfe in Arbeit. Ob ausreichend freiwillige und für eine integrative Praxis fundiert ausgebildete Pädagogen und Pädagoginnen zur Verfügung stehen bleibt bislang unbeantwortet. Fest steht, daß sich die Aus- und Weiterbildungseinrichtungen verstärkt mit integrationsrelevanten Fragen auseinandersetzen und sie auch gelehrt werden.

Integration als Thema der Behindertensoziologie

Auch aus behindertensoziologischer Sicht stellen sich eine Reihe von Fragen, auf die das Erfahrungsfeld Integration Antworten hervorgebracht hat bzw. weiter hervorbringen wird. So erfährt beispielsweise das einstige Sozialisationsziel , »eine gelungene Identität des Behinderten herzustellen« (vgl. HAEBERLIN 1978, 728f.), im Kontext der Integrationsdiskussion im Sinne einer Öffnung und Verzahnung der Identitätsentwicklung Nichtbehinderter neue Dimensionen. Es stellt sich insbesondere die Frage, welches Bild Behinderte von sich im Verlauf ihrer Persönlichkeitsentwicklung und Identitätsfindung unter dem Einfluß von Integration entfalten und welchen Grad an Zufriedenheit sie dabei erreichen. Oder ob die soziale Integration behinderter Kinder durch gelegentliche oder durchgängig gemeinsame Kontakt-, Spiel- und Lernsituationen dazu beiträgt, Vorurteile und negative Einstellungen gegenüber Behinderten abzubauen und zu verändern. Oder ob sich durch Integration neue Qualitäten der Interaktion und Kommunikation zwischen Behinderten und Nichtbehinderten erschließen, allgemein die Teilhabechancen von Behinderten in der Gesellschaft der Nichtbehinderten verbessert und die Situation für Familien mit behinderten Kindern insgesamt befriedigender wird. Schließlich interessieren noch die gesetzlichen Bestimmungen im Zusammenhang mit Integration.

7.2 Integration: Was ist das?

7.2.1 Begriffsbestimmungen

Der Begriff Integration wird heute vielfach und in inflationärer Weise in allen Wissenschaftsbereichen und in der Alltagssprache benutzt (vgl. Bonderer 1979, 367; Feuser 1985, 354). Die ursprüngliche Bedeutung scheint dabei verlorengegangen zu sein. Integration erklärt heute völlig unterschiedliche Inhalte, so daß kaum jemand weiß, was darunter zu verstehen ist.

Unklare Begrifflichkeit

Grundworte sind das lat. Verbum »integrare« (in etwa »ergänzen«) und das Adjektiv »integer« (in etwa »unberührt«, »ganz«), die ihrerseits zurückgeführt werden können auf die Stammwörter »tangere« (= berühren); »tactus« (= Berührung); »intactus« (= unberührt, ganz) (vgl. Kobi 1990, 54).

Das Große Duden-Lexikon (1966, 393) versteht unter Integration als Ableitung aus dem lateinischen »integratio«:

1. Die Wiederherstellung einer Einheit (aus Differenziertem); Vervollständigung;
2. Verbindung einer Vielheit von einzelnen Personen oder Gruppen zu einer gesellschaftlichen Einheit (Soziologie);
3. der ein selbständiges Nebeneinander (wirtschaftlicher oder politischer Art) zu einem übergeordneten Ganzen zusammenschließende Prozeß, z.B. europäische Integration;
4. Veränderung des Zustandes zerstreuter, nicht wahrnehmbarer Teile in einen konzentrierten, wahrnehmbaren Zustand, z.B. Entstehung eines Planeten, Organismus, Staaten (nach dem Philosophen Herbert Spencer);
5. das Zusammenwirken und Sichdurchdringen seelischer Prozesse zu einem einheitlichen Ganzen;
6. das Lösen von Integralen (Mathematik).

Über die Philosophie und besonders durch die Soziologie, Psychologie und Bildungspolitik des 19. Jahrhunderts erlangte der Integrationsbegriff seine heutige gesellschaftliche Bedeutung. Dem Wörterbuch der Soziologie ist zu entnehmen, daß

> »Integration in allgemeinster systemtheoretischer Formulierung ein Prozeß ist, in dem neue Elemente in ein System so aufgenommen werden, daß sie sich danach von den alten Elementen nicht mehr unterscheiden als diese untereinander. Dementsprechend versteht man in der Soziologie überwiegend unter Integration einen sozialen Prozeß, in dem ein Mensch oder mehrere Menschen unter Zuweisung von Positionen und Funktionen in die Sozialstruktur eines sozialen Systems aufgenommen wird. Damit ist Integration zumindest aus der Perspektive der Aufgenommenen eine Form des soziokulturellen Wandels« (ENDRUWEIT/TROMMSDORFF 1989, 307-308).

7.2.2 Verständnis in der Pädagogik

In der Pädagogik wurde der Begriff Integration zunächst ausschließlich im Kontext entwicklungs- und persönlichkeitspsychologischer Zusammenhänge verwendet. Seit den 60er Jahren wird er in die Curriculumsdiskussion einbezogen. Heute spielt der Integrationsbegriff in der kritischen Auseinandersetzung um das Selektionswesen in unserem vertikal gegliederten Schulsystem eine zentrale Rolle, wenngleich er unter anderen Bezeichnungen wie beispielsweise »ganzheitlicher Unterricht«, »exemplarisches Lernen«, »binnendifferenzierter Unterricht« stets soziale und personale Bedeutung hatte und eigentlich immer Kern jeder pädagogischer Reformbestrebung war.

Integration als Grundrecht in allen Lebensbereichen

Allgemein wird in der Pädagogik unter Integration die gemeinsame Unterrichtung behinderter und nichtbehinderter Kinder verstanden. JAKOB MUTH, der die Bildungskommission des Deutschen Bildungsrats von 1973 leitete, spricht sich zu Recht gegen diese Konzentration auf den schulischen Bereich aus:

Integration meint die Gemeinsamkeit von behinderten und nichtbehinderten Menschen in allen Lebensbereichen der Gesellschaft (vgl. MUTH 1991, 4). **Integration ist ein »Grundrecht im Zusammenleben der Menschen«** (1991, 1), auf das jeder Mensch ein Anrecht hat. Die »Integration Behinderter in die Gesellschaft [ist] eine der vordringlichen Aufgaben jedes demokratischen Staates. Diese Aufgabe, die sich für Behinderte und Nichtbehinderte in gleicher Weise stellt, kann...einer Lösung besonders dann nahegebracht werden, wenn die Selektions- und Isolationstendenzen im Schulwesen überwunden und die Gemeinsamkeit im Lehren und Lernen für Behinderte und Nichtbehinderte in den Vordergrund gebracht werden; denn eine schulische Aussonderung der Behinderten bringt die Gefahr ihrer Desintegration im Erwachsenenleben mit sich« (DEUTSCHER BILDUNGSRAT, 1973, 16).

Otto Speck (1975, 18-24 und 1993, 170-172) unterscheidet zwei Formen der Integration: die personale und soziale Integration. Unter personaler Integration versteht er »das Finden des persönlichen Gleichgewichts, das Aufbauen eines starken Ich, das Stabilisieren der Persönlichkeit des geistig Behinderten« (vgl. Speck 1975, 21 und 1993, 170-171). Die soziale Integration oder Eingliederung ist auf das Einfügen des einzelnen Behinderten in das gesellschaftliche Ganze, die Eingliederung in bestimmte soziale Gruppen (Spielgruppen, Lerngruppen, Berufsgruppen, Freizeitgruppen u.a.), die berufliche Eingliederung (Rehabilitation), die Übernahme sozialer Rollen, die Stärkung des Zugehörigkeitsgefühls und der Bereitschaft am sozio-kulturellen Ganzen, d.h. an bestimmten Teilen des Ganzen mitzuwirken, einen Teil zum Ganzen beizutragen, gerichtet (vgl. Speck 1975, 21 und 1993, 171-172).

Verschiedene Standpunkte in der Diskussion

Heinz Bach (1989) kennzeichnet Integration durch normale Beachtung der Behinderten durch die Nichtbehinderten, intensive persönliche Kontakte zwischen Behinderten und Nichtbehinderten, verschiedenartige gegenseitige Anregungen, vielfältige gemeinsame Tätigkeiten, die Übernahme bestimmter Aufgaben durch den Behinderten einer Gruppe, die gegenseitige Respektierung einer Gruppe von Besonderheiten und Bedürfnissen der Behinderten wie der Nichtbehinderten (vgl. Bach 1989, 28).

Für Georg Feuser (1995, 173-174) bedeutet Integration, daß

»alle Kinder und Schüler
in Kooperation miteinander
auf ihrem jeweiligen Entwicklungsniveau
nach Maßgabe ihrer momentanen
Wahrnehmungs-, Denk- und Handlungskompetenzen
in Orientierung auf die 'nächste Zone ihrer Entwicklung'
an und mit einem
'gemeinsamen Gegenstand' spielen, lernen und arbeiten«.

Über diese Definition hinausgehend, hält Feuser Integration »derzeit für das einzige Bollwerk, das Lebensrecht behinderter Kinder zu garantieren« (Feuser 1991, 150) und zeigt die Zusammenhänge von Integration und sog. »Neuer Euthanasie« auf, die durch die »Praktische Ethik« von Peter Singer (1994), aber auch im Kontext humangenetischer Beratung, der Gentechnologie, Zwangssterilisation, Sterbehilfe, der »neuen Behindertenfeindlichkeit« und utilitaristischer Strategien angesichts der momentanen wirtschaftlichen Rezession wieder neu diskutiert werden (vgl. Feuser 1993, 5f.).

Ernst Begemann (1993, 153): Integration ist als »solidarische Kultur des Miteinander aller« aufzufassen, die nicht als bloße Eingliederung der behinderten Menschen durch den nichtbehinderten Menschen in eine Welt der Nichtbehinderten fehlgedeutet werden darf.

Emil E. Kobi (1990, 62): Integration ist »keine Methode, kein Heilverfahren..., das nach irgendwelchen Erfolgskriterien evaluiert (falsifiziert/verifiziert) werden könnte, sondern ... eine Lebens- und Daseinsform (hier im speziellen Fall zwischen Behinderten und Nichtbehinderten)..., für oder gegen die sich die Gesellschaft und deren Untersysteme entscheiden können und die daher als solche situativ und temporal auch frei wählbar bleiben muß«.

Hans Eberwein (1990, 45) formuliert als Ziel der Integration »die Überwindung aussondernder Einrichtungen sowie deren pädagogischer Konzeptionen zugunsten gemeinsamen Lernens und Lebens«. Dazu hat die Sonderpädagogik »den notwendigen Paradigmenwechsel von der defektorientierten zur pädagogischen Betrachtungsebene« zu vollziehen (ebd., 1996, 32; vgl. auch 7.4.4).

Ulrich Bleidick (1988, 82): Integration ist ein modischer Begriff, »als Schlagwort eine unnötige Worthülse«. Für ihn ist Integration »eine subjektive und tatsächliche Eingliederung des Behinderten in den Sozialverband der Nichtbehinderten auf einem Kontinuum von Möglichkeiten, die zwischen den Polen von vollständigem Angenommensein und vollständiger Isolierung auszumachen sind« (ebd., 83).

Jörg Schlömerkemper (1989, 321-323) unterscheidet drei Bedeutungsvarianten. Er spricht von »Meritokratischer Integration« (gesellschaftliche Anpassung), »Kompensatorischer Integration« (Behinderte als Konkurrenten – zielgleiche Integration) und »Egalitärer Integration« (universelle Gleichheit aller Menschen, an Behinderte sind keine Bedingungen zu stellen, unabhängig von deren Leistungsfähigkeit wird ein doppelter Anspruch der Gleichberechtigung erhoben: »Anspruch optimaler Förderung« und »Anspruch auf gleiche Lebenschancen«).

Helmut Reiser (1991, 15-16) faßt Integration als »dynamische Balance von Gleichheit und Verschiedenheit« auf, verdeutlicht, daß Integration als »Ziel nicht unmittelbar hergestellt werden kann« und bezeichnet »integrative Prozesse als Wege, die in den Individuen und Gruppen selbst gegangen werden müssen«. Integrative Prozesse sind keine symbiotischen Verschmelzungen ohne Momente der Abgrenzung, sondern spielen sich auf mehreren Ebenen, der innerpsychischen, der interaktionellen, der handlungsbezogenen, der institutionellen und der gesellschaflichen Ebene ab und müssen täglich zwischen den dialektisch angelegten, widersprüchlichen Polen Nähe und Distanz bzw. Annäherung und Abgrenzung oder Gleichheit und Verschiedenheit ausbalanciert und fortgeschrieben werden. Demnach kann Integration nur »ein Prozeß gegenseitiger Anverwandlung von Integranden und Integratoren« sein, das »einseitige Anpassungsleistungen« (Kobi 1990, 59) ausschließt.

BONDERER (1980, 61) unterscheidet nicht weniger als acht Integrationsbegriffe, in denen nicht nur die verschiedenen Bedeutungen, sondern auch das sonderpädagogische Denken und Handeln sowie das Integrationsverständnis der bestimmenden Paradigmata und Modelle zum Ausdruck kommen (vgl. auch 1.3 und 1.4).

Abb. 7.1: Integrationsbegriffe (nach BONDERER 1980)

Integration als	
Erziehungsziel (finaler Akzent)	**Erziehungsmittel (bzw. Methode)** (instrumentaler Akzent)
Integration *als* Einbezug und Eingliederung Behinderter in die Spielgruppe, Volksschule, Berufswelt... in das soziale Gesamt	Integration *durch* Einbezug und durch soziale Beziehungen von Behinderten und Nichtbehinderten in Spielgruppen, Volksschulen, usf.
Vereinheitlichung (»Normalisierungs«-Akzent)	**»Teilintegration«** (Relativierungs-Akzent)
Integration im Sinne einer quasi-soziologischen (oder pädagogisch-utopischen) und totalen Vergesellschaftung bzw. Konformität, einer »Normalisierung« als *konfliktfreie Funktionseinheit* Behinderter und Nichtbehinderter	Integration im Sinne einer relativen und optimierten Vergesellschaftung bzw. »Teilintegration« Behinderter und Nichtbehinderter unter Berücksichtigung sozialsituativer und individuell-sonderpädagogischer Möglichkeiten und Einschränkungen
Akzeptation (sozialreformerischer Akzent)	**Anpassung** (utilitaristischer Akzent)
Integration als »Entstigmatisierung« (THIMM) Behinderter einerseits und als Aufbau gesellschaftlich verbreiteter Anerkennung und Beziehungsfähigkeit gegenüber Behinderten andererseits	Integration als Ertüchtigung des Behinderten und als dessen Einpassung (bzw. Verzweckung) in die bestehenden Lebensverhältnisse
Solidarität (dialogischer Akzent)	**Emanzipation** (personaler Akzent)
Integration als gegenseitige Teilhabe und Kommunikation mit Selbstzweck und mit eigenem Sinn, als gemeinschaftliches Aufgehobenwerden und Gebundensein in wechselseitig anregenden, vertrauenswürdigen und verpflichtenden Beziehungen Behinderter mit Nichtbehinderten	Integration als Respektierung der individuellen Eigenart Behinderter und als deren Förderung, als Bestärkung der Andersartigkeit bzw. als soziale, beruflich-ökonomische und politische Souveränität

7.2.3 Verständnis in der Behindertensoziologie

Integration als Entstigmatisierung

Aus behindertensoziologischer Sicht ist das Verständnis von Integration als Entstigmatisierung (»Akzeptation« bei BONDERER) wesentlich. Integration ist danach ein interaktionistischer Prozess, der auf soziale Zuschreibungsprozesse verzichtet und damit das Behindertsein als etwas Normales beläßt und nicht »besondert«. Auch der Begriff »Normalisierung« spielt in der Integrationsdiskussion eine wichtige Rolle. Aus den Auffassungen über Normalität für Behinderte, wie sie ADAM (1977), THIMM (1984 und 1994) und WOLFENSBERGER (1972; 1980; 1986) auf der Grundlage der skandinavischen Normalisierungsbewegung (BANK-MIKKELSEN 1969; 1980; NIRJE 1969; 1980; 1994) formuliert haben, kann zwar annähernd die gleiche Normalität für Behinderte abgeleitet werden. Gleiche Normalität bedeutet jedoch bei weitem noch nicht, daß Behinderte mit Nichtbehinderten in Kontakt kommen müssen, sondern daß beide isoliert voneinander die gleiche Normalität leben könnten.

Wenn wir in der Soziologie der Behinderten von Integration sprechen, dann ist damit gemeint, daß behinderte Menschen unabhängig von Art und Schweregrad ihrer Behinderung in allen Lebensbereichen grundsätzlich die gleichen Zutritts- und Teilhabechance haben sollen wie nichtbehinderte Menschen.

Integration meint die Eingliederung behinderter Menschen in das soziale System Nichtbehinderter, aus dem behinderte Menschen nie vollständig ausgegliedert waren und sind. Der sich dadurch ergebende Kontakt zwischen Behinderten und Nichtbehinderten soll zum Abbau bestehender Vorurteile in einem interaktionistischen, dialektischen Prozess genutzt werden, Nähe und Distanz ermöglichen und im wesentlichen mitleidsfreie und die behinderte Person als solche respektierende und achtende Einstellungen hervorbringen. Integration charakterisiert also insbesondere für den Behinderten einen soziokulturellen Wandel.

So gesehen bedeutet Integration nie den Wechsel vom Status »Behinderter« zum Status »Nichtbehinderter«, auch keinen Wechsel von einer Kultur zur anderen und ebensowenig die Assimilation als Übernahme der Verhaltensweisen Nichtbehinderter, ohne sie internalisieren zu können. Integration kann auch nicht bedeuten, daß ein behinderter Mensch einen Teil seines »Soseins« beibehält und einen Teil des »Soseins der Nichtbehinderten« dazugewinnt und ein »Gemischtsein« entfaltet, das seiner Herkunft, seinem »Sosein als Behinderter« nicht mehr entspricht. Integration braucht auch keine neue »Ganzheit« im Sinne einer Vereinheitlichung und Zusammenfassung der Teile zu schaffen.

Integration kann nur einen dynamischen Verlauf nehmen. Der prozessuale Charakter bringt auch zum Ausdruck, daß Integration mehrere Stufen der Verwirklichung benötigt. Ein weiteres wichtiges Merkmal von Integration ist die Qualität der Kontakte untereinander. Soziale Interaktionen und Akzeptanz charakterisieren echte Integration. Die bloße physische Anwesenheit Behinderter erhöht zwar die Chance von Begegnungen (im Sinne von BUBER: »Der Mensch wird am Du zum Ich«; 1965, erstmals 1919), birgt in sich aber auch die große Gefahr der Bestätigung von Vorurteilen gegenüber Behinderten. Eine solche Integration kann nur als Scheinintegration verstanden werden, die die gleichen Folgen und Auswirkungen hat wie die Verhinderung von Integration und die Aussonderung. In diesem Zusammenhang ist manchmal von »integrationsgeschädigten behinderten Kinder« die Rede. Integration, verstanden als interaktionistischer Prozeß zwischen Integranden (Behinderten) und Integratoren (Nichtbehinderten), kann aber niemals als abgeschlossen gelten, ebensowenig läßt sie sich vollständig antizipieren oder planen. Integration ist ein steuerungsbedürftiger, komplexer Prozeß zwischen Nähe und Distanz, Entfremdung und Annäherung.

Integration ist ein Prozeß

Integration ist des weiteren Ziel und Weg zugleich. Ziel aller integrativen Bemühungen ist die bestmögliche Teilhabe eines Behinderten an allen gesellschaftlichen und sozialen Prozessen der Nichtbehinderten (Familie, Nachbarschaft, Kindergarten, Spielgruppe, Jugendgruppe, Schule, Beruf, Freizeit und Öffentlichkeit), ohne daß sich der Behinderte selbst dabei unwohl fühlt und auf Dauer unzufrieden wird. Integration als Weg meint die Mittel, die man einsetzt, um das Ziel zu erreichen. Heute gehen wir davon aus, daß behinderte und nichtbehinderte Kinder so früh wie möglich in Kontakt miteinander kommen sollten, um qualitative Gemeinsamkeiten entdecken zu können. Die vollständige Integration eines behinderten Menschen in alle Bereiche der Gesellschaft ist praktisch unmöglich, sie kann immer nur in Teilbereichen verwirklicht werden. Integration kann also niemals auf unrealistischen »Alles-oder-nichts«- Forderungen beruhen.

Integration ist Weg und Ziel zugleich

Fazit und Perspektive:

Aus behindertensoziologischer Sicht können wir Integration als ein perspektivenreiches Handlungs- und Erfahrungsfeld auffassen. Alle Beteiligten stehen dabei in einem 'verläßlichen Kontakt' zueinander. Sie haben reichhaltig Gelegenheit miteinander zu kooperieren, sich selbst, den Interaktionspartner und das Kollektiv kennenzulernen und »Ich-, Du- und Wir-Kompetenzen« zu entfalten. Der »Kooperation am gemeinsamen Gegenstand« im Rahmen einer allgemeinen, kindzentrierten und basalen Pädagogik (vgl. FEUSER 1995, 168ff. und 7.4.1) kommt hierbei eine besondere Bedeutung zu. Integration ist ein Prozeß, der in besonders günstiger Weise kognitive, affektive und konative Komponenten von Einstellungen trianguliert und soziale Vorurteile vermeiden hilft.

Integration trägt essentiell zur Entstigmatisierung von Menschen mit Behinderungen bei. Integrativ gemachte Erfahrungen sind identitätsrelevante Erfahrungen, die in die Identitätskonzepte der Interaktionspartner einbezogen werden. Eine positiv erlebte personale Integration ist der Entfaltung eines positiven Privaten Selbst (Selbstbildes) förderlich. Eine gelungene soziale Integration fördert die Entfaltung eines positiven Sozialen Selbst (vermuteten Fremdbildes). Beide zusammen konstituieren das Selbst einer Person, die Einfluß und Widerstand auf Fremdbilder ausüben und diese verändern kann. Identitätsrelevante situative und transsituative Erfahrungen müssen von den beteiligten Subjekten thematisiert, belichtet und kritisch bewertet werden. Gelingt dieser Prozeß der »Dialogischen Validierung«, kann die Identitätsentwicklung bei Integration insgesamt günstiger verlaufen. Sogenannte 'beschädigte Identitäten' sind unter integrativen Bedingungen reversibel. Integration ist aber per se noch kein Garant für durchgängig vorurteilsfreie Meinungen und dafür, daß Stigmatisierungen gänzlich ausbleiben. Aber: Integration relativiert fiktive Bilder über Behinderte, weicht globale Etiketten auf und erleichtert den Zugang zu einer differenzierten Betrachtung des Phänomens Behinderung (vgl. hierzu 6.5 und MARKOWETZ 1996a).

7.2.4 Zielgleiche und zieldifferente Integration

In der Integrationsdiskussion ist häufig die Rede von zielgleicher und zieldifferenter Integration (vgl. WILMS 1991a, 52-53).

- **Zielgleiche Integration:**

Unterricht ist nicht behinderungsspezifisch

Die Integration einzelner behinderter Kinder hat schon immer stattgefunden, ohne daß der Integrationsbegriff dafür verwendet wurde. Allerdings waren das Kinder, die auch mit ihrer Behinderung den Leistungsanforderungen, die an gleichaltrige nichtbehinderte Kinder gestellt werden, ohne größere und aufwendigere Maßnahmen entsprechen können. Bei zielgleicher Integration hat sich das behinderte Kind insofern dem System Schule und all seinen vielfältigen Anforderungen voll unterzuordnen. Zielgleiche Integration ist zugleich auch selektive Integration. Sie bringt eine neue Gruppe von Behinderten hervor, die »nicht integrierbaren Behinderten«.

- **Zieldifferente Integration:**

Von zieldifferenter Integration spricht man, wenn behinderte Kinder am Unterricht teilnehmen dürfen, die aufgrund ihrer Behinderung den lehrplangemäßen Anforderungen der Regelschule keinesfalls entsprechen können. Ein solcher Unterricht kann von einer einzelnen Lehrkraft nicht mehr geleistet werden. Es muß im Mehr-Pädagogenteam (in aller Regel ein/e Regelschullehrer/-in und ein/e Sonderschullehrer/-in) unterrichtet werden. Zieldifferente Integration heißt, daß jedes behinderte Kind nach dem Lehrplan unterrichtet wird, nach dem es auch an der seiner Behinderung entsprechenden Sonderschule unterrichtet werden würde.

Unterricht ist behinderungsspezifisch

Ein zieldifferenter Unterricht ist ein in höchstem Maße binnendifferenzierter Unterricht. Die Differenzierung erstreckt sich dabei auf die Ziele, die Inhalte, die Methoden und die Medien. Neben fachlich qualifizierten Pädagogen und Pädagoginnen, sowie Therapeuten und Therapeutinnen erfordert eine solche integrative Praxis ein hohes Maß an integrativer Didaktik und Methodik. Zieldifferente Integration kann nicht ohne veränderte Rahmenbedingungen stattfinden. Sie ist deshalb (zumindest in der Modellphase) kostenintensiver als die zielgleiche Integration.

7.2.5 Kooperation

Integration durch Kooperation?

Seit Beginn der Integrationspraxis spielt das »Modell der Kooperation« als eine weitere mögliche Variante, behinderte Kinder und Jugendliche schulisch zu integrieren, bundesweit eine große Bedeutung. Die Bewertungen hierüber gehen allerdings weit auseinander. So spricht FEUSER aus theoretischer Sicht auf der Grundlage seines umfassenden Integrationsverständnisses von »Kooperation als politische Strategie der Abwehr der Integration« (1991, 144), während SCHWÖBEL (1995, 62) aufgrund praktischer Erfahrungen »Integration durch Kooperation« sinngebend realisiert sieht und für die beste Form der Integration hält. FEUSER (1995, 220-205) unterscheidet zwei Formen des Koop-Modells. In beiden Modellen ist der Schulstandort auch für die behinderten Schüler/-innen nicht mehr die Sonderschule, sondern die Regelschule. Die behinderten Schüler bleiben formal Schüler der Sonderschule und werden von dort aus verwaltet. Das vertikal gegliederte Schulsystem als solches wird nicht in Frage gestellt. Auch an dem System Sonderschule wird weiterhin festgehalten.

Formen von Kooperation

In der ersten Form wird eine Gruppe bzw. eine ganze Klasse behinderter Kinder (in der Regel zwischen vier und sechs Kinder einer Behinderungsart) zusammen mit ihren Lehrer/-innen und Therapeut/-innen »ausgelagert« (vgl. z.B. BAUR et al. 1996, 52-54). In der Regelschule erhalten sie ein Klassenzimmer, in dem sie nach dem sonderschultypspezifischen Lehrplan weiter unterrichtet werden. Dieser Klasse ist eine Kooperationsklasse der Regelschule mit einer deutlichen reduzierten Klassenfrequenz (ca. 15-20 Kinder) zugeordnet, die wiederum zielgleich nach dem Lehrplan der Regelschule unterrichtet wird. Die beiden Klassen kooperieren im Rahmen kleinerer Projekte und unterrichtlicher Vorhaben sowie in einzelnen Fächern (in der Regel nicht in den Kulturtechniken Lesen, Schreiben und Rechnen) zu festgelegten bestimmten Zeiten. Die äußere Differenzierung wird »auf Zeit« zugunsten von innerer Differenzierung, Individualisierung und der Kooperation an einem gemeinsamen Spiel- oder Lerngegenstand aufgehoben. Bisweilen ist es auch möglich, daß die

Kinder räumlich nicht getrennt sind, aber an getrennten und zielgleichen Themen und Inhalten, entsprechend den jeweils schul- und lehrplanspezifischen Vorgaben, lernen (»Sonderbänkler« in Regelklassen).

Die erweiterte Variante davon – sie wird in Baden-Württemberg als »vertiefte Kooperation« (vgl. BAUR et al. 1996, 53; BERGES 1996, 48), von starken Befürwortern schlechthin als Integration bezeichnet – unterscheidet sich im wesentlichen darin, daß in einer Kooperationsklasse unterschiedliche Behinderungsarten (heterogene Zusammensetzung nach Art und Schweregrad der Behinderung) zu finden sind und ein gemeinsamer Unterricht über die volle Schul- und Unterrichtszeit hinweg stattfinden kann, wenngleich stets mit räumlicher Trennung für spezielle Förder- oder Therapieangebote und mit Rückzugsmöglichkeit für einzelne Schüler in ein Ausweichklassenzimmer. Der Unterricht selbst wird auf der Grundlage der jeweiligen Lehrpläne aus Sonder- und Regelschule differenziert nach Zielen, Inhalten, Methoden und Medien. Ein solches Vorgehen verlangt neben umfassenden didaktisch-methodischen Kompetenzen ein hohes Maß an Kooperation bei den beteiligten Lehrern und ist sehr zeit- und vorbereitungsintensiv. Die Gefahr ist deshalb groß, daß doch über weite Strecken wieder traditioneller Unterricht stattfindet, der gravierende selektive und desintegrative Momente beinhaltet. Es hängt vom Bewußtsein und der pädagogischen Innovationskraft der beteiligten Lehrer/-innen ab, ob und in welchem Umfang sich durch eine so verstandene Kooperation segregierende Strukturen abbauen und in integrative Prozesse (vgl. hierzu 7.4.2) überführen lassen.

Bewertung

Kooperation können wir als einen pragmatisch wichtigen Schritt in Richtung Integration auffassen. Kooperation ist nicht die beste Form der Integration, stellt aber einen verträglichen Kompromiß dar, vor allen Dingen dann, wenn umfassendere strukturelle Veränderungen und bildungspolitische Lockerungen zunächst nicht erwirkt werden können. Die Praxis der Kooperation schließlich könnte für Lehrer/-innen aus Regel- wie Sonderschulen ein Prozeß sein, innerhalb dessen sie sich sukzessiv für eine qualitative Integrationspraxis kompetent machen. Sie kann sich aber auch als »alter Wein in scheinbar neuen Schläuchen« (FEUSER 1995, 206) erweisen.

7.3 Grundsätze und Prinzipien der Integration

Die praktische Umsetzung von Integration setzt ein theoretisches Verständnis von Integration voraus, das von folgenden zentralen Prinzipien und Grundsätzen bestimmt wird (vgl. u.a. BEGEMANN 1993; BLEIDICK 1988; FEUSER 1995; KOBI 1990; MUTH 1991; SCHÖLER 1993):

1. **Prinzip des Rekurs auf den ethischen Imperativ unserer Verfassung** (vgl. FEUSER 1993, 152, WOCKEN 1987a, 132). Jedwede Vorstellung von Integration fußt auf dem ethischen Imperativ, wie er in unserer Verfassung gesetzlich verbrieft ist: »Kein Mensch darf wegen seiner Behinderung benachteiligt werden.« Dem Beschluß des Bundestages, Artikel 3 unseres Grundgesetzes dahingehend zu ändern, werden Gleichstellungs- und Antidiskriminierungsgesetze folgen, deren Urteile den Prozeß der Integration erleichtern, die Selbstbestimmung und Autonomie Behinderter stärken und das uneingeschränkte Recht auf Leben, Erziehung und Bildung *aller* Menschen mit Behinderungen sichern helfen.

2. **Prinzip der »Wiederherstellung der Einheit des Menschen in der Menschheit«.** Diese von EDOUARD SÉGUIN (1812-1880) stammende Forderung meint, daß jedem Kind ein Recht auf Erziehung und Bildung zu gewähren ist, ohne die »Einheit« zu zerstören oder aufzugeben (vgl. FEUSER 1990a, 7; 1990b, 171). In der Entwicklung der Integration geht es um *einen* Kindergarten und *eine* Schule für alle! Selektion wird überflüssig und vollständig durch Kooperation ersetzt.

3. **Prinzip der Normalisierung** (ADAM 1977; THIMM 1994, 33-70). Leitvorstellung aller integrativen Bemühungen ist die Normalisierung. Es ist ein Mittel, das es Behinderten gestattet »ein Leben so normal wie möglich« (THIMM 1994, 35) zu führen und treibende Kraft einsetzender und anhaltender integrationsorientierter Reformen. Normalisierung meint nicht 'Gleich-macherei', sondern gleichberechtigte Teilhabe am Leben der nichtbehinderten Menschen.

4. **Prinzip der Unteilbarkeit von Integration** (MUTH 1991, 2). Es geht davon aus, daß grundsätzlich jedes behinderte Kind *unabhängig von Art und Schweregrad der Behinderung* aufgenommen wird und damit eine Klassifikation in »integrierbare« und »nicht integrierbare« Kinder entfällt.

5. **Prinzip der Ganzheitlichkeit** (vgl. z.B. FEUSER 1984, 35; HILDESCHMIDT/SANDER 1990, 220-227). Jeder Mensch wird so akzeptiert wie er ist. Seine Lebenswirklichkeit ist angemessen zu berücksichtigen und in alle Maßnahmen der Förderung und Lebensbewältigung einzubeziehen statt unverhältnismäßig intensiv in einem Bereich Abhilfe und Erleichterung zu schaffen.

6. **Prinzip der Regionalisierung** (vgl. z.B. BEGEMANN 1991, 122f.; FEUSER/MEYER 1987, 11). Ausgehend von einer im unmittelbaren

Lebensumfeld aller Kinder organisierten Erziehung und Bildung, werden nur Anmeldungen von nichtbehinderten und behinderten Kindern aus dem Einzugsgebiet der jeweiligen Erziehungs- und Bildungseinrichtung berücksichtigt, so daß keine Integrationszentren entstehen.

7. **Prinzip der Dezentralisierung** (vgl. z.B. FEUSER/MEYER 1987, 11; WOCKEN 1993b, 1). Personelle und materielle Hilfen für Kinder sind dort zu gewähren, wo sie gebraucht werden und zur Bewältigung von Lern- und Alltagsproblemen beitragen. Damit ist auch gemeint, daß nicht die Kinder zu denjenigen Personen kommen, die fördern, therapieren und helfen, sondern die Experten zum Kind kommen.

8. **Prinzip des Kompetenztransfers** (vgl. z.B. FEUSER 1990b, 171). Im Falle einer gelungenen interdisziplinären Kooperation müssen fachliche Kompetenzen untereinander ausgetauscht werden, um den Blick auf das Komplexe und Ganze zu richten, die eigenen Handlungskompetenzen zu erweitern sowie das berufliche Selbstverständnis der beteiligten Professionen in Frage zu stellen und neu zu definieren.

9. **Prinzip der Teamarbeit und des Teamteaching** (vgl. z.B. DUMKE/KRIEGER/SCHÄFER 1989, 134; FEUSER/MEYER 1987, 11; ORTMANN 1993, 388; WOCKEN 1993b, 6-7). Es geht davon aus, daß alle integrativen Prozesse miteinander geplant, durchgeführt und reflektiert werden. Für das Gelingen der integrativen Bemühungen ist es unerläßlich, daß nicht nur Sonder- und Regelpädagogen, sondern auch Vertreter aller anderen Disziplinen (Medizin, Psychologie, Therapie, Sozialpädagogik, etc.) interdisziplinär effektiv und kooperativ zusammenarbeiten und die Elternarbeit verstärken.

10. **Prinzip der integrierten Förderung und Therapie** (vgl. FEUSER 1990b, 171). Förderung und Therapie sollen nicht (z.B. auch aus Kostengründen) reduziert oder ersetzt werden, sondern müssen besser auf die individuellen Bedürfnisse und die durch Integration veränderten Lebenszusammenhänge abgestimmt und vor allen Dingen so weit wie möglich im Kontext des Gruppen- oder Klassengeschehens durchgeführt werden, damit Behinderte durch Förderung oder Therapie nicht länger Ausgrenzungen und sozialen Ausschluß erfahren zu brauchen.

11. **Prinzip der »Kooperation am gemeinsamen Lerngegenstand«** (vgl. FEUSER 1995, 169-194; MEYER/HEYER 1990, 187 und 7.4.1). Der bloße Kontakt zwischen Behinderten und Nichtbehinderten

garantiert nicht zwangsläufig eine gelungene Integration, vielmehr müssen die Kontakte über einen gemeinsamen Lerngegenstand vermittelt werden. Die Qualität steigt in dem Maße, in dem der gemeinsame Lerngegenstand Ich-, Du- und Wir-Kompetenz vermitteln kann. Es handelt sich dabei um einen Gegenstand, der ein »kleinstes gemeinsames Vielfaches« in sich birgt, das

a) das individuelle Bedürfnis nach Expansion jedes Menschen befriedigt,
b) soziales Interesse weckt,
c) über den Lerngegenstand die vielfältigsten Interaktionen zuläßt,
d) die individuellen Leistungen erkennen, nachvollzieh- und spürbar werden läßt,
e) eine »solidarische Kultur« (BEGEMANN 1993, 153) hervorbringt.

12. **Prinzip der Kollektivierung** (vgl. z.B. FEUSER 1993; JANTZEN 1990, 223-228, 111; WILMS 1991b, 63). Jeder einzelne Menschen ist gut zu versorgen, zu betreuen und zu fördern. Ziel aller Maßnahmen ist die Einbindung und maximale Teilhabe an der Gruppe, einzelnen Teilen der Gesellschaft und der Gesellschaft insgesamt.

13. **Prinzip der Individualisierung** (vgl. z.B. FABRIZ 1991, 92; FEUSER/MEYER 1987, 24; KRAWITZ 1992, 339; WILMS 1991b, 63f.; WOCKEN 1993b, 5-6). Alle Maßnahmen, die die Lebensqualität erhalten und verbessern, schulisches und außerschulischen Lernen in sämtlichen Bereichen sowie die Handlungskompetenzen zur Lebensbewältigung betreffen, müssen auf den einzelnen Menschen ausgerichtet sein und in höchsten Maße seine Wünsche, Bedürfnisse und Besonderheiten einbeziehen.

14. **Prinzip der Inneren Differenzierung** (vgl. z.B. DEMMER-DICKMANN 1991; FEUSER/MEYER 1987, 32-63; KLAFKI 1993, 173f.; MUTH 1992, 214-221; WOCKEN 1993b, 5-6). Unter Berücksichtigung der Prinzipien Individualisierung und Kollektivierung wird für alle Maßnahmen eine Abstimmung nach Zielen, Inhalten, Methoden und Medien garantiert und damit in allen Bereichen ein in höchstem Maße entwicklungslogisches Lernen und Vorwärtskommen ermöglicht.

15. **Prinzip des Elternwahlrechts** (vgl. z.B. ROSENBERGER 1990, 334-335). Eltern von behinderten Kindern können sich zwischen einer integrativen Erziehung und Beschulung in einer Regeleinrichtung oder einer Sondereinrichtung entscheiden.

16. **Prinzip der Freiwilligkeit** (vgl. z.B. FEUSER 1995, 223-225; MEYER/HEYER 1990, 181). Alle an konkreten integrativen Versuchen, Modellen und Maßnahmen beteiligten Personen arbeiten freiwillig mit.

17. **Prinzip der Vielförmigkeit** (vgl. z.B. HINZ 1993, 31; FÜSSEL/KRETSCHMANN 1993, 57-95; MUTH 1990, 17). Integration kann in vielen Organisationsformen stattfinden, z.B. in Form von differenzierten Grundschulen, Präventionsversuchen, Integrationsklassen, Integrationsschulen, Einzelintegration, ausgelagerten Klassen, Kooperation, Förder- und Diagnoseklassen, integrativen Regelklassen, Ganz- und/oder Halbtagsschulen mit und ohne familienergänzende Aufgaben, kooperativen Schulzentren, Förderzentren oder Ambulatorien auf regionaler oder überregionaler Ebene, im Verbundsystem.

18. **Prinzip des Dialogischen** (vgl. BEGEMANN 1993, 163-164; BUBER 1965, 32; FEUSER 1990a, 16; KOBI 1993, 413-433). »Der Mensch wird am DU zum ICH« oder »der Mensch wird zu dem ICH, dessen DU wir ihm sind« erweist sich als ein Fundamentum einer integrativen Pädagogik. Das Dialogische Prinzip ist eine grundlegende Kategorie des Zwischenmenschlichen. Integration ist ein Sonderfall einer Begegnung, der zum Normalfall werden soll.

19. **Prinzip der Nähe und Distanz zu Gleichheit und Verschiedenheit** (vgl. REISER 1991 und 7.4.2). Integration möchte keine dauerhaften, symbiotischen Verschmelzungen zwischen Behinderten und Nichtbehinderten herstellen, sondern lebt von Momenten, in denen man sich gegenseitig annähern und auch wieder entfernen kann, sich also immer wieder findet.

20. **Weitere Prinzipien.** Damit sei zum einen darauf verweisen, daß ich hier keinen Anspruch auf Vollständigkeit und Abgeschlossenheit erhebe. Zum anderen, daß in uns allen Utopien, Vorstellungen, Erfahrungen und Kräfte wirken, die wir nicht ausschließlich rational bestimmen und weder vollständig erfassen noch begründen können, die im Prinzip aber unser theoretisches Verständnis von Integration und praktisches Handeln wesentlich mitprägen.

Prinzipien und Integrationspraxis

Die hier genannten Prinzipien stellen einen vorläufigen Maximalkatalog dar, nach dem bis heute grundsätzlich versucht wird, Integration konzeptionell zu bestimmen und praktisch zu realisieren. Die Erfahrungen der letzten zwanzig Jahre haben aber gezeigt, daß selbst in hochkarätigen Modellversuchen immer wieder gegen zentrale und eigentlich mit Integration unvereinbare Prinzipien verstoßen wird. So hat man beispielsweise in der Berliner Fleming-Schule, in der bereits 1975 die erste Integrationsklasse eingerichtet wurde, das Prinzip der Unteilbarkeit nicht beachtet, weil geistig schwer und schwerstmehrfachbehinderte Kinder ausgeschlossen waren (vgl. 7.6.1). Daran zeigt sich, daß zwar Grundsätze und Prinzipien für ein umfassendes Integrationsverständnis unerläßlich sind, sie in der Realität aber oftmals wegen fehlender Rahmenbedingungen nicht konsequent umgesetzt werden können.

Abb. 7.2: Prinzipien und Verständnis von Integration

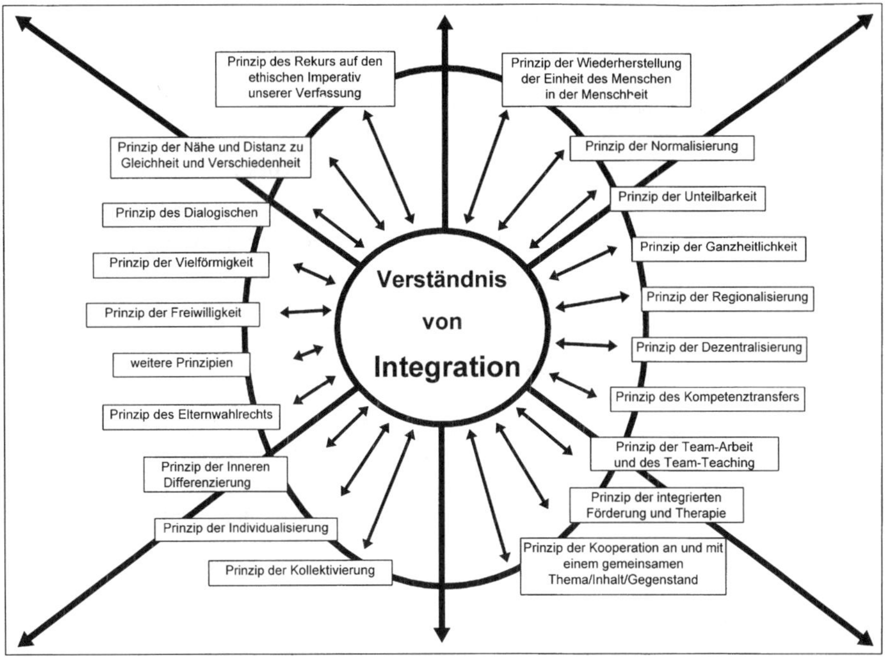

Abbildung 7.2 zeigt die Nähe und Distanz zu den Prinzipien und Grundsätzen von Integration auf, die jeder an sich feststellen kann, wenn er ein Verständnis von Integration entfalten möchte. Manche Prinzipien werden als wichtig erachtet; ihnen nähert man sich gedanklich an und wird versuchen, sie auch praktisch umzusetzen. Andere Prinzipien wiederum werden als weniger oder gar nicht wichtig erachtet. Diesen wird man gedanklich fernbleiben und sie auch praktisch unberücksichtigt lassen. Für jeden Betrachter stellt sich so sein Integrationsverständnis als

Individuelle Integrationsverständnisse

»persönliche Landkarte« dar. Eine streng hierarchische Ordnungsstruktur der Prinzipien gibt es nicht. Die genannten Prinzipien bedingen sich wechselseitig und sind voneinander abhängig. Manche Prinzipien lassen sich nicht einmal scharf voneinander abgrenzen. Sie gruppieren sich zu sinnvollen Einheiten und verstärken die Wirkung auf integrative Prozesse. Und doch – so scheint mir – lassen sich einige wertgeleitete Prinzipien ausmachen, die den anderen übergeordnet sind, im gewissen Sinn ein »Dach« bilden, und das »alles verbindende, gemeinsame Etwas« zwischen den einzelnen Prinzipien ausmachen.

7.4 Theorieentwicklungen in der Integrationspädagogik

Aus der integrativen Praxis bildeten sich mehrere integrationspädagogische Theorieansätze heraus, die teils untereinander konkurrieren, sich teils ergänzen und überschneiden. Folgende drei theoretische Zugänge spielen heute eine zentrale Rolle auf der Theorieebene einer integrativen Pädagogik:

1. Die Theorie des gemeinsamen Lerngegenstandes (GEORG FEUSER)
2. Die Theorie integrativer Prozesse (HELMUT REISER)
3. Der Ökosystemische Theorieansatz (ALFRED SANDER).

Theoretische Grundorientierungen

Die drei Theorientwicklungen entstammen unterschiedlichen theoretischen Grundorientierungen. FEUSER formuliert seine theoretischen Vorstellungen des gemeinsamen Gegenstandes auf der Verständnisgrundlage der materialistisichen Behindertenpädagogik. SANDER stellt die Wechselwirkungen zwischen den unterschiedlichen Systemen (Mikro-, Meso-, Exo- und Makrosysteme) auf der Grundlage der ökologischen Sichtweisen von BRONFENBRENNER (1981) in den Vordergrund seiner theoretischen Betrachtungen. REISER geht von den Erkenntnissen der Psychoanalyse aus und untersucht die durch Integration bewirkten Prozesse auf verschiedenen Ebenen, von der Psyche des einzelnen Menschen bis zur gesellschaftlich-normativen Ebene.

Die *Theorie des gemeinsamen Gegenstandes von* FEUSER (1989; 1995) bezieht sich zentral auf den integrativen Unterrichts und ist vor allen Dingen didaktischer Qualität, während der *ökosystemische Ansatz* der Saarbrücker Arbeitsgruppe um SANDER (vgl. HILDESCHMIDT/SANDER 1990, 220-227) von einem komplexeren Behinderungsbegriff ausgeht und die Wechselwirkungen der unterschiedlichsten Systemebenen in den Mittelpunkt der Betrachtungen stellt. Die *Theorie integrativer Prozesse* der Frankfurter Arbeitsgruppe um REISER (vgl. GUTBERLET et al. 1983; KLEIN et al. 1987; REISER et al. 1986; REISER 1990 und 1991) hingegen

»und ihre Konkretion auf prinzipiell allen Ebenen scheint auf Anhieb die umfassendste und gleichzeitig ertragreichste Theorie im Bereich der Integrationspädagogik zu sein und die beiden anderen Ansätze einzubeziehen« (HINZ 1993, 42).

Eine ausführliche Darstellung dieser drei essentiellen theoretischen Ansätze kann hier nicht geleistet werden, ich werde deshalb lediglich die Konturen der einzelnen Positionen skizzieren. Für eine vertiefte Auseinandersetzung mit den Theorien sei auf die einschlägige Literatur verwiesen.

Die drei integrationspädagogischen Theorieansätze kennzeichnen in besonderer Weise eine tiefgreifende Umbruchsituation der sonderpädagogischen Landschaft in Deutschland. Integration wird als das Modell der Zukunft diskutiert (vgl. Heft 3 der Zeitschrift *»Behinderte«* 1996) und hat die traditionelle Sonderpädagogik in die Krise geführt (vgl. JANTZEN 1995). In der Kritik des sonderpädagogischen Paradigmas schließlich wird von EBERWEIN (1995) die Notwendigkeit eines integrationspädagogischen Paradigmas eingefordert. Im Kontext der hier dargelegten Theorieentwicklungen kann auf eine kurze Vorstellung des *»integrativen Paradigma«* nicht verzichtet werden.

7.4.1 Theorie des gemeinsamen Gegenstands

Bereits aus seiner komplexen Definition von Integration (vgl. 7.2.2) geht hervor, daß für FEUSER der Kern eines jeden integrativen Unterrichts der »gemeinsame Gegenstand« ist. Die Theorie des gemeinsamen Gegenstandes kann demnach als eine didaktische Theorie aufgefaßt werden. FEUSER spricht im Kontext seines Theorieentwurfes von einer »entwicklungslogischen Didaktik« im Rahmen einer »allgemeinen (kindzentrierten und basalen) Pädagogik« (vgl. FEUSER 1995, 168). Er hält die »kooperative Tätigkeit der Subjekte im Kollektiv« (ebd., 174) für unverzichtbar, wenn sich Integration nicht in einem »segregierenden Nebeneinander in einer räumlichen Einheit« (FEUSER 1989, 32) erschöpfen soll. Erst die Kooperation an einem gemeinsamen Gegenstand ermöglicht es, daß sich alle Kinder in ihrem »So-sein« kennenlernen und den anderen in seiner Ganzheit entdecken, erschließen und verstehen lernen können. Der gemeinsame Gegenstand hat demnach eine wichtige vermittelnde Funktion zwischen den Subjekten und kann als das »kleinste gemeinsame Vielfache« aufgefaßt werden, von dem aus sich alle Subjekte verständigen und individuelle Entwicklungen machen können. Der gemeinsame Gegenstand »ist nicht das materiell Faßbare, das letztlich in der Hand des Schülers zum Lerngegenstand wird, sondern der zentrale Prozeß, der hinter den Dingen und beobachtbaren Erscheinungen steht und sie hervorbringt« (a.a.O.).

Kooperation am gemeinsamen Gegenstand

Inhalte, Themen und unterrichtliche Vorhaben spielen in FEUSERS Überlegungen eine nachrangige Rolle. Statt dessen rückt er die Kinder und deren Persönlichkeitsentwicklung in den Mittelpunkt. Menschliche Entwicklung möchte er »als einen aktiven Prozeß der Aneignung von Welt« verstanden wissen (1989, 25). Neben den Grundprizipien menschlicher Aneignungsprozesse, beruft er sich auf die Erkenntnisse, die im Kontext der Erforschung von »Selbstorganisations und -regulationsmechanismen« von »inneren und äußeren Prozessen lebendiger System« in sowohl philosophischen als auch naturwissenschaftlichen Bereichen von Bedeutung sind und argumentiert mit deren Begriffen und Prinzipien (a.a.O.). FEUSER (1989, 26-27) konstatiert, daß Lernen nur stattfindet, wenn Prozesse subjektive Bedeutung, d.h. einen ganz persönlichen nützlichen Effekt haben. Entwicklung ist mehr als die *Summe der Erfahrungen* aufgrund von Lernprozessen, die sich akkumulieren und die Komplexität und differenzierte Organisation der Psyche ausmachen. Jede Verhaltensänderung komplexer Systeme ist entwicklungslogisch.

Menschliche Entwicklung ist Aneignung von Welt

Menschen mit oder ohne Behinderungen sind als ein komplexes System aufzufassen. Trotz einer Behinderung stellt sich ein dynamischer Zustand ein. Das System reagiert systemimmanent und folgt einer von ihm selbst organisierten Logik. FEUSER nennt das Entwicklungslogik (vgl. 1995, 121). Selbst wenn das Produkt der Logik von uns als pathologisch beurteilt wird, es ist und bleibt eine kompetente und adäquate Antwort des Systems. Feuser fordert eine Lern- und Unterrichtsplanung vom Kinde aus ein. Unterricht muß sich der Objektseite abwenden und sich dem Subjekt und seinen individuellen Lernbedingungen zuwenden. Damit rückt für ihn die Qualität der Lernleistung an einem Lerngegenstand, die jeder einzelne Schüler aufgrund seiner momentanen Wahrnehmungs-, Denk- und Handlungskompetenzen machen kann, in den Vordergrund, statt der Quantität, »die Vollständigkeit der Rezeption der Unterrichtsgegenstände« (1989, 28). Wer nun aber denkt, daß ein integrativer Unterricht ein Unterricht ist, bei dem notfalls jedem Schüler sein eigenes Curriculum zur Aneignung von Welt parallel und nebeneinanderher, unter einem Schuldach und in einem Klassenzimmer pädagogisch serviert wird, irrt. Für FEUSER wären das nur neue, verfeinerte Formen äußerer Differenzierung, die zwar zu einer sozial-romantischen Integrationsklassenzimmeratmosphäre führen können, aber »keine echte Integration« darstellen. Er fordert deshalb grundsätzlich offene Curricula statt verengter, reduzierter und vor allen Dingen per Lehrplan vorgegebener verbindlicher Inhalte sowie die Aufgabe der einseitigen Betonung der Sachstruktur zugunsten einer als gleichwertig zu betrachtenden Tätigkeitsstruktur.

Pädagogische Konsequenzen

Des weiteren moniert FEUSER die bislang nicht überwundene Zweidimensionalität didaktischer Planung. Maßnahmen der inneren Differenzierungen können tatsächlich erst als solche bezeichnet werden, wenn sie nicht mehr deshalb eingeleitet werden, um Schulversagen, Sitzenbleiben und Sonderschulüberweisungen abzufangen oder zu rechtfertigen, sondern sich Ziele, Inhalte, Methoden und Medien variabel zeigen und am gemeinsamen Gegenstand festgehalten wird. Notwendig sind individualisierte, nicht individuelle Curricula, also eine Individualisierung des gemeinsamen Gegenstandes aus der Entwicklungslogik des Subjekts heraus (vgl. 1989, 33). Der gegenwärtigen, auf Selektion ausgerichteten Pädagogik, wirft FEUSER die Zerstörung des ICH, verstanden als »integrale Einheit von Tätigkeit, Sinn und Bedeutung« und des SELBST, also Störungen der Identität und Identitätsverlust der Subjekte, vor.

Lernformen

Bei der methodischen Umsetzung favorisiert FEUSER das Vorgehen in Projekten. »Nur in Projektform angelegte Lern- und Unterrichtseinheiten bieten die Chance, an dem jeweils spezifischen Erfahrungshorizont und der Bedürfnislage der Schüler anzuknüpfen und im Sinne des o.a. didaktischen Feldes in offenen und kooperativen Lernformen zusammenzuführen« (ebd., 31). Die didaktische Entfaltung von Lerngegenständen müsse von ihrem geschichtlichen Gewordensein und ihrem Sosein her geschehen, denn ein solches Vorgehen ermögliche in bisher noch nicht dagewesener Form, vor allen Dingen bei konsequenter Integration von Geburt an, Lernprozesse so frühzeitig und gemeinsam »pädagogisch« beginnen zu lassen, daß eben tatsächlich der gemeinsame Gegenstand ein gemeinsamer ist und als solcher auch noch lange überdauert.

7.4.2 Theorie der integrativen Prozesse

REISER (1991, 15-16) faßt Integration als »dynamische Balance von Gleichheit und Verschiedenheit« auf. Er verdeutlicht, daß Integration als »Ziel nicht unmittelbar hergestellt werden kann« und bezeichnet »integrative Prozesse als Wege, die in den Individuen und Gruppen selbst gegangen werden müssen«. Integrative Prozesse spielen sich auf mehreren, scheinbar disparaten und doch untrennbar miteinander verzahnten und sich gegenseitig bedingenden Ebenen ab. KLEIN/KREIE/KRON/REISER (1987, 41) unterscheiden in Anlehnung an die Bestandteile des Modells der Themenzentrierten Interaktion TZI (COHN 1975) zunächst idealtypisch folgende vier Ebenen integrativer Prozesse:

Ebenen der Integration

- Innerpsychische Ebene,
- interaktionelle Ebene,
- institutionale Ebene,
- gesellschaftliche Ebene.

Im Mittelpunkt steht die einzelne Person, das Subjekt mit seinen jeweils individuellen Entwicklungen. Auf einer zweiten Ebene gewinnen die

Interaktionen zwischen den Subjekten und deren Ausbildungen von sozialen Beziehungen an Bedeutung. Auf einer weiteren Ebene geht es um jene Handlungen, die sich im Unterricht abspielen und herbeigeführt werden. Hier sind unterrichtspädagogische und didaktisch relevante Aspekte anzusiedeln. Auf einer nächsten Ebene wird verstärkt das Umfeld des Geschehens in den Institutionen wahrgenommen und analysiert. Und schließlich werden auf der Ebene der Gesellschaft und deren Prozesse Begrifflichkeiten, Normen und Werte, relativierte oder veränderte Verständnisse auf ihren Gehalt für gesellschaftliche Veränderungs- oder Bestätigungsprozesse hinterfragt und bewertet.

KLEIN/KREIE/KRON/REISER (1987, 39-40) sehen die *innerpsychische Ebene* als Grundlage aller nachfolgenden Ebenen an. Ohne die innerpsychische Ebene kann keine Einigung oder Balance auf allen weiteren Ebenen gelingen. Als Voraussetzung der Prozesse auf der innerpsychischen Ebene fungiert die *interaktionelle Ebene*. Hier sind die Möglichkeiten angesiedelt, »miteinander etwas zu tun« bzw. »etwas zu tun zu haben«, sie sind deshalb reale Grundlage aller integrativen Prozesse. Hier findet das »gemeinsame Handeln an einer Sache« im Sinne der Theorie des gemeinsamen Gegenstandes von FEUSER statt, die in die Beziehungen der Gruppenmitglieder untereinander einmünden. Die *institutionelle* Ebene repräsentiert jene Aspekte, die administrativ von der Verwaltung, der Behörde, Ämtern und Ministerien auf der Grundlage des gegenwärtig vorherrschenden Erziehungs- und Bildungsverständnisses vorgegeben sind und nachhaltig das Erziehungs- und Bildungskonzept bestimmen. Auf dieser Ebene finden integrative Prozesse erst dann statt bzw. werden erst dann in Form von schul- und bildungspolitischen Änderungen wirksam, wenn sie vom Kern des Systems an, also auf der Ebene der innerpsychischen und interaktionellen Prozesse, nachhaltig nach außen wirken. Die *gesellschaftliche Ebene* ist die normative Grundlage integrativer Prozesse. Integration gerät zunehmend in Widerspruch mit normativen Setzungen. Einer Gesellschaft, die seit jeher Behinderte als deviante Personen exotisiert, gleichzeitig aber »besondere« Einrichtungen für deren Rehabilitation geschaffen hat, ist nur schwer einsichtig, warum diese sich jetzt plötzlich erübrigen sollen.

Erweiterung des Modells

Das Modell integrativer Prozesse von KLEIN/KREIE/KRON/REISER (1987) hat REISER (1990) um *drei weitere Ebenen* erweitert und analysiert. REISER führt sein Modell noch stärker an das Modell der Themenzentrierten Interaktion heran, indem er den Ich-Aspekt (innerpsychische Ebene), den Gruppen-Aspekt (interaktionale Ebene) und den Sach-Aspekt (Handlungsebene) als Eckpunkte eines Dreiecks bestimmt, das von einer Kugel umgeben ist, die wiederum selbst aus mehreren Schalen (Ebenen) zusammengesetzt ist. Er spricht von einem Globe, innerhalb dessen er zwischen institutionellen Bedingungen und gesellschaftlichen Normen unterscheidet. Die erste Schale nennt er die situativ-ökologische Ebene des Austausches mit der konkreten Lebensumwelt, die Lebensweltorientierung. In der zweiten Schale spielen sich die Prozesse ab, die in den Institutionen stattfinden und deren Entwicklungen im Kontext von Integration, im Spannungsfeld von Abgrenzung zur Normalität und Annäherung an die Utopie den Verlauf integrativer Prozesse auf der Ebene der institutionellen Entwicklungen widerspiegeln. In der dritten Schale schließlich finden jene Prozesse statt, die auf der Ebene der gesellschaftlichen Strukturen den Grad der demokratischen Entwicklungen bestimmen, während sich auf der vierten Schale, der transzendierenden Ebene, die existentiellen Erfahrungen präsentieren.

Abb. 7.3: Das Modell integrativer Prozesse nach REISER (1990)

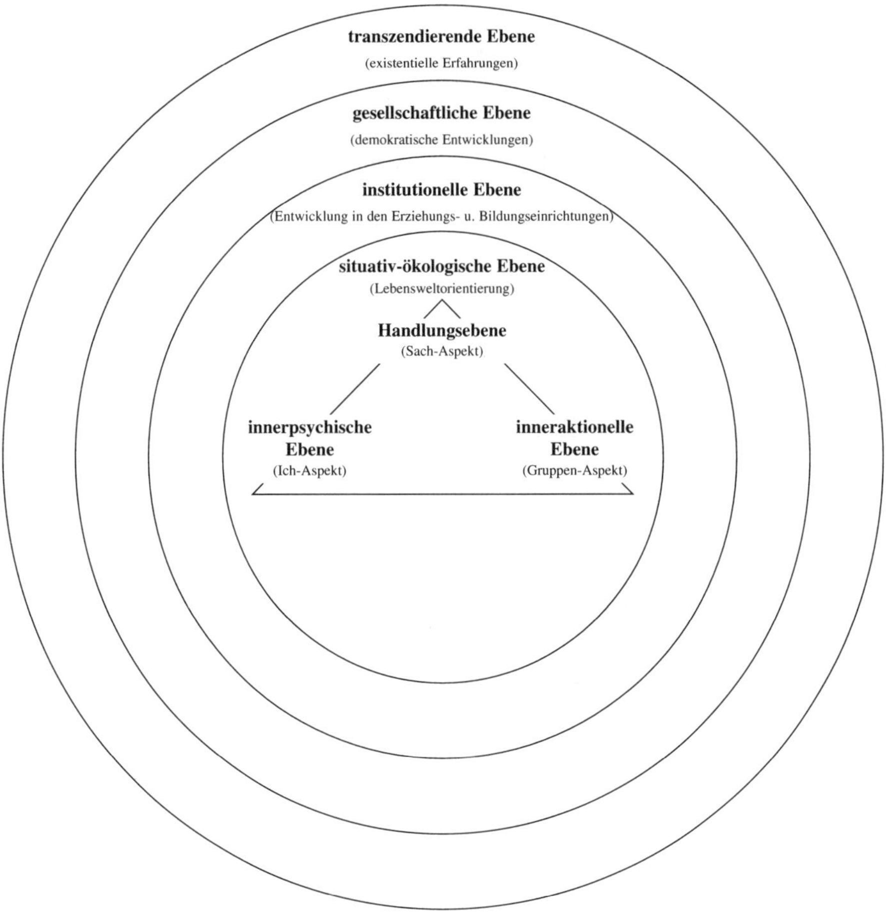

Konsequenzen des Modells

Das Modell macht deutlich, daß Integration weit mehr ist als ein bejahtes und pädagogisch verantwortetes Beisammensein von behinderten und nichtbehinderten Menschen. Integration ist ein Prozeß, der auf uns alle wirkt und uns alle angeht. Integration stellt Einstellungen, Meinungen, das Bestehende, die bewährte Praxis in seinem historischen Gewordensein, theoretische Konstrukte, schließlich sogar die Werte und Normen unserer institutionalisierten Welt und Gesellschaft in Frage. Integration provoziert, zwingt zum Nachdenken, macht Widersprüche transparent und öffentlich. Integration können wir auffassen als einen dynamischen Prozeß von Einigungen zwischen existenten Widersprüchen, die wir auf allen Ebenen vorfinden (vgl. Abb. 7.3). Integrative Prozesse sind homöostatische Vorgänge der Abgrenzung und Annäherung zwischen den dialektisch angelegten widersprüchlichen Polen Gleichheit und Verschiedenheit. Balancierte Widersprüche stellen dabei einen Idealzustand dar, der bisweilen nur schwer herstellbar ist. Die Einigung von Widersprüchen hat eher den Charakter einer »vorläufigen Positionsfindung mit weiterem Klärungsbedarf« auf einem Kontinuum zwischen den widersprüchlichen Polen. Nähe und Distanz zu den Polen geben Auskunft über den aktuellen Stand integrativer Prozesse. HINZ (1993, 53) hat die Ebenen der integrativen Prozesse, die Begriffe für die widersprüchlichen Pole und die balancierten Widersprüche zusammenfassend in folgender Abbildung dargestellt.

Abb. 7.4: Integration als Prozeß von Einigungen zwischen widersprüchlichen Polen auf unterschiedlichen Ebenen (vgl. HINZ 1993, 53)

Spannungsfeld →	**Verschiedenheit**	**← Balance →**	**Gleichheit**
↓ Ebenen ↓ Prozesse →	**Abgrenzung**	**← Einigung →**	**Annäherung**
innerpsychisch	Verfolgung	Akzeptanz	Verleugnung
interaktionell	Abstoßung	Begegnung	Verschmelzung
handlungsbezogen	Verweigerung	Kooperation	Vereinnahmung
institutionell	Aussonderung	Gemeinsamkeit	Anpassung
gesellschaftlich	Exotisierung	Normalisierung	Kolonialisierung

7.4.3 Der Ökosystemische Ansatz

Der Ökosystemische Ansatz, wie er der landesweiten Integrationsentwicklung im Saarland zugrunde liegt, fußt auf den theoretischen Vorstellungen BRONFENBRENNERS (1978; 1981) über die menschliche Entwicklung. Dem sozialökologischen Modell zufolge agieren Menschen in verschiedenen Person-Umwelt-Systemen. Die Lebenswelten oder einfach die Umwelt wird von BRONFENBRENNER (vgl. 1981, 38) aus ökologischer bzw. systemischer Sicht als eine ineinandergeschachtelte Anordnung konzentrischer Strukturen beschrieben. Diese Strukturen werden von ihm in die vier Systeme des Mikro-, Meso-, Exo- und Makrosystems unterteilt. Das Mikrosystem betrifft die Interaktionen im unmittelbaren Umfeld einer Person, z.B. innerhalb der Familie, des Kindergartens, der Schule. Verschiedene Mikrosysteme bedingen sich wechselseitig, sind voneinander abhängig und ergänzen sich zum Mesosystem. Das Exosystem ist das kommunale soziale Netz- und Stützsystem, in dem der Mensch allein oder mit Familie lebt und mit dem er formell (z.B. professionelle Dienste, Ämter, Behörden, Kliniken, städtische, kommunale oder konfessionelle Einrichtungen) wie informell (z.B. Nachbarn, Mitglieder von Selbsthilfegruppen, Vereine) in Wechselbeziehung steht. Das Makrosystem ist der von tradierten Normen und gültigen Wertvorstellungen bestimmte gesellschaftliche und kulturelle Handlungsrahmen (z.B. politische, per Gesetz vorgegebene Normen und Bestimmungen, die sich – wie im Falle der schulischen Integration behinderter Kinder – per se als Einengung des Handlungsspielraumes erweisen).

Der Mensch ist von Systemen umgeben

Im Mittelpunkt ökosystemischer Betrachtungen steht das Subjekt als ein im System von sozialen und materiellen, natürlichen Bezügen eingebetteter Mensch. Die familiären, außerfamiliären, schulischen und außerschulischen Bezugssysteme haben Einfluß auf das Kind, während umgekehrt das Kind durch sein natürliches wie reaktives Verhalten wiederum die Bezugssysteme beeinflußt. Solch ein wechselseitiger dynamischer Prozeß zwischen Mensch und Umfeld beeinflußt fortlaufend das Wahrnehmen, Denken, Fühlen und Handeln des Menschen und bringt zum Ausdruck, ob und wie intensiv er sich in seinem Umfeld wohl und integriert fühlt. Im Kontext eines solchen Verständnisses ist eine Behinderung nicht einfach nur ein Merkmal, eine Eigenschaft eines Menschen, die ausschließlich dem Menschen mit der Behinderung angelastet werden kann und von ihm allein zu verantworten ist. Behinderung wird vielmehr von äußeren Systemen prozessual zugeschrieben und ist in entscheidendem Maße von »außerindividualen Gegebenheiten« abhängig.

Dynamische Prozesse zwischen Mensch und Umfeld

Die ökosystemische Sichtweise von Behinderung umschreibt SANDER (1990, 81) mit folgenden Worten: »Behinderung liegt vor, wenn ein Mensch auf Grund einer Schädigung oder Leistungsminderung ungenügend in sein vielschichtiges Mensch-Umfeld-System integriert ist«. Eine solche Definition lenkt den Blick auf das konkrete Umfeld bzw. System, in das der Mensch mit einer Behinderung integriert werden soll. Nicht nur der Mensch mit einer Behinderung ist zu diagnostizieren, sondern in besonderem Maße auch sein Umfeld. HILDESCHMIDT/SANDER (1990, 225-226) sprechen hier von »Kind-Umfeld-Diagnose« und legen einen erprobten Leitfaden zur Orientierung und praktischen Anwendung vor. Demnach

Definition von Behinderung

ist nicht das Kind als »integrationsunfähig« zu beschuldigen, sondern die Integrationsfähigkeit der umgebenden Systeme mit ihren Personen, Rahmenbedingungen, dort wirkenden gesellschaftlich-normativen Werten (z.B. des Systems Schule) wäre zu prüfen und entsprechend herzustellen. Darin kommt zum Ausdruck, daß nicht ausschließlich die unmittelbare Umgebung des Kindes (das Mikrosystem), sondern auch die Lebensbedingungen größerer Reichweite (Meso-, Exo- und vor allen Dingen Makrosysteme) thematisiert werden müssen. Insgesamt eröffnet der ökosystemische Ansatz als theoretische Standortbestimmung Handlungsperspektiven für integrative Prozesse auf allen Ebenen (vgl. 7.4.2).

7.4.4 Integratives Paradigma: kopernikanische Wende oder Krise der Sonderpädagogik?

Integration wird in den Reihen der Heil- und Sonderpädagogen kontrovers diskutiert. Obwohl erst verschwindend wenige behinderte Kinder (3%) integrativ beschult werden, hat Integration als Modell der Zukunft die Sonderpädagogik in eine Krise gestürzt (JANTZEN 1995, 368), das Selbstverständnis der Heil- und Sonderpädagogik tief verletzt, ja sogar dafür gesorgt, daß die Heil-, Sonder-, Rehabilitations- oder Behindertenpädagogik, wie das OTTO SPECK (1991, 11) ausdrückt, »zur Frage geworden, grundlegend zur Disposition gestellt ist«.

JANTZEN (vgl. 1995, 368) sieht die Hauptursache dieser Aktualität im sog. »integrationspädagogischen Ansatz« begründet und wertet die Krise als Ausdruck eines bereits vollzogenen Paradigmenwechsels, nämlich dem Paradigma der Sonderpädagogik zum Paradigma der Integrationspädagogik. Auf internationaler Ebene wird dieser Paradigmenwechsel bereits bestätigt und geradezu eingefordert. So beispielsweise von der UNESCO, die im Jahre 1994 bei ihrer Weltkonferenz in Salamanca in Spanien der Integration aller Kinder in das Bildungs- und Gesellschaftssystem höchste Priorität einräumt (vgl. UNESCO 1994).

Kritik des sonderpädagogischen Paradigma

EBERWEIN (1995) kritisiert das sonderpädagogische Paradigma und den ihm zugrundeliegenden Behinderungsbegriff. Die gegenwärtigen gesellschaftspolitischen Entwicklungen und Veränderungen werfen immer mehr die Frage der Legitimation »sonder«pädagogischen Handels auf. Der Sonderpädagogik wirft er eine »advokatorische Ethik« vor, die zum Wohle des Kindes argumentiert, insgeheim aber doch ihre Interessen durchsetzt und die Selbstbestimmung, Identitätsfindung und Persönlichkeitsfindung von Menschen mit Behinderungen beeinträchtigt. Er fordert die Sonderpädagogik auf, die defektorientierte Sichtweise von Behinderung aufzugeben, d.h. die Behinderungszuschreibung nicht mehr als Voraussetzung für die Gewährung besonderer Hilfen zu rechtfertigen.

Das Begriffsinventar und das Grundverständnis der Sonderpädagogik sei reif für Revisionen. Das System Sonderpädagogik hält er für gescheitert; es sei weder wissenschaftstheoretisch noch schulpraktisch länger aufrechtzuerhalten. Auch das Etiketten-Ressourcen-Dilemma (vgl. FÜSSEL/KRETSCHMANN 1993, 43f.) im Kontext der Realisierung von integrativen Lösungen dürfe nicht länger als Rechtfertigungsgrund für das Festhalten am Behinderungsbegriff genutzt werden.

Merkmale des integrativen Paradigma

EBERWEINS kritische Analyse mündet in der Forderung nach einem »integrations-pädagogischen Paradigma« (ebd. 472f.). Dabei spielt die Wiederentdeckung des Subjektes in der Pädagogik und die ganzheitliche Sichtweise von Kindern mit Behinderungen eine besondere Rolle. Behinderung muß als relationales Phänomen (vgl. Kap. 1.2) gesehen werden, das in soziale Systeme eingebunden ist. Autonomie und Normalität sind herzustellen, Etikettierungen zu vermeiden, Selbstbestimmung zu fördern und Identitäten zu stiften (vgl. MARKOWETZ 1996a). Soziale Integration kann nicht durch schulische Separation hergestellt werden. Nicht die Kinder müssen zu den Sonderpädagogen kommen, sondern die Pädagogen zu ihnen. Der Ort, an dem die sonderpädagogischen Hilfen den Kindern gewinnbringend zuteil werden sollen, ist die Regelschule. Die Sonderpädagogik hat den notwendigen Paradigmenwechsel von der defektorientierten zur pädagogischen Betrachtungsebene zu vollziehen. Der Anspruch auf Eigenständigkeit und auf eine Spezialdisziplin kann deshalb aufgegeben werden. Die Sonderpädagogik ist in die Allgemeine Pädagogik zu reintegrieren, genauso wie die Sonderpädagogik als Wissenschaft in einer Allgemeine Erziehungswissenschaft aufgehen muß. Der Terminus Integrationspädagogik, wie er von EBERWEIN Mitte der achziger Jahre geprägt wurde, drückt diese Bemühungen aus und ist als Brücke zwischen Regel- und Sonderpädagogik zu verstehen. Für EBERWEIN lauten die zentralen pädagogischen, bildungs- und gesellschaftspolitischen Stichworte: Nichtdiskriminierung, Integration, Selbstbestimmung. Damit berührt das integrative Paradigma in besonderer Weise die Rolle und das Selbstverständnis der Sonderpädagog/-innen und deren theoretische Ausbildung für eine (heil-)pädagogische Praxis der Zukunft.

7.5 Rahmenbedingungen der Integration

Heute, nachdem im vorschulischen Bereich und im Bereich der Grundschule die Modellphase weitgehend als abgeschlossen betrachtet wird (vgl. BORCHERT/SCHUCK 1992), können einige wichtige und zwingend notwendige *Bedingungen* unter Beachtung der weiter oben genannten Prinzipien genannt werden, damit Integration weder für die behinderten noch für die nichtbehinderten Kinder Nachteile mit sich bringt (vgl. u.a. FEUSER 1995, 186-194; MARKOWETZ 1991).

1. *Fort- und Weiterbildung vor Beginn* der integrativen Praxis für das Personal der beteiligten Regel- und Sondereinrichtungen.
2. *Praxisbegleitende Fort- und Weiterbildung* in allen integrationsrelevanten Fragestellungen aus Theorie und Praxis.
3. *Reduktion der Gruppen- und Klassenstärken* (z.B. 17 nichtbehinderte Kinder und 3 behinderte Kinder in einer Klasse; 16 nichtbehinderte Kinder und 2 behinderte Kinder in einer Kindergartengruppe oder bei Einzelintegration: statt zwei nichtbehinderten Kinder wird ein behindertes Kind aufgenommen).
4. *Team-Teaching:* Sonder- und Regelpädagogen arbeiten kooperativ zusammen.
5. *Einsatz von zusätzlichem Personal* (z.B. Therapeuten/Zivildienstleistende/Erzieherinnen oder Fachlehrerinnen), falls notwendig und sinnvoll.
6. *Kooperative Zusammenarbeit mit Therapeuten,* die vom Träger angestellt oder als frei Praktizierende tätig sind.
7. Schaffen der notwendigen *baulichen und räumlichen Voraussetzungen,* orientiert an den Bedürfnissen und Besonderheiten der aufzunehmenden behinderten Kinder.
8. *Anschaffung von Spiel-, Lern-, Förder- und Therapiematerial.*
9. *Kooperation mit Fachdiensten, Schulämtern, Gesundheitsämtern, etc.*
10. Intensive und kooperative *Elternarbeit* (sowohl mit den Eltern der behinderten als auch der nichtbehinderten Kindern).
11. *Erfahrungsaustausch* mit Kollegen und Kolleginnen, die ebenfalls in Integrationsgruppen und -klassen arbeiten.
12. Eventuell ist *wissenschaftliche Begleitung und Supervision* notwendig.

Über Anträge der Eltern eines behinderten Kindes auf Integration entscheidet meistens eine Kommission (sog. »Förderausschüsse«, bestehend in aller Regel aus dem Schulleiter der Regelform, einem Lehrer der Regelform, dem Sonderschullehrer und den Eltern des behinderten Kindes) u.a. nach folgenden Kriterien:

- Lassen sich die Bedingungen herstellen?
- Sind die beteiligten Schulen und das Personal bereit, die integrative Arbeit aufzunehmen?
- Stimmen die Eltern der nichtbehinderten Kindern dem Vorhaben zu?

Kriterien für integrative Schulung

Oft scheitern die Anträge bereits an den nicht herstellbaren Rahmenbedingungen (vgl. hierzu FÜSSEL/KRETSCHMANN 1993, 42f.; FLEISCHER-KUHNLE/ZIELKE 1993, 73-78; HEYER et al. 1993, 198-204; kritisch hierzu FEUSER 1995, 35, 108, 188 und 208).

7.6 Soziologisch relevante Ergebnisse und Erkenntnisse

7.6.1 Zum Stand der schulischen Integration

Kulturhoheit der Bundesländer

Aufgrund der Kulturhoheit der Länder ist die Entwicklung der schulischen Integration und der damit auf das engste verbundenen Bildungspolitik von Bundesland zu Bundesland verschieden. Nach über zwanzig Jahren Erfahrung mit der gemeinsamen Erziehung und Unterrichtung behinderter und nichtbehinderter Kinder und Jugendlicher interessieren insbesonders die quantitative Entwicklung in den einzelnen Bundesländern sowie die bildungspolitischen Auswirkungen auf die Schulgesetze. Verläßliche Angaben und aktuelle Informationen über den Stand der Integrationsentwicklung in den einzelnen Bundesländern gibt es kaum. Die hier gemachten Ausführungen auf der Grundlage von HEYER 1992, 22-25; PREUSS-LAUSITZ 1993; 30-37; MAIKOWSKI 1996, 45-54, können deshalb nur Entwicklungstendenzen aufzeigen. Allgemein läßt sich sagen, daß bundesweit der Anteil der behinderten Kinder, die eine Sonderschule besuchen, noch immer weit über 95% liegt (vgl. PREUSS-LAUSITZ 1993, 30). SCHÖLER (1993, 26) gibt den Anteil der integrativ beschulten und offiziell als behindert anerkannten Kinder mit 3% an. Nach PREUSS-LAUSITZ (vgl. 1993, 32-33) unterscheide ich:

3% sind integriert

- Länder mit Änderungen des Schulgesetzes, die eine gemeinsame Unterrichtung behinderter und nichtbehinderter Kinder regeln (Berlin, Brandenburg, Hessen, Saarland, Schleswig-Holstein und Nordrhein-Westfalen).
- Länder (noch) ohne rechtliche Verankerung der gemeinsamen Erziehung, aber mit einer erheblichen Ausdehnung integrativer Beschulung (Bremen, Hamburg, Niedersachsen, Rheinland-Pfalz, Baden-Württemberg, Mecklenburg-Vorpommern und Sachsen-Anhalt).

- Länder, die eine gemeinsame Erziehung grundsätzlich (noch) ablehnen (Bayern, Thüringen und Sachsen).

Integration in den einzelnen Bundesländern

Die sozialdemokratisch oder rot-grün regierten Länder (sog. A-Länder) zeigten sich für die schulische Integration aufgeschlossener als die christlich-demokratisch regierten Länder (sog. B-Länder), selbst wenn sich A- und B-Länder untereinander nie einheitlich verhalten haben.

In **Berlin** wurde – auf Druck der Eltern hin – an der Fläming-Grundschule 1975 die erste Integrationsklasse als Vorklasse eröffnet. Sieben Jahre später nahm auch die Uckermark-Grundschule erstmals behinderte Schüler auf. Zur Zeit (1996) gibt es in Berlin etwa 150 integrative Grundschulen, das sind fast ein Drittel. 1990 wurde das Recht der Eltern auf die Wahl der Schule in das Berliner Schulgesetz aufgenommen; dieses Recht gilt allerdings noch nicht für die Eltern geistig- und mehrfachbehinderter Kinder. Für die Aufnahme geistigbehinderter und mehrfachbehinderter Schüler läuft seit 1991 ein Schulversuch. An diesem landesweiten Schulversuch nehmen im Schuljahr 1995/96 85 Kinder in 69 Klassen an dreißig Schulen teil.

Brandenburg ist das einzige der neuen Bundesländer mit Verankerung des gemeinsamen Unterrichts im Schulgesetz von 1992. Der Anteil der integrativ beschulten Kinder beträgt 9%. Im Bereich der Grundschulen ist diese Tendenz stark steigend. Im laufenden Schuljahr sind bereits 40% aller Schüler mit sonderpädagogischem Förderbedarf in allgemeine Grundschulen aufgenommen worden.

In **Hamburg** wurden seit 1979 drei Modellversuche zur Förderung behinderter Schüler an Grundschulen durchgeführt. 1983 wurden die ersten Integrationsklassen eröffnet. Seitdem ist ein kontinuierlicher Anstieg der Zahl behinderter Kinder zu verzeichnen, die integrativ unterrichtet werden. Anfang der 90er Jahre gab es bereits mehr als vierzig Schulen, die auch von behinderten Schülern besucht wurden. Im Schuljahr 1996/97 gibt es 462 Klassen mit integrativer Beschulung. In der Primarstufe sind es 21 Schulen mit 77 Integrationsklassen und 35 Schulen mit sog. integrativen Regelklassen. Im Sekundarstufenbereich I arbeiten 16 Schulen mit 79 Klassen integrativ. Seit 1994 existiert in Hamburg ein Referenten-Entwurf eines Schulgesetzes, das die Integration betont.

In **Hessen** ist die Integration behinderter Schüler bzw. das Elternwahlrecht seit 1991 im Schulgesetz verankert. Bereits Anfang der 80er Jahre wurde in Frankfurter Schulen ein Schulversuch genehmigt. Im Schuljahr 1995/96 waren insgesamt 1774 Schüler mit sonderpädagogischem Förderbedarf in allgemeinen Grundschulen integriert. In **Niedersachsen** gibt es seit fast zehn Jahren Schulversuche zur Integration. Im Schuljahr 1992/93 wurden in mehr als fünfzig Schulen behinderte und nichtbehinderte Schüler gemeinsam unterrichtet. In **Nordrhein-Westfalen** gibt es bisher nur Schulversuche zur Integration. In 250 Regelschulen nehmen behinderte Schüler am Unterricht teil. 3,5% der Kinder mit sonderpädagogischem Förderbedarf werden integrativ beschult. 2.500 behinderte Kinder besuchen eine Grundschule und 500 eine weiterführende Schule im Sekundarstufenbereich I (14 Gesamtschulen und 3 Hauptschulen).

Im **Saarland** können behinderte Schüler seit 1985 die Regelschule besuchen. Ein Schulgesetz, das das Recht der Eltern auf die Schulwahl festhält, wurde 1986 verabschiedet. Bis zum Schuljahr 1990/91 stieg die Zahl der integrierten Schüler stetig an. So besuchten mehr als 300 Schüler mit sonderpädagogischem Förderbedarf (das sind 12 % aller behinderten Schüler) Regelschulen. 1991 wurde allerdings die Zahl der Kinder, die in Regelschulen aufgenommen werden, aus finanziellen Gründen eingeschränkt. Aufgrund massiver Proteste hat sich diese Situation jedoch wieder gebessert, so daß gegenwärtig etwa 500 behinderte Schüler (13%) die Regelschulen besuchen konnten.

In **Rheinland-Pfalz** startete bereits 1983 ein Modellversuch an zwei Grundschulen mit Integrationsklassen; bis zum Schuljahr 1996/97 gab es im Grundschulbereich 13 Klassen mit jeweils drei behinderten Kindern. In **Bremen** gibt es keine flächendeckende Integration, doch wird seit dem Schuljahr 1987/88 in der ersten und zweiten Klasse nicht mehr ausgesondert, auch die Schulfähigkeitsuntersuchung für Erstkläßler wurde aufgehoben. Dadurch soll die Sonderschule in der Primarstufe – unter Einsatz der Sonderschullehrer in Grundschulen – langsam aufgelöst werden. Daneben wurde an einer Grundschule eine Integrationsklasse als Schulversuch eingerichtet. Eine große Rolle spielen das Konzept der Förderzentren (vgl. FEUSER 1995, 205f.) und das der Kooperation. Auch in **Schleswig-Holstein** wurden Mitte der 80er Jahre (1985/86) integrative Schulversuche eingerichtet; seit 1990 wird Integration auch als Aufgabe der allgemeinen Schule angesehen. 22% (ca. 500) aller Schüler mit sonderpädagogischem Förderbedarf werden zieldifferent unterrichtet. In **Baden-Württemberg** wurden bis 1992 keine integrativen Klassen zugelassen; seit 1992 gibt es Schulversuche an fünf verschieden Standorten, insgesamt sind 127 Schüler beteiligt.

In **Sachsen-Anhalt** findet an 53 Standorten zielgleiche Integration statt. Etwa 700 Schüler mit sonderpädagogischem Förderbedarf besuchen allgemeine Schulen. Sechs Schulversuche zur zieldifferenten Integration werden an vier Standorten in Magdeburg mit je fünf bis sechs behinderten Kindern an zwei Grundschulen und ein bis zwei behinderten Kindern in der weiterführenden Schule, an einer Grundschule mit vier behinderten Kindern in Stendal und schließlich an einer Montessori-Grundschule mit drei behinderten Schülern in Halle durchgeführt.

In **Mecklenburg-Vorpommern** bestehen seit dem Erlaß des Kultusministers von 1993, der die Aufnahme behinderter Schüler in Regelklassen prinzipiell ermöglicht, an verschiedenen Standorten Integrationsklassen. Im Schuljahr 1994/95 wurden 154 behinderte Kinder in insgesamt 73 Klassen integrativ unterrichtet. In **Sachsen** läuft ein Modellversuch zur Kooperation zwischen Sonderschulen und Grundschulen. Nach Maßgabe einer zielgleichen Integration kooperieren 147 Schüler miteinander. In **Thüringen** lassen sich einige wenige behinderte Kinder ausmachen, die zieldifferent integriert sind (Einzelintegration).

Die private integrative Montessori-Schule in München war die erste Schule Deutschlands, in der die gemeinsame Erziehung behinderter und nichtbehinderter Schüler möglich war; im übrigen ist in **Bayern** zieldifferente Integration nicht vorgesehen.

7.6.2 Sozialentwicklung und Selbstbild behinderter Kinder

Anspruch von Integrationspädagogik

Eine heterogene Integrationsgruppe oder -klasse bietet eine Vielfalt von Spiel- und Lernanregungen mit sozialen und emotionalen Entwicklungsanreizen. Die Unterschiedlichkeit der Kinder und das Anders- und Behindertsein fordert von allen Beteiligten andere und neue Qualitäten der Kommunikation und Interaktion untereinander. Erzieher/-innen und Lehrer/-innen stehen vor neuen Anforderungen. Neben der Entfaltung einer integrativen Didaktik und Methodik des Unterrichts zur Vermittlung von kognitiven Lerninhalten, hält KLAFKI eine konkrete Didaktik des sozialen Lernens für eine zentrale pädagogische Aufgabe (vgl. KLAFKI 1993, 68-69 und 124-138). Integration nimmt für sich in Anspruch, die sozialen Entwicklungsmöglichkeiten sowohl der behinderten als auch der nichtbehinderten Kindern besonders zu fördern und allen Kindern bei ihrer Persönlichkeitsentwicklung und der Ausbildung einer störungsfreien Identität gerecht zu werden (vgl. auch 6.4.4). Der Erfolg von Integration wird in erster Linie am Kriterium »positive Sozialentwicklung« gemessen. Zu fragen ist deshalb, ob und in welchem Maße behinderte Kinder sozial integriert sind und welches Selbstwertkonzept sie dabei entfalten.

Grad der sozialen Integration

Aus allen Modellprojekten und -versuchen wird zwar stets von gelungener sozialer Integration berichtet, doch liegen bisher nur wenige wissenschaftlich fundierte Ergebnisse vor. WOCKENS Untersuchungen (1983a und b) zum Selbstwertkonzept von lernbehinderten Schülern sind bislang in Integrationsklassen nicht fortgesetzt worden. 1987 überprüfte WOCKEN im Rahmen der wissenschaftlichen Begleitung der Integration in Hamburger Grundschulen, ob der subjektive Eindruck der Schüler mit dem angestrebten Ziel sozialer Integration übereinstimmt.

Drei *Ergebnisse* wurden sichtbar:

- Behinderte nehmen seltener die positiv bewerteten Rollen »Beliebte« und »Anerkannte« ein, sind aber häufiger unter den »Lieblingen« im anderen Geschlecht vertreten und im Vergleich zu den Nichtbehinderten gibt es bei den Behinderten mehr »Unauffällige«, »Unbeliebte« und »Außenseiter«.
- Die affektiven Austauschbeziehungen zwischen Behinderten und Nichtbehinderten sind in hohem Maße ausgeglichen, die nichtbehinderten Schüler grenzen sich aber geringfügig stärker von den behinderten Mitschülern ab.
- Für körperbehinderte und geistigbehinderte Kinder treffen tendenziell alle Rollen der Rollenskala zu, Kinder mit Lernbehinderungen und Verhaltensstörungen werden dagegen eher neutrale und negative Rollen zugeschrieben (vgl. WOCKEN 1987b, 269-271).

Intakte Sozialstruktur

Auch FEUSER/MEYER (1987, 165) berichten, daß nicht die Geistigbehinderten die schwersten Anforderungen an einen integrativen Unterricht stellen, sondern Schüler mit schwerwiegend gestörten Persönlichkeitsentwicklungen, also insbesondere verhaltensauffällige Schüler. Nach soziometrischen Befragungen von Schülern und Schülerinnen der Fläming- und der Uckermark-Schule in Berlin weisen Integrationsklassen eine intakte Sozialstruktur auf, d.h. auf der Beliebtheits-Unbeliebtheits-Skala sind alle Positionen bei einem leichten Übergewicht der positiven Statuspositionen vertreten. Außerdem wurde festgestellt, daß sich die Statusposition der behinderten Schüler im Laufe der Zeit verbessert und stabilisiert hat und daß integriert beschulte Kinder häufiger außerschulische Kontakte hatten als Kinder in Regelklassen. Kinder mit aggressiven Verhaltensweisen wurden besonders stark abgelehnt (vgl. z.B. SCHÖLER 1993, 272-279).

Selbstbild von Sonderschülern

Die Untersuchungen zur sozialen Distanz zwischen Hauptschülern und Sonderschülern von WOCKEN aus dem Jahre 1983 zeigen, daß Sonderschüler durchaus ein positives Selbstkonzept haben und das Stigma Dummheit keine selbstwertbeeinträchtigende Wirkung hat. Behinderte haben eine gute Meinung über und von sich. Sie fühlen sich eigentlich ganz in Ordnung und können sich so, wie sie sind, akzeptieren. Sie geben zwar zu erkennen, daß Hauptschüler in mancherlei Hinsicht besser dastehen, aber im ganzen machen sie zwischen sich und den Hauptschülern keine großen Unterschiede. Es hat den Anschein, daß ihr Selbstbild frei von Anzeichen ist, die als Folgewirkung gesellschaftlicher Diskriminierungen gedeutet werden können. Vor der Meinung der anderen Menschen haben sie hingegen Angst und erwarten von ihnen nichts Gutes. Sie reagieren mit sozialem Rückzug und erleben soziale Distanz, die sie als solche auch wahrnehmen. So gesehen ist Lernbehinderung ein Produkt der erlebten sozialen Distanz. Aufgabe von Integration ist es nun, der Angst der Behinderten vor der Öffentlichkeit, dem Rückzug in die vertraute soziale Umgebung und den Strategien und Folgen psychischer Selbstverteidigung entgegenzuwirken (vgl. auch 6.5).

Negative Wirkungen schulischer Integration?

Aus der Schweiz werden hinsichtlich der sozialen Distanz und des Selbst- und Fremdbildes ungünstigere Ergebnisse mitgeteilt. Besonders Jungen bewerten lernbehinderte Mitschüler wegen ihrer schlechteren schulischen Leistungen negativ. Zudem wird berichtet, daß sich trotz besserer Schulleistungen die lernbehinderten Schüler in ihrem Selbstwertgefühl geringfügiger einschätzen (vgl. BLESS 1986). In einer weiteren Untersuchung zur sozialen Stellung lernbehinderter Schüler (vgl. BLESS 1989) ergab sich, daß Lernbehinderte in integrierten Schulformen, unabhängig von der konkreten schulorganisatorischen Struktur, eine vergleichsweise niedrige soziale Stellung einehmen. Sie sind innerhalb ihrer Klasse nicht in erwünschtem Maße sozial integriert. Der Kontakt mit Schülern ohne besondere Lernschwierigkeiten hat zur Folge, daß die lernbehinderten Schüler als Gruppe in ungünstigere soziometrische Positionen gedrängt werden. Daran vermag auch eine intensive Annahme der schwachen Schüler nichts zu ändern. Einzelne lernbehinderte Kinder erleben jedoch echte und gelungene Integration. Man muß nämlich sehen, daß auch viele Schüler ohne besondere Lernprobleme Außenseiterpositionen einnehmen und nur unzureichend integriert sind. Demgegenüber scheint sich für einen Teil der lernbehinderten Schüler die soziometrische Stellung nach einer Überweisung in eine Sonderschule wesentlich zu verbessern. Es wird aber darauf verwiesen, daß auch in dieser Schulform praktisch die gleichen Mechanismen wie in der Regelschule die Beliebtheitsskala bestimmen: Lernbehinderte, die in der Integrationsklasse unbeliebt sind, erfahren auch in der Sonderschule keine verbesserte soziale Stellung.

Gute soziale Integration ist nicht zwangsläufig

Eine Erklärung für die allgemein niedrige soziometrische Position integrierter Lernbehinderter liegt darin, daß Beliebtheitsrangordnungen in Schulklassen auf den vorherrschenden Normen und Werte beruhen (vgl. dazu PETILLON 1978). Demzufolge wird die soziale Stellung in der Klasse durch schlechte schulische Leistungen in den kognitiven Fächern bestimmt. Aber auch das äußere Erscheinungsbild, das allgemeine Selbstwertgefühl, auffällige Merkmale oder Verhaltensweisen und schulkonformes Sozialverhalten entscheiden über Sympathie und Antipathie. Festzuhalten ist, daß trotz intensiver Zuwendung zum schwachen, behinderten Schüler und trotz Bereitstellung geeigneter pädagogischer und therapeutischer Maßnahmen insgesamt keine Veränderung der zentralen schulischen Werte stattgefunden hat, d.h. die formale Integration Behinderter stellt nicht zwingend ihre soziale Integration innerhalb der Klasse sicher.

Auch MOSER (1986; 1990) kommt in seinen Untersuchungen zu dem Ergebnis, daß lernbehinderte Schüler unabhängig von der Art der Beschulung in Sonderschulklassen oder Integrationsklassen ein schlechteres Selbstkonzept als Regelschüler haben. Er verweist darauf, daß der lernbehinderte Schüler weder in der Sonderschule noch in der Regelschule sein verlorenes Selbstvertrauen wiedergefunden hat und räumt dem integrativen Modell gute Chancen für Veränderungen dann ein, wenn es im Schulsystem bereits selbstverständlich und per Schulgesetz geregelt wäre. Hauptverantwortlich für das Selbstkonzept sind die schwachen Schulleistungen, da in den zwischenmenschliche Beziehungen (Kontaktbereitschaft, Verhalten gegenüber anderen, Selbsteinschätzung des Äußeren, Beliebtheit und Einfluß) erheblich weniger Schwierigkeiten auftauchen.

Insgesamt bleibt festzuhalten, daß die Kontakte zwischen Behinderten und Nichtbehinderten für eine neue Interaktions- und Kommunikationsdynamik sorgen. Die Kontakte verlaufen keineswegs problemfrei. Sie ermöglichen aber im Spannungsfeld von Annäherung und Distanzierung behinderten und nichtbehinderten Kindern gleichermaßen Handlungs- und Erfahrungsräume. Ob daraus stabile positive soziale Erwartungen, Urteile und Einstellungen gegenüber Behinderten resultieren, bleibt angesicht der methodischen Schwierigkeiten und fehlender Vergleichsmöglichkeiten gegenwärtig wissenschaftlich noch ungeklärt (vgl. hierzu BLESS 1995, 52-56). Wichtig sind vertiefte Erkenntnisse darüber, ob durch Integration behinderte Menschen und ihre Familien Behinderung besser verarbeiten können und ob sich die Vorurteile der nichtbehinderten Interaktionspartner reduzieren lassen. Solche behindertensoziologischen Fragestellungen können jedoch erst dann bearbeitet werden, wenn Integration gesetzlich zugelassen und pädagogisch realisiert worden ist.

7.6.3 Wie nehmen Nichtbehinderte Behinderte wahr?

Mit der Integrationsbewegung haben sich auch die gesellschaftlichen Teilhabechancen behinderter Menschen erhöht. Ohne Integration waren Kontakte zwischen Behinderten und Nichtbehinderten eher dem Zufall überlassen und vor allen Dingen in den Einrichtungen des gesellschaftlichen Erziehungs- und Bildungswesens, also in Kindergarten und Schule, durchweg selten oder überhaupt nicht möglich. In das Bild, das sich Nichtbehinderte von Behinderten machten und machen, konnten deshalb auch kaum persönliche Erfahrungen mit Behinderten und noch seltener Erfahrungen mit gleichaltrigen Behinderten einbezogen werden.

Im Kontext eines gemeinsamen Spielens und Lernens in Vorschule und Schule sind Kontakte per se vorgegeben. Zwischen behinderten und nichtbehinderten Kindern finden zahlreiche Begegnungen in den unterschiedlichsten Zusammenhängen statt, die von den Beteiligten gleichermaßen wahrgenommen, bewertet und reflektiert werden. Welche Erfahrungen machen dabei nichtbehinderte Kinder? Wie erleben sie Behinderung? Wie gehen sie damit um? Fördert Integration günstigere Einstellungen und Verhaltensweisen gegenüber Behinderten? Oder lassen sich durch Integration und persönliche Kontakte sogar ungünstige Einstellungen verändern?

Unbefangenheit von kleinen Kindern

KRON (1988 und 1990) berichtet über die wissenschaftlichen Begleituntersuchungen zur vorschulischen Integration in Hessen. Danach schafft die gemeinsame Erziehung von Kindern mit und ohne Behinderung neue Erfahrungen, die sie alters- und entwicklungsgemäß aufnehmen und verarbeiten. Kindergartenkinder verbinden noch nichts mit den Bezeichnungen »behindert« oder »Behinderte«. Ihnen gelingt es noch ohne weiteres, Behinderung zu relativieren (vgl. 1.2). Besonderheiten fallen ihnen durchaus auf und werden nach vertrauten Situationsmustern interpretiert. Erst allmählich stoßen sie auf Widersprüche zu ihrem bisherigen Bild von Welt. Bisweilen löst der Umgang mit behinderten Gleichaltrigen Unsicherheit und Ratlosigkeit aus, doch erleben sie in der offenen Auseinandersetzung mit der Behinderung, z.B. durch das Miterleben von Lösungswegen, eine Entschärfung des Problems. Interessanterweise verbinden und verknüpfen die nichtbehinderten Kinder die Daseinsform als Behinderter durchaus mit der eigenen Person. Dabei stellen sie fest, daß auch sie eigene Unsicherheiten, Schwächen und weitere »Ungereimtheiten« haben, die im Prinzip den Schwächen der behinderten Kinder ähnlich sind. Durch den Umgang mit Behinderung und Behinderten lernen Kinder also auch besser, mit sich und ihren eigenen Schwächen und Problemen umzugehen. So können überzogene Leistungsansprüche relativiert werden.

Integration so früh wie möglich

Insgesamt kann das Verhältnis zwischen behinderten und nichtbehinderten Kindern als sehr produktiv angesehen werden. Sie bauen Beziehungen zueinander auf, geben sich gegenseitig wertvolle Impulse für die Entwicklung, erleben Schmerz- und Leidvolles genauso wie Zärtliches und Freundschaftliches und lernen, recht gut miteinander umzugehen, auch wenn die individuellen Ausgangslagen mitunter beträchtlich voneinander abweichen. So besteht grundsätzlich die Chance, daß Kinder mit und ohne Behinderungen sich einander annähern, noch bevor gesellschaftliche Wertungen den unbefangenen Umgang miteinander erschweren. Integration sollte deshalb tatsächlich so früh wie möglich, also im vorschulischen Alter beginnen. Integration muß danach aber auch fortgesetzt werden, um der Entfremdung durch die »getrennten Wege« in Grundschule bzw. Sonderschule entgegenwirken zu können. Wenn Kinder von frühester Kindheit an Menschen mit Behinderungen erleben, werden sie gemeinsam handlungskompetent werden und angemessene Formen des Umgangs miteinander hervorbringen. Wir können davon ausgehen, daß dadurch Zuschreibungsprozesse und Stigmatisierungen zunehmend erschwert werden: Integration ist ein Weg zur Entstigmatisierung behinderter Menschen (vgl. 6.5).

7.6.4 Einstellungen und Bereitschaft von Pädagoginnen und Pädagogen zu integrativer Erziehung

Von wesentlicher Bedeutung für die praktische Umsetzung von Integration sind neben den unter 7.5 genannten Rahmenbedingungen die Einstellungen und die Bereitschaft der beteiligten Sonderpädagogen/-innen. Auch an das Prinzip der Freiwilligkeit (vgl. 7.3) sei hier noch einmal erinnert. Es klingt plausibel, wenn wir davon ausgehen, daß Lehrer/-innen, die sich freiwillig für die Aufnahme der integrationspädagogischen Arbeit in der Schule entschieden haben, mit Leib und Seele dabei sind und sich um einen integrativen Erfolg bemühen, während »zwangsrekrutierte« Kollegen/-innen wenig hilfreich wären und sich eher als Störfaktor für die Entfaltung integrativer Prozesse erweisen könnten. FEUSER (1995, 223-225) indes steht dem Freiwilligkeitsprinzip äußerst kritisch gegenüber:

Kritik des Freiwilligkeitsprinzips

> »Das Prinzip der Freiwilligkeit in bezug auf Integration, wie es selbst in den Verlautbarungen der KMK verankert (BLEIDICK/RUMPLER 1989), aber auch von Berufs- und Fachverbänden favorisiert wird, ist – ich muß es so deutlich sagen – eine in der Geschichte der Pädagogik einmalige und unerträgliche Diskreditierung und Diskriminierung von Menschen mit Behinderungen. Dies zeigt sich vor allem, wenn in Konferenzen von Regelschulen (manchmal sogar unter Beteiligung der Eltern) zu Abstimmungen für oder gegen die integrative oder kooperative Hereinnahme von als behindert geltenden Schülern kommt; auch dann, wenn es einzelne Lehrer im Kollegium gibt, die bereit sind, in einer Integrationsklasse zu arbeiten« (ebd., 223).

FEUSER erwartet, daß sich Lehrer/-innen in neue berufliche Verfahrensweisen und Aufgaben einarbeiten und sich das hierfür notwendige Wissen in geeigneten Fort- und Weiterbildungsveranstaltungen aneignen, statt sich durch ihre Dienstherren korrumpieren zu lassen, die auf diesem Wege Integration verhindern oder zumindest aufhalten wollen.

Ergebnisse einer Befragung von DUMKE und KRIEGER (1990) bzw. DUMKE/KRIEGER/SCHÄFER (1989) haben gezeigt, daß die Einstellungen von Sonderpädagogen und -pädagoginnen recht positiv sind, doch es wurden auch Bedenken angemeldet, was die angemessene Berücksichtigung der speziellen Bedürfnisse Behinderter angeht. Die Mehrzahl der Sonderpädagogen erwarten durch Integration große Vorteile für die soziale Entwicklung und das soziale Klima in der Klasse, andererseits wird befürchtet, daß nichtbehinderte Schüler benachteiligt sein könnten.

Überwiegend positive Haltung von Sonderpädagogen

Interessant ist weiterhin, daß die Sonderschule als der geeignete Ort für die emotionale und kognitive Förderung Behinderter angesehen wird, obwohl zugleich vieles im Unterricht von Regelklassen auch für behinderte Schüler geeignet erscheint.

Trotz hoher Berufszufriedenheit waren etwa zwei Drittel der befragten Sonderschullehrer bereit, ihre Berufsrolle neu zu definieren. Auch die Bereitschaft, in einem Zwei-Lehrer-System zu arbeiten und mit den Kolleginnen und Kollegen der Regelschulen zu kooperieren, ist unerwartet hoch, ebenso die Bereitschaft zu integrativem Unterricht nach dem Wohngebietsmodell, also ein bis zwei behinderte Schüler/-innen in der Regelklasse bei stundenweiser Mitarbeit eines Sonderschullehrers zu unterrichten. Im Gegensatz zu Grundschullehrern halten sich die Sonderschullehrer überwiegend für ausreichend qualifiziert, auch integrativen Unterricht zu übernehmen. Die Hälfte bis zwei Drittel der befragten Sonderschullehrer sprechen sich allerdings dann gegen Integration – egal welcher Form – aus, wenn es um schwere Behinderungsformen geht.

Gegen die Integration von schwer Behinderten

Entscheidend für die Bereitschaft zur Integration sind neben der Qualifikation allgemeine Zielvorstellungen der Lehrer/-innen. Je wichtiger einem Sonderschullehrer seine Autoritäts- und Vorbildfunktionen erscheinen, um so weniger ist er zum integrativen Unterricht bereit, ganz im Gegensatz zu Lehrern mit stärker schülerorientierten Zielvorstellungen. Eine wesentliche Rolle spielen auch die Integrationsbedingungen. Je schlechter die Rahmenbedingungen sind, desto mehr wird befürchtet, daß neben den nichtbehinderten vor allem die behinderten Schüler/-innen benachteiligt werden und für beide Gruppen insgesamt nur Nachteile entstehen.

Qualifikation der Lehrer

Anders als in der Studie von DUMKE und KRIEGER (1990) wird die Qualifikation der Lehrer in anderen Beiträgen wesentlich kritischer gesehen. Die Berliner Untersuchung von ORTMANN (1993) macht deutlich, daß adäquate integrationspädagogische Qualifikationen meistens noch nicht vorliegen und Fortbildungen für integrativ tätige Lehrkräfte dringend erforderlich sind. Es hat den Anschein, daß Integration ein verändertes Qualifikationsprofil für die beteiligten Berufsgruppen hervorbringt und dies auch benötigt wird. Interessanterweise wird an erster Stelle eines solchen integrationspädagogisches Qualifikationsprofiles eine vorurteilsfreie Einstellung gegenüber Behinderten und ihren Familien genannt, an zweiter Stelle die Fähigkeit zur Kooperation mit Therapeuten und Spezialisten und erst an fünfter Stelle die Zusammenarbeit bzw. Teamarbeit mit Kollegen (vgl. ORTMANN 1993, 389f.). Die Untersuchung zeigt, daß Integration neben Qualifikationen im didaktisch-methodischen Bereich in besonderem Maße auch solche Qualifikationen erfordert, wie z.B. das Wissen um psychische und soziale Reaktionen auf Behinderungen, das Wissen um Entstehung und Abbau von Vorurteilen, Gesprächskompetenz, die Bereitschaft zum lebenslangen Lernen, Fähigkeiten zur Zusammenarbeit, die Akzeptanz Behinderter als vollwertige Menschen und eine grundsätzliche Pflege- und Hilfsbereitschaft. All dies würde das vorherrschende berufliche Selbstbild von Lehrern gründlich in Frage stellen. Soziologisch relevante Fragen gehören demnach zu den Basisqualifikationen, die die beteiligten Fachkräfte benötigen, um an der gemeinsamen Erziehung und Bildung von behinderten und nichtbehinderten Kindern kompetent tätig zu sein.

Unterschiedliches pädagogisches Grundverständnis

THEIS-SCHOLZ und THÜMMEL (1993) führten eine Befragung von integrationsunerfahrenen Grund- und Sonderschullehrern hinsichtlich ihrer Bereitschaft, an der Integration von lernbeeinträchtigten Schülern mitzuwirken, durch. Danach ist das pädagogische Grundverständnis breit gestreut (von »Traditionalisten« über »Unentschlossene« bis zu »Reformern«). Die Bereitschaft wird stark von der personellen, materiellen und räumlichen Ausstattung abhängig gemacht. Alle Befragten verbanden mit dem Besuch der Schule für Lernbehinderte Stigmatisierungsprozesse und Minderung des Sozialstatus für das betroffene Kind und nannten als vorrangige Aufgabe die Verwirklichung sozialer Lernziele. »Reformer« halten die Sonderschule für eine künstliche soziale Selektionseinrichtung. Ein Großteil der Befragten machte die Integration vom Grad und Ausmaß der Lernbeeinträchtigung abhängig und brachte zum Ausdruck, daß bei gravierenden Störungen nur die Sonderschule die geeignete intensive und qualifizierte Förderung bieten könne. Damit differenzieren sie in separationsbedürftige und integrationsfähige Schüler und bewerten die sozialen Folgen der Etikettierung als sekundär (Primat der Förderung). Alle betonten jedoch, der Unterricht müsse geöffnet werden, um die Förderung lernschwacher Schüler zu ermöglichen. Des weiteren bestätigt die Untersuchung, daß Lernbehinderung auf die Probleme des Individuums als Problemträger reduziert wird statt interaktionelle und organisationstheoretische Faktoren als Mitverursacher des Phänomens zu berücksichtigen. Demgegenüber muß gesehen werden, daß Lernbehinderung von außen zugeschrieben wird. Integrationsbefürworter wollen diesen Zuschreibungen entgegenwirken und fassen Integration als Entstigmatisierungsprozeß auf.

Haltung der Grundschullehrer

Auch in der Studie von THEIS-SCHOLZ und THÜMMEL (1993) wird die Notwendigkeit der Kooperation zwischen Regel- und Sonderschullehrern bestätigt. Welche Erwartungen haben nun die Grundschullehrer an die Sonderpädagogen, wenn es um Integration geht? Grundschullehrer/-innen sehen sich den Mehrbelastungen und den Problemen, die ein integrativer Unterricht und die Aufnahme behinderter Kinder mit sich bringt, nicht gewachsen und schreiben den Sonderschullehrer/-innen aufgrund ihrer Ausbildung, Qualifikation und ihres Selbstverständnisses größere Kompetenzen zu. Tatsächlich sehen sich viele Sonderpädagogen in der Spezialistenrolle und ihre Hauptaufgabe in der Beratung und Supervision der Grundschullehrer. Einige geben allerdings zu bedenken, daß sie sich in einer solchen Rolle nicht wohlfühlen würden, weil sie zu weit von der pädagogischen Praxis entfernt sei bzw. sie dann nur noch mit den schwerer behinderten Kindern und vermutlich verstärkt in Form von Einzelförderung arbeiten müßten.

Fazit der Untersuchungen: Qualifikation und Kooperation haben große Bedeutung auf die Einstellungen und die Bereitschaft zu Integration. Sie sind deshalb angemessen in der Fortbildung und in der Lehrer/-innenausbildung zu berücksichtigen, damit die Bemühungen um Integration auf Dauer nicht davon abhängig sind, ob sich Lehrerinnen und Lehrer freiwillig an Prozessen schulischer Integration von Kindern und Jugendlichen mit Behinderungen beteiligen.

7.6.5 Urteile von Eltern behinderter und nichtbehinderter Kinder über Integration

Elterninitiativen

Integration wurde zunächst nur vereinzelt von »mutigen« Eltern initiiert. Heute haben sich die Eltern zu regionalen Elterninitiativen »Gemeinsam Leben – Gemeinsam Lernen« zusammengeschlossen, was wiederum auf Länderebene zu einer Landesarbeitsgemeinschaft geführt hat. Im Jahre 1985 wurde die Bundesarbeitsgemeinschaft gegründet (vgl. ROSENBERGER 1990). Seitdem versucht eine engagierte Elternschaft unermüdlich, Integration im vorschulischen und schulischen Bereich, aber auch in anderen Gesellschaftsbereichen voranzubringen. Viele der heute so »ruhmreich« bewerteten Modellversuche kamen nur auf Drängen und nach härtesten Auseinandersetzungen mit bildungspolitischen Gremien und der Schulverwaltung zustande. Auch die heutigen Forderungen nach Veränderung bestehender Gesetze und Vorschriften stammen in erheblichem Maße von Eltern behinderter und nichtbehinderter Kinder, die mehr oder weniger konkrete praktische Erfahrungen mit Integration gemacht haben. Als vorläufig letzter großer Erfolg der Eltern ist die Entscheidung des Bundesverfassungsgerichts vom August 1996 zum prinzipiellen Anspruch auf Integration behinderter Menschen zu verbuchen. Auch das positive Ergebnis des Rechtsgutachtens zur Frage, inwieweit ein Anspruch auf Aufnahme von behinderten Kindern in allgemeinen Schulen besteht (vgl. FROWEIN 1996), eröffnet den betroffenen Eltern aussichtsreiche Perspektiven. In den »Empfehlungen zur sonderpädagogischen Förderung in den Schulen in der Bundesrepublik Deutschland«, wie sie am 6. Mai 1994 von der KULTUSMINISTERKONFERENZ (KMK) verabschiedet wurden, sehen die Eltern einen weiteren Meilenstein erreicht, der die schulische Integration behinderter Kinder erleichtern kann.

BVG zum Rechtsanspruch auf Integration

Wie denken Eltern mit und ohne Integrationserfahrung, von behinderten und von nichtbehinderten Kindern über das gemeinsame Spielen und

Lernen, die integrative Erziehung und den integrativen Unterricht? Welche Erfahrungen haben sie gemacht? Wie groß ist die Bereitschaft der Eltern, ihre Kinder in integrativ geführte Gruppen und Klassen zu schicken?

Positive Elternerfahrungen

Zunächst beschränkte sich die Diskussion auf vereinzelte Aussagen von beteiligten Eltern. In den Berichten von Eltern, deren Kinder Integrationsgruppen oder -klassen besuch(t)en, kommt zum Ausdruck, daß in hohem Maße Zufriedenheit sowohl über die kognitive als auch die soziale Entwicklung der Kinder vorherrscht. Die positiven Erfahrungen hatten durchweg die Bereitschaft zur Fortsetzung von Integration auch nach der Grundschule zur Folge. Tatsächlich sind die heutigen Modellversuche, die im Sekundarstufenbereich I und II laufen, in den allermeisten Fällen u.a. nur deshalb eingerichtet worden, weil sich die Eltern von behinderten *und* nichtbehinderten Kindern gemeinsam für die Fortsetzung schulischer Integration aussprachen und dafür politisch kämpften.

Befürchtungen von Eltern

Trotz der positiven Meinungen von integrationserfahrenen Eltern gibt es bis heute Befürchtungen von Eltern nichtbehinderter Kinder, daß die integrative Beschulung zu Lasten der ihrer Kinder gehen könnte. Entsprechend niedrig ist allgemein die Bereitschaft von Eltern nichtbehinderter Kinder, sich an Integration zu beteiligen. So ist auch zu erklären, daß die Einrichtung vieler Integrationsgruppen und -klassen u.a. an der fehlenden Zustimmung der Eltern nichtbehinderter Kinder scheiterte. Andere Eltern, die nicht von vornherein Integration als eine Modeerscheinung zu Lasten sowohl der behinderten als auch nichtbehinderten Kinder ablehnten, sondern der »Integration auf Probe« zustimmten, berichten im nachhinein, daß ihre Befürchtungen nicht eingetreten sind und Integration deutliche Vorteile hat. Solche Eltern haben aus ihrer persönlichen Erfahrung ein positives Bild von Integration erworben und konnten daraufhin ihre Einstellung entsprechend verändern.

Ergebnisse aus Befragungen

Leider gibt es bis heute nur wenige empirische Belege über das Urteil der Eltern in Sachen Integration. Wocken (1987a) hat über Befragungen im Zusammenhang mit der wissenschaftlichen Begleitung der Hamburger Integrationsversuche herausgefunden, daß die Eltern von integrativ beschulten Kindern in sehr hohem Maße Zufriedenheit mit der integrativen Praxis bekunden, insbesonders was die Entwicklung des eigenen Kindes und die pädagogische Qualität des Unterrichts angeht. Viele Eltern sind der Meinung, daß vorschulische Integration eine wichtige und notwendige Voraussetzung für die schulische Integration ist. Des weiteren geben die Eltern zu bedenken, daß der Anteil der behinderten Kinder nicht zu groß sein darf, damit Integration erfolgreich ist. Auch nach der Schule bestehen zahlreiche und gute Kontakte zwischen behinderten und nichtbehinderten Kindern. Dennoch wird eher skeptisch beurteilt, ob schulische Integration auch die soziale Integration außerhalb der Schule ermöglicht und erleichtert.

DUMKE/KRIEGER/SCHÄFER (1989, 11-63) berichten ausführlich über die Einstellungen von Eltern, die auf unterschiedlich intensive Integrationserfahrungen zurückblicken konnten. Auch hier bestätigen die Eltern durchweg, daß sich ihre Erwartungen voll erfüllt hätten. Bis auf eine einzige Ausnahme würden alle befragten Eltern ihr Kind erneut in eine Integrationsklasse einschulen. Die Bewertung der schulischen Integration durch die Eltern von Schülern in Integrationsklassen ist ohne Ausnahme positiv. Ihre Erwartungen, insbesonders hinsichtlich der sozialen Erziehung, haben sich erfüllt. Etwa ein Drittel der Eltern hatten zwar Einwände, weil bestimmte Fördermaßnahmen noch nicht die erhofften Erleichterungen und Erfolge brachten, sie lehnten deswegen aber keineswegs das Integrationsklassen-Modell als solches ab. Erstaunlich positiv war auch die Beurteilung der schulischen Integration durch Eltern von Schülern in Parallelklassen. Hier gab es zwar deutliche Vorbehalte, das Grundkonzept der Integration wurde aber für gut befunden. Aufgrund der Nähe der Parallelklassen zur Integrationsklasse fällt die Bewertung positiver aus als bei Klassen, die nur wenige bzw. keine Kontakte zur Integrationsklasse haben und das Integrationsklassenmodell nur »vom Hörensagen« kennen.

Relativierung des Leistungsaspekts

Der Leistungsaspekt hat bei den Eltern von nicht-integrierten Schülern einen höheren Stellenwert als bei Eltern von integrierten Schülern. Sie können sich weniger gut vorstellen, daß von dem Bemühen um individuelle Förderung und Differenzierung auch nichtbehinderte Schüler profitieren, sondern vertreten eher die Meinung, daß normal- und hochbegabte Schüler bei Integration unterfordert sind und ihre Chancen, das Gymnasium besuchen zu können, beeinträchtigt werden. Das kommt auch in den unterschiedlichen Vorstellungen der Eltern von Erziehungszielen zum Ausdruck. Integrationsbefürwortende Eltern legen erheblich mehr Wert auf Erziehung zu sozialen Kompetenzen als Eltern, die von Integration wenig oder gar nicht überzeugt sind. Eltern, die ihre Kinder in Integrationsklassen schicken, halten das Erreichen guter Zensuren und eine Erziehung zu Leistungsstreben für weniger wichtig. Wenn Eltern gesehen haben, daß auch in Integrationsklassen gelernt, gearbeitet und Leistung als Erziehungsziel nicht negiert wird, dann können sie ihre Vorbehalte zurückstellen und zu Integrationsbefürwortern werden, denn der Leistungsstand integrativ geführter Klassen ist keinesfalls schlechter als in vergleichbaren anderen Klassen (vgl. z.B. FEUSER/MEYER 1987, 199-205; WOCKEN 1987b und c).

Beachtlich ist deshalb auch das Ergebnis, daß Eltern, die sich zunächst gegen den Besuch einer Integrationsklasse durch ihr nichtbehindertes Kindes ausgesprochen hatten und ihr Kind in die Parallelklasse geschickt haben, bei erneuter Wahl nur noch zu 28% weiter Integration ablehnen würden (vgl. DUMKE/KRIEGER/SCHÄFER 1989, 31). Eltern behinderter wie nichtbehinderter Kinder sind nicht für die Abschaffung von Sonderschulen und Sondereinrichtungen, sondern für eine Weiterentwicklung im Sinne maximaler Integration. Vor allen Dingen fordern sie die freie Wahl der Schule. Viele Eltern sehen auch Grenzen der Integration und bringen zum Ausdruck, daß es behinderte Kinder gibt, die aufgrund von Art und Schweregrad ihrer Behinderung in Sonderschulen und Sondereinrichtungen besser gefördert und versorgt sind, als das bislang in Integrationsklassen möglich ist. Trotzdem sind von allen Beteiligten gerade die Eltern die größten Befürworter eines gemeinsamen Unterrichts und haben ein ausgeprägtes Bewußtsein für die Einhaltung des Prinzips der Unteilbarkeit von Integration. Eltern haben auch beobachten können, daß ihre integriert beschulten Kinder guten Kontakt zu den behinderten Schülern hatten und lernten, leichter auf sie zuzugehen. Nicht integriert beschulte Kinder haben dagegen aufgrund fehlender Erfahrungen meistens erhebliche Schwierigkeiten im Umgang mit Behinderten.

Freie Wahl der Schulform

Zusammenfassend bleibt festzuhalten, daß bei den Eltern eine grundsätzliche Bereitschaft zu Integration vorhanden ist. Eltern, die sich ablehnend und zurückhaltend über Integration äußern, sind in der Minderzahl. Wichtig ist die Erkenntnis, daß mit zunehmenden Erfahrungen mit gemeinsamer Erziehung und Bildung, sowohl im vorschulischen als auch im schulischen Bereich, die Zustimmung und Bereitschaft der Eltern zu integrativer Erziehung wächst. Das macht Mut, weil zu erwarten ist, daß sich bei der Willensbildung in den Schulen immer mehr Eltern der nichtbehinderten Kinder für Integration aussprechen werden.

Hohe Bereitschaft zur Integration

7.6.6 Integration von Menschen mit schweren mehrfachen Behinderungen – Grenzen der Integration oder Prüfstein für die Integration als Modell der Zukunft?

Die schulische Integration von Kindern mit schwersten Behinderungen ist aufs engste mit der Frage nach den Grenzen der Integration verknüpft. Obwohl heute von einer Schule für ALLE und von »unteilbarer Integration« (MUTH 1991, 2) die Rede ist, werden schwerstbehinderte Kinder als Grenzfälle betrachtet, bei denen eine Integration den Rahmen des Vorstellbaren schnell übersteigt. Die Integration von Menschen mit schwersten bzw. schweren mehrfachen Behinderungen ist Stolperstein und Herausforderung zugleich.

Nach FRÖHLICH (1989, 179) handelt es sich bei Kindern mit schwerer Mehrfachbehinderung um Kinder,

Personengruppe

> »die sich nicht alleine fortbewegen können, die mit ihren Händen nicht gezielt spielen oder greifen können, die nicht über die Lautsprache verfügen, deren Wahrnehmung auf den Nahraum beschränkt ist, die allenfalls auf unmittelbar

> Erlebtes reagieren können, denen aber auch einfachste Abstraktionen (z.B. Wiedererkennen von Gegenständen auf Bildern) noch nicht möglich sind, die allenfalls auf Kontaktangebote erwachsener Bezugspersonen reagieren können und deren Bewegungsbeeinträchtigungen so ausgeprägt sind, daß sie für alle täglichen Verrichtungen, für An- und Ausziehen, Körperpflege, Essen, Fortbewegung, Kommunikation, für die Befriedigung emotionaler und sozialer Bedürfnisse, für Anregung und Beschäftigung auf Erwachsenenhilfe angewiesen sind«.

Hier wird in besonderer Art und Weise deutlich, welchen erhöhten Anforderungen das pädagogische wie therapeutische Personal gewachsen sein muß und was eine integrative Pädagogik zu leisten hat, wenn sie schwerbehinderte Kinder nicht als »Restgruppe« (TUCKERMANN 1978, 31) »des Feldes verweisen« will, zurück in die »verwaisten« und um die »integrationsfähigen« Kinder ärmeren Sonderschulen. HINZ (1987, 313) fordert deshalb:

> »Allgemeine Aussagen über die Integrationsfähigkeit Schwerstbehinderter sind abzulehnen, denn es sind nicht ihre Fähigkeiten oder Unfähigkeiten, die schulische Integration ermöglichen oder verhindern, sondern die Passung der vorgegebenen oder erreichbaren Rahmenbedingungen und der Notwendigkeiten und Bedürfnisse einzelner individueller schwerstbehinderter Kinder«.

Nur geringe praktische Erfahrungen

Bis heute sind in den bundesweiten Bemühungen um die schulische Integration behinderter Kinder und Jugendlicher jene mit schwersten Behinderungen zahlenmäßig mehr als unterrepräsentiert. Kinder mit schweren Behinderungen besuchen erst seit etwa 15 Jahren Sonderschulen, nachdem man auch diesem Personenkreis das Recht auf schulische Förderung, Erziehung und Bildung zuerkannt hatte (vgl. BEGEMANN 1980, 3; TUCKERMANN 1978, 31; HAHN 1979, 69f.; MÜHL 1991, 133); fast zeitgleich 1975 wurden in Berlin und (als Modellversuch) in Landstuhl die ersten integrativen Klassen eingerichtet. Die Grenze der Schulfähigkeit wurde damals an Kriterien wie fehlender Sprache, Gruppenunfähigkeit, Pflege- und Therapiebedarf, etc. festgemacht, genau wie heute, wenn es um die Integration in Regelschulen geht. Da die Anzahl der Kinder mit schwersten Behinderungen aus verschiedenen Gründen deutlich zunimmt, läßt sich eine höchst »desintegrative« Tendenz beobachten. Sie werden in eigenen Klassen bzw. gesonderten Abteilungen für Schwerstbehinderte an Sonderschulen zusammengefaßt und in basalen Lernbereichen unterrichtet, gepflegt und therapeutisch versorgt (vgl. FRÖHLICH 1991, 273; HEDDERICH 1991, 51-87). Eine solche Versorgung kommt zwar der individuellen Befindlichkeit und den Bedürfnissen entgegen und wartet mit differenzierten Förder- und Therapiekonzepten auf (vgl. z.B. FRÖHLICH 1992; GOLL 1993; MALL 1990), negiert m.E. aber den Bildungsauftrag »Selbstverwirklichung in sozialer Integration« (vgl. MINISTERIUM FÜR KULTUS UND SPORT BADEN-WÜRTTEMBERG 1982, 6).

Bis auf wenige Schüler/-innen haben Kinder mit einer schweren Mehrfachbehinderung bislang kaum Chancen, eine Regelschule zu besuchen und an integrativem Unterricht zu partizipieren. Die folgende Übersicht über Integrationsversuche mit schwerstbehinderten Kindern (vgl. ANTOR 1992, 159-168; HINZ 1991, 130-145; HINZ 1992; FRÖHLICH 1991, 282-295; PÄDAGOGISCHES ZENTRUM BERLIN 1992; PODLESCH 1993, 58-63; VERBAND DEUTSCHER SONDERSCHULEN 1990) spiegelt den Stand bis 1994/95 wieder und erhebt keinen Anspruch auf Vollständigkeit. Zu ergänzen ist, daß in Berlin im Rahmen des landesweiten Schulversuche insgesamt fünf Kinder mit schwerer Mehrfachbehinderung integrativ beschult und gefördert werden (vgl. MATT/PODLESCH/SCHMITT 1992; PODLESCH 1993, 60).

Abb. 7.5: Übersicht über Integrationsversuche mit schwerstbehinderten Kindern

Bundesland	**integriertes Kind**	**Einschulung**	**letzte nachweisbare Klassenstufe**	**reguläre Klassenstufe im Schuljahr 1994/95**	**Klassenzusammensetzung in der Grundschule**	**Personalausstattung**
Hessen	Reiner	1986 1. Klasse Integrative Schule Frankfurt	5. Klasse (1990/91) Ernst-Reuter-Gesamtschule	9. Klasse	18 Kinder, davon mind. 3 behinderte Kinder	RL, SL, Sozialpädagogin, Zivi, KG, BT, Logo
Bremen	Alexander und Bodo	1996 1. Klasse Grundschule Am Wasser	5. Klasse (1990/91) Gerd-Rohlfs-Schulzentrum	9. Klasse	16 Kinder, davon 3 behinderte Kinder	GL, SL, Pflegerin bzw. Zivi, Psychologin, KG
Nordrhein-Westfalen	Martin	1986 1. Klasse Peter-Petersen-Schule, Köln	7. Klasse (1992/93) Gesamtschule Köln-Holweide	9. Klasse	25 Kinder, davon 4 behinderte Kinder	GL, SL, Zivi
Nordrhein-Westfalen	D.	1988 1. Klasse Grundschule Hilden (bei Düsseldorf)	ausgeschult 1991 in der 3. Klasse jetzt Schule für Geistigbehinderte	Schule für Geistigbehinderte	17 Kinder, davon 5 behinderte Kinder	GL, SL, Zivi
Hamburg	Emily	1988 1. Klasse Grundschule Kielortallee	6. Klasse (1993/94) Jahnschule*	7. Klasse	19 Kinder, davon 4 behinderte Kinder	GL, SL, Erz., anfangs Zivi, keine Therapie
Berlin	Benjamin	1990 1. Klasse Uckermark-Grundschule	4. Klasse 1993/94)	6. Klasse	21 Kinder, davon 3 behinderte Kinder	GL, KL, PM, SL beratend
Berlin	Stefanie	1990 Vorklasse Fläming-Schule	3. Klasse (1993/94)	5. Klasse	16 Kinder, davon 5 behinderte Kinder	SL, PM, Erzieherin

Abkürzungen:
GL Grundschullehrer/in
KL Kooperationslehrer/in
RL Regelschullehrer/in
SL Sonderschullehrer/in
Erz. Erzieher/in
PM Pädagogische/r Mitarbeiter/in
BT Beschäftigungstherapeut/in
Logo Logopäde/in
KG Krankengymnast/in

*persönliche Information von ihren Lehrern

Die Realisierung und Organisation eines integrativen Unterrichts, an dem neben leichter behinderten Kindern und nichtbehinderten Kindern auch ein schwerstbehindertes Kind teilnehmen kann, hängt von den Rahmenbedingungen, insbesondere aber den Einstellungen der beteiligten Lehrer ab (vgl. 7.6.4.). Folgende **Voraussetzungen** sind wünschenswert:

Zahlreiche Bedingungen müssen erfüllt sein

- Änderung des Schulsystems (z.B. schul- und bildungspolitische Regelungen, Schulzentren, Notengebung)
- Abgestimmte Curricula
- Räumliche Bedingungen
- Sicherung des Hilfs- und Fördermittelbedarfs
- Möglichkeit zur Lagerung Schwerstbehinderter im Klassenzimmer
- Veränderter Zeitrhythmus (kein 45-Minuten-Takt, Halb- oder Ganztagsschule, sozialpädagogische Betreuung)
- Offene Unterrichtsformen, mehr Eigenverantwortung bei den Kindern
- Veränderungen im Bewußtsein der Eltern (Schule und Leistung)
- Ausreichend personelle Besetzung
- Interdisziplinäre Zusammenarbeit
- Zwei bzw. drei Lehrer als Team, Fähigkeit zur Kooperation im Team
- Grundwissen über Behinderungsformen bei allen Beteiligten
- Veränderte Einstellungen bei den Lehrern
- Freiwilligkeit bei den Beteiligten
- Beratungsangebot für die Lehrer, Supervision
- Themenzentrierte Fort- und Weiterbildungsangebote (besonders im didaktisch-methodischen Bereich)
- Entsprechende Klassengrößen und ausgewogenes Verhältnis der Kinder (z.B. nur ein schwerbehindertes Kind)
- Gewährleistung von spezieller Förderung
- Freiräume/Rückzugsräume für Schüler mit Behinderungen (Schonraum)
- Möglichkeit, ein Kind auch aus der Klasse nehmen zu können.

Die bisherigen Erfahrungen mit der Integration von schwerstbehinderten Kindern lassen folgenden Aussagen zu:

- Schwerstbehinderte Kinder profitieren von ihrem Dabeisein in Integrationsklassen (größere Wachheit und Aufmerksamkeit durch mehr Ansprache von Kindern, vielfältige soziale Bezüge, Kontakte, anregungsreichere Umgebung), es kann aber nicht generell gesagt werden, daß sich ein schwerstbehindertes Kind in der Integrationsklasse anders entwickelt hätte als in einer Sonderschulklasse (Pattsituation).
- Auch im integrativen Unterricht lassen sich basale Lernmöglichkeiten für schwerstbehinderte Kinder finden und man kann auf ihre Bedürfnisse so eingehen, daß sie sich wohl fühlen.
- Ein zieldifferenter, individualisierter Unterricht, in den Pflege, Therapie und Förderung integriert sind, ist über weite Strecken bzw. durchgängig möglich, bereitet aber auf der didaktisch-methodischen Ebene noch viele Schwierigkeiten.
- Probleme bereiten die Zusammenarbeit mit den Fachkräften, die Klassenführung und die Bewältigung des Alltags, der täglich neue Fragen und auch Konflikte aufwirft.
- Bisweilen ist es bei Integration schwierig, die Kinder mit spezifischen Therapien zu versorgen. Es besteht große Unsicherheit darüber, ob man den therapeutischen Bedürfnissen gerecht wird.
- Die Interaktionen zwischen schwerstbehinderten und nichtbehinderten Kindern beruhen nicht auf Fürsorge und Mitleid , sondern werden als »erfrischend normal« (JALASS 1992, 40) beschrieben.
- Schwerstbehinderte Kinder werden in ihrem »Anders-sein« akzeptiert und als aktive Sozialpartner anerkannt.
- Im Umgang mit schwerstbehinderten Kindern entwickeln sich differenzierte Fähigkeiten, den anderen zu verstehen und mit ihm auf einer nichtsprachlichen Ebene zu kommunizieren und in Dialog zu treten.
- Ein ernstes Problem ist die Weiterführung der Integration Schwerstbehinderter nach der Grundschule, weil die äußeren Umstände der weiterführenden Schulen nicht ausreichend kompatibel mit den Grundsätzen und Prinzipien von Integration (vgl. 7.3) sind.
- Die Verarbeitung von Behinderung, schwerer Krankheit, Tod und Trauer, das Erkennen des Anders-sein und der eigenen Grenzen stellt eine besonders sensible Phase im Verlauf der Integration dar, die berücksichtigt werden muß.

HINZ faßt den Erkenntnisstand zusammen:

> »Gemeinsamer Unterricht mit Kindern mit schwersten, anderen und ohne offensichtliche Behinderungen in der allgemeinen Schule ist ein realistisches, bewältigbares und sinnvolles Unterfangen. Es ist nicht mehr die Frage, ob 'es geht', sondern es ist deutlich geworden, daß 'es geht' und daß 'es gut geht'« (1992, 126).

Integration Schwerstbehinderter ist möglich

Die schulische Integration von Kindern mit schwersten Behinderungen stellt nicht nur die Sonderpädagogik in Theorie und Praxis vor eine schwierige Aufgabe, sondern *auch* die Integrationspädagogik. Wir können nicht erwarten, daß vieles, was in Sonderschulen im Umgang mit schwerstbehinderten Menschen in den letzten 15 Jahren selbstverständlich wurde, aus dem Stande Null heraus in Regelschulen realisiert werden kann. Gerade bei schwerstbehinderten Kindern wird deutlich, daß Integration in keinem Fall auf heilpädagogische Kompetenz verzichten kann. Eine zukunftsorientierte Sonderpädagogik sollte deshalb mehr darüber nachdenken, wie sie ihre vielfältigen Hilfen auch außerhalb von Sondereinrichtungen gewinnbringend einbringen kann. Eine zukunftsorientierte Regelpädagogik sollte sich den Frage und Problemen der Gegenwart zuwenden, wie sie seit jeher von der Reformpädagogik gestellt und offengelegt werden, und »Schule neu denken und machen« (vgl. v. HENTIG 1993, WINKEL 1994). Schließlich sollte uns die Problematik von schwerstbehinderten Menschen auch klar machen, daß wir uns zu einer Zeit, in der von »neuer Behindertenfeindlichkeit«, »Übergriffen auf Behinderte«, »gentechnischer Manipulation« und »pränataler Diagnostik« sowie einer »neuen Welle der Euthanasie« die Rede ist, einen Streit zwischen Regel- und Sonderpädagogen über die »bessere Pädagogik« und den »besseren Ort der Förderung, Erziehung und Bildung« gar nicht leisten können, sondern gemeinsam in kooperativer Art und Weise an einer demokratischen, humanen und nichtaussondernden Schule für ALLE zu arbeiten haben.

7.7 Zusammenfassung von Kapitel 7

Integration ist von pädagogischen Innovationen und damit vom Bewußtseins- und Reflexionsstand der beteiligten Lehrer und Eltern abhängig. Die Verwirklichung von schulischer Integration hängt zum einen von den Rahmenbedingungen und damit von den Umgestaltungsprozessen der Regelschulen ab, zum anderen kommt es darauf an, daß behinderte und nichtbehinderte Kinder mit Hilfe erwachsener Personen Handlungskompetenzen für den Umgang miteinander erwerben können. Neben der sozialen Integration behinderter Kinder muß es gelingen, daß Behinderte persönliche Integration erfahren können, damit

Spannungen zwischen Selbstbild, Fremdbild und vermutetem Fremdbild ausbalanciert werden können (vgl. 6.5). Dazu ist es notwendig, daß auch nichtbehinderte Kinder in vollem Umfang ihre Bedürfnisse befriedigen können und wegen der Anwesenheit behinderter Kinder nicht zu kurz kommen dürfen. Haben behinderte und nichtbehinderte Kinder die Chance, sich in einem wechselseitigen Prozeß von Annäherung und Distanzierung kennenzulernen, dann besteht auch die berechtigte Hoffnung, daß diese Kontakte für wünschenswert erachtet und aufrechterhalten werden, und sich qualitative Interaktionen ergeben, die das Bild vom behinderten Menschen positiv verändern können. Die zentralen Aufgaben und Leitprinzipien einer subjektorientierten Heil- und Sonderpädagogik der Zukunft lauten deshalb: Integration fördern, Selbstbestimmung und Autonomie lernen und erfahrbar machen sowie Identitäten stiften. Eine so verstandene (Sonder-) Pädagogik rekurriert auf einem Bildungsbegriff wie ihn KLAFKI (1993) mit dem Anspruch auf Gültigkeit aller Menschen postuliert: »Bildung wird also verstanden als Befähigung zu vernüftiger Selbstbestimmung, die die Emanzipation von Fremdbestimmung voraussetzt oder einschließt, als Befähigung zur Autonomie, zur Freiheit eigenen Denkens und eigener moralischer Entscheidungen. Eben deshalb ist denn auch Selbsttätigkeit die zentrale Vollzugsform des Bildungsprozesses« (KLAFKI 1993, 19) und ruft die historische Definition von Heilpädagogik durch HEINRICH HANSELMANN (1885-1960), dem Inhaber der ersten Universitätsprofessur für Heilpädagogik in Europa und seinem Schüler und Nachfolger PAUL MOOR (1899-1977) in Erinnerung: »Heilpädagogik sei nichts anderes als Pädagogik, und zwar Pädagogik unter erschwerten Bedingungen« (vgl. HAEBERLIN 1996, 13f.). Integration zeigt auf, daß spezielle und allgemeine Pädagogik zusammenwachsen müssen und äußere wie innere Schulreformen zusammengedacht werden müssen, um die Frage nach »einer guten Schule der Zukunft« besser beantworten zu können, als das bislang die traditionell widerstreitenden Ideologien pädagogischen Denkens für sich allein vermochten. Integration können wir deshalb in der Tat als ein perspektivenreiches Modell der Zukunft auffassen.

Integration als zentrale Aufgabe künftiger Heilpädagogik

Literatur-Empfehlung:

AKILAB (Arbeitskreis Integrative LehrerInnen-Ausbildung): Grundlagen gemeinsamen Lernens. Landesweite Ringvorlesung Integrationspädagogik. Aachen (Mainz-Verlag) 1995.

BLEIDICK, U.: Betrifft Integration: behinderte Schüler in allgemeinen Schulen. Konzepte der Integration: Darstellung und Ideologiekritik. Berlin (Marhold) 1988.

EBERWEIN, H. (Hg.): Behinderte und Nichtbehinderte lernen gemeinsam. Handbuch der Integrationspädagogik. Weinheim (Beltz) 1990.

FEUSER, G.: Behinderte Kinder und Jugendliche zwischen Integration und Aussonderung. Darmstadt (Wissenschaftliche Buchgesellschaft) 1995.

SANDER, A./RAIDT, P. (HG.): Integration und Sonderpädagogik. Referate der 27.Dozententagung für Sonderpädagogik in deutschsprachigen Ländern im Oktober 1990 in Saarbrücken. St. Ingbert (Röhrig-Verlag) 1991.

SCHÖLER, J.: Integrative Schule – Integrativer Unterricht. Ratgeber für Eltern und Lehrer. Reinbek (Rowohlt Taschenbuch Verlag) 1993.

ZWIERLEIN, E. (HG.): Handbuch Integration und Ausgrenzung. Behinderte Mitmenschen in der Gesellschaft. Neuwied/ Kriftel/Berlin (Luchterhand) 1996.

Kapitel 8: Familien mit behinderten Kindern

Stichwörter: Familie – »Sonderfamilie« – Schuldgefühle – Abwehrmechanismen – Desintegration – Desorganisation – innerfamiliäre Rollen – Geschwister – Erziehungsfehler – Wohnverhältnisse – Heimunterbringung – Isolation – äußeres Erscheinungsbild – Elternarbeit – Kritik der Forschung

Inhalt

8.1 Problemstellung

Behindertes Kind – behinderte Familie: Diese Feststellung kennzeichnet den traditionellen, defektorientierten Zugang zum Thema. Heute setzt sich langsam die Erkenntnis durch, daß sich die Probleme in Familien mit behinderten Kindern von denen in Familien mit nichtbehinderten Kindern keineswegs so deutlich voneinander unterscheiden. Es ist durchaus angebracht, sich als Spezialist für die Belange behinderter Menschen mit möglichen Schwierigkeiten im familiären Bereich auseinanderzusetzen, nur sollte das nicht unter dem Aspekt der Anormalität und Besonderheit in diesen Familien geschehen, sondern vielmehr mit Blick auf die überwiegenden Gemeinsamkeiten mit Familien ohne die Belastung durch ein behindertes Familienmitglied.

Der folgende Abschnitt informiert über die Situation von Familien mit einem behinderten Kind. Dabei erfolgt eine Typisierung auf die Problematik bei einem schwer behinderten Kind, z.B. mit einer deutlichen geistigen Behinderung. Die Darstellung ist also beispielhaft. Eine Übertragung auf die Bedingungen in Familien mit weniger schwer behinderten Kindern ist nur begrenzt möglich, teilweise ist sie nicht angebracht. Behinderungsspezifische Besonderheiten müssen in anderem Zusammenhang diskutiert werden (vgl. z.B. GREGORY 1976 für Gehörlose oder JAN/FREEMAN/SCOTT 1979 für Blinde).

8.1.1 Zum Stand der Forschung

Der Forschungsstand wird in Überblicksarbeiten einhellig als höchst unbefriedigend gekennzeichnet (vgl. z.B. ENGELBERT 1989; STEGIE 1988). HOHMEIER (1989, 159) stellt fest: »Die von WALTER THIMM 1974 getroffene Feststellung, daß es an empirisch gesicherten Kenntnissen zur extra- und intrafamilialen Situation der Familien fehle, trifft im ganzen heute noch genauso zu«. ENGELBERT (1989, 104) resümiert: »Resultat dieser kritischen Literaturanalyse ist, daß die erzielten Ergebnisse durchaus widersprüchlich sind, daß über die Bedingungen einer erfolgreichen Bewältigung oder aber einer langfristigen Überforderung der Familien kaum und vor allem keine methodisch abgesicherten Erkenntnisse vorliegen und daß besonders die Bedeutung der Inanspruchnahme und der Umsetzung institutioneller Hilfen für die Familien mit behinderten Kindern kaum untersucht wurden«. Auch STEGIE (1988, 122) vermerkt nach einer Analyse des internationalen Forschungsstands resigniert: »Ein Großteil der Forschung über Familien mit behinderten Kindern beschränkt sich auf den familiären Mikrobereich unter Auslassung sozialökologischer Umweltvariablen«. Hier bleibt nur noch anzumerken, daß sich die Forschungslage nicht gebessert hat: Es werden weiterhin

Forschungsdefizite

methodisch eher dürftige Untersuchungen vorgelegt, mit »einseitiger, problemzentrierter Sichtweise« (ENGELBERT 1989, 109) und widersprüchlichen Ergebnissen. Dringend erforderlich wäre in dieser Situation, an beispielhaften, älteren Vorarbeiten, etwa von THIMM 1974 oder KERKHOFF 1981, anzuknüpfen statt Forschung ohne die notwendigen Grundlagen betreiben.

Neben der defektorientierten Sicht fällt die psychoanalytische bzw. psychologisierende theoretische Ausrichtung der meisten Arbeiten zum Thema auf. HOHMEIER (1989, 160) weist mit Recht darauf hin, »daß die einseitige Psychologisierung von Tatbeständen durchaus den Blick auf tatsächliche Notlagen und Bedürfnisse verstellen kann«. Höchst problematisch ist auch die fortdauernde Neigung der Autoren, recht unbekümmert auf besonders plakative und möglicherweise stigmatisierende »Etiketten« für die psychosoziale Situation von Familien mit behinderten Kindern zu rekurrieren (vgl. ebd. 162f.). Typisch sind die Begriffe

»Etiketten«

- »Sonderfamilie« (nach ROSS 1967: »Das Sonderkind«) oder »behinderte Familie«,
- »traditionslose Elternschaft« und
- »lebenslange Elternschaft«.

Ich werde im folgenden neben einer (kritischen) Darstellung der Erkenntnisse zum Thema verstärkt die gesellschaftlichen Rahmenbedingungen in den Blick rücken.

8.1.2 Kleiner Exkurs in die Familiensoziologie

Die folgenden Ausführungen sind naturgemäß nur sehr knapp und können keineswegs eine nähere Auseinandersetzung mit der einschlägigen familiensoziologischen Literatur ersetzen (vgl. z.B. KAUFMANN 1995; MITTERAUER/SIEDER 1991; NAVE-HERZ/MARKEFKA 1989).

Familienbegriff und Familienformen

Der Familienbegriff ist recht unpräzise, meistens mit starker Betonung der biologisch-anthropologischen Grundlagen (Reproduktionsfunktion) unter Vernachlässigung gesellschaftlicher und historisch veränderbarer Elemente (vgl. z.B. CLAESSENS/MENNE 1970, 170). »Kernfamilie« ist die »Gruppe von Mann und Frau mit ihren unmündigen und unverheirateten Kindern« (KÖNIG 1969, 206) und meint damit eine universelle Institution. Der Begriff »Kleinfamilie« bezeichnet dagegen eine historisch mögliche Form. Auf Sonderformen (z.B. unvollständige Familien) kann hier nicht eingegangen werden. Die moderne Kleinfamilie zeichnet sich durch ihren Intimgruppencharakter aus, die sozialen Beziehungen sind umfassend, gefühlvoll und affektiv (vgl. NEIDHARDT 1975, 12). Die zentrale Funktion der Familie liegt in der Sozialisation der Kinder (vgl. KÖNIG 1969, 207).

Im Laufe der Geschichte hat es unterschiedliche Familienformen gegeben. In der vorkapitalistischen Gesellschaft war Familie als Lebensform eine untrennbare räumliche und soziale Einheit von Produktion und Haushalt, auch bezeichnet als »Sozialform des ganzen Hauses« (»Oikos«). Die Familienbeziehungen waren primär sachlich-ökonomisch fundiert, einzig der Hausvater verfügte über Macht, Kinder hatten in erster Linie ökonomische Bedeutung. Mit dem Frühkapitalismus erfolgte die Abspaltung der Produktion von der organischen Einheit des »ganzen Hauses«; damit entstand die Familie als gesonderter, emotional geprägter und »privater« Lebensbereich. Diese Entwicklung hat sich im Bürgertum und in der proletarischen Familie unterschiedlich ausgewirkt: Nur in der bürgerlichen Familie waren Frau und Kinder von der Erwerbsarbeit freigestellt, mit der Konsequenz ökonomischer und sozialer Abhängigkeit vom Mann.

Probleme der modernen Kleinfamilie

Für die moderne Kleinfamilie ist die Auflösung der Einheit von Produktion und Haushalt das zentrale Strukturelement. Die Abgabe früher geleisteter Funktionen an spezielle gesellschaftliche Institutionen wird in der Familiensoziologie häufig als »These vom Funktionsverlust der Familie« bezeichnet. Eine andere These bezieht sich auf die »Ausgliederung der Familie aus gesamtgesellschaftlichen Zusammenhängen« oder – positiv – »Privatisierung« der Familie als relativ autonomer und vertrauter Bereich. In der heutigen Kleinfamilie gibt es eine Reihe von strukturellen und funktionellen Schwächen. Problematisch sind u.a.:

- Die fortdauernde Dominanz traditioneller Arbeitsteilung und Rollendifferenzierung mit Doppelbelastung berufstätiger Frauen und Selbstwertproblemen bei nichterwerbstätigen Frauen.
- Vermittlung eines überholten, traditionellen Bilds von den Geschlechterrollen an die Kinder.
- Hohe gegenseitige Erwartungen und Abhängigkeiten der Ehepartner unter Ausblendung gesamtgesellschaftlicher Entwicklungen und Bereiche.
- Überforderung der Eltern in der Kindererziehung mit entsprechenden Auswirkungen.

Zusammenfassend läßt sich sagen, daß die Strukturprobleme der modernen Kleinfamilie insgesamt die Situation bei zusätzlichen Belastungen und Herausforderungen verschärfen, z.B. wenn ein behindertes Kind existiert.

8.2 Reaktionen der Eltern auf das behinderte Kind

Die Forschung hat sich stark auf die durch die Geburt eines behinderten Kindes ausgelöste »traumatische Krise« (CHOLSCHREIBER 1980) und ihre Bewältigung konzentriert (vgl. z.B. BALZER/ROLLI 1975; BODENBENDER 1981; BRÄNDLE 1989; CLEMENS 1979; FARBER 1959; GUSKI 1980; JELTSCH-SCHUDEL 1988; JONAS 1989; KRUMM 1979; NIPPERT 1988; ROSS 1967; SPORKEN 1975; STRUNK 1988; WEISGERBER-SOININEN/HAACK/RAUH 1984).

8.2.1 Einstellungen und Erwartungen

Elternreaktionen sind abhängig von der Erwartungshaltung

Den Einstellungen der Eltern zu ihrem behinderten Kind, also ihrer inneren Haltung, kommt große Bedeutung zu (vgl. auch 5.2). Zwei Faktoren müssen gesehen werden:

- Eltern eines behinderten Kindes sind auch weiterhin in erster Linie Mitglieder der Gesellschaft, ihre Einstellungen unterscheiden sich kaum von den nicht gerade günstigen Einstellungen anderer Leute. Eltern behinderter Kinder werden allerdings stärker bemüht sein, negative Tendenzen zu unterdrücken bzw. nicht zu offenbaren.
- Alle Eltern haben ein Bild vom »idealen Kind«, das in jeder Hinsicht vollkommen ist. Oft wird von den Kindern erwartet, daß sie alle die Ziele anstreben und möglichst auch erreichen, die den Eltern selbst nicht zugänglich waren. Diese Übertragung der eigenen Träume und Wünsche auf die Kinder ist völlig normal. Bei einem behinderten Kind kommt es nun zu einer Diskrepanz zwischen Wunschbild und Realität.

Die Einstellungen wie die Erwartungen, die die Eltern an ihre Kinder herantragen, sind unterschiedlich nach der Schichtzugehörigkeit. Besonders in den mittleren Schichten sind die Ansprüche in bezug auf schulischen Erfolg und Leistung ganz allgemein stärker ausgeprägt als in den unteren Sozialschichten: Die Enttäuschung ist darum um so größer. Das Frustrationserlebnis ist abhängig

- von den Einstellungen zu Behinderten allgemein und
- von den Erwartungen an das eigene Kind im besonderen.

Generell läßt sich sagen: Hohe Erwartungen – große Enttäuschungen.

Die Enttäuschung ist eine doppelte:

1. Die bereits erwähnte Enttäuschung eigener Zukunftserwartungen, die man in das Kind gesetzt hatte.

2. Die Enttäuschung über die reduzierten Lebensmöglichkeiten des Kindes.

Weil in unserer hochkomplexen Leistungsgesellschaft die intellektuellen Fähigkeiten von Menschen so extrem hoch bewertet (man kann sagen: überbewertet!) werden, muß die Enttäuschung besonders groß sein, wenn sich die Behinderung auf die Intelligenz auswirkt. Aber auch bei eingeschränkter Kommunikationsfähigkeit wird oft schnell auf wenig Intelligenz geschlossen, mit entsprechend ungünstigen Konsequenzen.

Zeitpunkt der Konfrontation

Der Zeitpunkt des Erkennens der Behinderung wirkt sich auf die Einstellungen zum behinderten Kind aus (dieser Punkt wird in der Literatur kontrovers diskutiert):

- Erfahren die Eltern unmittelbar nach der Geburt des Kindes von seiner Behinderung, dann kann insbesondere die Mutter-Kind-Beziehung von vornherein gestört werden, weil alles unter dem Blickwinkel der Behinderung gesehen und beurteilt wird.
- Wird die Behinderung erst später erkannt, so sind die Eltern zunächst noch unvoreingenommen und von daher eher in der Lage, einen intensiven Kontakt mit dem Kind aufzunehmen. Man ist wohl auch nicht mehr so unvorbereitet auf die endgültige Diagnose. Auf der anderen Seite mag diese Verzögerung (»Das wird schon noch, Ihr Kind ist eben ein Spätentwickler...«) auch ungünstige Folgen haben, weil die Eltern sich unter Umständen länger unrealistischen Vorstellungen hingeben: Frühförderung wird verpaßt, Gefahr der Überforderung des Kindes, weil man es ja an den Leistungen nichtbehinderter Gleichaltriger mißt.

8.2.2 Gefühlsmäßige Reaktionen

Typisch ist ein ambivalentes Grundgefühl zwischen Zuneigung und Ablehnung. Die gefühlsmäßigen Reaktionen der Eltern stehen in Wechselwirkung mit den Einstellungen in der Gesellschaft. Je ausgeprägter die Vorurteile gegenüber Menschen mit einer bestimmten Behinderung sind, desto gravierender werden die Auswirkungen auf die seelische Verfassung der Eltern sein, wenn ihr Kind eine solche Behinderung hat. Welche Reaktionen nun auftreten, wird in der Literatur uneinheitlich beschrieben.

Vielschichtige emotionale Reaktionen

Auf jeden Fall sind sie vielschichtig und kompliziert, so daß vor unzulässigen Verallgemeinerungen gewarnt werden muß: die hier zu diskutierende Reaktionsweisen können auftreten, sie müssen es aber im Einzelfall überhaupt nicht (vgl. u.a. CHOLSCHREIBER 1980; CLEMENS 1979; GUSKI 1980). Wichtig sind die folgenden drei Hauptformen:

1. *Schockerleben.* Die Erkenntnis, ein behindertes Kind zu haben, insbesondere bei wenig feinfühliger Mitteilung der Diagnose, kann

schockartig wirken. Diese Annahme ist allerdings durch empirische Ergebnisse bzw. biographische Berichte nur unzureichend abgesichert. Verallgemeinerungen sind daher nicht zu rechtfertigen, es kommt sehr auf den Einzelfall an.

2. *Schuldgefühle.* Auch hier ist unbewiesen, ob sie eine generelle Reaktionsform darstellen. Immerhin gibt es eine Reihe von Anhaltspunkten dafür, daß sie sehr häufig auftreten. Mögliche Ursachen für Schuldgefühle können religiös bedingte Sündenvorstellungen sein, der Glaube an die Erblichkeit der Behinderung, unbewußte Ablehnung des Kindes mit Aggressionen und Todeswünschen (vgl. CLOERKES 1985, 310-320 sowie 5.2.5.2). Fest steht, daß Eltern behinderter Kinder von ihrer Umwelt ein hohes Maß an Schuld zugeschrieben wird, wie etliche Untersuchungen belegen (vgl. u.a. v. BRACKEN 1981, 61f., 75ff.; CLOERKES 1985, 312ff.; JANSEN 1981, 91f.). Häufig ist da die Rede von Alkohol- und Tablettenmißbrauch, von Inzucht, von mangelnder Zuwendung zum Kind, usw. In der Selbstbeurteilung von Eltern behinderter Kinder spielen die Schuldgefühle ebenfalls eine ganz wichtige Rolle, auch wenn bei Befragungen eine solche Vermutung zunächst meist deutlich zurückgewiesen wird (vgl. KLAUß/WERTZ-SCHÖNHAGEN 1993, 38f.). Eigene Untersuchungen über Tiefeninterviews mit Eltern geistig behinderter Kinder (CLOERKES 1980) lassen für mich keinen Zweifel daran, daß Schuldgefühle eine verbreitete Reaktionsform sind (vgl. auch DEMYER 1986). Dies ist nicht so überraschend, wenn wir uns vor Augen halten, daß Eltern sich kaum von den allgemeinen Einstellungen in der Bevölkerung freimachen können, auch wenn es sich um das eigene Kind handelt.

Verbreitete Übernahme von Schuldzuschreibungen

3. *Abwehrmechanismen* (z.B. Verleugnung, Projektion, Intellektualisierung, Sublimierung) tragen erheblich zur Verarbeitung des Geschehens bei und werden daher gesondert im folgenden Abschnitt besprochen.

8.2.3 Annahme und Verarbeitung der Behinderung

Inwieweit die Eltern ihr behindertes Kind akzeptieren oder ablehnen, hängt also in hohem Maße von den Einstellungen und gefühlsmäßigen Reaktionen ab. Auch hier sind die Fachleute nicht einer Meinung: Die meisten halten eine »falsche« Reaktionsweise für geradezu unvermeidlich, andere wiederum sind sicher, daß sich die allermeisten Eltern behinderter Kinder in ihrem Verhalten nicht besonders von Eltern nichtbehinderter Kinder unterscheiden. Ein grundlegendes Problem ist, daß vielen Eltern aufgrund ihres niedrigen Sozialstatus nicht nur die subjektiven, sondern auch die objektiven Voraussetzungen dafür fehlen, die Fülle der anstehenden Widrigkeiten sachgerecht zu bewältigen.

Konfliktverarbeitung über Abwehrmechanismen

Die Verarbeitung ungelöster Konflikte wird vorwiegend aus psychoanalytischer Sicht behandelt (vgl. CHOLSCHREIBER 1980). Wesentlich ist die Mobilisierung von **Abwehrmechanismen**, um das gestörte innere Gleichgewicht wiederherzustellen oder aufrechtzuerhalten. Einzelformen:

1. Die *»Verleugnung«* der Behinderung, also so zu tun, als existiere die Behinderung gar nicht, ist außerordentlich häufig, so daß man fast vom Normalfall sprechen kann. Sicher hängt das von Ausmaß und Sichtbarkeit der Behinderung ab; bei eindeutigen, schweren Behinderungen wird eine Verleugnung der Tatsachen kaum noch möglich sein.

2. Die *»Projektion«* der Schuld auf bestimmte Personen oder Umstände (z.B. die Umwelt, die Ärzte, den Partner), um Selbstvorwürfe abzuwehren. In eigenen Fallstudien von thalidomidgeschädigten Kindern (»Contergan«) habe ich gerade diesen Abwehrmechanismus häufig beobachten können (vgl. CLOERKES 1985, 411ff.).

3. Die *»Intellektualisierung«* der Behinderung, indem sie und alle Umstände geradezu wissenschaftlich genau untersucht werden, findet sich vor allem bei Eltern aus der Mittelschicht. Dies ist sicher ein – wenn auch problematischer – Weg, der Borniertheit und Überheblichkeit zahlreicher »Experten« durch eigene Kompetenz Paroli zu bieten.

4. Die *»Sublimierung«* der Behinderung zeigt sich in verstärktem sozialen Engagement, Mitarbeit in Verbänden und Vereinen für behinderte Kinder. Wie bei der Intellektualisierung können daraus durchaus aufbauende Wirkungen resultieren. Andererseits besteht eine gewisse Gefahr, sich als »Funktionär« zu stark vom eigentlichen Anlaß des Engagements zu entfernen, – manche Eltern behinderter Kinder sind auf diese Weise schon zu einem neuen Full-time-job im Behindertenverband gekommen.

Beispiele für Bewältigungsprozesse

In der Literatur werden oft **typische »Phasenverläufe«** der Bewältigung angenommen. Dazu einige Beispiele, wobei noch einmal vor unzulässigen Verallgemeinerungen gewarnt sei.

STEGIE (1988, 131) faßt zusammen:

1. Krisenreaktion mit Schock, Verleugnung, Nicht-wahrhaben-wollen.
2. Emotionale Desorganisation (Enttäuschung, Trauer, Angst, Depression, Wut).
3. Endphase mit Sichabfinden und Akzeptieren.

KERKHOFF (1981, 46) sieht vier Hauptphasen:

1. Verdacht mit Ambivalenzempfindungen.
2. Gewißheit mit Verwirrung und Verdrängung als Bewältigungsversuch.

3. Konfrontation mit Erklärungs- und Rechtfertigungsversuchen.
4. Erkenntnis des Miteinander-leben-müssens. Als Folge kann es zu Verleugnung, Resignation, Ablehnung, Zuweisung eines Sonderstatus, Gefühlsambivalenz, Scheinbewältigung und (als positives Ergebnis) Annahme und Integration kommen.

Bei SCHUCHARDT (1996, 26) findet sich ein generelles Modell der »Krisenverarbeitung als Lernprozeß«:

1. Ungewißheit
2. Gewißheit
3. Aggression
4. Verhandlung
5. Depression
6. Annahme
7. Aktivität
8. Solidarität.

Verarbeitung durch Trauern

Der Verarbeitungsprozeß der Eltern über verschiedene Phasen hinweg wird manchmal als **»Trauerarbeit«** bezeichnet. Trauerarbeit gilt als Notwendigkeit, um mit dem erlittenen Verlust (erhofftes gesundes Kind) fertig zu werden; sie ähnelt der Trauerarbeit nach dem Verlust eines geliebten Menschen durch Tod. VERENA KAST (1984) beschreibt vier notwendige Phasen des Trauerprozesses:

- Nichtwahrnehmung und Suche,
- aufbrechende chaotische Emotionen,
- Suchen, Finden und Sich-Trennen,
- Autonomieentwicklung als neuer Selbst- und Weltbezug.

Trauerarbeit soll ausreichend geleistet werden, nur dann sei ein realitätsgerechtes Verhalten aus der neuen Autonomie heraus gewährleistet. Ungelöste Konflikte in den einzelnen Phasen könnten eine problematische Grundeinstellung zum behinderten Kind zur Folge haben (vgl. JONAS 1989; 1990a).

Zusammenfassend: Die psychoanalytische Sicht des Problems sollte nicht übertrieben werden. Wichtig mit Blick auf das Ziel »Annahme und Verarbeitung der Behinderung des Kindes« sind beispielsweise auch individuelle Faktoren (Einstellungen, Persönlichkeitsstruktur, etc.), situative Faktoren (Lebensumstände, Hilfsangebote, soziale Kontakte, etc.) und gesellschaftliche Faktoren (Zugang zu Informationen, finanzielle Verhältnisse, Bidungsniveau, etc.). Nicht immer müssen die genannten Abwehrmechanismen aktiviert werden; es gibt sicher auch Eltern, die unmittelbar nach der Erkenntnis, daß ihr Kind behindert ist, eine nüchterne, realistische und positive Haltung entwickeln und aufrechterhalten.

8.3 Störungen des innerfamiliären Rollen-gleichgewichts

Auswirkungen auf die Rollen-beziehungen

Behindertensoziologisch interessant sind insbesondere mögliche Auswirkungen der Existenz eines behinderten Kindes auf die Rollenbeziehungen innerhalb der Familie. Wenn man sich vor Augen hält, wie instabil die Funktionalität moderner Kleinfamilien im Vergleich zu den traditionellen Großfamilien-Formen ist, wie stark sie bei Abwesenheit von Familienmitgliedern durch Tod oder Scheidung in Frage gestellt sind, dann wird deutlich, daß Krisen, Überlastungen und Auflösungserscheinungen möglicherweise auch durch ein behindertes Kind ausgelöst oder verstärkt werden können (vgl. u.a. KERKHOFF 1981). Die innerfamiliären Beziehungen beruhen auf dem Zusammenspiel von Rollenerwartungen und Rollenübernahme. Oftmals ist das behinderte Kind infolge seiner Funktionseinschränkungen nicht in der Lage, den Erwartungen der Eltern zu entsprechen und die übliche Kindrolle zu übernehmen. Damit ist eine wesentliche familiäre Rolle nicht besetzt.

Die Situation wird besonders schwierig sein,
- wenn das Anspruchsniveau hinsichtlich der Leistungen des Kindes hoch ist;
- wenn das Kind durch eine sehr ausgeprägte und funktionsbeeinträchtigende Behinderung stark von den gesellschaftlichen Normen und Werten abweicht;
- wenn es sich um das erstgeborene oder das einzige Kind handelt.

8.3.1 Mögliche Anpassungsprobleme

8.3.1.1 Desintegration und Desorganisation

Gefahr für die Stabilität von Familien droht in zweierlei Hinsicht:

- Als **Desintegration,** wenn das *außerfamiliäre* Verhältnis zwischen Familie und gesellschaftlichen Institutionen und Organisationen gestört ist;
- als **Desorganisation,** wenn die *innerfamiliären* Sozialbeziehungen gestört sind.

Äußere und innere Gefahren für die Stabilität

Nach einer Hypothese von WALTER THIMM (1974, 11) kann die Existenz eines behinderten Kindes zu vorübergehenden oder dauerhaften Desintegrations- und Desorganisationserscheinungen führen.

Um ein gestörtes Rollengleichgewicht in der Familie wiederherzustellen, müssen die Eltern ihre Erwartungshaltung gegenüber dem behinderten

Kind verändern, sich an die neue Situation anpassen. Die *Eltern* müssen sich also ändern; sie dürfen nicht davon ausgehen, daß das *Kind* sich zu ändern habe. Anzustreben ist eine »Normalisierung« des beiderseitigen Verhältnisses. Die Forderung, das Kind »normal« zu behandeln und ihm den Weg zu einem möglichst »normalen« Leben – auch gegen äußere Widerstände – zu ebnen, steht absolut im Vordergrund. Gelingt eine Normalisierung nicht, dann stellt nicht das behinderte Kind das eigentliche Problem dar, sondern es sind die Konflikte der Eltern, die das Kind zum Problem werden lassen.

8.3.1.2 Neue Elternrolle

Neuorientierung der Eltern

Die Anpassung der Eltern an die veränderte soziale Situation ist unter dem Konzept der Sozialisation in die *»Behinderteneltern-Rolle«* (MEADOW/MEADOW 1971) diskutiert worden. Auch hier sollten Begriff und Konzept nicht zu eng gesehen werden, um unnötige Generalisierungs- und Stigmatisierungseffekte zu vermeiden. Nach der Theorie handelt es sich jedenfalls um einen schwierigen und langwierigen Lernprozeß, weil eine Orientierung an bereits vorgegebenen gesellschaftlichen Verhaltensmustern kaum möglich ist. Qualifizierte professionelle Hilfe kann nötig sein. Anpassungsprozesse an eine neue Rolle sind im übrigen nicht so ungewöhnlich, wie es mancher Theoriebeitrag zum Thema nahelegt. Bei der Geburt eines nichtbehinderten Kindes ist dies ja prinzipiell auch der Fall: Das Kind verändert deutlich das Familienleben. Der Unterschied besteht darin, daß sich die Eltern bei der Geburt eines behinderten Kindes einer Situation anzupassen haben, die weder beabsichtigt war noch wünschenswert erscheint; sie liegt vielmehr außerhalb ihres Vorstellungsbereichs und sie kommt plötzlich auf sie zu: das macht die besondere Schwierigkeit aus.

8.3.1.3 Instrumental-technischer und emotional-expressiver Aspekt

Probleme in der neuen Elternrolle

Der Sozialisationsprozeß in die Rolle »Eltern eines behinderten Kindes« geschieht auf zwei Ebenen, die insbesondere für die Bewältigung von Desintegrationsproblemen wichtig sind:

1. der instrumental-technische Rollenanteil und
2. der emotional-expressive Rollenanteil.

Die »instrumental-technische« Seite der Rolle beinhaltet die Forderung, von der Gesellschaft angebotene Hilfsmaßnahmen, z.B. solche therapeutischer, pädagogischer oder finanzieller Art, in Anspruch zu nehmen. Unter dem »emotional-expressiven« Aspekt sind die psychischen Probleme im Gefolge der Behinderung des Kindes zu verarbeiten sowie die Probleme mit der Erziehung und den Reaktionen der Umwelt anzugehen. Beide Aufgaben stehen in Wechselwirkung zueinander.

In der Bewältigung gibt es Unterschiede nach der Sozialschichtzugehörigkeit. Eltern aus der Unterschicht haben überwiegend Probleme im instrumental-technischen Bereich, also im Umgang mit Ärzten, Ämtern und Behörden: Die bestmögliche Förderung des Kindes kommt deshalb meistens zu kurz. Der Zusammenhalt in Familie und Verwandtschaft (Desorganisationsproblematik) ist dagegen relativ gut. Anders bei Eltern höherer Schichten. Hier wird angenommen, daß sie mehr Schwierigkeiten im emotional-expressiven Bereich haben, etwa bei der psychischen Verarbeitung des Ereignisses, weil die Diskrepanz zwischen den hohen Erwartungen und den tatsächlichen Möglichkeiten des behinderten Kindes stärker erlebt wird. Die instrumental-technischen Dinge dürften dagegen kaum schwerfallen (vgl. THIMM 1974, 13ff.).

8.3.2 Die einzelnen familiären Rollen

8.3.2.1 Die Rolle der Mutter

Verstärkung der traditionellen Rolle, große Belastung

Die traditionelle Rolle der Frau als Hausfrau und Mutter wird im allgemeinen verstärkt, zumindest dann, wenn sie die Pflege und Erziehung eines schwer behinderten Kindes übernimmt (vgl. STEGIE 1988, 126). Nur wenige Mütter schwerbehinderter Kinder sind berufstätig. Als Folgen sind möglich:

1. Physische und psychische Überlastung durch die dauernde Konfrontation mit behinderungsspezifischen Problemen.
2. Die besonders wichtige Aufgabe der Erziehung des behinderten Kindes verleiht der Mutter eine im Vergleich zur »Nur-Hausfrau« größere Bedeutung und Stabilität in ihrer Rolle.
3. Damit besteht aber auch die Gefahr, sich zu ausschließlich auf die Bedürfnisse des behinderten Kindes zu konzentrieren, mit der Konsequenz von Überbehütung und Vernachlässigung der anderen Familienmitglieder.

4. Wenn die Mutter wegen der Behinderung des Kindes nicht erwerbstätig ist, dann wird es möglicherweise für diesen persönlichen Verzicht verantwortlich gemacht; hieraus können latente Ablehnungstendenzen sowie übermäßige Ansprüche resultieren.

Zur Situation von Müttern schwer behinderter Kinder liegen eine ganze Reihe von Untersuchungen vor (vgl. z.B. BREMER-HÜBLER 1990; FRÖHLICH 1986; JONAS 1990a und b; KNIEL 1988; PETERANDER/SPECK 1995; SARIMSKI 1987; 1993; WACKER 1995). Die besondere Benachteiligung steht im Mittelpunkt des Forschungsinteresses, bei teilweise deutlich feministischer Sichtweise (JONAS 1989; 1990a und b). JONAS kritisiert massiv die abwertende Zuschreibung der »Kotherapeutenrolle« in der Frühförderung (vgl. 1990b, 17ff.; s.a. WEIß 1991; 1993 sowie 8.7).

Nicht selten wird die Vermutung geäußert, die Belastung durch das behinderte Kind müsse sich zwangsläufig auch auf die Beziehung der Ehepartner zueinander auswirken. Dies läßt sich so pauschal sicher nicht bestätigen (vgl. ENGELBERT 1989, 105f.; STEGIE 1988, 126f.). Es scheint so zu sein, daß bereits bestehende Spannungen verstärkt werden können, andererseits wird das behinderte Kind aber in vielen Ehen auch zum besonderen Bindeglied. Ein verstärktes Angebot an Tageseinrichtungen für behinderte Kinder könnte die Mütter entlasten und damit eine nicht unwesentliche Vorausetzung für die Entwicklung von harmonischen Beziehungen zwischen den Ehepartnern bieten.

8.3.2.2 Die Rolle des Vaters

Spezifische Schwierigkeiten mit Entwicklungschancen

Die Rolle der Väter behinderter Kinder hat in der Forschung bis vor kurzem kaum Beachtung gefunden. Im Gegensatz zur Mutterrolle wird die traditionelle Vaterrolle im allgemeinen durch die Existenz eines behinderten Kindes nicht verstärkt (vgl. STEGIE 1988, 126). Die Folgen können sein:

- Eine besonders bittere Enttäuschung, weil die »Zukunftslosigkeit« des behinderten Kindes keine Gelegenheit bietet, die Erfüllung der väterlichen Rolle zu erleben (vgl. BALZER/ROLLI 1975, 38).
- Ein distanziertes Verhältnis zum Kind und Versuche, die erfahrene Frustration durch stärkeres berufliches Engagement zu kompensieren (»Fluchthaltung« mancher Väter).
- Vernachlässigungsgefühle und Eifersucht, wenn sich die Frau dem behinderten Kind verstärkt und vielleicht übertrieben zuwendet (vgl. auch 8.3.2.3)

Neuere Untersuchungen (vgl. HINZE 1991; 1992; KALLENBACH 1992; 1994) bestätigen, daß es den Vätern meistens sehr schwerfällt, mit der

Behinderung ihres Kindes fertigzuwerden. Insgesamt sind sie aber durchaus anders, als es gängige Rollenklischees erwarten lassen. HINZE (1992, 136-140) listet die besonderen *Schwierigkeiten der Väter* auf:

1. Väter sind mit der Behinderung weniger konfrontiert.
2. Ihre Erwerbstätigkeit erschwert ihnen die Auseinandersetzung mit der Behinderung.
3. Die mangelnde Problemkonfrontation erschwert die Entwicklung von Problembewußtsein.
4. Der eingeschränkte praktische Umgang mit dem Kind wirkt psychisch destabilisierend.
5. Die männliche Geschlechtsrolle verlangt Sachlichkeit und Selbstkontrolle.
6. Väter neigen zur rationalen Bewältigung der Behinderung.
7. Ihre Selbstbeherrschtheit hindert Väter an der emotionalen Verarbeitung der Behinderung.
8. Sie neigen dazu, problembezogene Gespräche zu vermeiden.
9. Sie sehen sich an ihre Ehefrau gebunden.
10. Die öffentliche Konfrontation stellt eine massive sozial-emotionale Belastung dar.
11. Mütter wie Fachleute sehen die Elternrolle von Vätern als nebensächlich an.

Aus den besonderen Schwierigkeiten können sich *besondere Chancen* ergeben (HINZE 1992, 140):

- Die Behinderung kann Väter zum verstärkten Elternsein herausfordern.
- Die Behinderung kann die Gefühls- und Kontaktoffenheit fördern.
- Die Behinderung des Kindes kann sinngebend sein.

HINZE resümiert, daß die Probleme der Väter allgemein verkannt werden und das soziale Umfeld auch dazu neigt, ihre »Nebenrolle« festzuschreiben. Die Väter sollten ihre Chance zur Selbstveränderung ergreifen und die Fachleute sollten von ihren Rollenklischees abrücken (141). Diese Einschätzungen werden von KALLENBACH (1994) im wesentlichen bestätigt. Die Belastungssituation der Väter schwerstbehinderter Kinder gewinnt damit in der neueren Forschung einen ähnlichen Stellenwert wie die der Mütter.

8.3.2.3 Die Rolle des behinderten Kindes

Ambivalente Rollen-zuschreibungen

Die familiäre Rolle des behinderten Kindes ist in hohem Maße abhängig von der Fähigkeit der Eltern, sich an die neue Situation anzupassen. Andererseits beeinflußt aber auch die Rolle des Kindes (bestimmt u.a. vom Ausmaß der Behinderung) die Rollenanpassung der Eltern. Die Beziehungsdynamik des Familiensystems kann durch problematische Rollenzuschreibungen stark belastet sein. In Anlehnung an H.-E. RICHTER (1970) beschreibt GUSKI (1980, 137ff.) *drei mögliche Systemkonstellationen:*

- Das gemeinsame Sorgenkind der Familie
- Das behinderte Kind als Gattensubstitut
- Das behinderte Kind als Sündenbock.

Diese Rollenzuschreibungen sind instabil und entsprechen damit der gefühlsmäßigen Ambivalenz von Zuneigung und Ablehnung. Sie dienen in erster Linie der elterlichen Konfliktentlastung. Eng verknüpft sind häufig neurotisierende Erziehungsmuster (vgl. dazu 8.4.1). Wieder muß betont werden, daß sämtliche Problemkonstellationen selbstverständlich auch in Familien mit nichtbehinderten Kindern anzutreffen sind, – RICHTERS Buch ist ja nicht behindertenspezifisch. Vor übereifrigen »Pathologisierungsversuchen« mancher Behinderten-Experten wird daher ausdrücklich gewarnt.

Probleme der Ablösung von den Eltern

Ergänzend sei noch die Problematik der »Dauer-Kind-Rolle«, insbesondere bei schwer Geistigbehinderten, erwähnt (vgl. auch GUSKI/LANGLOTZ-BRUNNER 1991; KLAUß 1988; 1995). Durchaus mögliche Ablösungsprozesse werden von manchen Eltern hinausgezögert, weil sie dann ihren Besitzanspruch auf das Kind aufgeben müßten. Die Gefahr ist besonders groß bei behinderten Einzelkindern oder Letztgeborenen. Befragungen haben gezeigt, daß eine der größten Sorgen der Eltern die Versorgung des behinderten Kindes bei eigener Gebrechlichkeit oder Tod ist, zugleich sperren sie sich gegen konkrete Aktivitäten zur Zukunftssicherung (vgl. u.a. BODENBENDER 1981, 8; V. BRACKEN 1981, 131). Aber auch der umgekehrte Weg ist denkbar: Die oft lebenslange Hilfsbedürftigkeit des Kindes macht die Eltern geradezu unentbehrlich, und die gesellschaftlichen Hilfeinstitutionen nutzen diesen kostensparenden Tatbestand (vgl. KLAUß/WERTZ-SCHÖNHAGEN 1993, 65). Hier ist mehr Solidarität mit den betroffenen Familien einzufordern (vgl. auch 8.5).

8.3.2.4 Die Rolle der Geschwister

Typisch für die vorherrschende Sichtweise in der Literatur ist die große Selbstverständlichkeit, mit der immer wieder von der »Geschwisterproblematik« gesprochen wird. Es ist allgemein bekannt, daß Geschwister als »Problem« empfunden werden können, und nicht selten sind sie das tatsächlich, – unabhängig von vermuteten Erschwernissen durch die Existenz einer »Behinderung«. Die kritische Frage muß daher lauten: Gibt es diese »Probleme« tatsächlich in einem Ausmaß, das sich vom Normalfall unterscheidet? Und: Ist die Behinderung überhaupt so gravierend, daß beachtliche Auswirkungen auf die Geschwister des behinderten Kindes zu erwarten sind?

Gibt es eine besondere »Geschwisterproblematik«

Einige Behinderten-Experten haben »die Geschwister« als forschungspraktisch lohnendes »soziales Problem« erkannt und empirische Studien vorgelegt, die allerdings leider keine Antwort auf die Grundfragen erlauben, weil auf Kontrollgruppen verzichtet wurde (vgl. ACHILLES 1995; BUNDESVEREINIGUNG LEBENSHILFE... 1985; HACKENBERG 1983a und b; 1992; 1993; SCHMIDT 1980; SEIFERT 1989; 1990; STENZIG 1985; WAIBEL 1988; zur Kritik: ENGELBERT 1989, 106). Die Untersuchungsergebnisse sind insgesamt sehr heterogen. Das Forschungsinteresse konzentriert sich stark auf Bestätigungen für die Vermutung eines erhöhten Risikos psychosozialer Störungen, dabei gelten die Schwere der Behinderung, die Stellung in der Geschwisterreihe und elterliche Verhaltensweisen als wichtige Einflußgrößen. Es wurden Störungen gefunden, ebenso aber auch positive Entwicklungstendenzen. Kurz zu den am häufigsten beschriebenen Erkenntnissen.

Vielschichtige Auswirkungen

Mögliche (keineswegs zwangsläufige!) negative Folgen:

- Die stärkere Belastung der Eltern kann Rückwirkungen auf nichtbehinderte Geschwisterkinder haben.
- Die nichtbehinderten Geschwister werden möglichweise vernachlässigt, was zu Eifersucht und Verhaltensauffälligkeiten führen kann.
- Die nichtbehinderten Geschwister müssen die Defizite des behinderten Kindes kompensieren: zu hohe Ansprüche.
- Überlastung durch verstärkte Verantwortung und Übernahme elterlicher Pflichten (besonders bei älterer Schwester).
- Es wird zuviel Rücksichtnahme auf das behinderte Kind gefordert, das kann zur Unterdrückung von Aggressionen führen.
- Mitstigmatisierung, Hänseleien, etc..
- Verstärkung eigener Ängste, selbst behindert zu werden oder ein behindertes Kind zu bekommen.

Mögliche positive Folgen:

- Förderung von Verantwortungsbewußtsein und Sozialverhalten.
- Mehr Verständnis und Toleranz für andere Menschen, mehr Offenheit und Selbstkritik.
- Größere Frustrationstoleranz, besseres Konfliktverhalten.
- Intensiveres Familienleben mit mehr Emotionalität.

Als Empfehlungen werden genannt:

- Zulassen positiver wie negativer Gefühle dem behinderten Kind gegenüber, Auseinandersetzen mit der Behindertenproblematik.
- Gleichbehandlung aller Kinder, Toleranz, offene Gespräche.
- Schaffung von Freiräumen und Rückzugsmöglichkeiten.

Zusammenfassend läßt sich feststellen: Die berichteten »Folgen« wie die Ratschläge der Experten sind nicht ungewöhnlich und können sicher ebenso für Familien mit nichtbehinderten Kindern gelten. Geschwister behinderter Kinder zeigen nicht mehr oder weniger Verhaltensstörungen als andere Kinder, sondern eine Vielfalt von Verarbeitungsformen.

8.4 Auswirkungen auf das behinderte Kind

Neben der Rollenzuschreibung (vgl. 8.3.2.3) geht es im folgenden um mögliches Fehlverhalten in der Erziehung sowie den Einfluß sozio-ökonomischer Faktoren. Erziehungs- und Sozialisationsprozesse sind keine eingleisigen Beziehungen, die von den Eltern auf das Kind gerichtet sind, sondern sie sind als wechselseitiges Geschehen aufzufassen, das zudem noch in hohem Maße von den sozialen und ökonomischen Lebensbedingungen der Familie beeinflußt wird. Die Entwicklung des behinderten Kindes wird also durch das Erzieherverhalten und das gesamte soziale Umfeld geprägt.

8.4.1 Erzieherisches Fehlverhalten

Ein angemessenes Erziehungsverhalten hängt sicher zunächst einmal davon ab, ob die Eltern ihre psychischen Probleme im Zusammenhang mit der Existenz des behinderten Kindes bewältigen konnten. Sie sollten insbesondere zu der erwähnten Umorientierung der Rollen in Anpassung an die veränderte Familiensituation gelangt sein (vgl. 8.3). Viele Eltern sind den Anforderungen, die die Erziehung des behinderten Kindes an sie

Bedeutung erzieherischer Kompetenz

stellt, nicht gewachsen. Diese Feststellung ist weder verwunderlich noch als Vorwurf gemeint, ist doch schon die Erziehung von nichtbehinderten Kindern eine Aufgabe, die in aller Regel nicht zufriedenstellend gelöst werden kann.

Notwendig ist ein qualifiziertes Angebot der Elternbildung im Rahmen der Behindertenarbeit, und zwar als Hilfe zur Selbsthilfe und ohne die üblichen Anmaßungen der Expert/-innen (vgl. HOHMEIER 1989, 164-168). Empirische Untersuchungsergebnisse offenbaren deutlich die unklaren Vorstellungen vieler Eltern hinsichtlich der Betreuung und Förderung des behinderten Kindes. Aus der Ratlosigkeit entstehen häufig Verhaltensunsicherheiten sowie eine Neigung, beim behinderten Kind ein besonders hohes kompensatorisches Bedürfnis nach Liebe und Verständnis zu vermuten (vgl. z.B. V. BRACKEN 1981, 128f.; WINDSZUS 1972, 121). Von dieser Betonung des »Besonderen« am behinderten Kind ist es nur noch ein kleiner Schritt zu problematischen und ungünstigen Verhaltensweisen in der Erziehung, beispielsweise Überbehütung, Überforderung und Vernachlässigung (vgl. u.a. CHOLSCHREIBER 1980).

8.4.1.1 Überbehütung

Die Gefahr überbehütender Verhaltensweisen ist ein fundamentales Problem in der Erziehung behinderter Kinder. Grundsätzlich kommt Überbehütung auch bei nichtbehinderten Kindern sehr häufig vor. Von Überbehütung spricht man, wenn das Kind mehr Schutz, Schonung und Hilfestellung bekommt, als es vom Zustand und von der Situation her erforderlich ist. Die Grenze zur Überbehütung läßt sich bei behinderten Kindern naturgemäß nicht generell bestimmen, letztlich entscheidend ist der Einzelfall. Wichtig ist allerdings, das Problem und seine Folgen überhaupt zu sehen.

Negative Folgen von Überbehütung

Tendenzen zur Überbehütung nehmen zu, wenn die Eltern schon relativ alt sind, bei Einzelkindern sowie bei letztgeborenen Kindern. Ursachen sind im übrigen oft neben der Behinderung selbst die damit verbundene Enttäuschung und das Bedürfnis, Schuldgefühle zu kompensieren, soziale Isolation sowie Spannungen zwischen den Elternteilen. Folgen von Überbehütung können sein:

- Abhängigkeit und Unselbständigkeit,
- schwach ausgeprägte Persönlichkeit,
- geringes Anspruchsniveau,
- niedrige Frustrationstoleranz,
- unangepaßtes Sozialverhalten (tyrannisch, altklug, wehleidig, etc.).

Die übertriebene Nachgiebigkeit ist eine typisch mütterliche Fehlhaltung. Wenn man dem Kind alles abnimmt, weil man ihm nichts oder nur wenig zutraut, dann wird das vorhandene Leistungsvermögen unterschätzt und unterfordert; das Kind kann sich nicht optimal entwickeln. Überbehütung fordert Ungehorsam und Tyrannisieren der anderen Familienangehörigen geradezu heraus: Die Behinderung wird dann in der Absicht genutzt, möglichst viele Vorteile zu erhalten. Die Konsequenzen gehen weit über das behinderte Kind hinaus. Unterschichtkinder werden im allgemeinen weniger stark behütet und verwöhnt. Überbehütende Verhaltensweisen sind eher in Mittelschichtfamilien zu finden (vgl. RÖNNAU 1978, 197ff.). Behinderte Kinder aus der Mittelschicht haben auch weniger Kontakt zu Gleichaltrigen und wenn, dann hauptsächlich unter Aufsicht in der elterlichen Wohnung.

Schichtspezifische Unterschiede

8.4.1.2 Überforderung

Ein anderes Fehlverhalten, das manche Eltern behinderter Kinder zeigen, ist die Überforderung des Kindes. Der zu perfektionistischen Erziehung liegt eine Überbewertung der Konformität mit gesellschaftlichen Leistungsstandards zugrunde. Durch den Druck auf das Kind wollen die Eltern erreichen, daß Leistungen und Verhaltensweisen erbracht werden, die ihren ursprünglichen hohen Erwartungen entsprechen. Man kann hieraus auf nicht bewältigte Anpassungsprozesse an die neue Elternrolle schließen. Die Begründungen der Eltern laufen oft darauf hinaus, daß behinderte Kinder im Leben auch größere Widerstände als nichtbehinderte Kinder zu überwinden hätten. Mit Ansprüchen, die das Kind nicht einlösen kann, bewirkt man aber das Gegenteil: Eine zusätzliche und völlig unnötige Lebenserschwernis.

Negative Folgen von Überforderung

Folgen von Überforderung können sein: Aggressivität, Destruktivität, letztlich Resignation. Sowohl das Kind als auch die Eltern werden frustriert und unsicher, die Eltern wegen der nicht erfüllbaren Erwartungen, das Kind wegen fehlender Erfolgserlebnisse. So kann es schließlich zu gegenseitiger Ablehnung kommen. Leistungsanforderungen steigen im allgemeinen mit der Schichtzugehörigkeit. Überforderndes Verhalten ist daher eher in höheren Schichten anzutreffen. Empirische Belege für Überforderung finden sich u.a. bei WINDSZUS (1972, 125). Die Hälfte der befragten Mütter von geistig behinderten Kindern vertraten einen überfordernden Standpunkt. Überforderung und Überbehütung kommen auch gepaart in einer besonders ungünstigen Konstellation vor: Die harte Forderung nach Leistung wird durch große Nachgiebigkeit, etwa im emotionalen Bereich, versüßt.

8.4.1.3 Vernachlässigung

Vernachlässigung ist vergleichsweise selten. Unsicherheit und Hilflosigkeit führen bei diesen Eltern dazu, daß eine anfängliche Ablehnung des behinderten Kindes nicht überwunden wird, sondern sich in Vernachlässigung der kindlichen Bedürfnisse äußert. Dieses Fehlverhalten kommt typischerweise in Unterschicht-Familien vor. Ursächlich sind insbesondere die schwierigen wirtschaftlichen und familiären Verhältnisse, wohl kaum böser Wille.

8.4.2 Die sozio-ökonomische Situation

Ungünstige soziale und wirtschaftliche Verhältnisse können sich sehr negativ auf die Sozialisation des behinderten Kindes auswirken; sie finden sich in den unteren Schichten der Gesellschaft (zum Schichtbegriff vgl. 4.1).

8.4.2.1 Schichtzugehörigkeit

Schichtspezifische Erziehungsformen

Der Einfluß der Schichtzugehörigkeit auf die Erziehung von Kindern kann als erwiesen gelten. Die Schwierigkeiten angesichts eines schwer behinderten Kindes unterscheiden sich kaum nach der Schichtzugehörigkeit, allerdings sind die Reaktionsformen auf diese Schwierigkeiten in Unterschicht und Mittelschicht verschieden. Mittelschichteltern führen häufig alles auf den Faktor Behinderung zurück, Unterschichteltern klagen hingegen eher über »normale« Gehorsamkeitsprobleme mit dem behinderten Kind. Mittelschichteltern wenden überwiegend »positive« Kontrollformen in der Erziehung an, sie reagieren großenteils mit geduldiger Zuwendung, nehmen eine abwartende Haltung ein und holen sich eventuell Rat von außen. Im Gegensatz dazu neigen Unterschichteltern zu »negativen Kontrollformen« mit körperlichen Strafen, Schimpfen, Anschreien oder auch Nichtbeachten. Insgesamt wird im Verhalten eine gewisse Härte deutlich (vgl. RÖNNAU 1978, 169ff., 207f.). Harte Erziehungsmaßnahmen sind sicher generell bedenklich, unabhängig davon, ob es um behinderte oder nichtbehinderte Kinder geht. Sie sind im allgemeinen auf Schwäche und Unsicherheit der Erziehungspersonen zurückzuführen. Mittelschichtspezifische Erziehungsformen sind allerdings nicht per se günstiger, zumal wenn sie mit Überbehütung einhergehen.

8.4.2.2 Wohnverhältnisse

Ein weiterer wichtiger Einflußfaktor für die Erziehung des behinderten Kindes sind die Wohnverhältnisse der Familie, insbesondere der ihnen zur Verfügung stehende Wohnraum. Die Wohnverhältnisse schaffen Rahmenbedingungen für das Familienleben und damit auch für die Entwicklungsmöglichkeiten der Kinder. Zu beachten sind Größe und Ausstattung der Wohnung und vor allem, ob sich die einzelnen Familienmitglieder auf einen eigenen Platz zurückziehen bzw. dem Bewegungsdrang genügend nachgeben können. Zusammenhänge zwischen unzureichenden Wohnverhältnissen und Störungen in der Entwicklung des sozialen und emotionalen Verhaltens, psychischen Störungen und Reifungsverzögerungen von Kindern können als bewiesen gelten. Die Existenz eines behinderten Kindes verschärft das Problem. Manche behinderten Kinder brauchen schon allein wegen ihrer unbeherrschten und ungelenken Motorik mehr Bewegungsraum, zugleich sind sie wegen eingeschränkter Kontakte zu Spielkameraden draußen besonders auf die Wohnung als Erfahrungs- und Spielraum angewiesen. Bei schwerbehinderten Kindern gibt es kaum außerschulische Kommunikationsmöglichkeiten und Kontakte. Die Freizeit wird fast durchweg zuhause verbracht (vgl. auch 9.4.1). Von den geistig behinderten Kinder haben empirischen Studien zufolge 40% (RÖNNAU 1978, 198), 50% (Situation in Mannheim; CLOERKES 1980) und über 60% (THANNHÄUSER 1976, 47) neben der Schule keinerlei Kontakte nach außen.

Wohnbedingungen und Entwicklungsstörungen

Unzureichende Wohnverhältnisse sind schon für die »Normalfamilie« Ursache vielfältiger Krisenmomente. Die Unterversorgung mit Wohnraum nimmt in der Unterschicht bei ungünstigen Einkommensverhältnissen und hoher Kinderzahl rapide zu. Gleichzeitig ist die Wahrscheinlichkeit deutlich größer, ein behindertes Kind zu haben (vgl. 4.1 und 4.2.2). Untersuchungsergebnisse über die Wohnbedingungen in Familien mit schwer behinderten Kindern sind erschreckend (vgl. z.B. COPPER/ORT 1984; MOHR/MÜLLER/PLEIN 1979): Räumliche Beengtheit bei Unterschicht-Familien mit einem oder mehreren behinderten Kindern ist praktisch der Normalfall, obwohl ein Mehrbedarf besonders gerechtfertigt wäre. Die Unterschiede zu Mittelschicht-Familien sind auffällig. Allerdings wird man sich zu fragen haben, was eine unterdurchschnittliche Versorgung mirt Wohnraum in diesem Land heißt, wenn dem Bundesbürger im statistischen Durchschnitt (Greise und Säuglinge inbegriffen) immerhin gut 30m² zur Verfügung stehen. Schwerbehinderte Kinder haben um so häufiger ein eigenes Zimmer oder zumindest einen ungestörten Platz zum Spielen, je kleiner die Familie und je größer die Wohnung ist. Beides trifft für Unterschicht-Familien selten zu. Insgesamt kann als gesichert gelten, daß ungünstige sozio-ökonomische Bedingungen die Entwicklungsmöglichkeiten behinderter Kinder in vielfältiger Weise negativ beeinträchtigen.

Schichtspezifische Benachteiligung

8.5 Probleme der Heimunterbringung

Die Belastungen im Zusammenhang mit der Existenz eines schwer behinderten Kindes können seine Ausgliederung aus der Familie nach sich ziehen. In den meisten Fällen handelt es sich dann um die Unterbringung in einem Heim. In den Empfehlungen des DEUTSCHEN BILDUNGSRATS (1973, 105) heißt es:

> »Heimunterbringungen sind subsidiäre Maßnahmen. Sie sollen nur dann vorgenommen werden, wenn das Verbleiben in der Familie zum Schaden für den Behinderten bzw. zu einer unerträglichen Belastung für die übrigen Familienmitglieder würde«.

Heimerziehung kann angemessen sein

Diese Prinzipien gelten bis heute. Angesichts der Aufwertung von Familienerziehung müssen allerdings auch die Probleme gesehen werden, die aus der Dauerbetreuung in der Familie resultieren können. Heimunterbringung sollte daher nicht von vornherein als schlechtere Alternative diskreditiert werden; sie kann nach sorgfältiger Interessenabwägung und angesichts fortschrittlicher Heimerziehungskonzepte (vgl. KLAUß/WERTZ-SCHÖNHAGEN 1993) durchaus angemessen sein, vor allem bei bereits erwachsenen schwer behinderten Kindern.

Mögliche Gründe

Gründe für die Heimunterbringung können beim behinderten Kind oder bei der Familie liegen. Zur Begründung wird meistens auf Schwere und Ausprägung der Behinderung sowie auf pflegerische Probleme bei älteren, schwerstbehinderten Kindern verwiesen, denen in der Familie nicht mehr entsprochen werden kann. Auch in diesen Fällen dürften aber letztlich die Interessen der Familie ausschlaggebend sein, – die außerordentlichen Belastungen durch das schwer behinderte Kind gehen einfach über ihre Möglichkeiten hinaus. Die Tragfähigkeit der Familie hängt von etlichen Faktoren ab, z.B. Alter und Gesundheitszustand sowie Belastungsfähigkeit der Eltern, aber auch Verstärkung der Gesamtbelastung durch weitere Kinder, die zu versorgen sind. Für viele Familien stellen Vorurteile und soziale Diskriminierungen eine ganz entscheidende Erschwernis ihrer Lebenssituation dar. Heimkinder stammen überwiegend aus unteren Sozialschichten und gestörten Familienverhältnissen (vgl. DITTMANN 1978; LIEPMANN 1979, 115ff.).

Alternativen

Geeignete Tageseinrichtungen und mobile Hilfsdienste könnten vielfach die dringend notwendige Entlastung bewirken, eine Heimunterbringung wäre dann nicht mehr zwingend. Das Fehlen derartiger Hilfen wird von den Eltern immer wieder beklagt, ebenso das offenkundige Unvermögen der zuständigen Behörden, die erforderlichen Maßnahmen effektiv zu organisieren (vgl. WEDEKIND 1985, 245ff.). Eine wesentliche Erleichterung könnte auch von einer verstärkten Förderung der »familienentlastenden Dienste« (FED) ausgehen (vgl. MEYNERS/WACHTEL 1995; THIMM 1991).

8.6 Das Erleben der Umweltreaktionen

Die soziale Reaktion auf behinderte Menschen wurde bereits ausführlich im Kapitel 5.2 dargestellt. Mitbetroffen ist immer auch die gesamte Familie. Man kann davon ausgehen, daß Familien mit behinderten Kindern über entsprechende Erfahrungen verfügen, wenn auch in unterschiedlicher Ausprägung (vgl. CLOERKES 1985, 411-465). Häufig sind die Zuschreibung von Schuld, Tuscheln »hinter dem Rücken«, abergläubische und/oder christlich geprägte Alltagstheorien (das Kind als »Schicksalsschlag« oder »Bewährungsprobe«), Kontaktvermeidungstendenzen. V. BRACKEN (1981) befragte eine repräsentative Stichprobe von 1.000 Personen.

Ausmaß der Belastung durch Vorurteile

> 38,1% der Respondenten würden sich von einem geistig behinderten Kind in der Nachbarschaft gestört fühlen, 50% sind gegen Heime in ihrer Nähe, 66,4% halten es für besser, wenn geistig behinderte Kinder nicht in der Familie, sondern im Heim leben, 43,5% wollen alle geistig behinderten Kinder in Anstalten zusammenfassen und 78,2% wünschen sich diese Anstalten in entlegenen, abgeschiedenen Gegenden (vgl. ebd., 80-82).

Es versteht sich von selbst, daß derartige Reaktionen und Reaktionstendenzen nicht ohne Wirkung auf die betroffenen Familien bleiben.

8.6.1 Isolation und Kommunikationsbarrieren

Zu den auffälligsten Auswirkungen der Umweltreaktionen auf die Familie mit einem behinderten Kind gehört der häufige Rückzug aus anderen sozialen Beziehungen (vgl. u.a. SCHATZ 1987, 244; 1990, 758f.) Verständlich und in gewisser Weise auch richtig ist ein Rückzugsverhalten in der Phase der Problemverarbeitung nach Geburt des Kindes oder Diagnosestellung. Der Rückzug dient dann der Wiederherstellung des gestörten psychischen Gleichgewichts und des Rollengleichgewichts; zusätzliche Schwierigkeiten mit der Umwelt will man da vermeiden. Die familiäre Verklammerung kann zunächst notwendig sein, weil die Zumutungen von außen nicht verkraftet werden (vgl. BALZER/ROLLI 1975, 75). Keinesfalls darf aber eine dauerhafte und realitätsferne Isolation entstehen.

Negative Auswirkungen

Die Isolation der Familie kann bewirken:

- Die Integration des behinderten Kindes in die soziale Umwelt wird schwieriger oder ganz verhindert, die Abhängigkeit von den Eltern nimmt zu.

- Als Folge davon kann es zu Unselbständigkeit und zu Überbehütung durch die Eltern kommen.
- Die Verständigung zwischen Behinderten und Nichtbehinderten wird zusätzlich erschwert, denn Eltern, die mit ihrem behinderten Kind auf die anderen zugehen statt sich zurückzuziehen, können eine wichtige Kontakt- und Informationsquelle sein und zum Abbau von Vorurteilen beitragen.

Schicht-spezifische Unterschiede

Das Ausmaß der Isolation ist unterschiedlich und insbesondere abhängig von den Faktoren Schichtzugehörigkeit und Bildungsgrad der Eltern. Mittelschichteltern haben trotz des behinderten Kinds viel häufigere und intensivere Außenkontakte als Unterschichteltern. Bei fehlenden Außenkontakten wird als Grund meistens das behinderte Kind genannt, Unterschichteltern lehnen dagegen Kontakte eher von sich aus ab (vgl. RÖNNAU 1978, 200ff.). Dieses Ergebnis könnte bei den Mittelschichteltern auf Probleme mit der Akzeptanz des Kindes hinweisen, bei den Unterschichteltern auf eine Unfähigkeit, Kommunikationsbarrieren zu überwinden (vgl. auch THIMM 1974). Fest steht, daß behinderte Kinder, deren Eltern weniger isoliert leben, viel mehr Kontakt zu anderen Kindern haben: Eine wichtige Voraussetzung für eine gute Sozialentwicklung. Die Qualität der Außenkontakte von Eltern behinderter Kinder ist mitunter nicht unproblematisch, weil vorzugsweise Kontakt zu Personen in gleicher oder ähnlicher Lage gesucht wird. Dem Vorteil, sich über Erfahrungen austauschen und dazulernen zu können, steht als Nachteil gegenüber, daß die Beschäftigung mit den behinderungsspezifischen Fragen und Sorgen die Abkapselung noch fördert. Besser sind »gemischte Beziehungen«, also zu Menschen mit ähnlichen Interessen, aber auch zu Nichtbetroffenen.

Die Kommunikationsbarrieren wurden schon an anderer Stelle als »instrumental-technischer« Aspekt der Elternrolle und besonderes Problem in den unteren Sozialschichten angesprochen (vgl. 8.3.1.3). Die Isolation wird verstärkt, wenn es nicht gelingt, eine konstruktive Beziehung zu den helfenden Personen und Institutionen herzustellen. »Schwellenängste« und Sprachbarrieren könnten besser überwunden werden, wenn die Helfer auf betroffene Familien zugehen würden statt diese in der unangenehmen Bittsteller-Rolle zu lassen und dann darauf zu verweisen, daß in unser freien Gesellschaft doch jedem geholfen wird, aber man sich schon selber darum kümmern müsse. Im übrigen mangelt es den Fachleuten nicht selten an elementarer Vermittlungskompetenz und auch Einfühlungsvermögen, wie Eltern behinderter Kinder immer wieder kritisch berichten (vgl. z.B. CLOERKES 1980; THANNHÄUSER 1976, 55).

8.6.2 Veränderung des äußeren Erscheinungsbilds

Auch dieser Punkt ist an anderer Stelle unter »Einstellungsänderungsstrategien« bereits kurz angesprochen worden (vgl. 5.4.2.6) und betrifft vor allem geistig behinderte Kinder mit Down-Syndrom. Theoretischer Ausgangspunkt ist die Erkenntnis, daß aufgrund des äußeren Erscheinungsbilds behinderter Menschen ein Kontakt oft von vornherein vermieden wird und damit auch die Chance eines besseren Kennenlernens bzw. der Revision ablehnender Haltungen entfällt. Es geht also darum, unnötige Isolation zu verhindern und einen Einstieg in qualitativ ausreichende Kontakte zu ermöglichen (vgl. 5.4.3.2). Die Bedeutung der Visibilität in diesem Zusammenhang ist hinreichend bekannt (vgl. 5.2.2). Die Vorschläge reichen von »kosmetischen Veränderungen« (z.B. Frisur, Haarteile, Brillen, Make-up, moderne Kleidung) bis hin zur »plastischen Chirurgie bei Menschen mit Down-Syndrom« (z.B. Korrekturen von Nase, Oberlidfalte, Lidachse, hängender Unterlippe, überlanger Zunge; vgl. hierzu BUNDESVEREINIGUNG LEBENSHILFE... 1983). Die Thematik wird hier aufgegriffen, weil es sich eher um ein Problem der Eltern als des behinderten Kindes handeln dürfte.

Reduzierung der Auffälligkeit als Kontakthemmnis

Kosmetik oder plastische Chirurgie

Die Auswirkungen derartiger Maßnahmen sind empirisch untersucht worden. Danach werden die sichtbaren Auffälligkeiten nach therapeutisch-kosmetischen Eingriffen nicht mehr so leicht zum Ausgangspunkt für Interaktionsvermeidung und Stigmatisierung, die Akzeptanz durch Nichtbehinderte nimmt zu, das Selbstwertgefühl der Betroffenen wird verbessert (vgl. SHUSHAN 1981; STRAßMEIER 1983). Auch die viel weitergehenden plastischen Operationen beurteilen die Eltern überwiegend positiv, obwohl der Eingriff selbst recht umfangreich ist und Komplikationen chirurgische Nachbesserungen nötig machen können. Neben eher medizinischen Verbesserungen (reduzierte Infektanfälligkeit durch Mundschluß) werden positivere Umweltreaktionen und Entwicklungsfortschritte berichtet (vgl. BUNDESVEREINIGUNG LEBENSHILFE... 1983, 85ff.).

Die Problematik wirft eine Reihe von Fragen auf, z.B.:

Kritische Fragen

- Ist es günstig, behinderte Menschen am äußeren Erscheinungsbild als solche zu erkennen? Für wen (vgl. 6.2.3.2)?
- Wird die Kontakt- und Interaktionsproblematik nicht nur auf einen späteren Zeitpunkt verlagert, wenn die Behinderung trotz des angepaßten Äußeren zwangsläufig offenkundig ist?
- Handelt es sich um einen unzulässigen Eingriff in das Selbstbestimmungsrecht des Kindes?
- Wollen die Eltern die Behinderung nur verleugnen? Geht es um ihre Interessen?

- Ist es legitim, den behinderten Menschen an irgendwelche Normalitätserwartungen in der Gesellschaft anzupassen, ohne Rücksicht auf seine Identität als Behinderter? Ist es ethisch vertretbar, Menschen zu manipulieren?

Über bloße »kosmetische Veränderungen« sollte man nicht weiter streiten: Es muß auch für geistig behinderte Menschen selbstverständlich sein, sich vorteilhaft den gesellschaftlichen Normen und Schönheitsvorstellungen anzupassen, schließlich machen das Nichtbehinderte doch genauso. Dieses Normalisierungsziel haben die Helfer unterstützend zu fördern.

Um wessen Interessen geht es wirklich?

Durchaus kritischer sind dagegen chirurgische Eingriffe zu beurteilen, nicht zuletzt auch wegen der Dauerhaftigkeit des geänderten Zustands und ungeachtet der Tatsache, daß die »Schönheitschirurgie« ein boomender Industriezweig geworden ist. Die Eltern von sichtbar behinderten Kindern leiden möglicherweise ganz erheblich unter den Umweltreaktionen. Es darf deshalb vermutet werden, daß sich bei der Entscheidung für den Eingriff ihre Interessen und die geschäftlichen Interessen der Ärzte ergänzen. Ohne Frage macht das Aussehen eines Menschen ein Stück seiner Identität aus und übereifrige Manipulationen können entsprechende Rückwirkungen haben (vgl. THIMM 1983). Andererseits ist die Mißachtungen des Selbstbestimmungsrechts von Kindern durch ihre Eltern ein generelles und kein behinderungsspezifisches Problem. Oder werden nichtbehinderte Kinder gefragt, ob sie medizinisch befürwortete Operationen über sich ergehen lassen wollen, welche Schule (falls überhaupt) sie besuchen wollen, ob sie das gleiche Urlaubsziel bevorzugen wie die Eltern, etc. ? Mögliche Veränderungen des äußeren Erscheinungsbilds sollten hinsichtlich der Verhältnismäßigkeit der Maßnahmen sorgfältig überprüft und auf einen Zeitpunkt verlegt werden, zu dem auch nichtbehinderte Menschen eigenverantwortlich über ihre Außendarstellung entscheiden.

8.7 Familie und Schule

Auf die »instrumental-technischen« Schwierigkeiten vieler Eltern behinderter Kinder bei der Inanspruchnahme von diagnostischen, therapeutischen, sozialen und pädagogischen Hilfen im weitesten Sinne wurde mehrfach verwiesen. Wie läßt sich dieser Zustand verbessern? Was sollten die professionellen Helfer in der Zusammenarbeit mit den Eltern (»Elternarbeit«) beachten?

Paradigmata und Modelle der Arbeit mit Eltern

HOHMEIER (1989, 153-159) unterscheidet »drei grundlegende Handlungsorientierungen, Leitbilder oder Paradigmen.., die gegenwärtig nebeneinander und gegeneinander bestehen« (153):

1. Das althergebrachte *kustodiale Paradigma*,

2. das heute vorherrschende *rehabilitativ-sonderpädagogische Paradigma* und schließlich

3. das zukunftweisende *adressaten- und gemeinwesenorientierte Paradigma.*

Dem entsprechen (nach SPECK 1989) die folgenden drei *Handlungsmodelle* der Elternarbeit:

1. Das *»Laien-Modell«,*

2. das *»Kotherapeuten-Modell«* und

3. das *»Kooperations-Modell«.*

Die Rolle der Eltern beim Laien-Modell ist im wesentlichen darauf beschränkt, den Fachautoritäten Informationen für ihre Entscheidungen zu geben. Beim Kotherapeuten-Modell definieren die Experten, in welchem Maße die Eltern mithelfen dürfen. »Der Zusammenhang zwischen der Klientifizierung des Kindes, wie sie dem rehabilitativen Paradigma entspricht, und der 'Professionalisierung' der Eltern ist evident« (HOHMEIER 1989, 157; vgl. u.a. auch WEIß 1991). Sehr kritisch ist am Kotherapeuten-Modell u.a. die Konzentration auf die Mutter als Laien-Helferin unter weitgehender Ausblendung der restlichen Familie zu bewerten. Zentrales Anliegen des noch sehr seltenen Kooperations-Modells ist genau diese »Orientierung an der ganzen Familie und die gleichberechtigte Zusammenarbeit zwischen Eltern und Fachleuten« (HOHMEIER 1989, 158).

Kritik der »Elternarbeit«

Elternarbeit an Schulen für behinderte Kinder entspricht in aller Regel weitgehend dem veralteten, aber bequemen Laien-Modell und bestenfalls dem Kotherapeuten-Modell, – falls sie überhaupt aus mehr besteht als dem obligatorischen »Elternabend«. Mit methodisch äußerst fragwürdigen empirischen Untersuchungen hat man gelegentlich zu beweisen versucht, daß die Eltern ja mit ihrer Schule und den Lehrern sehr zufrieden sind (vgl. z.B. KOLVENBACH/DÖNHOFF 1980; SCHMIDT/LOBEMEIER 1983: »Lernbehinderteneltern sind gar nicht so!«). Andererseits sind von wissenschaftlicher Seite die eklatanten Defizite in der Zusammenarbeit zwischen Schule und Eltern behinderter Kinder wiederholt und durchaus praxisbezogen kritisch thematisiert worden (vgl. u.a. GRAF 1987, 79-110; KERKHOFF 1977; 1979; KLAUß 1985; KRUMM 1979; MERTES 1978; SCHATZ 1982; SCHAUDER 1992; WILMS 1979). Nachfolgend eine kurze Übersicht über die im behindertensoziologischen Kontext wichtigsten **Feststellungen und Empfehlungen:**

- Elternarbeit muß auf gegenseitiger Respektierung beruhen, kontinuierlich und nachgehend über einen langen Zeitraum stattfinden sowie Hilfe zur Selbsthilfe beinhalten.

- Das kooperative Verhältnis zwischen Eltern und Lehrern hat sich an der realen Lebenssituation der Schüler auszurichten.
- Der regelmäßige Elternabend soll unter Mitwirkung der Schüler sorgfältig vorbereitet sein, sich an den Vorstellungen der Eltern orientieren und kann außerhalb der Schule im Wohnumfeld der Eltern (z.B. in einer Gaststätte) stattfinden (u.a. bessere Aktivierung der Väter). Gefaßte Beschlüsse werden protokolliert und realisiert, mit Rückmeldung an die Eltern.
- Die Eltern sollen regelmäßig durch kurze Elternbriefe über die Aktivitäten in der Schule informiert werden.
- Bei konkreten Anlässen sind kurze, angemeldete Hausbesuche angebracht, um auch diesen Lebensbereich der Schüler kennenzulernen. Hausbesuche dürfen nicht zu Beschwerden über das Kind mißbraucht werden.
- Eltern können bei Unterrichtsbesuchen als Mitlernende und Mitlehrende einbezogen werden. Wichtig ist auch die angemessene Beteiligung der Eltern (und insbesondere der Väter) an Projekten wie Schulfeste, Wandertage, Klassenfahrten.
- In der Schule für Lernbehinderte ist es durchaus legitim, mit den Eltern über die gesellschaftlichen Hintergründe zu reden, da es sich bei »Lernbehinderung zu großen Anteilen um ein Politikum handelt« (Wilms 1979, 81) und nicht um persönliches Versagen des Kindes.

8.8 Behindertes Kind – behinderte Familie?

Relativierung des »Problems«

Plakative Formulierungen dieser Art halte ich nach Durchsicht des Forschungsstands für reichlich übertrieben. Es gibt Anhaltspunkte für durchaus ernstzunehmende Schwierigkeiten, die durch die Existenz eines schwer behinderten Kindes ausgelöst werden können. Aber: Es gibt kaum Anhaltspunkte dafür, daß ähnliche Schwierigkeiten in Familien mit nichtbehinderten Kindern nicht auch auftreten oder daß es dort nicht andere Schwierigkeiten beachtlicher Größenordnung gibt. Kaum jemand käme auf die Idee, da gleich einen Sonderstatus mit formelhaften Bezeichnungen des Phänomens zuzuschreiben. Der Forschung ist vorzuwerfen, daß sie sich fast durchweg in »personorientierter« Weise (vgl. Paradigmata; Kap. 1.3) auf die vermuteten Defizite konzentriert hat, unter Verzicht auf »Normalfamilien« als Kontrollgruppe und weitgehender Ausblendung gesamtgesellschaftlicher Einflußfaktoren.

Der implizite Denkansatz ist offensichtlich devianztheoretisch. Hier sei daran erinnert, in welchem Ausmaß Devianz bzw. ihre Zuschreibung von den gesellschaftlichen Reaktionen abhängt (vgl. 6.1). Sind Familien mit behinderten Kindern ein soziales Problem? Dann muß an die Interessenlage bei der Definition erinnert werden (vgl. 2.1), ebenso an die Zusammenhänge zwischen der Zuschreibung von Devianz (vgl. 6.1.3) und der Durchsetzung von Stigmatisierungen (vgl. 6.3). Tendenzen zur Stigma-Generalisierung auf die ganze Familie des behinderten Kindes sollten von den forschenden Experten nicht unbedacht durch die Attestierung von »Anormalität« gefördert werden.

Gefahr der Ausgrenzung durch Etikettierungen

»Behindertes Kind – behinderte Familie?« Vielleicht geht es ja weniger um eine »behinderte Familie« als vielmehr um eine »unfähige Gesellschaft«? Vielleicht sollte man dort nach Defiziten suchen, nach den Wurzeln für die Schwierigkeiten im Zusammenleben der Menschen, nicht nur derjenigen mit behinderten Kindern?

> Ich stimme HOHMEIERS Kritik an der Verwendung derartiger »Etiketten« voll und ganz zu: »Sie leisten ... der mit der Gefahr der Ausgrenzung verbundenen Tatsache Vorschub, den Eltern behinderter Kinder so etwas wie eine 'Sonderstellung' oder jedenfalls 'Sonderprobleme' zuzuschreiben. Mir scheint es gegenwärtig besonders wichtig, zum einen die Gemeinsamkeiten zwischen Familien, in denen ein behindertes Kind lebt, und Familien mit anderen Belastungen und Nachteilen in den Blick zu nehmen und zum anderen die gesellschaftlichen Bedingungen familialer Not und elterlicher Erziehungsprobleme stärker als bisher zu berücksichtigen« (1989, 163).

8.9 Zusammenfassung von Kapitel 8

Nach einleitenden Bemerkungen zum Forschungsstand und zur Familiensoziologie wurden mögliche Reaktionsformen der Eltern auf das behinderte Kind dargestellt. Annahme und Verarbeitung der Behinderung werden vorwiegend über psychoanalytisch begründete Phasen-Modelle erklärt. Soziologisch interessant sind die Auswirkungen auf die Dynamik des Familiensystems. Gefährdungen bestehen sowohl im außerfamiliären Verhältnis zur Gesellschaft als auch im innerfamiliären Beziehungsgeflecht. Die einzelnen familiären Rollen können eine Neuinterpretation erfahren. Mögliche Auswirkungen auf die Sozialisation des behinderten Kindes sind auf erzieherisches Fehlverhalten und/oder ungünstige sozioökonomische Bedingungen zurückzuführen. Nach einem Blick auf die Heimproblematik wurde die Auseinandersetzung der Familien mit den Umweltreaktionen diskutiert. Ein weiterer Punkt bezog sich auf die

Schwierigkeiten im Verhältnis zur Schule. Zusammenfassend war schließlich festzuhalten, daß die vorschnelle Zuschreibung einer Sonderstellung der Familien durch Fachleute abzulehnen ist.

Literatur-Empfehlung:

ENGELBERT, A.: Behindertes Kind – »gefährdete« Familie? Eine kritische Analyse des Forschungsstands. Heilpädagogische Forschung 15 (1989), 104-111.

GUSKI, A.: Die Dynamik der Eltern-Kind-Beziehung bei geistig Behinderten. Geistige Behinderung 19 (1980), 130-142.

HOHMEIER, J.: Pädagogische Arbeit mit Eltern behinderter Kinder. In HOHMEIER, J./MAIR, H. (Hg.), Eltern- und Familienarbeit. Familien zwischen Selbsthilfe und professioneller Hilfe. Freiburg (Lambertus) 1989.

KERKHOFF, W.: Paradigmen des wissenschaftlichen Zugangs zum Problemkreis »Familie mit behindertem Kind«. Heilpädagogische Forschung 9 (1981), 38-55.

STEGIE, R.: Familien mit behinderten Kindern. In: KOCH, U./LUCIUS-HOENE, G./ STEGIE, R. (Hg.), Handbuch der Rehabilitationspsychologie. Berlin, etc. (Springer) 1988, 120-139.

THIMM, W.: Zur sozialen Situation der Familien mit behinderten Kindern. Vierteljahresschrift für Heilpädagogik und ihre Nachbargebiete (VHN) 43 (1974), 11-18.

Kapitel 9: Freizeit behinderter Menschen

von Reinhard Markowetz

Stichwörter: Freizeitdefinitionen – Freizeitverständnisse – historische Entwicklungen – Freizeittheorien – Freizeitsituation von Menschen mit Behinderungen – Freizeitverhalten – empirische Daten – Rolle von Mobilitäts- und Kommunikationseinschränkungen – Freizeitumfang und Freizeitbudget – familiäre und außerfamiliäre Freizeitsituation – Freizeit in Einrichtungen für Behinderte

Inhalt

9.1 Überblick und einleitende Zusammenhänge

9.1.1 Was versteht man unter »Freizeit«?

Definition

Das Substantiv »Freizeit« ist aus dem Eigenschaftswort »frei« und dem Hauptwort »Zeit« zusammengesetzt. Es geht auf die spätmittelalterlichen Rechtsbegriffe »freye-zeyt« und »frey zeit« zurück und bedeutete damals Marktfriedenszeit (vgl. OPASCHOWSKI, 1977, 21ff.). Dieser Frieden auf Zeit sollte den Menschen mehr Freiraum und mehr Marktfreiheit mit gesteigertem Rechtsschutz ermöglichen (vgl. NAHRSTEDT 1972, 30f.). In der BROCKHAUS-ENZYKLOPÄDIE (Band 7, 1988, 640f.) ist zu lesen:

> »Freizeit, bezeichnet als Komplementärbegriff zu 'Arbeitszeit' jenen Teil der menschlichen Lebenszeit, der weder direkt den Anforderungen gesellschaftlich strukturierter Arbeit unterliegt noch der unmittelbar notwendigen Reproduktion der menschlichen Arbeitsfähigkeit (Schlaf/Essen) dient, sondern als Teil der arbeitsfreien Zeit stärker einer selbstbestimmten, selbstgestalteten individuellen Praxis zur Verfügung steht, gleichwohl aber seine Grenze und gegebenenfalls auch seine Inhalte und Struktur aus dem Bezugsverhältnis zur gesellschaftlichen Form der Arbeit gewinnt. Insofern ist Freizeit mehr als lediglich 'freie' Zeit, worunter die Zeit zu verstehen ist, die nicht im Rahmen der gesellschaftlich organisierten Tätigkeiten zur Befriedung materieller und ideeller Bedürfnisse verbraucht wird, und sie ist weniger als 'Muße' zu verstehen, die eine dem Individuum zur Selbsterhaltung zur Verfügung stehende Zeit darstellt«.

9.1.2 Historische Entwicklung und Freizeittheorien

In der »didacta magna« forderte COMENIUS Erholungspausen während der täglichen Schularbeit, eine sinnvolle Abwechslung von Arbeit und Ruhe, Betätigung und Freizeit ein. Der Pädagoge FRÖBEL, ein Schüler von PESTALOZZI spricht schon 1823 von Freizeit, indem er die Pausen zwischen den Lernzeiten als Zeiten definiert, in denen Kinder »frei gelassen« sind. Bis 1889 bleibt der Freizeitbegriff ausschließlich dem pädagogischen Bereich vorbehalten (vgl. NAHRSTEDT 1972, 43). Bis heute hält die Bedeutung der Freizeit in der Pädagogik an. In Begriffen wie Freistunde, Freispiel und Freiarbeit als Formen eines offen, individualisierten Unterrichts, aber auch in der Idee der »Freien Schulen« (vgl. z.B. BEHR, 1990) spiegelt sich der Zeitgeist der pädagogischen Klassiker wider.

Freizeit = individuelle Freiheit

NAHRSTEDTS Verständnis von Freizeit resultiert aus der Zeit der Aufklärung. Die Ideale Freiheit, Gleichheit, Brüderlichkeit und damit auch der Genuß von Bildung sollten in der obrigkeitsstaatsfreien Privatsphäre, also in der Freizeit, entfaltet werden. Damit wurde der Freizeit eine große Bedeutung im Hinblick auf die Verwandlung der gesellschaftlichen Verhältnisse bemessen (vgl. NAHRSTEDT, 1972).

NAHRSTEDT (1979, 25) bringt zum Ausdruck: »Freizeit meint im Kern eine Zeit größtmöglicher, individueller Freiheit. Sie ist der Handlungsraum ..., über den nach persönlichen Wünschen in individueller Disposition entschieden werden kann. Diese Zeit wird in der Regel rational rechenhaft von der Arbeitszeit abgegrenzt«. Demnach ist Freizeit eine von gesellschaftlichen Fremdbestimmungen befreite Zeit. Nach NAHRSTEDT muß »Freizeit ... nicht nur an der individuellen Handlungsvielfalt, sondern auch an den kollektiven Verwirklichungsmöglichkeiten gemessen werden« (a.a.O.).

Freizeit = disponible Zeit

MARX nennt die freie Zeit »disponible Zeit« und bemißt ihr einen großen Wert für die Emanzipation des Menschen, für die Wiedergewinnung der Menschlichkeit aus der Entfremdung zu. Der wirkliche, materielle Prozeß der menschlichen Geschichte ist die Herausbildung der menschlichen Freiheit. Eine Gesellschaft, die es schafft, disponible Zeiten hervorzubringen, schafft auch Reichtum und zeigt unverkennbar die dialektischen Zusammenhänge von Arbeit und Freizeit. Freie Zeit ist von Arbeit befreite Zeit, in der sich jedes Individuum besonders gut entfalten kann, was unweigerlich positiv auf die Produktivkraft zurückwirkt. Freizeit und Arbeit sind Bestimmungsstücke desselben Ziels: Emanzipation (vgl. hierzu NAHRSTEDT 1980, 38-44).

Phasen der Freizeitentwicklung

OPASCHOWSKI (1990, 13) beschreibt vier Phasen der Freizeitentwicklung in unserem Jahrhundert: Nach dem Krieg und bis in die *50er Jahre* hinein galt die Freizeit fast ausschließlich der Erholung von getaner und noch zu erledigender Arbeit. Die *60er und 70er Jahre* waren die Zeit des großen Konsumgenusses, der in der Freizeit in ganz besonderem Maße ausgelebt werden konnte und vordringlich im Geldausgeben und sozialer Selbstdarstellung seine Befriedigung fand. In den *80er Jahren* galt das Interesse der Bevölkerung nicht mehr so sehr der Bewältigung des Wohlstandskonsums, sondern verlagerte sich auf die Bedürfnisse des gemeinsamen Erlebens und der Entwicklung eines eigenen Lebensstils. In dieser dritten Phase stand die Erlebnissteigerung im Mittelpunkt. Diese hektische erlebnis- und aktionsorientierte Freizeitphase wurde von den eher mußeorientierten *90er Jahren* abgelöst. Sie sind von dem Bedürfnis nach Ruhe und innerer Muße und, damit einhergehend, der Gefahr eines Selbstbestimmungsbooms geprägt.

Einen Überblick über die historischen Entwicklungen der Freizeit und der Freizeitproblematik geben DUMAZEDIER (1974, 9-12, 43-64); HAMMERICH (1974); NAHRSTEDT (1972, 17-71); OPASCHOWSKI (1990, 100-118 und 1994a, 25-31); SCHEUCH (1969) und TOKARSKI/SCHMITZ-SCHERZER (1985, 52-57).

Bis heute sind zwei Hauptrichtungen auszumachen, die das Verständnis von Freizeit bestimmen. Die eine Richtung geht davon aus, daß Freizeit mehr oder weniger von der Arbeitswelt bestimmt ist, während die andere

Hauptrichtung die Freizeit als einen eigenständigen Lebensbereich ansieht (vgl. BUSCH, 1979, 214). GIESECKE (1971, 94f.) differenziert diese Einteilung und faßt vier freizeittheoretische Positionen aus der Literatur zusammen. *Erstens,* daß es keine autonome von der Berufswelt emanzipierte Freizeit mit eigenständigem Sinngehalt gibt und daß nur in bezug auf sinnvolle Arbeit auch Freizeit sinnvoll sein kann. *Zweitens,* daß die Freizeit gegenüber der Arbeit in dem Maße autonom ist, wie die Arbeit selbst funktionalisiert ist und nur noch partielle menschliche Entfaltungsmöglichkeiten bietet und daß die menschliche Bildung fast ausschließlich auf die Freizeit verwiesen wird. *Drittens,* daß Freizeit und Arbeit als unzertrennliche Einheit zu sehen ist und sich gegenseitig bedingen. Schließlich *viertens,* daß Freizeit als Gegenkraft im Kampf gegen den modernen Arbeitsmythos, der Muße, Kultur und Kontemplation verschüttet, zu verstehen ist und deshalb geführt werden muß.

Vier freizeittheoretische Positionen

Positiver Freizeitbegriff

OPASCHOWSKI (1990, 85-86) schlägt einen positiven Freizeitbegriff vor, der Freizeit nicht mehr in Abhängigkeit zur Arbeit versteht, sondern als »freie Zeit, die durch freie Wahlmöglichkeiten, bewußte Eigenentscheidung und soziales Handeln charakterisiert ist«. Dabei reicht

> »der Hinweis auf den Gegensatz von Arbeit und Freizeit und die Einschätzung der Freizeit als arbeitsabhängige Rest-Zeit für die Kennzeichnung dieses Phänomens ebensowenig aus wie die verkürzte Darstellung der Freizeit als eines bloßen Reproduktions-, Erholungs- und Konsumproblems«.

Dieser positive Freizeitbegriff zielt darauf ab, »die Spaltung der menschlichen Existenz in Arbeit und Freizeit tendenziell aufzuheben und zu einem ganzheitlichen Lebenskonzept zurückzufinden« (OPASCHOWSKI 1994b, 943). Statt von Arbeit und von Freizeit spricht OPASCHOWSKI (1990, 86) von

> »Lebenszeit, die durch mehr oder minder große Dispositionsfreiheit und Entscheidungskompetenz charakterisiert ist. Je nach vorhandenem Grad an freier Verfügbarkeit über Zeit und entsprechender Wahl-, Entscheidungs- und Handlungsfreiheit läßt sich die gesamte Lebenszeit als Einheit von drei Zeitabschnitten kennzeichnen:
> 1. Der frei verfügbaren, einteilbaren und selbstbestimmbaren Dispositionszeit (= 'Freie Zeit' – Hauptkennzeichen: Selbstbestimmung);
> 2. der verpflichtenden, bindenden und verbindlichen Obligationszeit (= 'Gebundene Zeit' – Hauptkennzeichen: Zweckbestimmung);
> 3. der festgelegten, fremdbestimmten und abhängigen Determinationszeit (= 'Abhängige Zeit' – Hauptkennzeichen: Fremdbestimmung).«

Übertragbarkeit auf behinderte Menschen

OPASCHOWSKI (1990, 86) geht davon aus, daß sein »positiver Freizeitbegriff...grundsätzlich auf alle Bevölkerungsgruppen übertragbar« ist. Insofern hat er vorbehaltlos auch Gültigkeit für die Gruppe von Menschen mit Behinderungen. Freizeit bedeutet Lebenszeit. Lebenszeit ist als Einheit der drei Zeitabschnitte Dispositionszeit, Obligationszeit und Determinationszeit aufzufassen und durch mehr oder minder große Dispositionsfreiheit und Entscheidungskompetenz in diesen drei Zeitabschnitten charakterisiert.

Abb 9.1: Universalität des positiven Freizeitbegriffes

Determinationszeit	***Obligationszeit***	***Dispositionszeit***
• fremdbestimmt • nicht freiwillig • *Bsp.:* Arbeit, Krankheit,...	• gebundene Zeit • benötigt für Zweckbestimmte Tätigkeiten • *Bsp.:* Schlafen, Essen,...	• freie Zeit • selbstbestimmbar • *Bsp.:* Urlaub, Vereinsarbeit, ...
Fremdbestimmung	⟷	**Selbstbestimmung**

Für die Sonderpädagogik greift THEUNISSEN (1995, 71) dieses Modell auf und erweitert es mit Blick auf Menschen mit einer geistigen Behinderung zu einem Modell der Lebenszeit, das von den »5 Zeiten« Arbeitszeit, Verpflichtungszeit, Bildungszeit, freie Dispositionszeit, Ruhe- und Schlafenszeit ausgeht. Freizeit ist für THEUNISSEN die Zeit, die dem Menschen allein für sich selbst zur Verfügung steht und wesentlich durch »Subjektivität, Spontaneität, Zufall, Erholung, Unterhaltung, Intimität, (schützende) Privatheit, Spiel, Geselligkeit, Hobby, ästhetische Kulturbetätigung, Lebensfreude und Freiheit« (1995, 77) bestimmt ist.

Acht Freizeitbedürfnisse

OPASCHOWSKI (1990, 92-95) nennt insgesamt acht Freizeitbedürfnisse, die mehr oder minder ausgeprägt auf alle Menschen zutreffen. Aus unterschiedlichen Gründen kann die Bedürfnisbefriedigung von Menschen mit Behinderungen eingeschränkt sein. Die folgende Tabelle stellt die acht Freizeitbedürfnisse dar und zeigt mögliche Einschränkungen und Benachteiligungen für Menschen mit Behinderungen auf:

Abb. 9.2: Freizeitbedürfnisse und Behinderung

Bedürfnisse	***Bedürfnis nach...***	***Benachteiligungen für Menschen mit Behinderungen***
1. Rekreation	Erholung, Ruhe, Wohlbefinden, angenehmem Körpergefühl und sexueller Befriedigung	Abhängigkeit von anderen Menschen (Bsp.: Rückzugsmöglichkeiten, Lageveränderung, Zeiteinteilung, Körperpflege etc.) Ausleben sexueller Bedürfnisse
2. Kompensation	Ausgleich, Ablenkung und Vergnügen	mangelnde Mobilität durch nicht behindertengerechte Umwelt ungenügende Freizeitangebote
3. Edukation	Kennenlernen, Weiter- und Umlernen in verschiedenen sachlichen und sozialen Handlungsebenen	geringe Auswahl an Bildungseinrichtungen eingeschränkte Berufswahl
4. Kontemplation	Selbsterfahrung und Selbstfindung	Abhängigkeit von oft zugeteilten Pflegepersonen, Bevormundung Isolation von Menschen mit Behinderungen unter „ihresgleichen"
5. Kommunikation	Mitteilung, vielfältigen sozialen Beziehungen, Geselligkeit	Rückgang des Kommunikationsbedürfnisses durch Frustration und „unverstanden fühlen" eingeschränkte Erreichbarkeit und Auswahl von Kommunikationspartnern
6. Integration	Zusammensein, Gemeinschaftsbezug und sozialer Stabilität	Wechsel der Bezugspersonen oder Bezugsgruppen ohne Berücksichtigung der persönlichen Interessen Diskriminierung und Isolierung in der Gesellschaft
7. Partizipation	Beteiligung, Mitbestimmung und Engagement	Fremdbestimmung durch andere Personen und Institutionen Entscheidungen werden von Stellvertretern getroffen
8. Enkulturation	kreativer Entfaltung, produktiver Betätigung und Teilnahme am kulturellen Leben	Möglichkeiten kreativer und produktiver Freizeitgestaltung müssen erst geschaffen werden Kulturelle Angebote sind häufig nicht behindertengerecht und nur schwer erreichbar

Aus der tabellarischen Übersicht geht auch hervor, daß es sich bei den ersten vier Bedürfnissen um stark individuumorientierte Bedürfnisse handelt, während die letzten vier Freizeitbedürfnisse gesellschaftsorientierte Bedürfnisse darstellen. Besonders gravierende Benachteiligungen ergeben sich aufgrund der vorherrschenden desintegrativen Verhältnisse im Bereich der sozialen Beziehungen zwischen Behinderten und Nichtbehinderten (vgl. hierzu Kapitel 7). Mit KERKHOFF (1982, 2f.) können wir deshalb die Freizeit behinderter Menschen als Aufgabe auffassen, die sich an den einzelnen Behinderten genauso wie an seine soziale Umgebung zu richten hat (vgl. 7.4.3).

9.2 Zur Freizeitsituation von Menschen mit Behinderungen

9.2.1 Allgemeine Erkenntnisse

Gleiche Bedürfnisse, behinderungsspezifische Umsetzungsprobleme

Behinderte Menschen haben grundsätzlich die gleichen Bedürfnisse wie nichtbehinderte Menschen. Aufgrund von Art und Schweregrad der Behinderung ergeben sich mitunter aber völlig anders gelagerte Probleme, die dazu führen, daß die Bedürfnisse unterschiedlich gewichtet und in einer uns ungewohnteren Reihenfolge zum Ausdruck gebracht werden. Gerade geistig behinderten Menschen bleibt das Ausleben von Bedürfnissen, z.B. nach Liebe, Zärtlichkeit, sexuellen Kontakten und Erotik versagt. Sie haben wesentlich größere Defizite zu beklagen, deren Ursachen sie aufgrund ihres »Andersseins« oft nicht aktiv und energisch beheben können. Stark auf Hilfen, Betreuung, Pflege und Anleitung angewiesene behinderte Menschen haben Einbußen in der Quantität wie in der Qualität ihrer Freizeitbedürfnisse. Die durchaus noch verbreitete Meinung von Mitarbeitern und Mitarbeiterinnen in der Behindertenarbeit, daß einige dieser Bedürfnisse bei behinderten Menschen gerade wegen ihrer Behinderung erst gar nicht vorhanden sind, z.B. weil sie nicht geäußert und eingefordert werden, ist falsch. Solche Meinungen bestimmen nicht nur das Maß an Unterstützung zur Befriedigung von Bedürfnissen, das man ihnen zubilligt, sondern steuern auch Art, Umfang und Qualität der Freizeitangebote für behinderte Menschen. Menschen mit Behinderungen haben also, unabhängig davon, ob sie aufgrund von Art und Schweregrad ihrer Behinderung erwerbstätig oder nicht erwerbstätig sind, sowohl ein Bedürfnis nach Freizeit als auch ein Recht auf Freizeit. Allerdings sind ökonomisch-, sozial- und bildungsmäßig benachteiligte Menschen weit davon entfernt.

Zielfunktionen von Freizeit

Die Lebensverhältnisse des Individuums und die Gesellschaft bestimmen Freizeit. Die darauf fußenden Zielfunktionen der Freizeit zielen darauf ab, wünschenswerte Lebensverhältnisse vorbehaltlos für alle Menschen herzustellen, und sie geben deshalb brauchbare Hinweise für eine noch zu konstituierende Freizeitpädagogik, deren Ziel es ist, individuelle und gesellschaftliche Bedürfnisse zu befriedigen und in Einklang zu bringen. OPASCHOWSKI (1990, 96) nennt vier individuelle Zielfunktionen und vier gesellschaftliche Zielfunktionen: Rekreation, Kompensation, Edukation, Kontemplation und Kommunikation, Integration, Partizipation, Enkulturation. An ihnen darf sich auch die Freizeitplanung für Behinderte orientieren. Beim genaueren Hinschauen erweisen sich die ersten vier, also die individuellen Zielfunktionen, als leicht einlösbar. Behinderte erleben Erholung, Entspannung, Wohlbefinden, Ruhe, Muße, Ausgleich, Vergnügen, Zerstreuung, bekommen Lernanregungen und die Möglichkeit, sich »weiterzubilden«. Erheblich mehr Probleme machen die gesellschaftlichen Zielfunktionen. Die Möglichkeiten von Behinderten Kontakt, Gemeinschaft, Geselligkeit zu erleben, sich kreativ zu entfalten, produktiv zu betätigen und am gesellschaftlichen und kulturellen Leben teilzunehmen, sind eingeschränkt. Sie zu erhöhen ist Aufgabe einer auf Integration ausgerichteten Freizeitpädagogik. Damit eröffnet der Lebensbereich Freizeit neue Handlungsmöglichkeiten sowohl für den einzelnen behinderten Mensch als auch für das gemeinsame Handeln von behinderten und nichtbehinderten Menschen.

Integrative Freizeitpädagogik

Mangel an empirischen Studien

Leider liegen zur Freizeitsituation und dem Freizeitverhalten von Menschen mit Behinderungen kaum empirische Befunde vor (vgl. TEWS 1976, 7). In erster Linie hat man über Interviews und Befragungen im Rahmen von Zeitbudget-Untersuchungen herauszufinden versucht, was behinderte Menschen wann und wie zeitlich ausgedehnt in ihrer Freizeit machen (vgl. TEWS 1976, 47-57). Befriedigende Antworten auf die Fragen, warum sich Behinderte so verhalten, welche äußeren und materiellen Bedingungen ihr Freizeitverhalten beeinflussen, einschränken oder erweitern und insgesamt prägen, liegen kaum vor. Probleme bereitet die Auswertung der Aussagen der Befragten auf der Grundlage einer Vielfalt von subjektiven Freizeitverständnissen. So bedeutet für viele Behinderte bereits das »unbewußte In-den-Tag-Hineinleben« eine Freizeitaktivität, während andere Behinderte erst eine bewußt herbeigeführte Aktivität als Freizeit erachten.

9.2.1.1 Zusammenhänge zwischen Behinderung und Freizeitverhalten

Erschwernisse durch Behinderung

KERKHOFF (1982, 4-6) nennt einige allgemeine Erschwernisse, die sich für Menschen mit einer Behinderung im Freizeitbereich ergeben und von Fall zu Fall unterschiedlich ausgeprägt und wirksam sein können:

- Unmittelbare Folgen der Schädigung, wie z.B. fehlende Mobilität, visuelle oder akustische Verkehrsbeeinträchtigungen, Sichtbarkeit der Behinderung, erforderliche Begleitperson.

- Zeitliche Ausdehnung der alltäglichen Versorgungs-, Hygiene- und Gesundheitsmaßnahmen: z.B. wird mehr Zeit bzw. Aufwand für Körperpflege, Nahrungszubereitung, Essen, Gehen, usw. benötigt.
- Familiäre Bindung: z.B. durch Überbehütung oder Vereinnahmung durch einen Elternteil, was u.a. überstarke Gefühlsbindungen, geringe Verselbständigungsmöglichkeiten zur Folge haben kann.
- Rehabilitationsübermaß: Medizinische Beratung und Behandlung stehen z.B. in Gefahr, überschätzt zu werden, oder zu umfangreiche Rehabilitationsmaßnahmen überhaupt werden für den einzelnen anberaumt. Rehabilitationsmaßnahmen sind zwar legitimiert, da sie zur Integration des Behinderten beitragen, dabei besteht jedoch die Gefahr, daß der offene Freizeitsektor mit solchen Rehabilitationsmaßnahmen völlig ausgefüllt wird.
- Starke Kompensations- und Regenerationswünsche infolge Überbeanspruchung durch Arbeit, z.B. als Folge eines schlechten Gesundheitszustandes, eines frühen Altersabbaus, durch bestimmte eintönige oder statische Arbeitsaufgaben, durch geringe körperliche Belastbarkeit bzw. zu hoch angesetzte oder zu lang dauernde Konzentrationsanforderungen im Arbeitsprozeß.
- Fehlende Kontaktstellen für Behinderte bzw. für Behinderte und Nichtbehinderte.
- Unzugänglichkeit von öffentlichen Verkehrsmitteln und Freizeiteinrichtungen.
- Erreichbarkeitsprobleme: z.B. Überwindung zu großer räumlicher Entfernungen, Fahrangebotsprobleme, Gefährdung durch Verkehr, Schwierigkeit bei der Selbstbeschaffung von Informationen über Freizeitangebote.
- Selbstisolierungstendenzen: Behinderte sehen sich z.B. als Hemmschuh bei einem Unternehmen und ziehen sich zurück, Vermeiden von unbekannten sozialen Strukturen (vgl. auch TEWS 1976), Nichtbehinderte lassen erkennen, daß der Behinderte ein Störfaktor ist.
- Unzureichende Ausbildung von Interessen- und Freizeitgewohnheiten.

Multifaktorieller Wirkungszusammenhang

Es gibt eine ganze Reihe von plausiblen Zusammenhängen zwischen einer Behinderung und dem Freizeitverhalten eines Menschen mit einer Behinderung. Neben Art und Schweregrad der Behinderung spielen der Zeitpunkt des Erwerbs der Behinderung, die Sichtbarkeit der Behinderung, die Prognose des Verlaufs der Behinderung, die rehabilitativen Möglichkeiten, die Schulbildung, Berufsausbildung und -tätigkeit, die sozio-ökonomischen Verhältnisse der Ursprungsfamilie bzw. das eigene

Vermögen und Einkommen, das soziale Netzwerk und die ökosystemischen Verhältnisse sowie das Ausmaß an subjektiv erlebten sozialen Vorurteilen und Stigmatisierungen eine Rolle. Ich gehe heute von einem multifaktoriellen Wirkungszusammenhang aus, ohne dabei empirisch belegte Aussagen darüber machen zu können, welche Variable das Freizeitverhalten behinderter Menschen mehr oder weniger oder gar nicht beeinflußt. Defizite im Freizeitverhalten ergeben sich einmal durch eine Vielzahl an Erschwernissen, die unmittelbar mit der Behinderung zusammenhängen, und zum anderen aus den sozialen Reaktionen auf die Behinderung. Das Ausleben der Freizeitbedürfnisse behinderter Menschen korrespondiert aber auch mit den Möglichkeiten, die unsere Gesellschaft für Behinderte bereitstellt bzw. ihnen vorenthält.

9.2.1.2 Einige empirische Befunde

Freizeitinhalte und soziale Kontakte

Wie sehen nun die Freizeitaktivitäten von behinderten Menschen aus? Abbildung 9.3 zeigt, daß die Freizeitinhalte von Art und Schweregrad der Behinderung abhängen, sich aber nicht grundsätzlich von denen nichtbehinderter Menschen unterscheiden. Soziale Kontakte stellen als »personengebundene Freizeit« eine besonders wichtige Form des Freizeitverhaltens dar. Abbildung 9.4 gibt Aufschluß über die sozialen Kontakte der befragten hilfebedürftigen Behinderten. Quantitative und qualitative Unterschiede zu Nichtbehinderten können in der Behinderung, in der sozialen Reaktion auf die Behinderung und in der Fähigkeit des Individuums, mit oder ohne professionelle Hilfe seine Behinderung zu kompensieren und an die Verhältnisse der Nichtbehinderten zu adaptieren, begründet liegen. Ungeklärt bleibt dabei, ob das durchschnittliche Freizeitverhalten der Nichtbehinderten eine normative Größe darstellt, an der sich Behinderte orientieren müssen, um nicht auch noch auf dem Freizeitsektor als von der Norm abweichende Personen auffällig zu werden. Andererseits legt das tatsächliche Verhalten der Behinderten ein sehr breit gestreutes Interesse bei höchst individuellen Unterschieden nahe.

Abb. 9.3: Hilfebedürftige Behinderte in privaten Haushalten nach Behinderungsarten und Freizeitaktivitäten der letzten 4 Wochen

(Spaltenprozente: Nur Personen ab 16 Jahren)

Quelle: Schriftenreihe des Bundesministeriums für Familie und Senioren; Bd. 20.3, Stuttgart 1994.

	Gesamt	**Behinderungsarten**			
		Sehen/ Sprechen/ Hören	**Funktionsstörungen innerer Organe**	**Lähmung/ fehlende Gliedmaßen/ Muskelerkr.**	**Geistige Behinderung/ Geistiger Abbau**
Basis: hochger. i. Tsd. **Freizeitaktivitäten der letzten 4 Wochen**	1780	173	606	503	267
Spazieren gegangen	50.9	61.9	49.8	45.4	53.9
Sportlich betätigt	8.8	14.6	6.1	6.6	11.8
Im Garten oder auf dem Balkon gearbeitet	11.3	13.8	8.7	11.4	11.4
Gemalt, musiziert, gebastelt	10.1	14.6	6.9	10.1	14.7
Handarbeiten gemacht	12.8	13.5	14.0	10.6	9.2
Bücher gelesen	40.3	34.4	41.6	46.0	14.0
Regelmäßig Kreuzworträtsel gelöst	22.6	16.0	23.1	29.1	4.1
Regelmäßig Zeitung gelesen	65.2	52.1	68.1	76.1	25.4
Regelmäßig Zeitschriften gelesen	51.8	45.7	51.2	60.6	20.9
Sich politisch engagiert	3.8	7.0	3.5	4.7	0.3
Kirchliche oder caritative Veranstaltungen besucht	17.8	23.2	18.4	15.6	10.8
Seniorenclub besucht	7.3	8.0	9.3	6.1	3.2
Club für Behinderte besucht	3.2	8.2	0.7	3.3	7.0
An Selbsthilfegruppen beteiligt	3.8	2.1	1.8	6.5	4.7
An Weiterbildung teilgenommen	1.5	0.9	1.3	1.9	–
Geselliges Beisammensein	29.3	30.8	30.1	32.3	14.8
Kurzbesuche abgestattet	40.5	45.9	38.8	41.8	28.1
Kurzbesuche empfangen	66.6	59.0	71.5	71.1	47.1
Café oder Restaurant besucht	19.4	17.9	16.3	23.9	12.9
Reisen, Ausflüge gemacht	11.9	5.8	9.7	14.4	6.5
Längere Besuche gemacht	12.8	18.4	11.8	11.5	14.8
Familienmitgliedern, Freunden geholfen	11.3	12.1	9.1	13.1	4.7
Probleme anderer besprochen	31.6	28.3	33.1	39.5	10.6
Hilfsdienste für andere	6.1	5.3	6.9	8.7	0.5
Weiß nicht	2.5	2.4	2.9	1.2	5.5

Abb. 9.4: Hilfebedürftige Behinderte in privaten Haushalten nach Behinderungsarten und sozialen Kontakten

(Spaltenprozente: Nur Personen ab 16 Jahren)

Quelle: Schriftenreihe des Bundesministeriums für Familie und Senioren, Bd. 20.3 , Stuttgart 1994

	Gesamt	**Behinderungsarten**			
		Sehen/ Sprechen/ Hören	**Funktions-störungen innerer Organe**	**Lähmung/ fehlende Gliedmaßen/ Muskelerkr.**	**Geistige Behinderung/ Geistiger Abbau**
Basis: hochger. i. Tsd. **Soziale Kontakte (mindestens einmal wöchentlich):**	1780	173	606	503	267
Familie insgesamt	85.3	86.4	80.4	87.4	92.6
Ehepartner	47.4	44.1	42.6	57.8	35.1
Eltern	13.4	19.6	2.9	11.4	38.5
Kinder	52.1	48.4	56.0	54.0	42.3
Schwiegersohn-/tochter	29.5	21.2	33.8	30.8	29.7
Enkel	24.9	17.4	26.4	29.3	22.6
Sonstige	25.8	29.3	19.1	24.5	42.4
Freunde, Bekannte	48.0	46.5	47.0	51.4	41.8

Kein einheitliches Freizeitverhalten

Wir können also davon ausgehen, daß die Freizeitsituation als Lebenszeit für Menschen mit Behinderungen weder einheitlich positiv noch generell negativ eingeschätzt werden darf. Die Freizeitbedürfnisse und das Freizeitverhalten von behinderten und nichtbehinderten Menschen sind nahezu identisch. Da jeder Mensch Akteur seiner Freizeitgestaltung ist, erweist sich das Freizeitverhalten als Ausdruck der Befriedigung von Freizeitbedürfnissen hinsichtlich Intensität, Quantität, Qualität und freier Verfügbarkeit von Zeit und entsprechender Wahl-, Entscheidungs- und Handlungsfreiheit universell verschieden. Es gibt eine Vielzahl an förderlichen und hemmenden Bedingungen und Parameter, die Einfluß auf die Freizeittätigkeit eines Individuums als Akteur haben. Das können sozioökonomische Bedingungen genauso sein wie familiäre, ökosystemische, gesellschafts- und bildungspolitische Gegebenheiten und Machtverhältnisse. Insofern ist Behinderung zwar keine zu vernachlässigende Größe, sie muß aber nicht automatisch zu einer unbefriedigenden, fremdbestimmten und von der Hilfe anderer abhängigen Freizeitsituation führen. Nichtbehindert zu sein ist nicht per se ein Garant für sinnerfüllte, selbstbestimmte und qualitativ hochbewertete Freizeit.

Behinderung ist ein Faktor von vielen

Behinderungsbedingte Verhaltensdefizite lassen sich mit TEWS (1976, 41f.) in zwei groben Dimensionen zusammenfassen:

- Bewegungseinschränkungen/Mobilitätseinschränkungen und
- Kommunikationseinschränkungen.

9.2.2 Bewegungs- und Mobilitätseinschränkungen

Auswirkungen auf die Lebenssituation

Mit Bewegungseinschränkungen sind körperbezogene Einschränkungen im engeren Sinn gemeint. Die Fähigkeit zu harmonischen Bewegungen und Bewegungsabläufen ist beeinträchtigt und bleibt nicht ohne Folgen für den behinderten Menschen. Schon die kleinen Dinge, wie beispielsweise das Zuziehen des Reißverschlusses einer Jeans oder das tägliche Öffnen des Briefkastens, können für Mobilitätsbehinderte ein erhebliches Problem darstellen. Viele Freizeitbeschäftigungen setzen aber ein Mindestmaß an solchen Bewegungs- und Bewegungssteuerungskompetenzen schlichtweg voraus. Für Behinderte erübrigen sich in der vorschnellen Beurteilung Nichtbehinderter schon von daher eine Vielzahl an Freizeitbetätigungsmöglichkeiten. Ein körperbehinderter Junge mit einer Tetraplegie und ausgeprägten Ataxie wird es schwer haben, seine Eltern und vor allen Dingen einen Freizeitverein davon zu überzeugen, daß das Bogenschießen für ihn die richtige Freizeitbeschäftigung ist. Bei Freizeitaktivitäten, die üblicherweise nur von Nichtbehinderten praktiziert werden, sind enorme Vorarbeiten und Hilfen erforderlich, wenn sie trotzdem umgesetzt werden sollen.

Die motorischen Bewegungsfähigkeiten eines Behinderten bestimmen seinen Tages-, Wochen-, Jahres- und Lebensrhythmus und damit auch seine räumliche Mobilität. Ein körperbehinderter junger Mann, der nachts von technischen Geräten assistiert beatmet werden muß, tut sich natürlich schwer mit spontaner Freizeitgestaltung. Er ist an das Haus gebunden, muß sich auf medizinische Geräte und qualifizierte Helfer verlassen können. Zur Überwindung von Raum und Zeit, z.B. bei Reisen in den Urlaub, ist ein hohes Maß an überlegter Planung, Organisation und Aufwand nötig. Das soziale Versorgungsnetz, bauliche Barrieren, die Wohn- und Lebensverhältnisse, die persönliche Einstellung und die Ausdauer, jeden Tag neue Anstrengungen zu bewältigen, haben entscheidenden Einfluß auf ein erfülltes Freizeitleben.

Zahlreiche Freizeitmöglichkeiten

Erfahrungsberichte einzelner Menschen mit Behinderungen verdeutlichen, daß es durchaus Möglichkeiten gibt, Mobilitätswünsche für die Gestaltung des Urlaubs und des täglichen Alltags außerhalb des Hauses (z.B. Einkaufen in der Stadt, Bummeln, Freunde besuchen, Clubs, Kneipen, Kino, Theater, Ausflüge) zu realisieren. Damit Mobilitätsbehinderte ihre Wünsche auch tatsächlich umsetzen können, müssen sie hinreichend über die spezifischen Probleme in der Realität und ihre Überwindung informiert sein. Die Erfahrungsberichte Behinderter zeigen, welche Schwierigkeiten es dabei gibt und lassen erkennen, daß Menschen mit Behinderungen ihre Freizeitbedürfnisse nicht in dem Umfang wie Nichtbehinderte befriedigen können bzw. angefangene Freizeitaktivitäten früher einstellen oder einschränken müssen. Bewegungs- und Mobilitätseinschränkungen wirken sich also sicher erschwerend auf das Freizeitverhalten aus. Ihnen umfassend gerecht zu werden ist schwierig und vom Einzelfall abhängig.

Fest steht, daß sich der Bedarf an personellen Assistenzen und materiellen Hilfen mit dem Grad der Bewegungs- und Mobilitätseinschränkungen erhöht. Solche Abhängigkeiten beeinflussen in nicht unwesentlichem Ausmaß den Grad an freier Verfügbarkeit über Zeit und entsprechende Wahl-, Entscheidungs- und Handlungsfreiheiten im Lebensbereich Freizeit. Bewegungs- und Mobilitätseinschränkungen bestimmen deshalb wie kaum eine andere Gegebenheit im Kontext von Behinderung das Freizeitverhalten. Bei der Bewertung gilt es allerdings zu berücksichtigen, daß auch Behinderte viele Aktivitäten aus anderen als behinderungsspezifischen Gründen sowieso nicht machen würden, so wie Nichtbehinderte auch. Andererseits gibt es Menschen mit schwersten Bewegungs- und Mobilitätseinschränkungen, die sich von ihrem Wunsch nach Bewegung und Sport nicht abbringen lassen und nach entsprechenden Lösungen suchen. So wurde beispielsweise eine Elektro-Rollstuhlhockey-Liga gegründet, in der auf beeindruckende Art und Weise dieser Mannschaftssportart nachgegangen wird. Von Menschen, die früher nichtbehindert waren und z.B. durch einen Unfall querschnittsgelähmt wurden wissen wir, daß sie trotz der Bewegungs- und Mobilitätseinschränkung ihr Freizeitverhalten auch nach dem Unfall aufrechterhalten und fortsetzen konnten. Heute gibt es eine Vielfalt an traditionellen, aber auch modifizierten innovativen Sportarten wie Tauchen, Rollstuhlmarathon, Drachenfliegen, Segeln, Surfen, Rennsport, Segelfliegen etc., die dank der rasanten Entwicklungen auf dem Markt der Rehabilitationshilfen von bewegungs- und mobilitätsbeeinträchtigten Behinderten ausgeübt werden können.

Beispiele für Freizeitaktivitäten

9.2.3 Kommunikationseinschränkungen

Kommunikationsformen

Der Begriff Kommunikation bezeichnet »das gegenseitige Auslösen von koordinierten Verhaltensweisen unter Mitgliedern einer sozialen Einheit« (MATURANA/VARELA 1987, 210). Für den Menschen als soziales Wesen hat nach SPECK (1993, 113f.) Kommunikation eine entscheidende Bedeutung: »Durch Kommunikation wird der umfassendere Prozeß der sozialen Interaktion, das wechselseitig aufeinander bezogene Handeln von Individuen ermöglicht, in Gang gesetzt und beeinflußt«. Kommunikation, als eine existentiell fundamentale Form des Miteinander-in-Beziehung-Tretens, beinhaltet neben laut- und schriftsprachlichen Kommunikationsformen auch den komplexen Bereich nonverbaler und nonsymbolischer Formen. Bei Menschen mit Behinderungen lassen sich unterschiedlich stark ausgeprägte Formen von Kommunikationsproblemen ausmachen. Bei sensorisch Behinderten wie Blinden, Sehbehinderten, Gehörlosen und Schwerhörigen sind sie uns einsichtiger als bei Menschen mit Sprachbehinderungen, kognitiven Beeinträchtigungen und schwermehrfachen Behinderungen. TEWS (1976, 46) führt Sprechen, Hören und Sehen als primäre Kommunikationsfähigkeiten an, deren teilweises oder vollständiges Fehlen die Wahrnehmung, das Denken, Fühlen und Handeln des Menschen als solitäres wie soziales Wesen beeinflußt.

Mit Blick auf Menschen mit geistigen und schwerstmehrfachen Behinderungen sei darauf verwiesen, daß das Netz der Kommunikationskanäle weitaus komplexer ist als meistens angenommen wird. Wir können heute davon ausgehen, daß ein breites Spektrum von Kommunikationskanälen existiert, die voneinander abhängig sind und sich wechselseitig bedingen. In jedem der Kommunikationskanäle können vom Subjekt qualitativ unterschiedlich ausgeprägte Kommunikationsfähigkeiten entwickeln werden. Die Qualität der Kommunikation und die Fähigkeit, Kommunikationskanäle vernetzt anzuwenden, wird maßgeblich von Art und Ausprägung einer Behinderung mitbestimmt. Kommt es aufgrund einer Behinderung zu keiner bzw. zu einer eingeschränkten Entfaltung eines oder mehrerer Kommunikationskanäle, z.B. zu keiner aktiven Sprache, werden verstärkt andere Kommunikationskanäle entfaltet, die auf dem Wege der Selbstorganisation in kompensatorischer Absicht Funktionen anderer, nicht aktiv zur Verfügung stehender Kommunikationskanäle übernehmen (vgl. hierzu RÖDLER 1993, 125-178) An die Stelle des sprachlichen Dialogs tritt z.B. für Schwerstbehinderte der somatische Dialog (vgl. FRÖHLICH 1982), für Gehörlose der Dialog mit Gebärden.

Kompensations möglichkeiten

FRÖHLICH (1990, 13f.) beschreibt für den Personenkreis der Menschen mit schwerstmehrfachen Behinderungen sieben dialogische Kommunikationsformen: visuelle, taktile, vibratorische, geruchliche, geschmackliche, thermische und somatische Kommunikation. Ein weit gefaßter Kommunikationsbegriff, wie er von den pragmatischen Kommunikationswissenschaftlern entwickelt wurde (vgl. z.B. WATZLAWICK/BEAVIN/JACKSON 1985) setzt deshalb »Kommunikation« mit »Verhalten« gleich. Das Verhalten von Menschen mit Behinderungen bleibt uns manchmal, wie im Falle von selbstverletzenden Verhaltensweisen (vgl. MARKOWETZ 1989; 1996b) höchst unverständlich. Es ist für uns »schwer lesbar«. Die Folgen solcher Normabweichungen sind Mißverständnisse, Fehlinterpretationen, unangemessene soziale Reaktionen, Rückzug in die eigene

Kommunikation bei Schwerstbehinderten

Bezugsgruppe, Isolationstendenzen und Desintegration. Ferner hängt die intrapersonale und die interpersonal-interaktive Kommunikation von einem Konglomerat aus psychischen, sozialen und ökologischen Bedingungen ab.

Beeinträchtigungen im kommunikativen Bereich haben deutliche Auswirkungen auf das Freizeitverhalten, weil sie sensorische Abhängigkeiten auf individueller wie gesellschaftlicher Ebene bewirken. Wenn basale Grundfertigkeiten und Fähigkeiten fehlen, die zur »sachlogischen« Ausübung einer Freizeitbeschäftigung vorausgesetzt werden, kann diese zwar entwicklungslogisch, nicht aber in vollem Umfang ausgeschöpft werden. Technische und rehabilitative Hilfsmittel sowie personelle Hilfen erleichtern einem Großteil der Behinderten heute den Zugang zu einem bislang nicht behindertengerechten Freizeitmarkt. Durch sie können auch Behinderte in den Genuß vieler Freizeitbetätigungsmöglichkeiten kommen und Defizite beachtenswert gut kompensieren. Die technischen und medizinischen Revolutionen begünstigen diesen Prozeß. So können Gehörlose mit Hilfe eines Cochlear Implantats (vgl. HOTH 1994) oder Schwerhörige mit Hilfe hochsensibler, kleiner und kosmetisch perfekter Hörapparate wieder an der hörenden Welt teilnehmen, körperbehinderte Rollstuhlfahrer mit ihrem »handbike« Radsport betreiben, selbst Chauffeur eines Kraftfahrzeuges sein, Querschnittsgelähmte per computergesteuerten Apparaturen in einer Art »Exoskelett« sogar wieder aufrecht gehen, Sehbehinderte und einige Blinde mit Hilfe von Spezial-Brillen ihre Sehbehinderung bzw. Blindheit überwinden oder Stumme wie BIRGER SELLIN (1993) durch unterstützte Kommunikation »Botschaften aus einem autistischen Kerker« verschriftlichen. Es gibt aber auch Beispiele dafür, daß Entwicklungen zur Überwindung von behinderungsbedingten Nachteilen mit dem Standard einer »mikroprozessorengesteuerten High-Tech-Welt« nicht Schritt halten. So könnten Gehörlose dann gleichberechtigt und selbstbestimmt fernsehen, wenn die auditiven Anteile der Fernsehbeiträge statt im »dolby-surround-system« simultan in die Gebärdensprache übersetzt und in das laufende Bild eingeblendet werden würden.

Technische Hilfen

Sozialfunktion von Kommunikation

Medizinische und technische Innovationen helfen, sensorische Defizite zu überwinden. Ob Behinderte dadurch Anschluß an soziale Gruppen bekommen, ist nicht erwiesen. Für die sozialen Formen der Kommunikation in Familie, Freizeit, Schule und Beruf gibt es keine rein technisch-apparativen Lösungen. Hier müssen die »Barrieren in den Köpfen« überwunden werden. Der Grad der sozialen Abhängigkeit steigt jedenfalls mit den Kommunikationseinschränkungen. Mobilitätseinschränkungen können zu Kommunikationseinschränkungen führen. Kommunikationseinschränkungen wiederum, die soziale Kontakte erschweren und verhindern, lähmen die Mobilitätswünsche und Kommunikationswünsche behinderter Menschen. Das Freizeitproblem von Menschen mit Behinderungen kann also nur entschärft werden, wenn wir nicht ausschließlich rein mechanisch Bewegungs- und Kommunikationseinschränkungen abbauen, sondern in angemessener sozialintegrativer Weise verstärkt auf die Mobilitäts- und Kommunikationswünsche behinderter Menschen reagieren. Dazu müssen wir die vielfältigen Realisierungsmöglichkeiten nutzen oder neue schaffen und Abstand nehmen von einer Orientierung an fiktiven quantitativen wie qualitativen Normen des Freizeitverhaltens.

9.3 Freizeitumfang und -budget von Kindern und Jugendlichen mit Behinderungen

Lebenssituation

Aufgrund der Behinderung ergeben sich für behinderte Menschen im schulpflichtigen Alter bisweilen erhebliche Abweichungen der Determinations-, Obligations- und Dispositionszeit. Im Bereich der Determinationszeit können die Zeitaufwendungen für physiologische und körperhygienische Grundbedürfnisse (nächtlicher Schlaf, Ruhezeiten am Tag, Anziehen, Ausziehen, Umziehen, Toilettengang, Nahrungsaufnahme, Waschen, Duschen, Rasieren, Schminken, Fortbewegung, etc.) und gesundheitserhaltende wie rehabilitative Maßnahmen (Fördermaßnahmen, Therapien, regelmäßige Arztbesuche, Klinikaufenthalte, notwendige Kuren, etc.) einen beachtlichen Umfang annehmen. Der Grad der Selbständigkeit bzw. des Angewiesenseins auf die Hilfe von anderen spielt hierbei eine große Rolle. Nicht immer stehen sofort Helfer zur Disposition, die eine schnelle und reibungslose Assistenz gewähren.

9.3.1 Sonderschulbesuch und Freizeit

Möglichkeiten in Sonderschulen

Der Besuch von Sonderschulen ist für Behinderte Pflicht. Sonderschulen sind als Ganztagesbetrieb organisiert. Behinderte, die eine Sonderschule besuchen, sind von diesen Verhältnissen abhängig und zeitlich gebunden. Die Zeitaufwendungen für die Wege von und zur Schule, einschließlich der Leer- und Wartezeiten, die durch den Sammeltransport der Schulbusunternehmen entstehen, ebenso wie die mit Schule zusammenhängenden obligatorischen Tätigkeiten (Unterrichtspausen, festgelegte Mittagspause, organisierte außerunterrichtliche Schüleraktivitäten, etc.), unterscheiden sich bisweilen erheblich von denen an Regelschulen. Der Schulbetrieb selbst ist zeitlich wie inhaltlich gut durchstrukturiert. Eltern behinderter Kinder wissen deshalb die familienentlastende Wirkung durch die Sonderschule zu schätzen. Der Besuch einer Sonderschule ist einerseits mit einem Verlust an freier Zeit (Dispositionszeit) verbunden, andererseits sind Sonderschulen gut mit Spiel-, Lern- und Arbeitsmaterialien ausgestattet und verfügen über eine Vielzahl an »Fachräumen«, Spielplätzen, Sportstätten, Schwimm- und Bewegungsbäder, Disco-,

Snoezel- und Werkräume, etc.. Zudem warten sie mit einer Vielzahl an attraktiven Freizeitangeboten auf und gewähren durchaus Freiräume für zwanglose Muße und spielerische und zielgerichtete Beschäftigungen allein, zu zweit, in der Klein- oder Großgruppe.

Interne Freizeitangebote

Eine große Rolle spielt dabei die Frage nach dem Grad an freier Verfügbarkeit über Zeit und entsprechender Wahl-, Entscheidungs- und Handlungsfreiheit, also dem Grad der Selbst- statt Fremdbestimmung. In vielerlei Hinsicht kompensieren die Sonderschulen mit ihren schulischen Freizeitangeboten die Freizeitdefizite und -benachteiligungen, wie sie sich für behinderte Kinder und Jugendliche zuhause im Lebens- und Wohnumfeld zwar nicht zwangsläufig, aber doch häufig ergeben. Problematisch ist die »Entfremdung zur natürlichen Umgebung«, die sich durch diese hohe Affinität hin zum Besonderen ergibt. Die Freizeit, wie sie behinderte Schüler/-innen an Sonderschulen erleben, erweist sich einerseits als sehr vorteilhaft und andererseits als »Scheinfreizeit«. Mit NAHRSTEDT (1972, 60) sehe ich die Freizeit für schulpflichtige Behinderte vor allem durch zwei Momente bestimmt. Freizeit ist erstens die größtmögliche individuelle Freiheit in einer Zeit, die quantitativ von der Schulzeit abgegrenzt ist und die zweitens in eigenen Freizeiträumen, also nicht in der Schule stattfindet. Nicht zuletzt deshalb fordert NIRJE (1994), der das »Normalisierungsprinzip« in acht Punkten konkretisiert hat, bereits an zweiter Stelle eine klare Trennung von »Arbeit-Freizeit-Wohnen« (vgl. THIMM 1994, 38f.).

Von großer Bedeutung ist die Freitzeiterziehung. Bereits in vorschulischen Einrichtungen, spätestens aber mit Eintritt in eine Sonderschule werden behinderten Kindern und Jugendlichen vielfältige Freizeitangebote gemacht. Die Palette reicht von sportlich-bewegungsorientierten, musisch-kreativen Angeboten bis hin zu erlebnisreichen Landheimaufenthalten. Dabei erhalten die behinderten Kinder und Jugendlichen wertvolle Impulse für Freizeitbeschäftigungen und erwerben jene Kompetenzen, die sie für die Ausübung ihrer Freizeitinteressen und Befriedigung ihrer Freizeitbedürfnisse in der Schule, in der Familie und außerhalb der Familie benötigen. Freizeitpädagogische Ziele (Freizeiterziehung, Freizeittechniken, Freizeitlernen) lassen sich deshalb in den Bildungsplänen der Schulen für Behinderte finden (vgl. z.B. ZIELNIOK 1990b).

9.3.2 Empirische Ergebnisse

Freizeit von lernbehinderten Schülern

In einer exemplarischen und sicher nicht repräsentativen Befragung hat GERSTMAYER (1995) die Freizeitbedürfnisse und das Freizeitverhalten von 112 schulpflichtigen Kindern und Jugendlichen im Alter von 11 bis 16 Jahren, die die Förderschule, die Hauptschule, die Realschule und das

Gymnasium einer baden-württembergischen Kleinstadt mit überwiegend ländlichem Umfeld besuchten, erfaßt und miteinander verglichen. Abbildung 9.4 zeigt die Prozentwerte für das, was die Schüler/-innen unter Freizeit verstehen. Trotz einiger Unterschiede im Freizeitverhaltens wird deutlich, daß Lernbehinderten zu Unrecht eine nur rezeptive Konsumhaltung unterstellt wird, sondern daß sie durchaus kreativen Freizeitbeschäftigungen und kulturell wie kognitiv hoch eingeschätzten Beschäftigungen nachgehen.

Abb. 9.5: Freizeitverständnis und Bedeutung verschiedener Freizeitaktivitäten von Schülern verschiedener Schularten

(vgl. GERSTMAYER 1995, 60) (Σ = 112; davon 52 weiblich und 60 männlich; Nennungen in Prozent)

	Förderschule Σ=30 (12w/18m)	**Hauptschule** Σ=29(12w/17m)	**Realschule** Σ=23 (12w/11m)	**Gymnasium** Σ=30 (16w/14m)
Erholung	46,67%	65,52%	78,26%	76,67%
Treffen mit Freunden	70,00%	89,66%	86,96%	86,67%
Sport treiben	66,67%	58,62%	60,87%	70,00%
im Verein aktiv sein	33,33%	37,93%	47,83%	50,00%
Fernsehen Videokonsum	46,67%	48,28%	39,13%	50,00%
Kassetten/CD's hören	56,67%	72,41%	73,91%	70,00%
Computer	26,67%	27,59%	26,09%	26,67%
Game boy spielen	20,00%	27,59%	13,04%	6,67%
Spielautomaten	3,33%	3,45%	0,00%	0,00%
Lesen	70,00%	37,93%	47,83%	73,33%
Geld ausgeben	36,67%	27,59%	8,70%	6,67%
Kreativ sein	16,67%	6,90%	26,09%	30,00%
Hausaufgaben Klassenarbeiten	66,67%	44,83%	39,13%	40,00%
im Haushalt helfen	60,00%	17,24%	34,78%	20,00%
Langeweile Herumhängen	23,33%	27,59%	13,04%	16,67%

Ähnliches Freizeitverhalten wie Regelschüler

WOCKEN (1982) kam bei seinen Untersuchungen zum Freizeitverhalten und den Freizeitinteressen von 515 Schülern aus einem 9. Schuljahr aus 30 Klassen an Haupt- und Sonderschulen, sowie an Halb- und Ganztagsschulen zu dem Ergebnis, daß die Rahmenbedingungen des Freizeitverhaltens von Haupt- und Sonderschülern nicht erheblich verschieden sind. In der zusammenfassenden Beurteilung seiner Befragung hält WOCKEN fest: Hauptschüler und Schüler an Lernbehindertenschulen haben etwa gleich viel Taschengeld, gleich viel freie Zeit und müssen abends zur gleichen Stunde zu Hause sein. Weit über die Hälfte ihrer Freizeit verbringen beide Schülergruppen vor dem Fernseher. Sportliche Betätigungen, Unterhaltung, Vergnügen und Erholung sowie heterosoziale Kontakte als Handlungs- und Erlebnisfelder nehmen bei der Bewertung nur mittlere Rangplätze ein. Freizeitangebote mit edukativem und bildendem Anspruch in sozialen Gruppierungen werden seltener genutzt. Die geäußerten Freizeitinteressen stimmen mit den tatsächlich praktizierten Freizeitaktivitäten weitgehend überein. Die Sonderschüler pflegen allerdings einen weniger differenzierten Freizeitstil. Ihren Selbstgestaltungstendenzen mangelt es an Variabilität, Ausgeglichenheit und stetiger Dynamik. Das Freizeitverhalten der Lernbehinderten schwankt tendenziell zwischen Apathie und Aktionismus. Um die Chancen und Möglichkeiten zur »sozialen Teilhabe« an Freizeitaktivitäten ist es für Sonderschüler schlechter bestellt. Sie haben weniger gesellige Kontakte mit altersgleichen Jugendlichen, nehmen weniger an den Aktivitäten, die von formellen Gruppen und Vereinigungen angeboten werden teil und bleiben häufiger zuhause. Damit reagieren die Sonderschüler einerseits resignativ auf ihre Erfahrungen, nur wenig an ihrer Situation verändern zu können, andererseits auf die Angst vor Öffentlichkeit, die ihnen in stigmatisierender Art und Weise allgegenwärtig ist (ebd., 241-244). In der Untersuchung kommt ferner zum Ausdruck, daß die ganztägige Beschulung keinen Einfluß auf die Freizeitaktivitäten und -präferenzen ausübt. Insgesamt bilanziert aber auch WOCKEN: »Ungeachtet der zahlreichen Abweichungen sind die Gemeinsamkeiten im Freizeitstil von Haupt- und Sonderschülern größer und bedeutsamer als die Unterschiede« (ebd., 144).

Freizeitinteressen Lernbehinderter

BACHMANN (1981) berichtet ausführlich über die Ergebnisse einer empirischen Studie zum Freizeitverhalten insbesondere lernbehinderter Schüler und faßt zusammen:

- »Die Freizeitinteressen von Schülern und Jugendlichen werden nicht unmaßgeblich determiniert vom Lebensalter, Geschlecht, Regionalfaktor, Wohnfaktor, Zeitfaktor, Behinderungsfaktor, vom Angebot wie von der Schulzugehörigkeit« (ebd., 127).
- Obwohl sich die Freizeitinteressen lernbehinderter Schüler überwiegend im kommerziellen Bereich bewegen, sind noch genügend Aktivitäten implizit kreativen Verhaltens ausgewiesen worden, so

daß die eingangs formulierte Hypothese »Lernbehinderte Schüler (Sonderschüler) haben mehr rezeptive als kreative Freizeitinteressen« (ebd., 130) zu falsifizieren ist.

- »Die Freizeitinteressen von lernbehinderten Schülern korrelieren nicht mit denen anderer Schüler bezüglich des Lebensalters« (ebd., 130). Es wurde offenkundig, daß es deutliche Unterschiede im Anspruchsniveau der jeweiligen Freizeitinteressen gibt. Nichtbehinderte geben Freizeitaktivitäten wie Basketball, Tischtennis, Minigolf, Schwimmen, Werken, Instrument spielen, Kartenspielen, Lesen von Büchern, Hören von Kassetten nicht nur den Vorzug, sondern verbinden damit den qualitativen Wunsch nach Lernerfolg, Lernzuwachs und -fortschritten.
- Unbeantwortet bleibt die Frage, ob das Freizeitangebot innerhalb der Schulen, speziell in der Schule für Lernbehinderte, den Interessen der Schüler entspricht (vgl. ebd., 131).

Für Menschen mit einer geistigen Behinderung legt POHL (1982, 53) eine Liste mit Freizeittätigkeiten in folgender Reihenfolge vor:

Freizeitaktivitäten Geistigbehinderter

1. Fernsehen
2. Musik hören
3. Spielen, und zwar allein mit Puzzles, Stechspielen, Puppen usw.
4. Ausflüge machen und spazierengehen
5. Arbeiten im Haus
6. Bilder betrachten in Büchern, Illustrierten und Katalogen
7. Teilnahme an Freizeitangeboten
8. Bilder ausschneiden und sammeln
9. Spiele mit anderen (Gesellschaftspiele, Ballspiele usw.)
10. Fußballspielen
11. Fahrradfahren
12. Zeichnen und Abschreiben
13. Mit Tieren spielen
14. Tanzen
15. Kaffeetrinken und unterhalten
16. Die Umwelt beobachten
17. Handarbeiten
18. Schwimmen, Gymnastik
19. Allein spielen
20. Stereotype Handlungen.

Es wird deutlich, daß Geistigbehinderte prinzipiell gleichen Freizeitaktivitäten nachgehen, sich aber entsprechend ihren individuellen Möglichkeiten und Fähigkeiten sowie ihren Handlungskompetenzen mit dem Gegenstand Freizeit auseinandersetzen. Sie stellen mitunter deutlich geringere Ansprüche an das Angebotsniveau und wenden sich in oft spielerischer Absicht den Dingen zu. Weil »Freizeitinteressen und Freizeitverhalten zu einem sehr hohen Prozentsatz in den ersten zwei Lebensjahrzehnten grundgelegt oder zumindest wesentlich ausgebildet werden« (KERKHOFF 1982, 9), spielt die Freizeiterziehung von geistig behinderten Menschen in Familie, Kindergarten und Schule eine zentrale Rolle.

9.4 Freizeitangebote für Menschen mit Behinderungen

9.4.1 Familiäres und außerfamiliäres Freizeitverhalten

Bedeutung des häuslichen Umfelds

Etwa zwei Drittel unserer gesamten Zeit verwenden wir für Freizeitaktivitäten in der Familie und im häuslichen Umfeld (vgl. TEWS 1976, 79). Außerhäusliches Freizeitverhalten bedeutet nicht notwendigerweise eine Trennung von der Familie. Viele Freizeitaktivitäten, die außer Haus durchgeführt werden, setzen die Zugänglichkeit und das Vorhandensein von Freizeitangeboten in entsprechenden Freizeiteinrichtungen voraus und sind nicht selten eine sinnvolle, oft altersangemessene und entwicklungslogische Fortsetzung des familiären Freizeitverhaltens. Der häusliche und der wohnortnahe Bereich sowie die familiäre Situation spielen demnach für das Freizeitverhalten eine große Rolle. Für Menschen, deren Bewegung, Mobilität oder Kommunikation infolge einer Behinderung eingeschränkt ist und die dauerhaft auf die Hilfe anderer Personen angewiesen sind, hat die Familie ein noch größeres Gewicht. Die Familie hat eine kompensatorische und entlastende Funktion. Nicht selten spielt sich ein großer Teil der Freizeit behinderter Kinder und Jugendlicher in der Wohnung der Eltern bzw. im unmittelbaren häuslichen Umfeld ab. Behinderungsbedingte Schwierigkeiten, auf die man üblicherweise bei der Ausübung von Freizeitaktivitäten außer Haus stößt, sind in der gewohnten häuslichen Umgebung individuell und für alle Beteiligten befriedigend zu lösen.

Einflußfaktoren

Das Freizeitverhalten behinderter Kinder hängt von folgenden Faktoren ab:

- Von den Ressourcen der Eltern, die sie neben Pflege, Betreuung, Versorgung und Assistenz für gemeinsame Freizeitgestaltung (z.B. Karten- und Gesellschaftsspiele, Ausübung von Hobbys, etc.) aufwenden können.
- Von dem, was die Eltern zuhause dauerhaft arrangiert und an rehabilitativen Hilfsmitteln akquiriert und angeschafft haben, damit das behinderte Kind ohne größeren Aufwand allein und maximal selbständig seine Freizeit (Handarbeiten, Fernsehen, Musik hören, entspannen, etc.) gestalten und als Kontinuum erfahren kann.

– Von den Freizeitinteressen und Gewohnheiten der Eltern selbst.

– Davon, was Eltern, Verwandte und Freunde als Freizeitpartner zusätzlich an gelegentlichen Freizeitbeschäftigungen anbieten und möglich machen können (z.B. Ausflüge, Schlittenfahren, Minigolf spielen, Konzerte und Sportveranstaltungen besuchen).

– Von den Freizeitangeboten, die von »außen« organisiert, betreut und verantwortet werden, in Form von kontinuierlichen Angeboten oder Einzelveranstaltungen, die außerhalb des Wohnbereichs stattfinden und allgemein Behinderten zur Nutzung offen stehen (Freizeitclub, Behindertensportgruppen, Integration in Patenfamilien, Jugendgruppen, Vereine und Kirchengemeinden, Volkshochschulkurse für Behinderte, Ausflüge, Feste, Discothek, Wettspiele, Kino- und Theaterbesuch, Besuch von Sportveranstaltungen, Tagesfahrten, Stadtranderholung, Ferienlager und Reisen für Behinderte, Begegnungsfreizeiten mit Nichtbehinderten). Solche Angebote »sind hoch willkommen, aber sie unterbrechen in den meisten Fällen nur für kurze Zeit die langen Stunden, die im häuslichen Bereich als 'freie Zeit' verbracht wird« (vgl. SCHMIDT-THIMME 1990, 33ff.).

OPASCHOWSKI (1994b, 935) verweist darauf, daß Impulse für neue Freizeitbeschäftigungen zu 44% von Freunden und zu 35% von der Familie ausgehen. Umgekehrt verändern die Bedürfnisse eines behinderten Kindes sicherlich auch das Freizeitverhalten der Eltern. Allgemein spielen die sozio-ökonomischen Verhältnisse eine wichtige Rolle (vgl. hierzu 4.2.2 und 8.4.2), ebenso der Mangel an gleichaltrigen und vor allen Dingen nichtbehinderten Freunden als verläßliche Freizeitpartner.

Probleme der Eltern

Die Eltern stellen häufig eine »behindertengerechte« und oft von Experten empfohlene Palette an Freizeitangeboten zur Verfügung. Solche Angebote können leider immer weniger gegen den Medienkonsum konkurrieren. Eltern behinderter Kinder geben dem Druck bisweilen leichter nach als Eltern nichtbehinderter Kinder. Sie stellen fest, daß die Medien eine angenehme und besonders leicht zugängliche moderne Form von »Babysitting« darstellen, die ihnen wichtige Freiräume für die Befriedigung eigener Bedürfnisse verschafft. Der Medienkonsum (Fernsehen, Kabel-TV, Video, Radio, Walk-, Discman, Game-boy, Computerspiele) nimmt für behinderte wie nichtbehinderte Kinder und Jugendliche eine herausragende Stellung unter den Freizeitaktivitäten ein. Behinderte Kinder unterliegen in gleichem Umfang wie nichtbehinderte der Faszination, die von den »neuen Medien« ausgeht. Die leichte Erreichbarkeit und der Bedienungskomfort kommt Behinderten entgegen und steht in einem krassen Mißverhältnis zu vielen anderen, sicher sinnvoller bewerteten Freizeitbeschäftigungen (z.B. sich sportlich betätigen, anspruchsvollen Hobbys nachgehen, Lesen, Freunde besuchen, gemeinsam mit anderen etwas unternehmen, öffentliche Veranstaltungen besuchen), die Zeit,

Geduld und manchmal die Hilfe anderer sowie eine generelle Teilhabemöglichkeit voraussetzen. Als »ich-bezogene Aktivität« (vgl. TEWS 1976, 87) stellt der Mediengenuß eine »familienentlastende« Beschäftigung dar, die jahreszeitlich bedingt andere Freizeitbedürfnisse gut zu ersetzen, ja sogar zu verdrängen vermag. Aufgrund solcher Entwicklungen beklagen Kritiker den Verlust sozialer Kontakte und den Rückgang des Umfangs sozialer Aktivitäten und verweisen auf den folgenreichen Verlust von Primärerfahrungen (vgl. z.B. BASTIAN/GUDJONS 1991, 8; GUDJONS 1989, 11-17; V. HENTIG 1984), die für eine handlungs- und erlebnisorientierte Aneignung von Realität vorausgesetzt werden.

An dieser Stelle bleibt festzuhalten, daß es falsch wäre, die neuen Medien ausschließlich mit negativen Etiketten wie z.B. anspruchslos, niveaulos, inhaltsleer, sinnentfremdend, nicht alters- und kindgerecht, verdummend, verführerisch, süchtig machend, schädlich, belastend, krank machend, etc. in Verbindung zu bringen. Medien sind zu einem festen Bestandteil unserer Welt geworden, den wir unseren Kindern ohnehin nicht mehr vorenthalten können. Wenn sie, pädagogisch angeleitet, den sinnvollen Gebrauch und gezielten Umgang mit ihnen erlernen können, werden Skeptiker neidlos anerkennen müssen, daß solche modernen Hobbys durchaus allen Freizeitbedürfnissen (vgl. Abb. 9.2) angemessen und dazu noch auf qualitativ hohem Niveau nachzukommen vermögen.

Freizeitentwicklungen betreffen auch Behinderte

Die skizzierten Entwicklungen sind allerdings keineswegs typisch für Behinderte. Behinderung allein kann deshalb nicht als dominanter Grund für ein grundlegend anderes familiäres und außerfamiliäres Freizeitverhalten angeführt werden. Behinderte folgen im gewissen Sinn dem allgemeinen Trend der Verschiebung weg von einem kollektiven Freizeitverhalten in Richtung einer höchst individualisierten, konsumorientierten Freizeitgestaltung. Behinderung ist lediglich ein Faktor mehr, der sich neben einer Vielzahl anderer Faktoren wie Sozialisationsbedingungen, Alter, Geschlecht, Lebens- und Wohnumfeldbedingungen, Jahreszeit, Freizeittrends, Modeströmungen, finanzielle Verhältnisse, schulische und berufliche Lage erschwerend auf die Freizeitsituation auswirken kann, aber nicht in jedem Fall muß. Auf die Abhängigkeit von Art und Schweregrad wurde bereits verwiesen. Ein Problem spielt dabei der permante »heimliche« Vergleich des quantitativen wie qualitativen Freizeiterlebens zwischen Behinderten und Nichtbehinderten. Bisweilen wird Behinderten ein nur spielerischer Umgang mit Hobbys und Freizeit unterstellt und eine ernste Absicht vermißt. Die Summe solcher fragwürdigen Überlegungen mündet in der Feststellung eines »abweichenden Freizeitverhaltens«, das dann als »typisch für Behinderte« generalisiert und zugeschrieben wird. Es wurde gezeigt, daß diese Vorstellung nicht berechtigt ist.

Belastung der Familien

Einen großen Teil ihrer freien Zeit verbringen behinderte Kinder und Jugendliche also im Kreise ihrer Familien, die damit vielschichtige und komplexe Anforderungen zu bewältigen haben (vgl. hierzu BRÄNDLE 1989; ENGELBERT 1989; FRÖHLICH 1986; GUSKI 1980; HACKENBERG 1983a,b; HINZE 1991,120-139; JELTSCH-SCHUDEL 1988; JONAS 1989; 1990a,b; KLAUß 1988; SARIMSKI 1987; SCHATZ 1990; SEIFERT 1989; STEGIE 1988; THURMAIR 1990; vgl. auch 8.4). Hier erweisen sich familienentlastende Dienste (vgl. SCHÄDLER 1991; THIMM 1991), Selbsthilfegruppen und Selbsthilfeverbände mit ihren vielseitigen Freizeitangeboten und Veranstaltungen als sehr hilfreich und unterstützend. Nicht selten sind sie auch Veranstalter von Familienfreizeiten, Wochenend- und Ferienfreizeiten sowie Urlaubsreisen. Allerdings ist nicht exakt bekannt, in welchem Ausmaß Behinderte von diesen Aktivitäten überhaupt erreicht werden. In den leider wenig wissenschaftlich abgefaßten Schriften über Ferienfreizeiten mit behinderten Teilnehmern wird überwiegend von positiven Erfahrungen berichtet (vgl. z.B. HERBST 1982; HOHBERG 1984).

Außerhäusliche Freizeitangebote

Im außerschulischen Bereich gibt es neben den traditionellen eine ganze Reihe an innovativen Freizeitgestaltungsmöglichkeiten für Menschen mit den unterschiedlichsten Behinderungen (vgl. HOHBERG 1984; THEUNISSEN 1994). ZIELNIOK/SCHMIDT-THIMME (1990, 247-438) geben einen umfassenden Querschnitt durch das breite Spektrum der Freizeit- und Weiterbildungsmaßnahmen für geistig behinderte Menschen. Erfreulich ist auch die Existenz einer Vielzahl von örtlichen Selbsthilfeorganisationen, die teilweise autonom für sich arbeiten oder Behindertenverbänden angeschlossen bzw. untereinander vernetzt sind. Ob allerdings alle Behinderten von solchen Angeboten flächendeckend erreicht werden und darüber hinaus zufriedenstellend angetan sind, bleibt ungewiß. Neuerdings mehren sich die Stimmen von Eltern behinderter Kinder bzw. auch von selbstbewußt auftretenden behinderten Jugendlichen und Erwachsenen, die sich im Freizeitbereich mehr Kontakte und gemeinsame Freizeitangebote mit Nichtbehinderten wünschen und deshalb erhebliche Kritik an den Angeboten der Behindertenhilfe üben.

Integrative Freizeitangebote

Integrative Freizeitinitiativen sind wegen dieser Defizite entstanden und eröffnen vielfältige Perspektiven für die Zukunft. Beispielhaft sei hier kurz auf die Konzeption von PFiFF e.V. in Ladenburg verwiesen (vgl. MARKOWETZ 1996 c). Folgende Phasen des integrativen Prozesses sind vorgesehen:

1. Erstgespräch mit den Eltern und Finden geeigneter Integrationsbegleiter/-innen.
2. Kontaktphase des/der Integrationsbegleiters/-in mit dem Kind und der Familie.
3. Suche nach einem geeigneten Freizeitverein.
4. Integration und Mitgliedschaft im Verein auf Probe.
5. Reflexion der Mitgliedschaft auf Probe und der gemachten integrativen Erfahrungen.

6. Stabilisierung der Integrationsmaßnahme und Überführung in die »Normalität«.

Das Modellprojekt PFiFF wird wissenschaftlich begleitet. Die bisherigen Erkenntnisse zeigen Erfolge und Grenzen des Konzepts.

9.4.2 Freizeitsituation in Einrichtungen für Behinderte

Lebenssituation

Nicht alle Menschen mit Behinderungen sind auf eine längere stationäre Aufnahme in Einrichtungen für Behinderte angewiesen. Für blinde, sehbehinderte, gehörlose und schwerhörige Kinder ist mit dem Besuch einer Sonderschule in aller Regel eine Heimunterbringung verbunden. Verhaltensgestörte, erziehungshilfebedürftige Kinder mit Lernschwierigkeiten, die in Regelschulen auffällig werden, werden teilstationär oder vollstationär in Einrichtungen der Kinder- und Jugendhilfe untergebracht. In den meisten Fällen besuchen sie dann eine Sonderschule, die dem Heim angegliedert ist. Schwerkranke Kinder und Kinder mit massiven psychischen Störungen und psychiatrischen Erkrankungen, die auf intensive medizinische Versorgung und professionelle Betreuung angewiesen sind, verbringen bis zur Genesung – oder sogar bis zu ihrem Tod – lange Zeit in Kliniken und Spezialkrankenhäusern. In solchen Einrichtungen ist sowohl ein Schulbetrieb organisiert als auch für die Freizeitgestaltung gesorgt. Geistig- und lernbehinderte sowie der größte Teil der körper- und sprachbehinderten Schüler und Schülerinnen hingegen können bei ihren Eltern wohnen bleiben, selbst wenn sie eine dezentral gelegene Sonderschule besuchen. Hierfür sind Fahrdienste mit behindertengerechten Schulbussen eingerichtet. Schwerer körperbehinderte, schwermehrfachbehinderte und geistig schwerbehinderte Schüler, die sowohl die Familie wie den Regelbetrieb in Sonderschulen dauerhaft erheblich belasten, sind auch in Rehabilitationseinrichtungen und dezentral gelegenen Großeinrichtungen für Behinderte untergebracht, die Sonderschulen in privater Trägerschaft unterhalten.

Vor- und Nachteile in Einrichtungen für Behinderte

Die Form der Unterbringung wirkt sich in jedem der genannten Fälle auf das Erleben von Freizeit und das Freizeitverhalten behinderter Kinder und Jugendlicher aus. In der folgenden Abbildung habe ich versucht, mit Blick auf die Freizeitsituation, wie sie behinderte Kinder bei ihrer Unterbringung in stationären Einrichtungen antreffen, einige wichtige Vor- und Nachteile gegenüberzustellen.

Abb. 9.6: Freizeitsituation in stationären Einrichtungen für Behinderten

Vorteile	Nachteile
• gute personelle, räumliche und materielle sowie finanzielle Möglichkeiten zur Freizeitgestaltung • vielfältige, leicht zugängliche und erreichbare Gestaltungsmöglichkeiten (individuelle, in Kleingruppen, kollektive, gruppenübergreifende Neigungsgruppen) • Impulse für Freizeitbeschäftigungsmöglichkeiten, gestaltete Freizeitanleitung mit hohem Aufforderungscharakter und gezielter Erwerb von Freizeitkompetenzen (Mobilitäts- und Kommunikationserziehung) • Freizeit ist kein Zufallsprodukt, sondern weist Konsistenz und Kontinuität auf, schafft Sicherheit durch Wiederholung und ausbaufähige Erfolgserlebnisse, erweiterte Sozialkontakte (auch zu Nichtbehinderten) und hilft die passive Grundhaltung zu überwinden • Die Freizeitgestaltung bringt Selbständigkeit, persönliche Mitverantwortung, Selbstsicherheit und verbessert das Selbstbild • hohes Maß an bedürfnisorientierter Individualisierung und Differenzierung von Freizeitangeboten ist möglich • Entwicklung innovativer Freizeitangebote für Behinderte (»new games«) • Freizeit als integraler Bestandteil des Tages-, Wochen- und Jahresrhythmus nach dem Normalisierungsprinzip • Freizeit als Verbesserung der Lebensqualität Behinderter (Enthospitalisierung) • holistisches Lebenskonzept: Aufhebung der Trennung von Arbeit, Wohnen, Freizeit, Förderung, Therapie, Pflege, Betreuung, Begleitung und Assistenz • ganzheitliche netzwerkorientierte Planung, kontinuierliche und langfristige aufeinander abgestimmte Verbesserung der Lebensqualität	• überwiegend interne Freizeitangebote • eingeschränkte Nutzungsmöglichkeit externer, kommunaler Freizeitangebote • wenig Freizeitkontaktmöglichkeiten nach außen • »In-Group-Feeling« • wenig Anregung zu neuem Freizeitverhalten • soziale Isolation (Ghettoisierung) • hohe Abhängigkeit vom Freizeitverständnis professioneller Helfer und deren didaktischen Kompetenzen im Handlungsfeld Freizeit (animative Didaktik) • monotone, ritualisierte, nach Zielen, Inhalten, Methoden und Medien deutlich reduzierte und »abgespeckte« Freizeitangebote mit oft wenig Abwechslung • organisatorische Zwänge und Gewohnheiten des Personals • kaum Möglichkeiten zur individuellen Freizeitgestaltung • totale Verplanung der Freizeit • starre Regeln des Zeitplanes, Freizeit nach Stundenplan, Achtung der Hausordnung, unnatürliche Lebensgestaltung • Gefahr hoher fremdbestimmter Anteile • zuwenig Rückzugsmöglichkeiten in eine private Intimsphäre • eingeschränktes Sozialisationsfeld • Mangel an »familiärer« Geborgenheit • oft Fortsetzung von Schule oder Werkstatt • Freizeit als Mittel zum Zweck: starke Überbetonung der therapeutischen Anteile und Funktionen • Verlust von lust- und mußebetonter Hinwendung • überhaupt keine Planung • passiv-rezeptive Freizeithaltung • sporadische Reaktionen auf eher zufällige Reize

Vielen Sonderschulen sind Wohnheime angegliedert. Die subjektiven Erfahrungen, die die internierten Schüler und Schülerinnen mit Behinderungen im Lebensbereich Freizeit dort machen, lassen sich prinzipiell durchaus in mehr oder minder ausgeprägter Form auf einem Kontinuum zwischen den beiden oben genannten Polen Vorteile und Nachteile wiederfinden. Für die Situation Gehörloser und Schwerhöriger benennt LÖWE (1979) die Auswirkungen der Heimunterbringung; für blinde und hochgradig sehbehinderte Kinder und Jugendliche WALASCHEWSKI (1976). In Einrichtungen der Erziehungshilfe spielt der Freizeitbereich seit jeher eine große Bedeutung. Lustbetonte, bewegungs-, handlungs- und erlebnisorientierte Freizeitangebote als vertrauensbildende Maßnahmen in Einrichtungen für Behinderte stärken das Selbstvertrauen, das Selbstbild und dienen dem Erwerb sozialer Kompetenzen. Sie übernehmen bisweilen therapeutische Funktionen und helfen, Verhaltensstörungen und Lernschwierigkeiten abzubauen und Entwicklungsdefizite auszugleichen. Ob und in welchem Umfang solche Maßnahmen insgesamt zur Freizeitmündigkeit und zu einem freizeitbewußten statt konsumgeleiteten Handeln führen, bleibt offen.

Differenzierung nach Art der Behinderung

Relativ hohe Einigkeit besteht in der Einschätzung, daß bei Menschen mit schweren Behinderungen, mit einer geistigen Behinderung oder Mehrfachbehinderungen eine stationäre Unterbringung in Einrichtungen der Behindertenhilfe vorteilhaft für die Freizeitgestaltung ist. Die Hilfen zur Freizeitgestaltung und die organisierten Freizeitgestaltungsmöglichkeiten stellen eine insgesamt lebensqualitätsverbessernde Situation mit »sofortiger Wirkung« dar, selbst wenn bei kritischer Betrachtung gerade dadurch die Gesellschaft entlastet wird, sozialintegrative Maßnahmen und eine Aufwertung des Bildes Schwerstbehinderter in der Öffentlichkeit erschwert werden.

Beispiele

HUBER (1990, 45), Direktor der Stiftung Liebenau, einer Einrichtung für Lern- und Geistigbehinderte, nennt folgende Beispiele für die Freizeitangebote einer stationären Einrichtung:

- »Plätze, Räume und Ecken für die 'private' Freizeit. Der Hobbyraum für die Wohngruppe. Der Gemeinschafts- und Spielsaal für mehrere Gruppen. Eine ganze Reihe kleinerer und einige größere Spielflächen im Freien mit Sandkasten, Spielgeräten u.a.m..
- Ein Sportplatz mit unterschiedlichen Flächen. Die Turn- und Schwimmhalle. Das Spielhaus mit verschiedenen Räumen zur Auswahl. Besonders beliebt sind befestigte Wege und kleine Plätze im Gelände, die für das Rollschuhlaufen und Radfahren genutzt werden können.
- Das eigene Ferienhaus, das die Möglichkeit gibt, auch mit sehr Schwerbehinderten eine Ortsveränderung zu haben.

- Ausflüge zu Fuß, mit dem Fahrrad, mit dem Bus und mit der Bahn.
- Ferien und Freizeiten in Hütten, fremden Häusern, wie Jugendherbergen, Pensionen, etc. ...
- Teilnahme an Freizeiten nichtbehinderter Kinder, zum Beispiel Zeltlager oder Jugendhäuser.
- Gemeinsamer Waldspielplatz für behinderte und nichtbehinderte Kinder.
- Einladung nichtbehinderter Kinder am Sonntag in die Gruppe.
- Stadtgänge unterschiedlicher Art.
- Für einzelne Behinderte Kontakte und Einladungen am Wochenende und in den Ferien in »Pflegefamilien« für Freizeiten und Ferien (Begleitung und Beratung dieser Familien ist erforderlich!).
- Die großen Feste, wie Fastnacht, Sommerfest, Herbstfest und Weihnachtsmarkt«.

Freizeitpädagogische Vorschläge

ZIELNIOK (1990a, 25) unterscheidet zwischen spontaner und organisierter Freizeitgestaltung. Je nachdem, ob es sich (seiner Typologie entsprechend) um »den Selbständigen, den emotional Abhängigen, den lebenspraktisch Abhängigen und den Unselbständigen« (ebd., 26) handelt, ist in einem fortlaufenden Prozeß ständig darüber zu entscheiden, wie hoch der Anteil von Selbst- und Fremdbestimmung, von persönlicher Assistenz, Spontaneität und Organisiertheit sowie von inhaltlichen Vorgaben und methodischer Ausgestaltung ist. Mit Blick auf geistig behinderte und verhaltensauffällige Menschen schlägt THEUNISSEN (1995, 82) für das Ausleben spontaner Freizeitbedürfnisse die »tagesstrukturierte Freizeitarbeit« vor, was bedeutet, »daß der Pädagoge (Bezugsassistent; Vertrauensperson) die Freizeitgestaltung des Einzelnen begleitet, indem er z.B. mit dem Betroffenen spazierengeht, kulturelle Veranstaltungen besucht, Sport treibt, spielt u.a.m., so daß eine gemeinsam inniglich erlebte Du-Erfahrung stattfinden kann«. Im Rahmen der pädagogisch organisierten Angebote spielen vorweg sowie prozessual-begleitend die Hilfen zum Selbständigkeits- und Sozialtraining eine besondere Rolle.

Freizeit Behinderter und Integration

Der Erwerb einer Freizeitkultur erhöht die gesellschaftlichen Integrations- und Teilhabechancen behinderter Menschen und ermöglicht es, Freizeit als existenzerweiternde Zeit zu erfahren. Der hohen Gefahr einer kompensatorischen Zurüstung an die normativen Freizeitgepflogenheiten, wie sie von Nichtbehinderten festgelegt werden, ist hierbei in besonderer Weise entgegenzuwirken. Nur wer als Behinderter zur Kompensation in der Lage ist, kann an den bestehenden Freizeitgestaltungsmöglichkeiten teilhaben. Weder die Art der Behinderung noch das Ausmaß der Verschiedenheit und Abweichung können das Grundrecht auf Freizeit und den Anspruch auf entwicklungslogische Freizeitangebote außer Kraft setzen. Menschen mit Behinderungen dürfen keine Vorbedingungen gestellt werden, sondern es sind alle erdenklichen Hilfen zu gewähren, damit sie in den Genuß von Freizeit in sozialer Verantwortung und Integration kommen können. Ein solches »egalitäres« Freizeitverständnis (vgl. SCHLÖMERKEMPER 1993, 323) ist noch nicht weit verbreitet. Bereits 1976 wurden auf dem 26. Kongreß der Deutschen Vereinigung für die Rehabilitation Behinderter e.V. wichtige Forderungen formuliert (vgl. WEIß/JOCHHEIM/MOLESKI-MÜLLER 1976), von der die fünfte bis heute nicht umfassend ernst genommen und – mit Blick auf die zwanzig Jahre später geführte Integrationsdiskussion – nur halbherzig angegangen wurde: »Die Einrichtungen müssen sich nach innen und nach außen öffnen, um die Kommunikation Behinderter und Nichtbehinderter zu ermöglichen« (vgl. LENZ 1976, 114).

9.5 Zusammenfassung von Kapitel 9

Ein »positiver« Freizeitbegriff, wie er von OPASCHOWSKI (1990, 85ff.) vorgeschlagen wird, kommt dem Anspruch der Heilpädagogik auf »ganzheitliches« Denken und Handeln besonders entgegen. Freizeit bedeutet Lebenszeit, die durch mehr oder minder große Dispositionsfreiheit und Entscheidungskompetenz charakterisiert ist und die als Einheit von drei Zeitabschnitten, der frei verfügbaren, einteilbaren und selbstbestimmten Dispositionszeit, der verpflichtenden, bindenden, verbindlichen und zweckbestimmten Obligationszeit sowie der festgelegten, abhängigen und fremdbestimmten Determinationszeit, verstanden werden kann. Art und Schweregrad einer Behinderung als ein wesentlicher Faktor hat einen nicht unerheblichen Einfluß auf diese »Lebenszeit«. Menschen mit Behinderungen gestalten ihre Freizeit »entwicklungslogisch« (vgl. FEUSER 1995, 94-108) aufgrund ihrer Wahrnehmungs-, Denk- und Handlungskompetenzen und mittels der ihnen zur Verfügung stehenden Hilfen. Jeder Mensch ist der Akteur seiner Freizeitgestaltung. Das Freizeitverhalten als Ausdruck der Befriedigung von Freizeitbedürfnissen hinsichtlich Intensität, Quantität, Qualität, freier Verfügbarkeit von Zeit und entsprechenden Wahl-, Entscheidungs- und Handlungsfreiheiten variiert unter Behinderten ebenso wie unter Nichtbehinderten. Prinzipiell unterscheiden sich die Freizeitinteressen und die Freizeitaktivitäten der Behinderten nicht von denen der Nichtbehinderten.

Gemeinsamkeiten zwischen Behinderten und Nichtbehinderten

Freizeit ist nicht per se ein Problem für Behinderte. Dennoch erleben Menschen mit Behinderungen ökonomische und soziale Benachteiligungen, die die Partizipation an individuellen und gesellschaftlichen Freizeitgestaltungsmöglichkeiten erschweren. Das Freizeitverhalten von

Behinderten hängt von einer Vielzahl an Variablen (z.B. Lebensalter, Geschlecht, Regionalfaktor, Wohnfaktor, Familienverhältnisse, Einkommen, Vermögen, »soziales Netzwerk«, Zeitfaktor, Behinderungsfaktor, Sichtbarkeit der Behinderung, Qualität der materiellen und personellen Hilfen, Angebot, Schulzugehörigkeit) ab und vor allem davon, ob und in welchem Umfang diese Variablen vom Behinderten selbst bzw. von seiner Umwelt günstig beeinflußt und verändert werden können. Einschränkungen der Bewegung, Mobilität und der Kommunikation wirken sich besonders auf das Freizeitverhalten behinderter Menschen aus. Sie können nur bis zu einem gewissen Maß kompensiert werden. Für Behinderte ist es deshalb mehr als notwendig, nicht ausschließlich nach technisch-apparativen sondern nach sozialintegrativen Lösungen zu suchen, damit sie in gleichem Umfang wie nichtbehinderte Menschen auch ihren Freizeitbedürfnissen nachkommen können.

Literatur-Empfehlung:

KERKHOFF, W.: (Hg.): Freizeitchancen und Freizeitlernen für behinderte Kinder und Jugendliche. Berlin (Marhold) 1982.

OPASCHOWSKI, H.W.: Pädagogik und Didaktik der Freizeit. Opladen (Leske & Budrich) 1990.

TEWS, H.P.: Freizeit und Behinderung. Stuttgart/Berlin/Köln/Mainz (Kohlhammer) 1976.

WEIß, W./JOCHHEIM, K.-A./MOLESKI-MÜLLER, M. (Hg.): Freizeitaspekte bei der gesellschaftlichen Integration Behinderter. Bericht über den 26. Kongreß der Deutschen Vereinigung für die Rehabilitation Behinderter e.V. in Wildbad. Heidelberg (Eigenverlag) 1976.

WILKEN, U.: Behinderung, Freizeit und Touristik. In: SPECK, O./MARTIN, K.-R. (Hg.), Sonderpädagogik und Sozialarbeit. Handbuch der Sonderpädagogik, Band 10. Berlin (Marhold) 1990, 460-470.

ZIELNIOK, W.J./SCHMIDT-THIMME, D.: Gestaltete Freizeit für Menschen mit geistiger Behinderung. Theorie und Realisation unter integrativem Aspekt. Heidelberg (HVA – Edition Schindele) 1990.

Literaturverzeichnis

A

ACHILLES, I.: »... und um mich kümmert sich keiner«. Die Situation der Geschwister behinderter Kinder. München (Piper) 1995.

ADAM, H.: Das Normalisierungsprinzip und seine Bedeutung für die Behindertenpädagogik. Behindertenpädagogik 16 (1977), 73-91.

ADORNO, T.W. et al.: Der autoritäre Charakter. Studien über Autorität und Vorurteile. 2 Bände. Amsterdam (De Munter) 1968/69 (zuerst: New York 1950).

AHRBECK, B.: Gehörlosigkeit und Identität. Probleme der Identitätsbildung Gehörloser aus der Sicht soziologischer und psychoanalytischer Theorien. Hamburg (Signum) 1992.

AHRBECK, B./RATH, W.: Steht die Sehschädigung im Mittelpunkt der Identität? Ein Beitrag zum Thema »Identität und Sehschädigung«. Die Sonderschule 40 (1995), 28-40.

AKILAB (Arbeitskreis Integrative LehrerInnen-Ausbildung): Grundlagen gemeinsamen Lernens. Landesweite Ringvorlesung Integrationspädagogik. Aachen (Mainz-Verlag) 1995.

AKTIONSPROGRAMM 2000. Programmschrift anläßlich der zentralen Veranstaltung zum Europatag der Behinderten 1995. Bonn 1995.

ALBERTINI, J.A.: Die Hörgeschädigten in der amerikanischen Gesellschaft. Identität im Wandel. In: JUSSEN, H./CLAUßEN, W.H. (Hg.), Chancen für Hörgeschädigte. Hilfen aus internationaler Perspektive. München/Basel (Reinhardt) 1991, 98-104.

ALBRECHT, A./EMMERICH, H./SCHMIDT, H.: Geschlecht: behindert. Merkmal: Frau. Fotoausstellung auf dem Sonderpädagogischen Kongreß in Aachen. Zeitschrift für Heilpädagogik 46 (1995), 129-131.

ALLPORT, G.W.: Die Natur des Vorurteils. Köln/Berlin (Kiepenheuer & Witsch) 1971 (zuerst: Cambridge [Mass.] 1954).

AMIR, Y.: Contact hypothesis in ethnic relations. Psychological Bulletin 71 (1969), 319-342.

AMMANN, W./PETERS, H.: Stigma Dummheit. Bewältigungsargumentationen von Sonderschülern. Heidelberg (Schindele) 1981.

ANDERS, D.: Die Werkstatt für Behinderte – der andere Weg ins Arbeitsleben. In: ZWIERLEIN, E. (Hg.), Handbuch Integration und Ausgrenzung. Behinderte Mitmenschen in der Gesellschaft. Neuwied/Kriftel/Berlin (Luchterhand) 1996, 547-562.

ANGERMEIER, M.: Die Behandlung der Legasthenie. In: KNURA, G./NEUMANN, B. (Hg): Pädagogik der Sprachbehinderten. Handbuch der Sonderpädagogik, Band 7. Berlin (Marhold) 1982, 209-218.

ANTOR, G.: 'Labeling approach' und Behindertenpädagogik. Ein Beitrag zur Rezeption eines sozialwissenschaftlichen Theorieansatzes. Zeitschrift für Heilpädagogik 27 (1976), 89-107.

ANTOR, G.: Behinderte in aller Welt – zu grundlegenden Fragen einer Vergleichenden Sonderpädagogik. Zeitschrift für Heilpädagogik 40 (1989), 528-534.

ANTOR, G.: Ethische Fragen in der pädagogischen Förderung schwerstbehinderter Menschen. In: FRÖHLICH, A. (Hg.), Pädagogik bei schwerster Behinderung. Handbuch der Sonderpädagogik, Band 12. Berlin (Marhold) 1991, 70-88.

ANTOR, G.: Von der Integrationsklasse zur Sonderschule. Auf der Suche nach dem richtigen Lernort für ein schwerbehindertes Kind. Die Sonderschule 37 (1992), 159-168.

ARNADE, S.: Weder Küsse noch Karriere. Erfahrungen behinderter Frauen. Frankfurt/Main (Fischer) 1992.

B

BACH, H. (Hg.): Sonderpädagogik im Grundriß. Berlin (Marhold) 1989.

BACHMANN, W.: Freizeitverhalten von Schülern in der Bundesrepublik Deutschland – unter besonderer Berücksichtigung des lernbehinderten Schülers. Giessen (Institut für Heil- und Sonderpädagogik) 1981.

BÄCHTOLD, A.: Behinderte Jugendliche. Soziale Isolierung oder Partizipation? Ergebnisse einer repräsentativen Umfrage. Bern/Stuttgart (Haupt) 1981.

BÄCHTOLD, A.: Soziale Reaktionen auf behinderte Jugendliche. Einstellungen und gesellschaftliche Hintergründe. Geistige Behinderung 23 (1984), 30-39.

BÄCHTOLD, A.: Soziale Kontrolle gegenüber behinderten Jugendlichen im Zusammenhang mit sozio-kulturellen Orientierungen und gesellschaftlichem Wandel. In: BÄCHTOLD, A./JELTSCH-SCHUDEL, B./SCHLIENGER, I. (Hg.), Sonderpädagogik. Handlung, Forschung, Wissenschaft. Berlin (Marhold) 1986, 228-246.

BADURA, B./LEHMANN, H.: Sozialpolitische Rahmenbedingungen, Ziele und Wirkungen von Rehabilitation. In: KOCH, U./LUCIUS-HOENE, G./STEGIE, R. (Hg.), Handbuch der Rehabilitationspsychologie. Berlin/Heidelberg/New York/London/Paris/Tokyo (Springer) 1988, 58-73.

BALZER, B./ROLLI, S.: Sozialtherapie mit Eltern Behinderter. Weinheim (Beltz) 1975.

BANK-MIKKELSEN, N.E.: A metropolitan area in Denmark: Copenhagen. In: KUGEL, R./WOLFENSBERGER, W. (Eds.), Changing patterns in residential services for mental retarded. Washington, D.C. (President´s Committee on Mental Retardation) 1969, 227-254.

BANK-MIKKELSEN, N.E.: Denmark. In: FLYNN, R.J./NITSCH, K.E. (Eds.), Normalization, social integration, and community services Baltimore (University Park Press) 1980, 51-70.

BARKER, R.G.: The social psychology of physical disability. Journal of Social Issues 4 (1948), 28-38.

BARWIG, G./BUSCH, C.: Unbeschreiblich weiblich. Frauen unterwegs zu einem selbstbewußten Leben mit Behinderung. München 1993.

BARZEN, K.: Die Lebenssituation geistig behinderter Frauen. Behinderte in Familie, Schule und Gesellschaft 14 (1991), 41-53.

BASTIAN, J./GUDJONS, H.: Projektlernen. In: Hamburg macht Schule. Zeitschrift für Hamburger Lehrerinnen und Lehrer. 3 (1991), 4-8.

BAUMANN, W./SANDER, A.: Soziale Herkunft, Sprachbehinderung und Sprachheilkursbehandlung. Heilpädagogische Forschung 9 (1981), 1-18.

BAUMGARTNER, S.: Forschungsergebnisse zum Sozialverhalten sprachbehinderter Kinder. Zeitschrift für Heilpädagogik 31 (1980), 463-473.

BAUR, W. et al.: Abschlußbericht über die Schulversuche mit integrativen Lösungen. Reutlingen (Arbeitsstelle: Schulversuche mit integrativen Lösungen an der Fakultät für Sonderpädagogik der Pädagogischen Hochschule Ludwigsburg) 1996.

BEAUFTRAGTER DER BUNDESREGIERUNG FÜR DIE BELANGE DER BEHINDERTEN (Hg.): Eingliederung Behinderter in Arbeit und Beruf. Bonn o.J. (1989).

BECKER, H.S.: Outsiders. Studies in the sociology of deviance. New York 1963 (dt.: Frankfurt/M. 1973).

BEER, D.: Über die Ungleichheit von behinderten und nichtbehinderten Frauen. In: Ihrsinn – eine radikalfeministische Lesbenzeitschrift. Heft 4/1991, 21-25.

BEGEMANN, E.: Behinderte – Eine humane Chance unserer Gesellschaft. Berlin (Marhold) 1980.

BEGEMANN, E.: Die wohnortintegrierte Schule als Modell einer integrierenden Schule. In: SANDER, A./RAIDT. P. (Hg.), Integration und Sonderpädagogik. Referate der 27. Dozententagung für Sonderpädagogik in deutschsprachigen Ländern im Oktober 1990 in Saarbrücken. St. Ingbert (Röhrig) 1991, 122-137.

BEGEMANN, E.: Gesellschaftliche Integration »behinderter« Menschen erfordert eine solidarische Kultur. Zeitschrift für Heilpädagogik 44 (1993), 153-169.

BEHR, M.: Freie Schulen und Internate. Pädagogische Programme und rechtliche Stellung. Düsseldorf/München (Econ) 1990.

BEHRENS, K.: Das Thema »Behinderung« als Unterrichtsgegenstand in der Regelschule. Heidelberg (Pädagogische Hochschule; unveröffentlichte Wissenschaftliche Hausarbeit) 1988.

BELLEBAUM, A./BRAUN, H. (Hg.): Reader Soziale Probleme. Band I. Empirische Befunde. Frankfurt/New York (Herder & Herder) 1974.

BENECKEN, J.: Wenn die Grazie mißlingt. Zur psychosozialen Situation stotternder Menschen. Regensburg (Roderer) 1993.

BERGER, P.L./LUCKMANN, P.: Die gesellschaftliche Konstruktion der Wirklichkeit. Eine Theorie der Wissenssoziologie. Frankfurt/Main (Fischer) 1970.

BERGER-SCHERMER, M.: Sozialisationsbedingungen gehörloser Kinder in der Familie. Eine empirische Untersuchung. Hörgeschädigtenpädagogik 27 (1973), 13-22.

BERGES, M.: Dimensionen der Integration bei kooperativem Unterricht. Eine empirische Untersuchung zu Strukturen und Prozessen beim gemeinsamen Unterricht von behinderten und nichtbehinderten Kindern und Jugendlichen. Frankfurt (Lang) 1996.

BERNSMEIER, H.: Das Bild des Körperbehinderten in der deutschsprachigen Literatur des 19. und 20. Jahrhunderts. Frankfurt/Bern (Lang) 1980.

BEZOLD, B. VON: Zur Darstellung von Behinderten in den Medien unter besonderer Berücksichtigung der Darstellung im Fernsehen. Heidelberg (Pädagogische Hochschule; unveröffentlichte Wissenschaftliche Hausarbeit) 1994.

BINTIG, A.: Wer ist behindert? Problematisierung der Begriffe und Definitionen von Behinderung in Verwaltung, Wissenschaft und Forschung. Berichte zur beruflichen Bildung, Heft 29. Berlin 1980.

BINTIG, A.: Die deutsche Behindertenstatistik von 1906 – 1979. Die Rehabilitation 20 (1981), 147-158.

BITTNER, G.: »Behinderung« oder »beschädigte Identität«? Überlegungen zum Selbstverständnis der Sonderpädagogik. In: HEESE, G./REINARTZ, A. (Hg.), Aktuelle Beiträge zur Sozialpädagogik und Verhaltensgestörtenpädagogik. Berlin (Marhold) 1973, 7-16.

BLANKE, I.: Autobiographien Behinderter als hermeneutisches Problem. Zeitschrift für Heilpädagogik 36 (1985), 771-779.

BLEIDICK, U.: Metatheoretische Überlegungen zum Begriff der Behinderung. Zeitschrift für Heilpädagogik 27 (1976), 408-415.

BLEIDICK, U.: Historische Theorien: Heilpädagogik, Sonderpädagogik, Pädagogik der Behinderten. In: BLEIDICK, U. (Hg.), Theorie der Behindertenpädagogik. Handbuch der Sonderpädagogik, Band 1. Berlin (Marhold) 1985, 253-272.

BLEIDICK, U.: Betrifft Integration: Behinderte Schüler in allgemeinen Schulen. Konzepte der Integration: Darstellung und Ideologiekritik. Berlin (Marhold) 1988.

BLEIDICK, U.: Allgemeine Übersicht: Begriff, Bereiche, Perspektiven. Zeitschrift für Heilpädagogik 45 (1994), 650-657.

BLEIDICK, U./HAGEMEISTER, U.: Einführung in die Behindertenpädagogik. Band I: Allgemeine Theorie und Bibliographie. Stuttgart / Berlin / Köln / Mainz (Kohlhammer) 1977.

BLEIDICK, U./HAGEMEISTER, U.: Einführung in die Behindertenpädagogik. Band I. Allgemeine Theorie der Behindertenpädagogik. Stuttgart / Berlin / Köln (Kohlhammer) (4., völlig überarbeitete Auflage) 1992.

BLESS, G.: Der soziometrische Status des integrierten Hilfsschülers. Untersuchungen in Regelklassen mit Heilpädagogischer Schülerhilfe. Vierteljahresschrift für Heilpädagogik und ihre Nachbargebiete (VHN) 55 (1986), 49-58.

BLESS, G.: Die soziale Stellung lernbehinderter Schüler. Ergebnisse empirischer Forschungsarbeiten im Überblick. Vierteljahresschrift für Heilpädagogik und ihre Nachbargebiete (VHN) 58 (1989), 362-374.

BLESS, G.: Zur Wirksamkeit der Integration. Forschungsüberblick, praktische Umsetzung einer integrativen Schulform, Untersuchungen zum Lernfortschritt. Bern/Stuttgart/Wien (Haupt) 1995.

BOLTE, K. M./HRADIL, S.: Soziale Ungleichheit in der Bundesrepublik Deutschland. Opladen (Leske & Budrich) 6. Aufl. 1988.

BODENBENDER, E.: Zur psychosozialen Situation der Eltern geistig behinderter Kinder. Geistige Behinderung 20 (1981) 5-16.

BONDERER, E.: Integration – Allgemeine Tendenzen und Hintergründe der Integrationsdiskussion. Vierteljahresschrift für Heilpädagogik und ihre Nachbargebiete 48 (VHN) (1979), 367-380.

BONDERER, E.: Integrationsbegriffe in der Behindertenpädagogik. Vierteljahresschrift für Heilpädagogik und ihre Nachbargebiete (VHN) 49 (1980), 57-66, 179-190.

BORCHERT, J./SCHUCK, K.D.: Integration: Ja! Aber wie? Ergebnisse aus Modellversuchen zur Förderung behinderter Kinder und Jugendlicher. Hamburg (Hamburger Buchwerkstatt) 1992.

BOSSHARD, P.: Der Taubstumme. Neuburgweier (Schindele), 2. Aufl. 1972.

BRACKEN, H. VON: Vorurteile gegen behinderte Kinder, ihre Familien und Schulen. Berlin (Marhold), 2. Aufl. 1981.

BRACKHANE, R.: Behinderung, Rehabilitation, Rehabilltationspsychologie: Terminologische Vorbemerkungen und Begriffsklärungen. In: KOCH, U./ LUCIUS-HOENE, G./STEGIE, R. (Hg.), Handbuch der Rehabilitationspsychologie. Berlin/Heidelberg/New York/London/Paris/Tokyo (Springer) 1988, 20-34.

BRÄNDLE, K.: Eltern geistig Behinderter, eine Erhebung mit 32 Familien in Oberösterreich. Geistige Behinderung 28 (1989), 194-202.

BREMER-HÜBLER, U.: Streß und Streßverarbeitung im täglichen Zusammenleben mit geistig behinderten Kindern. Frankfurt/Main (Lang) 1990.

BROCKHAUS ENZYKLOPÄDIE: Band 7. Mannheim (Brockhaus) 1988.

BRONFENBRENNER, U.: Ansätze zu einer experimentellen Ökologie menschlicher Entwicklung. In: OERTER, R. (Hg.), Entwicklung als lebenslanger Prozeß. Hamburg (Hoffmann & Campe) 1978, 33-65.

BRONFENBRENNER, U.: Die Ökologie der menschlichen Entwicklung. Natürliche und geplante Experimente. Frankfurt/Main (Fischer) 1981.

BUBER, M.: Das dialogische Prinzip. Heidelberg (L. Schneider) 1965.

BUNDESARBEITSGEMEINSCHAFT HILFE FÜR BEHINDERTE (Hg.): Selbsthilfe in der Behindertenarbeit. Bonn (Reha-Verlag) 1985.

BUNDESMINISTER FÜR ARBEIT UND SOZIALORDNUNG (Hg.): Behinderte und Rehabilitation. Bericht der Bundesregierung über die Lage der Behinderten und die Entwicklung der Rehabilitation 1984. Bonn 1984.

BUNDESMINISTER FÜR ARBEIT UND SOZIALORDNUNG (Hg.): Behinderte und Rehabilitation. Zweiter Bericht der Bundesregierung über die Lage der Behinderten und die Entwicklung der Rehabilitation 1989. Bonn 1989.

BUNDESMINISTERIUM FÜR ARBEIT UND SOZIALORDNUNG (Hg.): Die Lage der Behinderten und die Entwicklung der Rehabilitation. Dritter Bericht der Bundesregierung. Bonn 1994.

BUNDESMINISTERIUM FÜR ARBEIT UND SOZIALORDNUNG (Hg.): Ratgeber für Behinderte. Bonn (letzte überarbeitete Auflage) 1995.

BUNDESVEREINIGUNG LEBENSHILFE FÜR GEISTIG BEHINDERTE (Hg.): Plastische Chirurgie bei Menschen mit Down-Syndrom. Marburg (Eigenverlag) 1983.

BUNDESVEREINIGUNG LEBENSHILFE FÜR GEISTIG BEHINDERTE (Hg.): Geschwister geistig Behinderter. Marburg (Eigenverlag) 1985.

BUNDESVEREINIGUNG LEBENSHILFE E.V. (Hg.): Rahmendaten zur Werkstatt für Behinderte. Marburg (Eigenverlag), 2. Aufl. 1991(a).

BUNDESVEREINIGUNG LEBENSHILFE E.V. (Hg.): Standortbestimmung WfB. Dokumentation der Tagungsreferate und Protokolle des vierten, erweiterten Treffens der Geschäftsführer und Leiter von Lebenshilfe-Werkstätten. Marburg (Eigenverlag), 2. Aufl. 1991(b).

BUNDESVEREINIGUNG LEBENSHILFE E.V. (Hg.): Werkstatt für Behinderte. Ergänzbares Handbuch. 2 Bände. Marburg (Eigenverlag) 1992.

BUSCH, H.: Freizeitforschung. In: BECKER, P. et al., Freizeitverhalten in verschiedenen Raumkategorien. Trier (Eigenverlag) 1979.

C

CARSTAIRS, G.M./WING, J.K.: Attitudes of the general public to mental illness. British Medical Journal 2 (1958), 594-597.

CHOLSCHREIBER, R.: Familiendynamik und Abwehrmechanismen im Hinblick auf das Erziehungsverhalten in Familien mit einem geistig behinderten epilepsiekranken Kind. Zeitschrift für Heilpädagogik 31 (1980), 501-512.

CHRISTIANSEN-BERNDT, K.: Vorurteile gegenüber geistig behinderten Kindern. Meinungen, Einstellungen und Handlungsabsichten gegenüber schwer geistig behinderten Kindern und ihren Familien. Wien/München (Jugend & Volk) 1981.

CHRISTOPH, F.: Unterdrückung durch Normalität. In: GERBER, E.P./PIAGGIO, L. (Hg.), Behinderten-Emanzipation. Körperbehinderte in der Offensive. Basel (Z-Verlag) 1984, 69-77.

CLAESSENS, D./MENNE, F.W.: Zur Dynamik der bürgerlichen Familie und ihrer möglichen Alternativen. In: LÜSCHEN, G./LUPRI, E. (Hg.), Soziologie der Familie. Sonderheft 14 der Kölner Zeitschrift für Soziologie und Sozialpsychologie. Opladen (Westdeutscher Verlag) 1970, 169-198.

CLAUßEN, H.: Schwerhörigenstereotype. Vorurteile über Schwerhörige und von Schwerhörigen. Hörgeschädigtenpädagogik 27 (1973), 223-239.

CLEMENS, E.: Eltern- und Umweltreaktionen auf die Geburt eines behinderten Kindes. In: BACH, H. (Hg.), Familien mit geistigbehinderten Kindern. Untersuchungen zur psychischen und ökonomischen Lage. Berlin (Marhold) 1979, 1-62.

CLOERKES, G.: Geistig behinderte Kinder in Mannheim. Forschungsbericht. Heidelberg (unveröffentlichtes Manuskript) 1980.

CLOERKES, G.: Are prejudices against disabled persons determined by personality characteristics? Reviewing a theoretical approach on the basis of empirical research findings. International Journal of Rehabilitation Research 4 (1981), 35-46.

CLOERKES, G.: Die Kontakthypothese in der Diskussion um eine Verbesserung der gesellschaftlichen Teilhabechancen Behinderter. Zeitschrift für Heilpädagogik 33 (1982a), 561-568.

CLOERKES, G.: Wissen ist Macht – Wissen ist Tugend? Anmerkungen zur Wirksamkeit von Informationsprogrammen auf die Einstellungen gegenüber Behinderten. In: HOLTZ, K.-L. (Hg.), War's das? Eine Bilanz zum Jahr der Behinderten. Heidelberg (Schindele) 1982(b), 207-221.

CLOERKES, G.: Die Problematik widersprüchlicher Normen in der sozialen Reaktion auf Behinderte. Vierteljahresschrift für Heilpädagogik und ihre Nachbargebiete (VHN) 53 (1984), 25-40.

CLOERKES, G.: Einstellung und Verhalten gegenüber Behinderten. Eine kritische Bestandsaufnahme der Ergebnisse internationaler Forschung. Berlin (Marhold) 1985 (3. erw. Aufl.; zuerst 1979).

CLOERKES, G.: Erscheinungsweise und Veränderung von Einstellungen gegenüber Behinderten. In: WIEDL, K.H. (Hg.), Rehabilitationspsychologie. Grundlagen, Aufgabenfelder, Entwicklungsperspektiven. Stuttgart/Berlin/Köln/Mainz (Kohlhammer) 1986, 131-149.

CLOERKES, G.: Behinderung in der Gesellschaft: Ökologische Aspekte und Integration. In: KOCH, U./LUCIUS-HOENE,G./STEGIE, R. (Hg.), Handbuch der Rehabilitationspsychologie. Berlin/Heidelberg/New York/London/Paris/Tokyo (Springer) 1988, 86-100.

CLOERKES, G.: Unser Bild von Behinderung prägt unser berufliches Handeln. Wahrnehmungen, Haltungen, Theorien und professionelles Handeln. In: EVANGELISCHE AKADEMIE BAD BOLL (Hg.), Psychosoziale Hilfen im Arbeitsleben. Behindertenbilder prägen berufliches Handeln. Bad Boll 1994, 1-17.

CLOERKES, G./NEUBERT, D.: Forschungsergebnisse zur sozialen Reaktion auf Behinderte in verschiedenen Kulturen. Sonderpädagogik 18 (1988), 49-66.

CLOERKES, G./NEUBERT, D.: Behinderung und behinderte Menschen in verschiedenen Kulturen. Eine behindertensoziologische Analyse ethnologischer Befunde. In: ZWIERLEIN, E. (Hg.), Handbuch Integration und Ausgrenzung. Zur Lage der behinderten Menschen in der Gegenwart. Neuwied/Kriftel/Berlin (Luchterhand) 1996, 587-600.

CLORE, G.L./JEFFERY, K.M.: Emotional role playing, attitude change, and attraction toward a disabled person. Journal of Personality and Social Psychology 23 (1972), 105-111.

COHEN, S.F.: The effect of systematic desensitization and information on attitudes toward the physically disabled. University of Rhode Island (Dissertation) 1978.

COHN, R.: Von der Psychoanalyse zur Themenzentrierten Interaktion. Stuttgart (Klett) 1975.

COOLEY, C.H.: Human nature and the social order. New York 1922 (zuerst 1902).

COOPER, B./ORT, M.: Dimensionen der Behinderung. Eine populationsbezogene Untersuchung geistig behinderter Kinder und Jugendlicher. Unveröffentlichter Forschungsbericht. Mannheim (Zentralinstitut für Seelische Gesundheit) 1984.

CRANACH, M. VON/IRLE, M./VETTER, H.: Zur Analyse des Bumerang-Effektes. Größe und Richtung der Änderungen sozialer Einstellung als Funktion ihrer Verankerung in Wertsystemen. In: IRLE, M. (Hg.), Texte aus der experimentellen Sozialpsychologie. Neuwied/Berlin (Luchterhand) 1969, 343-377.

CRAWLEY, J.: The mystic rose. A study of primitive marriage and of primitive thought in its baring on marriage. 2. rev. ed. New York (Boni & Liveright) 1927.

CUMMING, E./CUMMING, J.: Closed ranks. An experiment in mental health education. Cambridge (Mass.) (Harvard University Press) 1957.

D

DAHRENDORF, R.: Pfade aus Utopia. Arbeiten zur Theorie und Methode der Soziologie. München (Piper) 1967.

DAHRENDORF, R.: Homo sociologicus. Ein Versuch zur Geschichte, Bedeutung und Kritik der Kategorie der sozialen Rolle. Köln/Opladen (Westdeutscher Verlag) (8. Aufl.) 1969.

DALFERTH, M.: Geistig behinderte Menschen auf dem allgemeinen Arbeitsmarkt. Integrationschancen und Hemmnisse. Geistige Behinderung 34 (1995), 36-47.

DAVIS, F.: Deviance disavowal: The management of strained interaction by the visibly handicapped. Social Problems 9 (1961), 120-132.

DE WAAL, F.: Good natured. The origins of right and wrong in humans and other animals. Cambridge (Mass.) (Harvard University Press) 1995.

DEMMER-DIECKMANN, I.: Innere Differenzierung als wesentlicher Aspekt einer integrativen Didaktik: Beispiele aus dem projektorientierten Unterricht einer Integrationsklasse in der Primarstufe. Bremen (Wissenschaftliches Institut für Schulpraxis) 1991.

DEMYER, M.K.: Familien mit autistischen Kindern. Stuttgart (Enke) 1986.

DEUSE, A.: Untersuchung zur sozialen Herkunft der Schüler an Schulen für Sprachbehinderte. Die Sprachheilarbeit 20 (1975), 183-193.

DEUTSCHER BILDUNGSRAT: Empfehlungen der Bildungskommission. Zur pädagogischen Förderung behinderter und von Behinderung bedrohter Kinder und Jugendlicher. Stuttgart (Klett) 1973. (Auch in Beiheft 11 der Zeitschrift für Heilpädagogik 1974).

DING, H.: Bemerkungen zum Erziehungsziel Ich-Identität. Hörgeschädigtenpädagogik 35 (1981), 319-327.

DING, H.: Erziehung Hörgeschädigter unter dem Aspekt ihrer sozialen Integration. Vierteljahresschrift für Heilpädagogik und ihre Nachbargebiet (VHN) 52 (1983), 244-250.

DING, H.: Der Erzieher in der Identitätserziehung Hörgeschädigter. Hörgeschädigtenpädagogik 45 (1991), 30-35.

DITTMANN, W.: Gründe der Heimeinweisung geistig behinderter Kinder. In: FACHBEREICH SONDERPÄDAGOGIK DER PH REUTLINGEN (Hg.), Handlungsorientierte Sonderpädagogik. Rheinstetten (Schindele) 1978, 34-57.

DONALDSON, J.: Changing attitudes toward handicapped peers. A review and analysis of research. Exceptional Children 46 (1980), 504-514.

DONALDSON, J.: The visibility and image of handicapped people on television. Exceptional Children 47 (1981), 413-416.

DÖNHOFF-KRACHT, D.: Aspekte des Selbstkonzeptes jugendlicher lernbehinderter Sonderschüler. Bern/Frankfurt (Lang) 1980 (a).

DÖNHOFF-KRACHT, D.: Ergebnisse empirischer Untersuchungen zum Selbstkonzept lernbehinderter Sonderschüler. In: KLAUER, K.J./KONRADT, H.J. (Hg), Jahrbuch für empirische Erziehungswissenschaft. Düsseldorf 1980 (b), 67-86.

DÖRNER, K.: Die Rolle des psychisch Kranken in der Gesellschaft. In: THIMM, W. (Hg.), Soziologie der Behinderten. Materialien. Neuburgweier/Karlsruhe (Schindele) 1972, 130-143.

DREIKOSEN, V.: Die Instrumentalisierung der Geschlechtslosigkeit. Übergriffe auf die sexuelle Selbstbestimmtheit und körperliche Integrität von Mädchen und Frauen mit Behinderung. Heidelberg (Pädagogische Hochschule; unveröffentlichte Wissenschaftliche Hausarbeit) 1993.

DREITZEL, H.P.: Die gesellschaftlichen Leiden und das Leiden an der Gesellschaft. Vorstudien zu einer Pathologie des Rollenverhaltens. Stuttgart (DTV/Enke) 1972 (zuerst 1968).

DUDEN: Band 4. Das Große Duden-Lexikon in acht Bänden. Mannheim 1966.

DUERR, H.P.: Nacktheit und Scham. Der Mythos vom Zivilisationsprozeß. Band 1 Frankfurt/Main (Suhrkamp) 1988.

DUERR, H.P.: Intimität. Der Mythos vom Zivilisationsprozeß. Band 2. Frankfurt/Main (Suhrkamp) 1990.

DUERR, H.P.: Obszönität und Gewalt. Der Mythos vom Zivilisationsprozeß. Band 3. Frankfurt/Main (Suhrkamp) 1993.

DUMAZEDIER. J.: Sociology of leisure. Amsterdam/Oxford/New York (Elsevier) 1974.

DUMKE, D./KRIEGER, G.: Einstellungen und Bereitschaft von Sonderschullehrern zum integrativen Unterricht. Zeitschrift für Heilpädagogik 41 (1990), 235-245.

DUMKE, D./KRIEGER, G./SCHÄFER, G.: Schulische Integration in der Beurteilung von Eltern und Lehrern. Weinheim (Beltz) 1989.

DURKHEIM, E.: De la division du travail social. Paris 1893.

DURKHEIM, E.: Le suicide. Etude de sociologie. Paris 1897.

E

EBERWEIN, H.: Integrationspädagogik als Weiterentwicklung (sonder-)pädagogischen Denkens und Handelns. In: EBERWEIN, H. (Hg.), Behinderte und Nichtbehinderte lernen gemeinsam. Handbuch der Integrationspädagogik. Weinheim (Beltz), 2. Aufl. 1990, 45-53.

EBERWEIN, H.: Konsequenzen des gemeinsamen Lernens behinderter und nichtbehinderter Kinder für das Selbstverständnis der Sonderpädagogik und der Förderschulen. Zeitschrift für Heilpädagogik 45 (1994), 289-301.

EBERWEIN, H.: Zur Kritik des sonderpädagogischen Paradigmas und des Behinderungsbegriffs. Rückwirkungen auf das Selbstverständnis von Sonder- und Integrationspädagogik. Zeitschrift für Heilpädagogik, 46, 1995, 468-476.

EBERWEIN, H.: Zur Kritik des Behinderungsbegriff und des sonderpädagogischen Paradigmas. Integration als Aufgabe der allgemeinen Pädagogik und Schule. In: EBERWEIN, H. (Hg), Einführung in die Integrationspädagogik. Interdisziplinäre Zugangsweisen sowie Aspekte universitärer Ausbildung von Lehrern und Diplompädagogen. Weinheim (Deutscher Studien Verlag) 1996, 9-37.

EDGERTON, R.B.: Mental retardation in non-western societies: Toward a cross-cultural perspective in incompetence. In: HAYWOOD, H.C. (Ed.): Social-cultural aspects of mental retardation. New York (Appleton Century Crafts) 1970, 523-560.

EGGERT, D.: Ein Beitrag zur Sozial- und Familienstatistik von geistig behinderten Kindern. In: DERS. (Hg.), Zur Diagnose der Minderbegabung. Weinheim (Beltz) 1972, 73-90.

EGGERT, D./MEYWIRTH, K.H./TITZE, I.: Daten zum Zusammenhang zwischen Behinderung und sozialer Schichtzugehörigkeit. Zeitschrift für Heilpädagogik 31 (1980), 816-821.

EHRIG, H.: »Verminderte Heiratschancen« oder Perspektivengewinn? Lebensentwürfe und Lebenswirklichkeit körperbehinderter Frauen. Bielefeld (Kleine Verlag) 1996.

ENDRUWEIT, G./TROMMSDORFF, G.: Wörterbuch der Soziologie. Stuttgart (Enke) 1989.

ENGELBERT, A.: Behindertes Kind – »gefährdete« Familie? Eine kritische Analyse des Forschungsstandes. Heilpädagogische Forschung 15 (1989), 104-111.

ENGLISH, W.R.: Correlates of stigma toward physically disabled persons. In: MARINELLI, R.P./DELL ORTO, A.E. (Eds.): The psychological and social impact of physical disability. New York (Springer), 2. Aufl. 1977, 162-182.

ERIKSON, E.H.: Kind und Gesellschaft. Stuttgart (Klett) 1968 (zuerst 1950).

ESSER, F.O.: Soziale Einstellungen von Schulkindern zu körperbehinderten Mitschülern. Eine empirische Situationsanalyse und Folgerungen für die Strukturierung »integrativer Gruppen«. Rheinstetten (Schindele) 1975.

EVANGELISCHE AKADEMIE BAD BOLL (Hg.): Lebenssituation behinderter Frauen. Unterwegs zu einem selbstbewußten Leben mit Behinderung. Tagungsprotokoll. Bad Boll (Eigenverlag) o.J. (1991).

F

FABRIZ, F.: Aspekte integrativen Unterrichts. In: EVANGELISCH-FRANZÖSISCH-REFORMIERTE GEMEINDE FRANKFURT (Hg.), Wegzeichen – Ein Lesebuch zu fünf Jahren Integrative Schule Frankfurt/Main. Bonn (Reha-Verlag) 1991, 90-94.

FARBER, B.: Effects of a severely mentally retarded child on family integration. Monograph of the Society for Reseach in Child Development 24 (1959), 1-115.

FERBER, CHR. VON: Der behinderte Mensch und die Gesellschaft. In: THIMM, W. (Hg.) Soziologie der Behinderten. Materialien. Neuburgweier/Karlsruhe (Schindele) 1972, 30-41.

FERBER, CHR. VON: Auswirkung und Bewältigung von Behinderung: Soziologische und sozialpolitische Zugangsweisen. In: KOCH, U./LUCIUS-HOENE, G./STEGIE, R. (Hg.), Handbuch der Rehabilitationspsychologie. Berlin/Heidelberg/New York/London/Paris/Tokyo (Springer) 1988, 74-85.

FEUSER, G.: Integration statt Aussonderung Behinderter? Behindertenpädagogik 20 (1981), 5-17.

FEUSER, G.: Gemeinsame Erziehung behinderter und nichtbehinderter Kinder im Kindertagesheim. Ein Zwischenbericht. Bremen (Diakonisches Werk) 1984.

FEUSER, G.: Gemeinsame Erziehung behinderter und nichtbehinderter Kinder (Integration) als Regelfall?! Behindertenpädagogik 24 (1985), 354-391.

FEUSER, G.: Allgemeine integrative Pädagogik und entwicklungslogische Didaktik. Behindertenpädagogik 28 (1989), 4-48.

FEUSER, G.: Grundlagen einer integrativen Pädagogik im Kindergarten- und Vorschulalter. Behinderte in Familie, Schule und Gesellschaft 13 (1990a), 5-26.

FEUSER, G.: Aspekte einer integrativen Didaktik unter Berücksichtigung tätigkeitstheoretischer und entwicklungspsychologischer Erkenntnisse. In: EBERWEIN, H. (Hg.), Behinderte und Nichtbehinderte lernen gemeinsam. Handbuch der Integrationspädagogik. Weinheim/Basel (Beltz) 1990b, 170-179.

FEUSER, G.: Integrative Pädagogik und Didaktik. – Kooperation statt Integration? Behindertenpädagogik 30 (1991), 137-155.

FEUSER, G.: Integration und/oder Kooperation? Wohin mit der Sonder-Pädagogik? Behindertenpädagogik 32 (1993), 2-22.

FEUSER, G.: Behinderte Kinder und Jugendliche zwischen Integration und Aussonderung. Darmstadt (Wissenschaftliche Buchgesellschaft) 1995.

FEUSER, G./MEYER, H.: Integrativer Unterricht in der Grundschule. Solms-Oberbiel (Jarick) 1987.

FISCHER, R./LANE H. (Hg.): Blick zurück. Ein Reader zur Geschichte der Gehörlosengemeinschaften und ihren Gebärdensprachen. Hamburg (Signum) 1993.

FLEISCHER-KUHNLE, S./ZIELKE, G.: Zur Feststellung des sonderpädagogischen Förderbedarfs. In: HEYER, P. et al. (Hg.), Zehn Jahre wohnortnahe Integration. Behinderte und nichtbehinderte Kinder gemeinsam an ihrer Grundschule. Frankfurt/Main (Arbeitskreis Grundschule, Eigenverlag) 1993, 73-78.

FREHE, H.: Isolation und Abhängigkeit behinderter Menschen in Heimen. In: BAG HILFE FÜR BEHINDERTE (Hg.), Für ein selbstbestimmtes Leben. Werte und Zielvorstellungen in der Behindertenarbeit. Düsseldorf (Eigenverlag) 1985, 60-67.

FREIDSON, E.: Disability as social deviance. In: SUSSMAN, M.B. (Ed.), Sociology and rehabilitation. Washington (D.C.) o.J. (1966), 71-99.

FREIDSON, E.: Professions of medicine. A study of the sociology of applied knowledge. New York (Dodd, Mead & Company) 1970.

FREY, H.-P.: Stigma und Identität. Eine empirische Untersuchung zur Genese und Änderung krimineller Identität bei Jugendlichen. Weinheim/Basel (Beltz) 1983.

FREY, H.-P.: Die Änderungsdynamik abweichender Identitäten bei Jugendlichen. In: FREY, H.-P./HAUßER, K. (Hg.), Identität. Entwicklungen psychologischer und soziologischer Forschung. Stuttgart (Enke) 1987, 179-192.

FREY, H.-P./HAUßER, K.: Entwicklungslinien sozialwissenschftlicher Identitätsforschung. In: FREY, H.-P./HAUßER, K. (Hg.), Identität. Entwicklungen psychologischer und soziologischer Forschung. Stuttgart (Enke) 1987, 3-26.

FRISKE, A.: Frauen mit geistiger Behinderung. Eine Lebenswirklichkeit in Widersprüchen. Geistige Behinderung 35 (1996), 233-240.

FRÖHLICH, A.: Der somatische Dialog. Zur psychischen Situation schwerstmehrfachbehinderter Kinder. Behinderte in Familie, Schule und Gesellschaft 5 (1982), 15-20.

FRÖHLICH, A.: Die Mütter schwerstbehinderter Kinder. Heidelberg (HVA-Edition Schindele) 1986.

FRÖHLICH, A.: Schulische Integration schwerstbehinderter Kinder. Gutachterliche Stellungnahme für das Land Berlin. Pädagogisches Zentrum Berlin 1986. Gekürzter Nachdruck in: Der Senator für Schulwesen, Berufsbildung und Sport (Hg.): Sonderpädagogik heute – Bewährtes und Neues. Referate des Sonderpädagogischen Forums Berlin. Fachtagung vom 23. bis 25. November 1987. Berlin o.J. (1989), 179-185.

FRÖHLICH, A.: Kommunikation mit schwerstbehinderten Kindern und Jugendlichen. Voraussetzungen und Elemente einer ganzheitlichen Förderung. In: FACHVERBAND FÜR BEHINDERTENPÄDAGOGIK, LANDESVERBAND HAMBURG (Hg.), Entwicklungsförderung schwerstbehinderter Kinder und Jugendlicher. Tagungsbericht zur Fachtagung vom 9.-19. September 1988 in Hamburg. Hamburg (VDS) 1990, 11-22.

FRÖHLICH. A. (Hg.): Pädagogik bei schwerster Behinderung. Handbuch der Sonderpädagogik. Band 12. Berlin (Marhold) 1991.

FRÖHLICH, A.: Basale Stimulation. Düsseldorf (Verlag Selbstbestimmt Leben) 1992.

FROWEIN, J.A.: Rechtsgutachten zu der Frage, inwieweit ein Anspruch auf Aufnahme von Behinderten in allgemeine öffentliche Schulen besteht. Heidelberg 1996 (unveröffentlicht).

FUCHS, W. et al. (Hg.), Lexikon zur Soziologie. Opladen (Westdeutscher Verlag) 2. Aufl. 1978.

FÜHRING, M./LETTMAYER, O. et al.: Die Sprachfehler des Kindes und ihre Beseitigung. Wien (Österreichischer Bundesverlag) 8. Aufl. 1981.

FÜSSEL, H.P./KRETSCHMANN, R.: Gemeinsamer Unterricht behinderter und nichtbehinderter Kinder – Pädagogische und juristische Voraussetzungen. Witterschlick/Bonn (Wehle) 1993.

G

GARDNER, J.M./RADEL, M.S.: Portrait of the disabled in the media. Journal of Community Psychology 6 (1978), 269-274.

GERBER, E.P.: Normalitätszwänge und Abhängigkeiten. In: GERBER, E.P./PIAGGIO, L. (Hg.), Behinderten-Emanzipation. Körperbehinderte in der Offensive. Basel (Z-Verlag) 1984, 205-216.

GERBER, E.P./PIAGGIO, L.: Einleitung. In: DIESELBEN (Hg.), Behinderten-Emanzipation. Körperbehinderte in der Offensive. Basel (Z-Verlag) 1984, 5-8.

GERBER, E./PIAGGIO, L. (Hg.): Behinderten-Emanzipation. Körperbehinderte in der Offensive. Basel (Z-Verlag) 1984.

GERSTMAYER, B.: Befragung über die Freizeitbedürfnisse und das Freizeitverhalten lernbehinderter Kinder und Jugendlicher und die Konsequenzen für die freizeitpädagogische Arbeit der Förderschule. Heidelberg (Pädagogische Hochschule; unveröffentlichte Wissenschaftliche Hausarbeit) 1995.

GIESECKE, H./HERRLITZ, H.G. (Hg.): Freizeit und Konsumerziehung. Paedagogica: Daten, Meinungen, Analysen. Göttingen (Vandenhoeck & Ruprecht) 1971.

GOFFMAN, E.: Encounters. Two studies in the sociology of interaction. Indianapolis (Bobbs Merrill Company) 1961.

GOFFMAN, E.: Stigma. Über Techniken der Bewältigung beschädigter Identität. Frankfurt/Main (Suhrkamp) 1967 (engl. 1963).

GOLL, H.: Heilpädagogische Musiktherapie. Grundlegende Entwicklung eines ganzheitlich angelegten Theorie-Entwurfs ausgehend von Jugendlichen und

Erwachsenen mit schwerer geistiger Behinderung. Frankfurt//Berlin/Bern/New York/Paris/Wien (Lang) 1993.

GOODALL, J.: The chimpanzees of Gombe. Patterns of behavior. Cambridge (Mass.) (Harvard University Press) 1986.

GOTTLIEB, J.: Attitudes of Norwegian children toward the retarded in relation to sex and situational context. American Journal of Mental Deficiency 75 (1971), 635-639.

GRAF, E.: Zur Einstellung von Eltern gegenüber ihrem geistig behinderten Kind, erfaßt im Rahmen eines elternzentrierten Modells. Berlin (Marhold) 1987.

GREGORY, S.: The deaf child and his family. London 1976.

GROHNFELDT, M.: Hörgeschädigte im sozialen Umfeld. Empirische Untersuchungen zum Persönlichkeitsbild hörgeschädigter Schüler aus der Sicht der Eltern und Lehrer. Rheinstetten (Schindele) 1975.

GROHNFELDT, M.: Zur Sozialpsychologie sprachbehinderter Schüler. Rheinstetten (Schindele) 1976a.

GROHNFELDT, M.: Stigmatisierung bei Hör- und Sprachbehinderten. In: Zeitschrift für Heilpädagogik 27 (1976) (b), 724-735.

GROHNFELDT, M.: Diagnose und Didaktik in der Sonderpädagogik aus sozialwissenschaftlicher Sicht, Teil I: Zur sozialen Analyse des Behinderungshintergrundes von Behinderungen. Sonderpädagogik 11 (1981), 162-170.

GRZESKOWIAK, U.: Geistige Behinderung als Stigma. Geistige Behinderung 19 (1980), 209-221.

GUDJONS, H.: Handlungsorientiert lehren und lernen. Projektunterricht und Schüleraktivität. Bad Heilbrunn/Obb. (Klinkhardt) 1989.

GÜNTHER, A. et al.: Untersuchung zur Einstellung gegenüber geistig Behinderten. Zeitschrift für Heilpädagogik 33 (1982), 569-572.

GUKENBIEHL, H. L.: Zur Einführung in eine Wissenschaft. Warum Begriffe lernen? In: KORTE, H./SCHÄFERS, B. (Hg.), Einführung in Hauptbegriffe der Soziologie. Opladen (Leske & Budrich) 1992, 9-15.

GUSKI, E.: Die Dynamik der Eltern-Kind-Beziehung bei geistig Behinderten. Geistige Behinderung 19 (1980), 130-142.

GUSKI, E./LANGLOTZ-BRUNNER, C.: Die Ablösung von der Familie. Konsequenzen für Einrichtungen. Geistige Behinderung 30 (1991), 37-43.

GUTBERLET, M. et al.: Integrierte sonderpädagogische Betreuung bei Lern- und Verhaltensstörungen in Grundschulen. Ergebnisse eines Schulversuchs in Frankfurt am Main. Sonderpädagogik 13 (1983), 114-120 und 165-187.

H

HAAG, G.: Probleme der Identitätsbildung blinder Kinder und Jugendlicher. In: Soziologenkorrespondenz 7 (1980), 157-175.

HABER, L.D./SMITH, R.T.: Disability and deviance: Normative adaptations of role behavior. American Sociological Review 36 (1971), 87-97.

HACKENBERG, W.: Die psychosoziale Situation von Geschwistern behinderter Kinder. Heidelberg (Schindele) 1983 (a).

HACKENBERG, W.: Das behinderte Kind als Belastung und Chance für seine Geschwister. Ergebnisse aus einer empirischen Untersuchung. Geistige Behinderung 22 (1983b), 87-96.

HACKENBERG, W.: Geschwister behinderter Kinder im Jugendalter – Probleme und Verarbeitungsformen. Längsschnittstudie zur psychosozialen Situation und zum Entwicklungsverlauf bei Geschwistern behinderter Kinder. Berlin (Marhold/Spiess) 1992.

HACKENBERG, W.: Entwicklungsaufgaben für Geschwister behinderter Kinder im Jugendalter. Geistige Behinderung 32 (1993), 148-153.

HAEBERLIN, U: Identität und Behinderung. Zeitschrift für Heilpädagogik 29 (1978), 723-735.

HAEBERLIN, U.: Heilpädagogik als wertgeleitete Wissenschaft. Ein propädeutisches Einführungsbuch in Grundfragen einer Pädagogik für Benachteiligte und Ausgegrenzte. Bern/Stuttgart/Wien (Haupt) 1996.

HAEBERLIN, U./NIKLAUS, E.: Identitätskrisen. Theorie und Anwendung am Beispiel des sozialen Aufstiegs durch Bildung. Bern/Stuttgart (Haupt) 1978.

HAEBERLIN, U./BLESS, G./MOSER, U./KLAGHOFER, R.: Die Integration von Lernbehinderten. Versuche, Theorien, Forschungen, Enttäuschungen, Hoffnungen. Bern/Stuttgart (Haupt) 1990.

HAHN, M.: Organisatorische Konsequenzen der Aufnahme schwerstbehinderter Kinder in der Schule für Geistigbehinderte. In: DITTMANN, W./KLÖPFER, S./RUOFF, E. (Hg.), Zum Problem der pädagogischen Förderung schwerstbehinderter Kinder und Jugendlicher. Rheinstetten (Schindele) 1979, 69-78.

HAHN, M.: Behinderung als soziale Abhängigkeit. Zur Situation schwerstbehinderter Menschen. München (Reinhardt) 1981.

HAMMERICH, K.: Skizzen zur Genese der Freizeit als ein soziales Problem. Kölner Zeitschrift für Soziologie und Sozialpsychologie 26 (1974), 267-286.

HANESCH, W. et al.: Armut in Deutschland. Reinbek (Rowohlt) 1994.

HANKS, J.R./HANKS, M.: The physically handicapped in certain non-occidental societies. Journal of Social Issues 4 (1948), 11-20.

HASCHTMANN, W./KRETSCHMER, P.: Die soziale Herkunft der Schüler an Schulen für Gehörlose und Schwerhörige in Hessen. Hörgeschädigtenpädagogik 30 (1976), 299-307.

HAUßER, K.: Identitätspsychologie. Berlin / Heidelberg / New York / London / Paris / Tokyo (Springer) 1995.

HECK, M./SCHNEIDER, M.: Selbsthilfegruppen und Selbsthilfeorganisationen. Eine subsidiäre Beziehung in der Behindertenpolitik. In: BAG HILFE FÜR BEHINDERTE (Hg.), Selbsthilfe in der Behindertenarbeit. Bonn (Reha-Verlag) 1985, 39-51.

HEDDERICH, I.: Schulische Situation und kommunikative Förderung Schwerstkörperbehinderter. Berlin (Spiess) 1991.

HEIDER, F.: Psychologie der interpersonalen Beziehungen. Stuttgart (Klett) 1977 (zuerst: New York 1958).

HEILER, H.: Almosen für Sorgenkinder? Die »Aktion Sorgenkind« und ihre Folgen. In: KAGELMANN, H.J./ZIMMERMANN, R. (Hg.), Massenmedien und Behinderte. Im besten Fall Mitleid? Weinheim/Basel (Beltz) 1982, 14-24.

HEIN, B.: Schwerbehinderte 1993. Wirtschaft und Statistik, Heft 5/1995, 376-381.

HEINTZ, P.: Soziale Vorurteile. Ein Problem der Persönlichkeit, der Kultur und der Gesellschaft. Köln (Verlag für Politik und Wirtschaft) 1957.

HEIZMANN, M.: Identitätsstrategien behinderter Menschen. Heidelberg (Pädagogische Hochschule; unveröffentlichte Wissenschaftliche Hausarbeit) 1990.

HENECKA, H. P.: Grundkurs Soziologie. Opladen (Leske & Budrich) (3. überarb. Aufl.) 1990.

HENSLE, U.: Einführung in die Arbeit mit Behinderten. Psychologische, pädagogische und medizinische Aspekte. Heidelberg (Quelle & Meyer), 2. Aufl. 1982.

HENTIG, H. VON: Das allmählichen Verschwinden der Wirklichkeit. München (Hanser) 1984.

HENTIG, H. VON.: Schule neu denken. München (Hanser) 1994.

HERBST, H.R.: Survival-Training für geistig Behinderte. Pro Integration (Verlags- und Werbegesellschaft) 1982.

HERMES, G./EWINKEL, C. et al. (Hg.): Geschlecht: Behindert. Besonderes Merkmal: Frau. Ein Buch von behinderten Frauen. München (AG SPAK), 5. Aufl. 1992.

HERRIGER, H.: Behindertenverbände und Behindertenbewegung. Zum Standort der Selbsthilfe in der Behindertenarbeit. Zeitschrift für Heilpädagogik 35 (1984), 439-443.

HERRIGER, H.: Zur Einleitung: Selbsthilfegruppen und Selbsthilfeverbände in der Behindertenarbeit. In: BAG HILFE FÜR BEHINDERTE (Hg.), Selbsthilfe in der Behindertenarbeit. Bonn (Reha-Verlag) 1985(a), 5-9.

HERRIGER, H.: Zum Standort der Selbsthilfe in der Behindertenarbeit. In: BAG HILFE FÜR BEHINDERTE (Hg.), Selbsthilfe in der Behindertenarbeit. Bonn (Reha-Verlag) 1985(b), 70-76.

HEYER, P.: Aktueller Stand der Integration in den Bundesländern. Die Grundschule 58 (1992), 22-25.

HEYER, P. ET AL. (Hg.): Zehn Jahre wohnortnahe Integration. Behinderte und nichtbehinderte Kinder gemeinsam an ihrer Grundschule. Arbeitskreis Grundschule – Der Grundschulverband – e.V. Frankfurt am Main (Beltz) 1993.

HILDESCHMIDT, A./SANDER, A.: Der ökosystemische Ansatz als Grundlage für Einzelintegration. In: EBERWEIN, H. (Hg.), Behinderte und Nichtbehinderte lernen gemeinsam. Handbuch der Integrationspädagogik. Weinheim (Beltz), 2. Aufl. 1990, 220-227.

HINTERMAIR, M.: Von einer »Psychologie der Gehörlosen« zu einer identitätsstiftenden Sozialisationsperspektive für gehörlose Kinder und Jugendliche. Hörgeschädigtenpädagogik 48 (1994), 361-370 und 49 (1995), 3-14.

HINTERMAIR, M.: Psychosoziale Aspekte des Cochlear-Implantats. Heidelberg (Groos) 1996.

HINTERMAIR, M./VOIT, H.: Bedeutung, Identität und Gehörlosigkeit. Hörgeschädigtenpädagogik, Beiheft 26. Heidelberg (Groos) 1990.

HINZ, A.: Schwerstbehinderte und Integrationsklassen. Überlegungen zu einem »unvorstellbaren« Thema. In: WOCKEN, H./ANTOR, G., Integrationsklassen in Hamburg: Erfahrungen, Untersuchungen, Anregungen. Solms-Oberbiel (Jarick) 1987, 307-314.

HINZ, A.: Kinder mit schwersten Behinderungen in Integrationsklassen. Geistige Behinderung 30 (1991), 130-145.

HINZ, A. (Hg.): Schwerstbehinderte Kinder in Integrationsklassen. Marburg (Lebenshilfe-Verlag) 1992.

HINZ, A.: Heterogenität in der Schule. Integration – Interkulturelle Erziehung – Koedukation. Hamburg (Curio) 1993.

HINZE, D.: Väter und Mütter behinderter Kinder. Der Prozeß der Auseinandersetzung im Vergleich. Heidelberg (HVA-Edition Schindele) 1991 (2., veränd. Aufl. 1993).

HINZE, D.: Väter behinderter Kinder. Ihre besonderen Schwierigkeiten und Chancen. Geistige Behinderung 31 (1992), 135-142.

HOHBERG, H.: Behinderte Menschen und Freizeit. Düsseldorf (Deutsche Gesellschaft für Freizeit) 1984.

HOHMEIER, J.: Stigmatisierung als sozialer Definitionsprozeß. In: BRUSTEN, M./HOHMEIER, J. (Hg.), Stigmatisierung 1. Zur Produktion gesellschaftlicher Randgruppen. Neuwied/Darmstadt (Luchterhand) 1975, 5-25.

HOHMEIER, J.: Bemerkungen zum gegenwärtigen Stand wissenschaftlicher Begriffe von Behinderung. In: HEINZE, R.G./RUNDE, P. (Hg.): Lebensbedingungen Behinderter im Sozialstaat. Opladen (Westdeutscher Verlag) 1982, 7-23.

HOHMEIER, J.: Pädagogische Arbeit mit Eltern behinderter Kinder. In: HOHMEIER, J./MAIR, H. (Hg.), Eltern und Familienarbeit. Familien zwischen Selbsthilfe und professioneller Hilfe. Freiburg (Lambertus) 1989, 153-169.

HOLTZ, K.-L. (Hg.): War's das? Eine Bilanz zum Jahr der Behinderten. Heidelberg (Schindele) 1982.

HOMANS, G.C.: Theorie der sozialen Gruppe. Köln/Opladen (Westdeutscher Verlag), 3. Aufl. 1968 (zuerst: New York 1950).

HORNE, M.D.: Modifying peer attitudes toward the handicapped. Procedures and research issues. In: YUKER, H.E. (Ed.), Attitudes toward persons with disabilities. New York (Springer) 1988, 203-222.

HORSCH, U.: Schwerhörig – die verkannte Behinderung. Hörgeschädigtenpädagogik 45 (1991), 17-29.

HOTH, S.: Wenn Lärm wieder Freude macht. In: Bild der Wissenschaft. Heft 8/1994, 80-83.

HOVLAND, C.I./WEISS, W.: The influence of source credibility on communication effectiveness. Public Opinion Quarterly 15 (1952), 635-650.

HRADIL, S.: Schicht, Schichtung und Mobilität. In: KORTE, H./SCHÄFERS, B. (Hg.), Einführung in Hauptbegriffe der Soziologie. Opladen (Leske & Budrich) 1992, 145-164.

HUBER, N.: Die Einheit von gezielter und kontinuierlicher Förderung und gestalteter Freizeit in einer stationären Einrichtung. In: ZIELNIOK, W.J./SCHMIDT-THIMME, D. (Hg.), Gestaltete Freizeit für Menschen mit geistiger Behinderung. Theorie und Realisation unter integrativem Aspekt. Heidelberg (HVA-Edition Schindele) 1990, 40-48.

HUDELMAYER, D.: Demographische Angaben zur Sehschädigung im Kindes- und Jugendalter. In: RATH, W./HUDELMAYER, D. (Hg.), Pädagogik der Blinden und Sehbehinderten. Handbuch der Sonderpädagogik, Band 2. Berlin (Marhold) 1985, 8-17.

I

IBRAHIM, F.A./HERR, E.L.: Modification of attitudes toward disability. Differential effect of two educational modes. Rehabilitation Counseling Bulletin 26 (1982), 29-33.

IMW-FORSCHUNGSINSTITUT: Begleitende Untersuchung zu Wirkungen und Erfolg des »Internationalen Jahres der Behinderten 1981«. Ausgewählte Ergebnisse einer Gesamtanalyse. In: HOLTZ, K.-L. (Hg.), War's das? Eine Bilanz zum Jahr der Behinderten. Heidelberg (Schindele) 1982, 192-207.

INTERESSENVERTRETUNG »SELBSTBESTIMMT LEBEN« DEUTSCHLAND E.V. – ISL.: Programm. Erlangen 1991.

J

JALLAS, K.: Zur Bedeutung der Gemeinsamkeit zwischen schwerstbehinderten und nichtbehinderten Kindern. In: HINZ, A. (Hg.), Schwerstbehinderte Kinder in Integrationsklassen. Marburg (Lebenshilfe-Verlag) 1992, 39-41.

JAN, J./FREEMAN, R./SCOTT, E.: The family of the visually impaired child. In: DIES. (Eds.), Visual impairment in children and adolescents. New York o.J. (1979), 159-186.

JANIS, I.I./FESHBACH, S.: The effects of feararousing communications. Journal of Abnormal and Social Psychology 48 (1953), 78-92. (Deutsch in: M. Irle (Hg.), Texte aus der experimentellen Sozialpsychologie. Neuwied/Berlin (Luchterhand) 1969, 224-257).

JANSEN, G.W.: Einstellung der Bevölkerung zu Behinderten. Ergebnisse einer Untersuchung. In: BUNDESARBEITSGEMEINSCHAFT FÜR REHABILITATION (Hg.), Aufklärung und Information im Dienste der Integration Behinderter. Rheinstetten (Schindele) 1980, 105-122.

JANSEN, G.W.: Die Einstellung der Gesellschaft zu Körperbehinderten. Eine psychologische Analyse zwischenmenschlicher Beziehungen aufgrund empirischer Untersuchungen. Rheinstetten (Schindele), 4. Aufl. 1981.

JANSEN, G.W.: Identitätsfindung unter erschwerten Bedingungen – Ergebnisse aus einem Forschungsprojekt. In: FORSCHUNGSGEMEINSCHAFT »DAS KÖRPERBEHINDERTE KIND« E.V. (Hg.), Entwicklung und Förderung Körperbehinderter. Heidelberg (HVA – Edition Schindele) 1986, 324-336.

JANTZEN, W.: Sozialisation und Behinderung. Studien zu sozialwissenschaftlichen Grundfragen der Behindertenpädagogik. Gießen (Focus) 1974.

JANTZEN, W.: Allgemeine Behindertenpädagogik. Band 2: Neurowissenschaftliche Grundlagen, Diagnostik, Pädagogik und Therapie. Ein Lehrbuch. Weinheim/Basel (Beltz) 1990.

JANTZEN, W.: Bestandsaufnahme und Perspektiven der Sonderpädagogik als Wissenschaft. In: Zeitschrift für Heilpädagogik 46 (1995), 368-377.

JANTZEN, W./KAMMEL, CH./ZEISER, M.: Zur sozialen Herkunft sprachgeschädigter Kinder. Heilpädagogische Forschung 6 (1976), 289-298.

JELTSCH-SCHUDEL, B.: Bewältigungsformen von Familien mit geistig behinderten Söhnen und Töchtern. Berlin (Marhold) 1988.

JONAS, M.: Trauer und Autonomie bei Müttern behinderter Kinder. Geistige Behinderung 28 (1989), 285-294.

JONAS, M.: Trauer und Autonomie bei Müttern schwerstbehinderter Kinder. Mainz (Matthias-Grünewald-Verlag) 1990 (a).

JONAS, M.: Behinderte Kinder – behinderte Mütter? Die Unzumutbarkeit einer sozial arrangierten Abhängigkeit. Frankfurt/Main (Fischer) 1990 (b).

JONES, T.W./SOWELL, V.M./JONES, J.K./BUTLER, L.G.: Changing children's perceptions of handicapped people. Exceptional Children 47 (1981), 365-368.

JORDAN, J.E./FRIESEN, E.W: Attitudes of rehabilitation personnel toward physically disabled persons in Colombia, Peru and the United States. Journal of Social Psychology 74 (1968), 151-161.

JORDAN, S.: The disadvantaged group: A concept applicable to the handicapped. Journal of Psychology 55 (1963), 313-322.

K

KALLENBACH, K.: Zur psycho-sozialen Situation von Vätern körperlich und/oder geistig behinderter Kinder. Behindertenpädagogik 31 (1992), 264-277.

KALLENBACH, K.: Elternarbeit in Familien mit einem schwerstkörperbehinderten Kind auf der Grundlage von Erhebungen über die besondere psycho-soziale Situation der Väter dieser Kinder. Zeitschrift für Heilpädagogik 45 (1994), 238-242.

KAST, V.: Trauern – Phasen und Chancen eines psychischen Prozesses. Stuttgart (Kreuz-Verlag), 4. Aufl. 1984.

KAUFMANN, F.-X.: Zukunft der Familie im vereinten Deutschland. Gesellschaftliche und politische Bedingungen. München (Beck) 1995.

KEESE, A.: Selbst- und Fremdbild des stotternden Kindes. Sonderpädagogik 1 (1971), 165-169 und 2 (1972), 14-21.

KEMLER, H.: Begründung und Selbstverständnis einer Beschäftigung mit Sonderpädagogik und Dritter Welt. In: DERS. (Hg.), Behinderung und Dritte Welt. Annäherung an das zweifach Fremde. Frankfurt/Main (Verlag für Interkulturelle Kommunikation) 1988 (a), 15-37.

KEMLER, H.: Schulische und gesellschaftliche Situation behinderter Menschen in Ländern der Dritten Welt. In: DERS. (Hg.), Behinderung und Dritte Welt. Annäherung an das zweifach Fremde. Frankfurt/Main (Verlag für Interkulturelle Kommunikation) 1988 (b), 156-172.

KERKHOFF, W.: Statistik hinterfragt: Die Ergebnisse der Mikrozensus-Zusatzbefragung 1974. Zeitschrift für Heilpädagogik 27 (1976), 757-761.

KERKHOFF, W.: Überlegungen zur Problematik: Lernbehindertenpädagogik und Elternarbeit. Zeitschrift für Heilpädagogik 28 (1977), 449-455.

KERKHOFF, W. (Hg.): Eltern und Lernbehindertenschule. Berlin (Marhold) 1979.

KERKHOFF, W.: Behinderte in Sonderschulen. Ein statistischer Überblick. Sonderpädagogik 10 (1980), 20-33.

KERKHOFF, W.: Paradigmen des wissenschaftlichen Zugangs zum Problemkreis »Familie mit behindertem Kind«. Heilpädagogische Forschung 9 (1981), 38-55.

KERKHOFF, W. (Hg.): Freizeitchancen und Freizeitlernen für behinderte Kinder und Jugendliche. Berlin (Marhold) 1982.

KEUPP, H.: Psychische Störungen als abweichendes Verhalten. Zur Soziogenese psychischer Störungen. München/Berlin/Wien (Urban & Schwarzenberg) 1972.

KEUPP, H. (Hg.): Verhaltensstörungen und Sozialstruktur. München/Berlin/Wien (Urban & Schwarzenberg) 1975.

KEUTHEN, S.: Das Bild des Behinderten in der Kinder- und Jugendliteratur. Heidelberg (Pädagogische Hochschule; unveröffentlichte Wissenschaftliche Hausarbeit) 1990.

KLAFKI, W.: Neue Studien zur Bildungstheorie und Didaktik. Zeitgemäße Allgemeinbildung und kritisch-konstruktive Didaktik. Weinheim/Basel (Beltz) 1993.

KLAPPER, J.T.: The effects of mass communication. Glencoe (Ill.) (Free Press) 1961.

KLAPPER, J.T.: Mass communication, attitude stability, and change. In: SHERIF, C.W./SHERIF, M. (Eds.), Attitude, ego-involvement, and change. New York (Wiley) 1967, 297-310.

KLAUER, K.J./MITTER, W. (Hg.): Vergleichende Sonderpädagogik. Handbuch der Sonderpädagogik, Band 11. Berlin (Marhold) 1987.

KLAUß, TH.: Elternarbeit im Heim für geistig Behinderte. Zur Orientierung 9 (1985), 308-317.

KLAUß, TH.: Probleme der Loslösung bei geistig Behinderten und ihren Familien. Geistige Behinderung 27 (1988), 111-120.

Klauß, Th.: Irgendwann kommt die Trennung. Für einen möglichst normalen Lebensweg von Menschen mit geistiger Behinderung. Zeitschrift für Heilpädagogik 46 (1995), 443-450.

Klauß, Th.: Ist Integration leichter geworden? Zur Veränderung von Einstellungen für die Realisierung von Leitideen. Geistige Behinderung 35 (1996), 56-68.

Klauß, Th./Wertz-Schönhagen, P.: Behinderte Menschen in Familie und Heim. Grundlagen der Verständigung und Möglichkeiten der Kooperation zwischen Eltern und Betreuern. Weinheim/München (Juventa) 1993.

Klee, E.: Behindert. Über die Enteignung von Körper und Bewußtsein. Ein kritisches Handbuch. Frankfurt/Main (Fischer) 1980.

Klein, G./Kreie, G./Kron, M./Reiser, H.: Integrative Prozesse in Kindergartengruppen. Über die gemeinsame Erziehung von behinderten und nichtbehinderten Kindern. München (Deutsches Jugendinstitut) 1987.

Kleining, G./Moore, H.: Soziale Selbsteinstufung (SSE). Kölner Zeitschrift für Soziologie und Sozialpsychologie 20 (1968), 502-552.

KMK (Sekretariat der Ständigen Konferenz der Kultusminister der Länder in der Bundesrepublik Deutschland): Empfehlung zur Ordnung des Sonderschulwesens. Nienburg 1972.

KMK (Sekretariat der Ständigen Konferenz der Kultusminister der Länder in der Bundesrepublik Deutschland): Schüler, Klassen, Lehrer und Absolventen der Schulen 1980-1986. Statistische Veröffentlichungen der Kultusministerkonferenz. Dokumentation Nr. 100. Bonn 1987(a).

KMK (Sekretariat der Ständigen Konferenz der Kultusminister der Länder in der Bundesrepublik Deutschland): Die Sonderschulen in der bundeseinheitlichen Schulstatistik 1975 – 1986. Statistische Veröffentlichungen der Kultusministerkonferenz. Dokumentation Nr. 101. Bonn 1987(b).

KMK (Sekretariat der Ständigen Konferenz der Kultusminister der Länder in der Bundesrepublik Deutschland): Ausländische Schüler und Schulabsolventen 1970 – 1986. Statistische Veröffentlichungen der Kultusministerkonferenz. Dokumentation Nr. 102. Bonn 1987(c).

KMK (Sekretariat der Ständigen Konferenz der Kultusminister der Länder in der Bundesrepublik Deutschland): Schüler, Klassen, Lehrer und Absolventen der Schulen 1981 – 1990. Statistische Veröffentlichungen der Kultusministerkonferenz. Dokumentation Nr. 119. Bonn 1991.

KMK (Sekretariat der ständigen Konferenz der Kultusminister der Länder in der Bundesrepublik Deutschland): Die Sonderschule in der einheitlichen Schulstatistik 1985 – 1993. Statistische Veröfentlichungen der Kultusministerkonferenz. Dokumentation Nr. 130. Bonn 1994.

KMK (Sekretariat der ständigen Konferenz der Kultusminister der Länder in der Bundesrepublik Deutschland): Schüler, Klassen, Lehrer und Absolventen der Schulen 1985 bis 1994. Dokumentation Nr. 134. Bonn 1995.

Kniel, A.: Die Schule für Lernbehinderte und ihre Alternativen. Eine Analyse empirischer Untersuchungen. Rheinstetten (Schindele) 1979.

Kniel, A.: Hat sich die Schule für Lernbehinderte als Sammelbecken für Schulversager bewährt? Sonderpädagogik 11 (1981), 58-67.

Kniel, A.: Bedingungsfaktoren emotionaler Belastungen von Müttern behinderter Kinder im Vorschulalter. Eine empirische Untersuchung. Behindertenpädagogik 27 (1988), 28-39.

KOBI, E.E.: Modelle und Paradigmen in der heilpädagogischen Theoriebildung. In: BÜRLI, A. (Hg.), Sonderpädagogische Theoriebildung – Vergleichende Sonderpädagogik. Luzern (SZH) 1977, 11-24.

KOBI, E.E.: Die »gemütliche Belebung« (Pestalozzi) des gehörgeschädigten Menschen: Ansichten und Aussichten. In: SCHWEIZERISCHER VEREIN DER GEHÖRLOSENPÄDAGOGEN (SVHP) (Hg.), Gemütsbildung in der Erziehung und Schulung Hörgeschädigter – Auftrag oder Luxus? Bericht über die Internationale Bodenseeländertagung, St. Gallen 1986. Hörgeschädigtenpädagogik, Beiheft 19. Heidelberg (Groos) 1986, 14-41.

KOBI, E.E.: Was bedeutet Integration? – Analyse eines Begriffs. In: EBERWEIN, H. (Hg.), Behinderte und Nichtbehinderte lernen gemeinsam. Handbuch der Integrationspädagogik. Weinheim (Beltz), 2. Aufl. 1990, 54-62.

KOBI, E.E.: Grundfragen der Heilpädagogik. Eine Einführung in heilpädagogisches Denken. Bern/Stuttgart/Wien (Haupt), 5. ergänzte Auflage 1993.

KOCHAN-GRAMANN, H.: Das Identitätskonzept verhaltensgestörter Sonderschüler. Heidelberg (Pädagogische Hochschule; unveröffentlichte Wissenschaftliche Hausarbeit) 1990.

KOLVENBACH, C./DÖNHOFF, K.: Bericht über eine Befragung von Eltern lernbehinderter Sonderschüler. Zeitschrift für Heilpädagogik 31 (1980), 179-185.

KÖNIG, R.: Soziologie der Familie. In: DERS. (Hg.), Handbuch der empirischen Sozialforschung. Band II. Stuttgart (Enke) 1969, 172-305.

KORNMANN, R./KLINGELE, CH.: Ausländische Kinder und Jugendliche an Schulen für Lernbehinderte in den alten Bundesländern. Zeitschrift für Heilpädagogik 47 (1996), 2-9.

KORTE, H./SCHÄFERS, B. (Hg.): Einführung in Hauptbegriffe der Soziologie. Opladen (Leske & Budrich) 1992.

KOTY, J.: Die Behandlung der Alten und Kranken bei den Naturvölkern. Stuttgart (Hirschfeld) 1934.

KRAPPMANN, L.: Soziologische Dimensionen der Identität. Strukturelle Bedingungen für die Teilnahme an Interaktionsprozessen. Stuttgart (Klett) 1969.

KRAWITZ, R.: Pädagogik statt Therapie. Vom Sinn individualpädagogischen Sehens, Denkens und Handelns. Bad Heilbrunn/Obb. (Klinkhardt) 1992.

KRECH, D./CRUTCHFIELD, R.S./BALLACHEY, E.L.: Individual in society. New York 1962.

KRENZER, R.: Das behinderte Kind im Jugendbuch. Zeitschrift für Heilpädagogik 32 (1981), 229-240.

KRIEGER, J.: Lieber lebendig als normal. In: Ihrsinn – eine radikalfeministische Lesbenzeitschrift. Heft 4/1991, 27-34.

KRIEGER, J.: Krüppellesben sind überall. In: Die Randschau. Heft 2/1994, 27.

KRON, M.: Kindliche Entwicklung und die Erfahrung von Behinderung. Frankfurt/ Main (Afra) 1988.

KRON, M.: Kindliche Erfahrungen von Behinderung. Wie Kindergartenkinder Behinderungen ihrer Altersgefährten wahrnehmen und verarbeiten. Geistige Behinderung 29 (1990), 20-29.

KRUG, S./RHEINBERG, F./PETERS, J.: Einflüsse der Sonderbeschulung und eines zusätzlichen Motivationsänderungsprogramms auf die Persönlichkeitsentwicklung von Sonderschülern. Zeitschrift für Heilpädagogik 28 (1977), 431-439.

KRUMM, R.: Praxis der Familienberatung in der Schule für Geistigbehinderte. In: HOFMANN, TH. (Hg.), Beiträge zur Geistigbehindertenpädagogik. Rheinstetten (Schindele) 1979, 39-55.

KRUSE, M./KIEFER-PAEHLKE, H.: Schwerhörigkeit – Probleme der Identität. Heidelberg (Groos) 1988.

KUHN, TH.: Die Struktur wissenschaftlicher Revolutionen. Frankfurt/Main (Suhrkamp) 1967.

KULTUSMINISTERKONFERENZ (KMK): Bekanntmachung der Empfehlungen der Kultusministerkonferenz zur sonderpädagogischen Förderung in den Schulen in der Bundesrepublik Deutschland vom 8. Juni 1994. Bonn 1994.

KURTH, E./EGGERT, D./BERRY, P.: Einstellungen deutscher (ost/west) Oberschüler gegenüber geistig behinderten Menschen – ein Vergleich mit Befragungsergebnissen bei australischen und irischen Schülern. Sonderpädagogik 24 (1994), 34-40.

L

LANE, H.: Paternalismus und Gehörlose. Ein offener Brief an Mme. Umuveyi. Das Zeichen 7 (1989), 44-57.

LANGER, E.J./FISKE, S./TAYLOR, S.E./CHANOWITZ, B.: Stigma, staring, and discomfort. A novel-stimulus hypothesis. Journal of Experimental Social Psychology 12 (1976), 451-463.

LAUTMANN, R.: Staatliche Gesetze als Mittel der Entstigmatisierung. In: BRUSTEN, M./HOHMEIER, J. (Hg.), Stigmatisierung 2. Zur Produktion gesellschaftlicher Randgruppen. Neuwied/Darmstadt (Luchterhand) 1975, 173-190.

LEMERT, E.H.: Social pathology. New York/Toronto/London (McGraw-Hill) 1951.

LEMERT, E.H.: Social structure, social control, and deviation. In: CLINARD, M. B. (Ed.), Anomie and deviant behavior. A discussion and critique. New York (Free Press) 1964, 57-98.

LENZ, B.: Ergebnisbericht der Arbeitsgruppe 2: In: WEISS, W./JOCHHEIM, K.-A./MOLESKI-MÜLLER, M. (Hg.), Freizeitaspekte bei der gesellschaftlichen Integration Behinderter. Bericht über den 26. Kongreß der Deutschen Vereinigung für die Rehabilitation Behinderter e.V. in Wildbad. Heidelberg (Eigenverlag) 1976, 113-114.

LEYENDECKER, C.: Geschädigte Kinder = beschädigtes Selbst? Von der Schwierigkeit der Selbstfindung in personaler und sozialer Identität. In: FORSCHUNGSGEMEINSCHAFT »DAS KÖRPERBEHINDERTE KIND« E.V. (Hg.), Entwicklung und Förderung Körperbehinderter. Heidelberg (HVA-Edition Schindele) 1986, 307-319.

LEYENDECKER, C.: Körpererfahrung und Behinderung. Ein Diskurs zur Frage der Identitätsfindung Körperbehinderter. Sonderpädagogik 15 (1985), 1-15.

LIEPMANN, M.C.: Geistig behinderte Kinder und Jugendliche – eine epidemiologische, klinische und sozialpsychologische Studie. Bern/Stuttgart/Wien (Huber) 1979.

LIEPMANN, M.C./MARKER, K.R.: Zur Epidemiologie der geistigen Behinderung. Vorläufige Ergebnisse einer Felderhebung in Mannheim. In: HÄFNER, H. (Hg.), Psychiatrische Epidemiologie. Geschichte, Einführung und ausgewählte Forschungsergebnisse. Berlin/Heidelberg/New York (Springer) 1978, 161-191.

LÖWE, A.: Freizeit und Beruf. In: DENNERLEIN, H. (Hg.), Handbuch der Behindertenpädagogik, Band 2. München (Kösel) 1979 , 239-256.

LUGMAYR, S.: Frau sein und behindert – eine doppelte Diskriminierung? Behinderte in Familie, Schule und Gesellschaft 14 (1991), 35-40.

MAIKOWSKI, R.: Entwicklung der gemeinsamen Erziehung von Schülerinnen und Schülern mit und ohne Behinderungen in der Bundesrepublik Deutschland. Behinderte in Familie, Schule und Gesellschaft 19 (1996), 45-54.

MAIKOWSKI, R./PODLESCH, W.: Zur Sozialentwicklung behinderter und nichtbehinderter Kinder in der Grundschule. In: EBERWEIN, H. (Hg.), Behinderte und Nichtbehinderte lernen gemeinsam. Handbuch der Integrationspädagogik. Weinheim (Beltz), 2. Aufl. 1990, 275-281.

MALETZKE, G.: Psychologie der Massenkommunikation. Theorie und Systematik. Hamburg (Verlag Hans Bredow-Institut) 1963.

MALL, W.: Kommunikation mit schwer geistig behinderten Menschen – ein Werkheft. Heidelberg (HVA-Edition Schindele) 1990.

MARKOWETZ, R.: Körperliche Aktivierung von schwer geistig behinderten Heimbewohnern mit selbstverletzenden Verhaltensweisen. Heidelberg (Pädagogische Hochschule; unveröffentlichte Diplomarbeit) 1989.

MARKOWETZ, R.: Bauliche Voraussetzungen, Ausstattung an Sachmitteln und personelle Voraussetzungen der schulischen Integration. In: WEISER, P./WEISER, M. (Hg): Eine Schule für Alle. Bericht der Enquete-Kommission zur schulischen Integration behinderter Kinder und Jugendlicher in Baden-Württemberg. St. Ingbert (Röhrig) 1991, 138-144.

MARKOWETZ, R.: Identität als Gegenstand und Ziel einer integrativen Pädagogik. Heidelberg (Pädagogische Hochschule; unveröffentliches Dissertationsmanuskript) 1996 (a).

MARKOWETZ, R.: Körperliche Aktivierung. Ein Förderansatz für Menschen mit schwerer geistiger Behinderung und gravierenden Verhaltensproblemen. Behinderte in Familie, Schule und Gesellschaft 19 (1996b), 33-56.

MARKOWETZ, R.: Integration von Kindern und Jugendlichen mit Behinderungen im Lebensbereich Freizeit. Praktische Erfahrungen und Erkenntnisse aus dem wissenschaftlich begleiteten Modellprojekt PFiFF. Gemeinsam Leben. Zeitschrift für integrative Erziehung 4 (1996c), 155-162.

MARSH, V./FRIEDMAN, R.: Changing public attitudes toward blindness. Exceptional Children 38 (1972), 426-428.

MATT, H./PODLESCH, W./SCHMITT, B. (Hg.): Integration von Kinden mit geistiger Behinderung und Kindern mit schweren Mehrfachbehinderungen. Wissenschaftliche Begleitung des landesweiten Schulversuchs. Erster Jahresbericht 1990/91. Berlin (Pädagogisches Zentrum) 1992.

MATURANA, H.R./VARELA, F.J.: Der Baum der Erkenntnis. Die biologischen Wurzeln des menschlichen Erkennens. Bern (Scherz) 1987.

MAYER, A.: Einsichten einer Aktivistin. In: Die Randschau. Heft 2/1994, 27-28.

MEAD, G.H.: Geist, Identität und Gesellschaft aus der Sicht des Sozialbehaviorismus. Frankfurt/Main (Suhrkamp) 1968 (engl. 1934).

MEADOW, K.P./MEADOW, L.: Changing role performance for parents of handicapped children. Exceptional Children 38 (1971), 21-27.

MEISER, B.: Das Bild vom verhaltensgestörten Schüler bei Haupt- und Realschülern. Heidelberg (Pädagogische Hochschule; unveröffentlichte Wissenschaftliche Hausarbeit) 1990.

MERTES, J.P.: Praxis der Elternarbeit an Schulen für geistig Behinderte. Zeitschrift für Heilpädagogik 29 (1978), 327-340.

MERTON, R.K.: Social theory and social structure. New York (Free Press) 1968 (3. enl. ed.).

MEYER, R./HEYER, P.: Grundschule – Schule für alle Kinder. In: EBERWEIN, H. (Hg.), Behinderte und Nichtbehinderte lernen gemeinsam. Handbuch der Integrationspädagogik. Weinheim (Beltz), 2. Aufl. 1990, 179-189.

MEYNERS, C./WACHTEL, G.: Zur Bedeutung familienentlastender Dienste (FED) im Alltag von Familien mit behinderten Angehörigen in den neuen Bundesländern der Bundesrepublik Deutschland. Vierteljahresschrift für Heilpädagogik und ihre Nachbargebiete (VHN) 64 (1995), 328-339.

MINISTERIUM FÜR KULTUS UND SPORT BADEN-WÜRTTEMBERG: Bildungsplan der Schule für Geistigbehinderte. Villingen-Schwenningen (Neckar-Verlag) 1982.

MITSCHERLICH, A.: Auf dem Weg zur vaterlosen Gesellschaft. Ideen zur Sozialpsychologie. München (Piper) 1963.

MITTERAUER, M./SIEDER, R.: Vom Patriarchat zur Partnerschaft. Strukturwandel der Familie. München (Beck) 1991.

MOHL, H.: Aufklärung und Information im Dienste der Integration Behinderter. In: BUNDESARBEITSGEMEINSCHAFT FÜR REHABILITATION (Hg.), Aufklärung und Information im Dienste der Integration Behinderter. Rheinstetten (Schindele) 1980, 268-279.

MOHL, H.: Einander verstehen – Miteinander leben. Das Internationale Jahr der Behinderten. In: ZDF-JAHRBUCH. Mainz (Zweites Deutsches Fernsehen) 1981, 69-73.

MOHR, K./MÜLLER, R./PLEIN, H.J.: Die sozio-ökonomische Situation von Familien mit geistigbehinderten Kindern. In: BACH, H. (Hg.), Familien mit geistigbehinderten Kindern. Untersuchungen zur psychischen und ökonomischen Lage. Berlin (Marhold) 1979, 63-207.

MOSER, U.: Das Selbstkonzept des lernbehinderten Schülers – Untersuchungen in Hilfsklassen, Regelklassen und Regelklassen mit heilpädagogischer Schülerhilfe. Vierteljahresschrift für Heilpädagogik und ihre Nachbargebiete (VHN) 55 (1986), 151-160.

MOSER, U.: Förderunterricht im Urteil von integrierten lernbehinderten Schülern. Vierteljahresschrift für Heilpädagogik und ihre Nachbargebiete (VHN) 59 (1990), 210-223.

MÜHL, H.: Zur geschichtlichen Entwicklung der Förderung schwerstbehinderter Menschen. In: FRÖHLICH, A. (Hg.), Pädagogik bei schwerster Behinderung. Handbuch der Sonderpädagogik, Band 12. Berlin (Marhold) 1991, 126-138.

MÜRNER, C./SCHRIBER, S. (Hg.): Selbstkritik der Sonderpädagogik? Stellvertretung und Selbstbestimmung. Luzern (Edition SZH) 1993.

MUTH, J.: Zur bildungspolitischen Dimension der Integration. In: EBERWEIN, H. (Hg.), Behinderte und Nichtbehinderte lernen gemeinsam. Handbuch der Integrationspädagogik. Weinheim/Basel (Beltz) 1990, 11-18.

MUTH, J.: Zehn Thesen zur Integration von behinderten Kindern. Vierteljahresschrift für Heilpädagogik und ihre Nachbargebiete (VHN) 60 (1991), 1-5.

MUTH, J.: Schule als Leben. Prinzipien-Empfehlungen-Reflexionen. Eine pädagogische Anthologie. Baltmannsweiler/Hohengehren (Schneider-Verlag) 1992.

N

NAHRSTEDT, W.: Die Entstehung der Freizeit. Dargestellt am Beispiel Hamburg. Ein Beitrag zur Strukturgeschichte und zur strukturgeschichtlichen Grundlegung der Freizeitpädagogik. Göttingen (Vandenhoeck & Ruprecht) 1972.

NAHRSTEDT, W. et al.: Freizeit als Thema der Schulen. Bielefeld (Pfeffer) 1979 (a).

NAHRSTEDT, W. et al.: Freizeitschule. Opladen (Westdeutscher Verlag) 1979 (b).

NAHRSTEDT, W.: Über die »Freizeitgesellschaft« zu einer »Freien Gesellschaft«? Grundlagen für eine neue Gesellschaftstheorie – Zur Kritik eines forschungsrelevanten gesellschaftspolitischen Tabus. In: HERAUSGEBERGRUPPE »FREIZEIT« (BUDDRUS, V./GRABBE, H./NAHRSTEDT, W.): Freizeit in der Kritik. Alternative Konzepte zur Freizeit- und Kulturpolitik. Köln (Pahl-Rugenstein) 1980, 21-54.

NAVE-HERZ, R./MARKEFKA, M.: Handbuch der Familien- und Jugendforschung. Band 1: Familienforschung. Neuwied (Luchterhand) 1989.

NEIDHARDT, F.: Die Familie in Deutschland. Opladen (Westdeutscher Verlag), 4. erw. Aufl. 1975.

NEUBERT, D./CLOERKES, G.: Behinderung und Behinderte in verschiedenen Kulturen. Eine vergleichende Analyse ethnologischer Studien. Heidelberg (Universitätsverlag C. Winter – Programm »Edition Schindele«). 2. Aufl. 1994.

NEUBERT, D./BILLICH, P./CLOERKES, G.: Stigmatisierung und Identität. Zur Rezeption und Weiterführung des Stigma-Ansatzes in der Behindertenforschung. Zeitschrift für Heilpädagogik 42 (1991), 673-688.

NEUMANN, G.H.: Vorurteile und Negativeinstellungen Behinderten gegenüber. Kritische Stellungnahme zu den kontroversen Bemerkungen von R. Zimmermann & H.J. Kagelmann. Die Rehabilitation 17 (1978), 86-94.

NIEHAUS, M.: »Behinderte Frauen« – ein Sonderthema?! In: ZWIERLEIN, E. (Hg.), Handbuch Integration und Ausgrenzung. Behinderte Mitmenschen in der Gesellschaft. Neuwied/Kriftel/Berlin (Luchterhand) 1996, 217-224.

NIPPERT, I.: Die Geburt eines behinderten Kindes. Belastung und Bewältigung aus der Sicht betroffener Mütter und ihrer Familien. Stuttgart (Enke) 1988.

NIRJE, B.: The normalization prinziple and its human management implications. In: KUGEL, R. & WOLFENSBERGER, W. (Eds.), Changing patterns in residential services for the mentally retarded. Washington, D.C. (President´s Commitee on Mental Retardation) 1969, 159-177.

NIRJE, B.: The normalization principle. In: FLYNN, R.J./NITSCH, K.E. (Eds.), Normalization, social integration, and community services. Baltimore (University Park Press) 1980, 31-49.

NIRJE, B.: Das Normalisierungsprinzip – 25 Jahre danach. In: Vierteljahresschrift für Heilpädagogik und ihre Nachbargebiete (VHN) 63 (1994), 12-32.

NOONAN, J.R./BARRY, J.R./DAVIS, H.C.: Personality determinants in attitudes toward visible disability. Journal of Personality 38 (1970), 1-15.

O

OBELE, E./CLOERKES, G.: Die soziale Reaktion auf Sehgeschädigte in verschiedenen Kulturen. Vierteljahresschrift für Heilpädagogik und ihre Nachbargebiete (VHN) 54 (1985), 417-431.

ÖSTERWITZ, I.: Das Konzept Selbstbestimmt Leben – eine neue Perspektive in der Rehabilitation? In: ZWIERLEIN, E. (Hg.), Handbuch Integration und Ausgrenzung. Behinderte Mitmenschen in der Gesellschaft. Neuwied/Kriftel/Berlin (Luchterhand) 1996, 196-206.

OPASCHOWSKI, H.W.: Freizeitpädagogik in der Leistungsgesellschaft. Bad Heilbrunn/Obb. (Klinkhardt) 1977.

OPASCHOWSKI, H.W.: Pädagogik und Didaktik der Freizeit. Opladen (Leske & Budrich) 1990.

OPASCHOWSKI, H.W.: Einführung in die Freizeitwissenschaften. Opladen (Leske & Budrich) 1994 (a).

OPASCHOWSKI, H.W.: Freizeit und Pädagogik. In: ROTH, H. (Hg.), Pädagogik. Handbuch für Studium und Praxis. Studienausgabe. Müchen (Ehrenwirth) 1994 (b), 933-945.

ORTMANN, M.: Grundschullehrer und Sonderpädagogen in Prozessen der schulischen Integration von Kindern und Jugendlichen mit Behinderungen. Zeitschrift für Heilpädagogik 44 (1993), 375-382.

P

PÄDAGOGISCHES ZENTRUM BERLIN: Integration von Kindern mit geistiger Behinderung und Kindern mit schweren Mehrfachbehinderungen. Berlin 1992.

PARK, R.E.: Human migration and the marginal man. American Journal of Sociology 33 (1928), 881-893.

PARK, R.E./BURGESS, E.W.: Introduction to the science of sociology. Chicago (University of Chicago Press) 1921.

PARKER, S./KLEINER, R.J.: Mental health in an urban negroe community. Glencoe (III.) (Free Press) 1966.

PARSONS, T.: Entstehung und Richtung abweichenden Verhaltens. In: SACK, F./ KÖNIG, R. (Hg.), Kriminalsoziologie. Frankfurt 1968, 9-20. (Zuerst in: The social system, Glencoe [Ill.] 1951, 249-260).

PARSONS, T.: Struktur und Funktion der modernen Medizin. Eine soziologische Analyse. In: KÖNIG, R./TÖNNESMANN, M. (Hg.), Probleme der Medizinsoziologie. Sonderheft 3 der Kölner Zeitschrift für Soziologie und Sozialpsychologie. Köln/Opladen 1958, 10-57.

PAWEL, B./PAWEL, P.: Ökonomisch orientierte Statistik oder soziale Indikatoren? Kritik des Mikrozensus 1976 über Behinderte. Zeitschrift für Heilpädagogik 31 (1980), 822-833.

PETERANDER, F./SPECK, O.: Subjektive Belastungen Mütter schwerbehinderter Kinder in der Frühförderung. Geistige Behinderung 34 (1995), 95-107.

PETTILON, H.: Der unbeliebte Schüler. Braunschweig (Westermann) 1978.

PFEIFFER, H.: Untersuchungen zum Selbst- und Fremdbild lernbehinderter Sonderschüler. Vierteljahresschrift für Heilpädagogik und ihre Nachbargebiete (VHN) 41 (1972), 266-272.

PHILLIPS, D.L.: Knowledge for what? Theory and methods in social research. Chicago (Rand McNally) 1971.

PIXA-KETTNER, U.: Geistigbehindert und Mutter? Sonderpädagogik 21 (1991), 60-69.

PIXA-KETTNER, U./BARGFREDE, S./BLANKEN, I.: Elternschaft von Menschen mit geistiger Behinderung. Ergebnisse einer quantitativen und qualitativen empirischen Untersuchung. Geistige Behinderung 33 (1995), 186-200.

PODLESCH, W.: Kinder mit geistiger Behinderung und Kinder mit schwerer Mehrfachbehinderung in Integrationsklassen. In: HEYER, P. et al. (Hg.), Zehn Jahre wohnortnahe Integration. Behinderte und nichtbehinderte Kinder gemeinsam an ihrer Grundschule. Frankfurt/Main (Arbeitskreis Grundschule) 1993, 58-63.

POHL. R.: Praxis der Freizeiterziehung geistig Behinderter. In: KERKHOFF, W. (Hg.), Freizeitchancen und Freizeitlernen für behinderte Kinder und Jugendliche. Berlin (Marhold) 1982, 51-66.

PREUSS, E.B./RASPER, H.: Simulation von Behindertsein durch Studierende. Möglichkeiten und Grenzen in der sonderpädagogischen Ausbildung. Vierteljahresschrift für Heilpädagogik und ihre Nachbargebiete (VHN) 53 (1984), 56-65.

PREUSS-LAUSITZ, U.: Probleme der Integration von Sonderschülern in die Gesamtschule. Zeitschrift für Heilpädagogik 22 (1971), 183-193.

PREUSS-LAUSITZ, U.: Fördern ohne Sonderschule. Konzepte und Erfahrungen zur integrativen Förderung in der Regelschule. Weinheim (Beltz) 1981.

PREUSS-LAUSITZ, U.: Wohin geht die Integrationsentwicklung in Deutschland? In: HEYER, P. et al. (Hg.), Zehn Jahre wohnortnahe Integration. Behinderte und nichtbehinderte Kinder gemeinsam an ihrer Grundschule. Frankfurt/Main (Arbeitskreis Grundschule) 1993, 30-37.

PRILL, R.: Menschen mit geistiger Behinderung in der neueren Jugendliteratur. Geistige Behinderung 30 (1991), 44-52.

R

RADTKE, P.: Behindertenverbände – Behindertenbewegung. Gedanken über ein Kapitel verlorengegangener Toleranz. In: BAG HILFE FÜR BEHINDERTE (Hg.), Selbsthilfe in der Behindertenarbeit. Bonn (Reha-Verlag) 1985, 64-69.

RANDOLL, D./KLEIN, C./SPANIER, R.: Ergebnisse einer Pilotstudie zum Selbstkonzept stotternder und nichtstotternder Vorschulkinder, zum vermuteten Selbstbild und dem Bild, das die Mütter von ihren Kindern haben. Die Sprachheilarbeit 34 (1989), 203-209.

RANK, B.: Sprache und Identität: Erzählen und Erzählung im sprachtherapeutischen Unterricht. Sonderpädagogik 20 (1990), 15-34.

RAPP, S.: Das Bild des Behinderten im Comic. Heidelberg (Pädagogische Hochschule; unveröffentlichte Wissenschaftliche Hausarbeit) 1985.

RATH, W.: Selektion und Bildungschancen sehgeschädigter Schüler. In: THIMM, W. (Hg.), Soziologie der Behinderten. Materialien. Neuburgweier/Karlsruhe (Schindele) 1972, 222-245.

RATH, W.: Systematik und Statistik von Behinderungen. In: BLEIDICK, U. (Hg.), Theorie der Behindertenpädagogik. Handbuch der Sonderpädagogik, Band 1. Berlin (Marhold) 1985, 25-47.

REISER, H.: Entwicklung der Fragestellung und Untersuchungsplan. In: DEPPE-WOLFINGER, H./PRENGEL, A./REISER, H., Integrative Pädagogik in der Grundschule. Bilanz und Perspektiven der Integration behinderter Kinder in der Bundesrepublik Deutschland 1976-1988. München (Deutsches Jugendinstitut) 1990, 26-34.

REISER, H.: Wege und Irrwege zur Integration. In: SANDER, A./RAIDT, P. (Hg.), Integration und Sonderpädagogik. Referate der 27. Dozententagung für Sonderpädagogik in deutschsprachigen Ländern im Oktober 1990 in Saarbrücken. St. Ingbert (Röhrig) 1991, 13-33.

REISER, H./KLEIN, G./KREIE, G./KRON, M.: Integration als Prozeß. Sonderpädagogik 16 (1986), 115-122 und 154-160.

RENKER, K.: World statistics on disabled people. International Journal of Rehabilitation Research 5 (1982), 167-177.

RIBBECK, K.F.: Barrieren und Mobilitätseinschränkungen behinderter Menschen. In: BAG HILFE FÜR BEHINDERTE (Hg.), Für ein selbstbestimmtes Leben. Werte und Zielvorstellungen in der Behindertenarbeit. Düsseldorf (Eigenverlag) 1985, 92-101.

RICHARDSON, S.A. et al.: Cultural uniformity in reaction to physical disabilities. American Sociological Review 26 (1961), 241-246.

RICHTER, H.-E.: Patient Familie. Hamburg (Rowohlt) 1970.

RÖDLER, P.: Menschen, lebenslang auf Hilfe anderer angewiesen. Grundlagen einer allgemeinen basalen Pädagogik. Frankfurt am Main/Griedel (Afra) 1993.

RÖNNAU, M.: Aspekte der schichtspezifischen Sozialisation geistigbehinderter Kinder – Die Erziehung des geistigbehinderten Kindes in der Familie. Köln (Pädagogische Hochschule, Abteilung für Heilpädagogik; unveröffentlichte Diplomarbeit) 1978.

RONNEBERGER, F.: Die Rolle der Kommunikation im Rehabilitationsprozeß. In: BUNDESARBEITSGEMEINSCHAFT FÜR REHABILITATION (Hg.), Aufklärung und Information im Dienste der Integration Behinderter. Rheinstetten (Schindele) 1980, 93-104.

ROSE, A.M.: A systematic summary of symbolic interaction theory. In: DERS. (Ed.), Human behavior and social processes. An interactionist approach. London (Routledge & Kegan Paul) 1962, 3-19. (Deutsch in H. Hartmann (Hg.), Moderne amerikanische Soziologie. Neuere Beiträge zur soziologischen Theorie. Stuttgart (Enke) 1967, 219-231).

ROSENBERGER, M.: Elterninitiativen gegen die Aussonderung von Kindern. In: EBERWEIN, H. (Hg.), Behinderte und Nichtbehinderte lernen gemeinsam. Handbuch der Integrationspädagogik. Weinheim (Beltz), 2. Aufl. 1990, 332-336.

ROSS, A.O.: Das Sonderkind. Stuttgart (Hippokrates) 1967.

RÜGGEBERG, A.: Autonom leben – Alternative zur Isolation und Abhängigkeit behinderter Menschen in Heim und Familie. In: BAG HILFE FÜR BEHINDERTE (Hg.), Für ein selbstbestimmtes Leben. Werte und Zielvorstellungen in der Behindertenarbeit. Düsseldorf (Eigenverlag) 1985, 37-53.

RUNDE, P.: Soziologie der Behinderten – Forschungsstand und Perspektiven. In: RUNDE, P./HEINZE, R.G. (Hg.), Chancengleichheit für Behinderte. Sozialwissenschaftliche Analysen für die Praxis. Neuwied/Darmstadt (Luchterhand) 1979, 5-35.

RUNDE, P.: Möglichkeiten und Grenzen der Regulierung sozialer Probleme am Beispiel der beruflichen und sozialen Rehabilltation Behinderter. In: BLEIDICK, U. (Hg.), Theorie der Behindertenpädagogik. Handbuch der Sonderpädagogik, Band 1. Berlin (Marhold) 1985, 198-234.

S

SACK, F.: Die verhinderte Öffentlichkeit und ihre Funktion. In: LAUTER, H./MEYER, J.E. (Hg.), Der psychisch Kranke und die Gesellschaft. Tagung der Evangelischen Akademie Loccum. Stuttgart (Thieme) 1971, 56-62.

SAFILIOS-ROTHSCHILD, C.: The sociology and social psychology of disability and rehabilitation. New York (Random House) 1970.

SANDER, A.: Behinderungsbegriffe und ihre Konsequenzen für die Integration. In: EBERWEIN, H. (Hg.), Behinderte und Nichtbehinderte lernen gemeinsam. Handbuch der Integrationspädagogik. Weinheim (Beltz), 2. Aufl. 1990, 75-82.

SANDFORT, L.: Medien-Manifest. Forderungen Behinderter an die Medien. In: KAGELMANN, H.J./ZIMMERMANN, R. (Hg.), Massenmedien und Behinderte. Im besten Falle Mitleid? Weinheim/Basel (Beltz) 1982, 207-212.

SARIMSKI, K.: Familien mit behinderten Kindern: Hilfen zur Bewältigung einer dauerhaften Belastung. Zeitschrift für Psychologie und Psychotherapie, 3 (1987), 279-291.

SARIMSKI, K.: Belastung von Müttern behinderter Kleinkinder. Frühförderung interdisziplinär 12 (1993), 156-164.

SAWYER, H.W./CLARK, W.D.: Disability simulation as a strategy for attitude change. Journal of Applied Rehabilitation Counseling 11 (1980), 132-135.

SCHÄDLER, J.: Familienentlastende Dienste: Ein Beitrag zur Lebensqualität. Zusammen 4 (1991), 19-20.

SCHÄFER, A.: Identität und sekundäre Anpassung – zum theoretischen Bezugsrahmen Erving Goffmans. Kölner Zeitschrift für Soziologie und Sozialpsychologie 35 (1983), 631-654.

SCHATZ, G.: Elternarbeit bei Familien mit heranwachsenden geistig Behinderten. Zeitschrift für Heilpädagogik 33 (1982), 733-740.

SCHATZ, G.: Wie verändern sich Beziehungen zur Umwelt durch die Existenz eines geistig behinderten Kindes? Geistige Behinderung 26 (1987), 237-246.

SCHATZ, G.: Familien mit geistig behinderten Kindern. Zusammenfassende Ergebnisse einer Untersuchung zur »Sonderfamilie«. Zeitschrift für Heilpädagogik 41 (1990), 753-761.

SCHAUDER, TH.: Heimerziehung und Elternarbeit. Zeitschrift für Heilpädagogik 43 (1992), 505-515.

SCHEUCH, E.K.: Soziologie der Freizeit. In: KÖNIG, R. (Hg.), Handbuch der empirischen Sozialforschung. Band II. Stuttgart (Enke) 1969, 735-833.

SCHEUCH, E.K./MEYERSOHN, R. (Hg.): Soziologie der Freizeit. Köln (Kiepenheuer & Witsch) 1972.

SCHIEFENHÖVEL, W.: Zur Situation des Kindes in »primitiven« Gesellschaften. In: LIPINSKI, CH./MÜLLER-BRECKWALDT, G./H./RUDNITZKI, H.G. (Hg.), Heimunterbringung und soziale Integration behinderter Kinder und Jugendlicher. München (Reinhardt) 1983, 22-42.

SCHLEY, W./BOBAN, I./HINZ A.: Integrationsklassen in Hamburger Gesamtschulen. Erste Schritte zur Integrationspädagogik im Sekundarbereich. Hamburg (Curio) 1989.

SCHLÖMERKEMPER, J.: Pädagogische Integration. Über einen schwierigen Leitbegriff pädagogischen Handelns. Die Deutsche Schule 81 (1989), 316-329.

SCHLOSSER, K.. Körperliche Anomalien als Ursache sozialer Ausstoßung bei Naturvölkern. Zeitschrift für Morphologie und Anthropologie 44 (1952), 220-236.

SCHMIDBAUER, W.: Die hilflosen Helfer. Über die seelische Problematik der helfenden Berufe. Reinbek (Rowohlt) 1977.

SCHMIDBAUER, W.: Helfen als Beruf. Die Ware Nächstenliebe. Reinbek (Rowohlt) 1983.

SCHMIDT, H.-P.: Freizeitverhalten und Freizeitbedürfnisse Lernbehinderter im Vergleich zu Hauptschülern und Gymnasiasten. Sonderpädagogik 17 (1987), 9-20.

SCHMIDT, H.-P./LOBEMEIER, E.: Lernbehinderteneltern sind gar nicht so! Einstellungen von Eltern lernbehinderter Schüler zur Institution Lernbehindertenschule. Heilpädagogische Forschung 9 (1983), 181-191.

SCHMIDT, K.: Geschwister behinderter Kinder. Eine empirische Untersuchung zur familiären Situation. Heidelberg (Pädagogische Hochschule; unveröffentlichte Wissenschaftliche Hausarbeit) 1980.

Schmidt-Thimme, D.: Freizeit im Elternhaus. In: ZIELNIOK, W.J./SCHMIDT-THIMME, D. (Hg.), Gestaltete Freizeit für Menschen mit geistiger Behinderung. Theorie und Realisation unter integrativem Aspekt. Heidelberg (HVA-Edition Schindele) 1990, 33-39.

SCHMITZ-SCHERZER, R.: Freizeit. Frankfurt/Main (Fischer) 1974.

SCHNEEKLOTH, U.: Hilfebedürftige Behinderte in privaten Haushalten: Sekundäranalyse der Studie »Möglichkeiten und Grenzen selbständiger Lebensführung« im Auftrag des Bundesministeriums für Familie und Senioren durchgeführt von Infratest-Sozialforschung, München. Stuttgart / Berlin / Köln (Kohlhammer) 1994.

SCHÖLER, J.: Integrative Schule – Integrativer Unterricht. Ratgeber für Eltern und Lehrer. Reinbeck bei Hamburg (Rowohlt) 1993.

SCHOPMANS, B.: Die Bewegung aus der Bewegung. In: Die Randschau. Heft 2/1994, 26.

SCHRIBER, S.: Wir sind ja alle behindert. – Wirklich? In: BÄCHTOLD, A./JELTSCH-SCHUDEL, B./SCHLIENGER, I. (Hg.), Sonderpädagogik. Handlung, Forschung, Wissenschaft. Berlin (Marhold) 1986, 280-290.

SCHUCHARDT, E.: Integration: Zauberformel oder Konzeption eines pädagogischen Weges wechselseitiger Interaktion. In: ZWIERLEIN, E. (Hg.), Handbuch Integration und Ausgrenzung. Behinderte Mitmenschen in der Gesellschaft. Neuwied/Kriftel/Berlin (Luchterhand) 1996, 3-36.

SCHULTE, B.: Rechtliche Rahmenbedingungen der Rehabilltation. In: KOCH, U./ LUCIUS-HOENE, G./STEGIE, R. (Hg.), Handbuch der Rehabilitationspsychologie. Berlin/Heidelberg/New York/London/Paris/Tokyo (Springer) 1988, 35-57.

SCHULTE, B./TRENK-HINTERBERGER, P.: Bundessozialhilfegesetz (BSHG) mit Durchführungsverordnungen und Erläuterungen. München (Beck), 2. Aufl. 1988.

SCHWÖBEL, H.: Integration durch Kooperation. Dargestellt am Beispiel des Zentrums für Körperbehinderte und der Hauptschule Würzburg-Heuchelhof sowie der Jakob-Stoll-Realschule in Würzburg. Zeitschrift für Heilpädagogik 46 (1995), 62-67.

SCOTT, R.A.: The making of blind men. A study of adult socialization. New York (Russell Sage Foundation) 1969.

SECORD, P.F./BACKMAN, C.W.: Social Psychology. New York (McGraw-Hill) 1964.

SEIFERT, H./STANGL, W.: Einstellungen zu Körperbehinderten und ihrer beruflich-sozialen Rehabilitation. Bern/Stuttgart/Wien (Huber) 1981.

SEIFERT, M.: Geschwister in Familien mit geistig behinderten Kindern. Bad Heilbrunn (Klinkhardt) 1989.

SEIFERT, M.: Zur Situation der Geschwister von geistig behinderten Menschen. Eine Studie aus ökologischer Sicht. Geistige Behinderung 29 (1990), 100-109.

SELLIN, B.: Ich will kein Inmich mehr sein. Botschaften aus einem autistischen Kerker. Köln (Kiepenheuer & Witsch) 1993.

SEYL, K.-H.: Die Bedeutung der Werkstätten für Behinderte. In: ZWIERLEIN, E. (Hg.), Handbuch Integration und Ausgrenzung. Behinderte Mitmenschen in der Gesellschaft. Neuwied/Kriftel/Berlin (Luchterhand) 1996, 536-546.

SEYWALD, A.: Körperliche Behinderung. Grundfragen einer Soziologie der Benachteiligten. Frankfurt/Main (Campus) 1977.

SEYWALD, A.: Anstoßnahme an sichtbar Behinderten. Soziologische und psychologische Ansätze zur Erklärung der Stigmatisierung physisch Abweichender. Rheinstetten (Schindele) 1980.

SHUSHAN, R.D.: Beurteilung und Möglichkeiten der Verminderung von Auffälligkeiten im äußeren Erscheinungsbild von geistig behinderten Menschen. Geistige Behinderung 20 (1981), 17-30.

SIEBERTZ, M.: Die soziale Herkunft der Schüler an Blinden- und Sehbehindertenschulen in der Bundesrepublik. Sehgeschädigte 6 (1975), 7-21.

SIERCK, U.: Das Risiko nichtbehinderte Eltern zu bekommen. München (AG SPAK), 2. Aufl. 1992.

SINGER, P.: Praktische Ethik. Stuttgart (Reclam), 2. Aufl. 1994.

SPECK, O.: Soziale und personale Integration. Grundgedanken zur Erziehung des geistig behinderten Menschen. Vierteljahresschrift Lebenshilfe, 14 (1975), 18-24.

SPECK, O.: Das gewandelte Verhältnis zwischen Eltern und Fachleuten in der Frühförderung. In: SPECK, O./WARNKE, A. (Hg.), Frühförderung mit den Eltern. München/Basel (Reinhardt), 2. Aufl. 1989, 13-20.

SPECK, O.: System Heilpädagogik. Eine ökologisch-reflexive Grundlegung. München/Basel (Reinhardt) 1991.

SPECK, O.: Menschen mit geistiger Behinderung und ihre Erziehung. Ein heilpädagogisches Lehrbuch. München/Basel (Reinhardt), 6., völlig neubearbeitete Auflage, 1993.

SPIEGEL, L.A.: The child's concept of beauty: a study in concept formation. Journal genet. Psychology 7 (1950), (11-23).

SPINDLER. M.: Leben im Heim. Identitätsrelevante Umweltgegebenheiten in zwei heilpädagogisch orientierten Kinder- und Jugendheimen. Heilpädagogische Forschung 19 (1993), 79-90.

SPORKEN, P.: Eltern und ihr geistig behindertes Kind. Das Bejahungsproblem. Düsseldorf (Patmos) 1975.

STATISTISCHES BUNDESAMT (Hg.): Körperlich, geistig und seelisch behinderte Personen (Ergebnisse des Mikrozensus Mai 1976). Wirtschaft und Statistik 8 (1978), 491-496.

STATISTISCHES BUNDESAMT (Hg.): Zur Situation der Behinderten in der Bundesrepublik Deutschland. Stuttgart/Mainz (Kohlhammer) 1981.

STATISTISCHES BUNDESAMT (Hg.): Statistisches Jahrbuch 1992 für die Bundesrepublik Deutschland. Stuttgart (Metzler) 1992.

STATISTISCHES LANDESAMT BADEN-WÜRTTEMBERG (Hg.): Das Bildungswesen 1992. Statistik von Baden-Württemberg. Band 453. Stuttgart 1992.

STATISTISCHES LANDESAMT BADEN-WÜRTTEMBERG (Hg.): Statistik von Baden-Württemberg. Das Bildungswesen 1995. Band 495. Stuttgart 1995.

STEGIE, R.: Familien mit behinderten Kindern. In: Koch, U./LUCIUS-HOENE, G./STEGIE, R. (Hg.), Handbuch der Rehabilitationspsychologie. Berlin/Heidelberg/New York/London/Paris/Tokyo (Springer) 1988, 120-139.

STENZIG, K.P.: Geschwisterproblematik in Familien mit behinderten Kindern. Zur Orientierung 9 (1985), 318-325.

STONEQUIST, E.V.: The marginal man. New York 1937.

STRAßMEIER, W.: Erscheinungsbild und Stereotyp. Beiträge zur Urteilsbildung über geistig behinderte Kinder. Geistige Behinderung 22 (1983), 108-118.

STRUNK, P.: Beziehungsaspekte bei geistig behinderten Menschen. Geistige Behinderung 27 (1988), 4-14.

STUMME, W.: Psychische Erkrankungen: Im Urteil der Bevölkerung. München (Urban & Schwarzenberg) 1975.

SUMMER, W.-G.: Folkways. Boston 1906.

T

TEWS. H.P.: Freizeit und Behinderung. Schriftenreihe des Bundesministeriums für Jugend, Familie und Gesundheit. Band 47. Stuttgart/Berlin/Köln/Mainz (Kohlhammer) 1976.

TEWS, H.P.: Berufliche Rehabilltation. In: KOCH, U./LUCIUS-HOENE, G./STEGIE, R. (Hg.), Handbuch der Rehabilitationspsychologie. Berlin/Heidelberg/New York/London/Paris/Tokyo (Springer) 1988, 186-211.

THANNHÄUSER, A.: Zur Situation geistigbehinderter Erwachsener aus der Sicht ihrer Mütter. Bern/Stuttgart/Wien (Huber) 1976.

THEIS-SCHOLZ, M./THÜMMEL, I.: Handlungsorientierungen von Grund- und Sonderschullehrern: Einstellungen zur Integration. Zeitschrift für Heilpädagogik 44 (1993), 375-382.

THEUNISSEN, G.: Zur »neuen Behindertenfeindlichkeit« in der Bundesrepublik Deutschland. Zeitschrift für Heilpädagogik 40 (1989), 673-687.

THEUNISSEN, G.: Erlebnispädagogik für Menschen mit geistiger Behinderung. Zu den Grundzügen eines »neuen« pädagogisch-therapeutischen Konzeptes. Geistige Behinderung 33 (1994), 32-42.

THEUNISSEN, G.: Pädagogik bei geistiger Behinderung und Verhaltensauffälligkeiten. Ein Kompendium für die Praxis. Bad Heilbrunn/Obb. (Klinkhardt) 1995.

THIMM, W.: Blinde in der Gesellschaft von heute. Untersuchungen zu einer Soziologie der Blindheit. Berlin (Marhold) 1971.

THIMM, W.: Soziologie – Soziologie der Behinderten – Rehabilitation. In: DERS. (Hg.), Soziologie der Behinderten. Materialien. Neuburgweier/Karlsruhe (Schindele) 1972, 9-22.

Thimm, W.: Zur sozialen Situation der Familien mit behinderten Kindern. Vierteljahresschrift für Heilpädagogik und ihre Nachbargebiete (VHN) 43 (1974), 11-18.

THIMM, W.: Lernbehinderung als Stigma. In: BRUSTEN, M./HOHMEIER, J. (Hg.), Stigmatisierung 1. Zur Produktion gesellschaftlicher Randgruppen. Neuwied/Darmstadt (Luchterhand) 1975 (a), 125-144.

THIMM, W.: Behinderung als Stigma. Sonderpädagogik 5 (1975) (b), 149-157.

THIMM, W.: Mit Behinderten leben. Hilfe durch Kommunikation und Partnerschaft. Freiburg (Herder) 1977.

THIMM, W.: Bedingungen und Besonderheiten der Persongenese Lernbehinderter I. Kurseinheit 4. Hagen (Fernuniversität/Funkkolleg) 1979 (a).

THIMM, W.: Bedingungen und Besonderheiten der Persongenese Lernbehinderter I. Kurseinheit 5. Hagen (Fernuniversität/Funkkolleg) 1979 (b).

THIMM, W.: Die pädagogische Förderung Behinderter im Aufgabenfeld praxisorientierter Wissenschaften: Aufgabenfeld Soziologie am Beispiel Stigma-Management. Zeitschrift für Heilpädagogik 30 (1979) (c), 704-711.

THIMM, W.: Soziologisch-anthropologische Überlegungen zur Entstigmatisierung. In: BUNDESVEREINIGUNG LEBENSHILFE FÜR GEISTIG BEHINDERTE (Hg.), Plastische Chirurgie bei Menschen mit Down-Syndrom. Marburg (Eigenverlag) 1983, 101-110.

THIMM, W.: Das Normalisierungsprinzip – eine Einführung. Marburg (Eigenverlag Lebenshilfe) 1984.

THIMM, W.: Behinderte Menschen als »kritische Konsumenten« sozialer Dienstleistungen. In: BAG HILFE FÜR BEHINDERTE (Hg.), Für ein selbstbestimmtes Leben. Werte und Zielvorstellungen in der Behindertenarbeit. Düsseldorf (Eigenverlag) 1985 (a), 9-22.

THIMM, W.: Soziologische Aspekte von Sehschädigungen. In: RATH, W./HUDELMAYER, D. (Hg.), Pädagogik der Blinden und Sehbehinderten. Handbuch der Sonderpädagogik, Band 2. Berlin (Marhold) 1985 (b), 535-568.

THIMM, W.: Familienentlastende Dienste – ein Beitrag zur Neuorientierung der Behindertenhilfe. Geistige Behinderung 30 (1991), 146-157.

THIMM, W.: Leben in Nachbarschaften. Hilfen für Menschen mit Behinderungen. Freiburg/Basel/Wien (Herder), 2. Aufl. 1994.

THIMM, W./FUNKE, E.: Soziologische Aspekte der Lernbehinderung. In: KANTER, G.O./SPECK, O. (Hg.), Pädagogik der Lernbehinderten. Handbuch der Sonderpädagogik, Band 4. Berlin (Marhold) 1977, 581-611.

THOMAS, W.J.: The child in America. New York 1928.

THURMAIR, M.: Die Familie mit einem behinderten Kind. Frühförderung interdisziplinär 9 (1990), 46-62.

THUST, W.: Recht der Behinderten. Eine systematische Darstellung für Studium und Praxis. Weinheim/Basel (Beltz) 1980.

TOKARSKI, W./SCHMITZ-SCHERZER, R.: Freizeit. Stuttgart (Teubner) 1985.

TRIANDIS, H.C.: Einstellungen und Einstellungsänderungen. Weinheim/Basel (Beltz) 1975.

TROJAN, A./DENEKE, C./ HALVES, E.: Die Bedeutung der Selbsthilfegruppen für Betroffene und Sozialpolitik. In: BAG HILFE FÜR BEHINDERTE (Hg.), Selbsthilfe in der Behindertenarbeit. Bonn (Reha-Verlag) 1985, 29-38.

TROMMSDORFF, G.: Behinderte in der Sicht verschiedener Kulturen. In: KLAUER, J.J./ MITTER, W. (Hg.), Vergleichende Sonderpädagogik. Handbuch der Sonderpädagogik, Band 11. Berlin (Marhold) 1987, 23-47.

TRÖSTER, H.: Interaktionsspannungen zwischen Körperbehinderten und Nichtbehinderten. Verbales und nonverbales Verhalten gegenüber Körperbehinderten. Göttingen/Toronto/Zürich (Hogrefe) 1988.

TRÖSTER, H.: Einstellungen und Verhalten gegenüber Behinderten. Konzepte, Ergebnisse und Perspektiven sozialpsychologischer Forschung. Bern/Stuttgart/ Toronto (Huber) 1990.

TUCKERMANN, U.: Zum Problem der Erziehung sogenannter Schwerstbehinderter. In: FRÖHLICH, A./TUCKERMANN, U. (Hg.), Schwerstbehinderte. Staufen (Schindele) 1978, 28-33.

U

UNESCO: Salamanca Statement on Special Needs Education. Paris 1994.

UTHER, H.-J.: Behinderte in populären Erzählungen. Studien zur historischen und vergleichenden Erzählforschung. Berlin/New York (De Gruyter) 1981.

V

VAN DEN HORST, A./KAMSTRA, O.W.M.: Soziale Schicht, Schwerhörigkeit und Sprache. Hörgeschädigtenpädagogik 32 (1978), 55-65.

VERBAND DEUTSCHER SONDERSCHULEN (VDS): Entwicklungsförderung schwerstbehinderter Kinder und Jugendlicher. Hamburg 1990.

W

WACKER, E.: Familie als Ort der Pflege. Leben mit einem behinderten Kind in bundesdeutschen Haushalten. Geistige Behinderung 34 (1995), 19-35.

WAIBEL, A.: »Ich bin auch noch da!« Wandlungsprozesse in Familien mit einem behinderten Kind. In: PRO INFIRMIS. KANTON ZÜRICH (Hg.), Auf immer verknüpft – Geschwister in Solidarität und Abhängigkeit? Luzern (SZH) 1988, 31-46.

WALASCHEWSKI, H.: Freizeitaspekte bei blinden und hochgradig sehbehinderten Kindern und Jugendlichen. In: WEIß, W./JOCHHEIM, K.-A./MOLESKI-MÜLLER, M. (Hg.), Freizeitaspekte bei der gesellschaftlichen Integration Behinderter. Bericht über den 26. Kongreß der Deutschen Vereinigung für die Rehabilitation Behinderter e.V. in Wildbad. Heidelberg (Eigenverlag) 1976, 165-168.

WATZLAWICK, P./BEAVIN, J.H./JACKSON, D.D.: Menschliche Kommunikation. Formen, Störungen, Paradoxien. Bern (Huber), 7. Aufl. 1985.

WEBER, M.: Wirtschaft und Gesellschaft. Grundriß der verstehenden Soziologie. Studienausgabe. Köln/Berlin (Kiepenheuer & Witsch) 1964.

WEDEKIND, R.: Geistig behinderte Menschen und ihre Familien in Dänemark und der Bundesrepublik Deutschland – eine vergleichende Analyse der Sozialpolitik und ihrer Wirkungen für Menschen mit geistiger Behinderung und für Familien mit geistig behinderten Kindern in den beiden Staaten. Weinsberg (Weissenhof) 1985.

WEINBERG, N./SANTANA, R.: Comic books. Champions of the disabled stereotype. Rehabilitation Literature 39 (1978), 327-331.

WEISGERBER-SOININEN, U./HAACK, J./RAUH, H.: Eltern mit entwicklungsverzögerten Kleinkindern. Eine empirische Studie. Geistige Behinderung 23 (1984), 254-259.

WEIß, H.: Familien zwischen Autonomie und »sozial arrangierter Abhängigkeit«. Kritische Fragen zur Kultur der Frühförderung. Geistige Behinderung 30 (1991), 196-218.

WEIß, H.: Liebespflicht und Fremdbestimmung. Das Annahme-Postulat in der Zusammenarbeit von Eltern und Fachleuten. Geistige Behinderung 32 (1993), 308-322.

WEIß, W./JOCHHEIM, K.-A./MOLESKI-MÜLLER, M. (Hg.): Freizeitaspekte bei der gesellschaftlichen Integration Behinderter. Bericht über den 26. Kongreß der Deutschen Vereinigung für die Rehabilitation Behinderter e.V. in Wildbad. Heidelberg (Eigenverlag) 1976.

WICHMANN, M.: Schulische Bildung von Menschen mit geistiger Behinderung in der Dritten Welt. Heidelberg (Pädagogische Hochschule; unveröffentlichte Wissenschaftliche Hausarbeit) 1996.

WIELAND, H.: Biosoziale Faktoren bei der Entstehung von Lernbehinderung am Beispiel der Fehlernährung. Zeitschrift für Heilpädagogik 31 (1980), 103-115.

WIENHUES, J.: Behinderte Frauen. Einführung in ein wenig beachtetes soziales Problemfeld. Bonn (Reha-Verlag) 1988.

WILKEN, U.: Behinderung, Freizeit und Touristik. In: SPECK, O./MARTIN, K.-R. (Hg.), Sonderpädagogik und Sozialarbeit. Handbuch der Sonderpädagogik, Band 10. Berlin (Marhold) 1990, 460-470.

WILLIAMS, P./B. SHOULTZ: We can speak for ourselves. Self-advocacy by mentally handicapped people. London (Souvenir Press) 1982.

WILMS, W.R.: Kooperationsmöglichkeiten und -formen zwischen Lernbehindertenschule und Elternhaus. In: KERKHOFF, W. (Hg.), Eltern und Lernbehindertenschule. Berlin (Marhold) 1979, 75-99.

WILMS, W.R.: Kritische, mitunter polemische Bemerkungen zum Stellvertreterprinzip im Behindertenwesen. In: HOLTZ, K.-L. (Hg.), War's das? Eine Bilanz zum Jahr der Behinderten. Heidelberg (Schindele) 1982, 123-133.

WILMS. W.R.: Integration ist unteilbar. In: WEISER, P./WEISER, M. (Hg.), Eine Schule für Alle. Bericht der Enquete-Kommission zur schulischen Integration behinderter Kinder und Jugendlicher in Baden-Württemberg. St. Ingbert (Röhrig) 1991 (a), 52-59.

WILMS. W.R.: Grundzüge einer integrativen Pädagogik und Didaktik. In: WEISER, P./WEISER, M. (Hg.), Eine Schule für Alle. Bericht der Enquete-Kommission zur schulischen Integration behinderter Kinder und Jugendlicher in Baden-Württemberg. St. Ingbert (Röhrig) 1991 (b), 60-68.

WINDISCH, M./MILES-PAUL, O. (Hg.): Offene Hilfen. Wege zum selbstbestimmten Leben Behinderter. Kassel (ISL) 1995.

WINDSZUS, B.: Situation von Familien mit behinderten Kindern und Jugendlichen. Köln (unveröffentlichter Forschungsbericht Institut für Sozialpolitik der Universität) o.J. (1972).

WINKEL, R.: Die Schule neu denken und machen. Erziehung und Wissenschaft 11 (1994), 6-9.

WIRTH, G.: Sprachstörungen, Sprechstörungen, kindliche Hörstörungen. Lehrbuch für Ärzte, Logopäden und Sprachheilpädagogen. Köln (Deutscher Ärzte Verlag), 4. Aufl. 1994.

WIRTH, L.: The problem of minority groups. In: LINTON, R. (Ed.), The science of man in the world crises. New York 1945, 347-372.

WITTMANN, B.: REHA 1989 Düsseldorf: Internationale Ausstellung und Kongreß. Realität und Perspektiven der Integration Behinderter. Zeitschrift für Heilpädagogik 40 (1989), 789-798.

WOCKEN, H.: Freizeitinteressen und Freizeitverhalten lernbehinderter Schüler. In: KERKHOFF, W. (Hg.), Freizeitchancen und Freizeitlernen für behinderte Kinder und Jugendliche. Berlin (Marhold) 1982, 197-248.

WOCKEN, H.: Am Rande der Normalität. Untersuchungen zum Selbst- und Gesellschaftsbild von Sonderschülern. Heidelberg (Schindele) 1983 (a).

WOCKEN, H.: Untersuchungen zur sozialen Distanz zwischen Hauptschülern und Sonderschülern. Vierteljahresschrift für Heilpädagogik und ihre Nachbargebiete (VHN) 52 (1983) (b), 467-490.

WOCKEN, H.: Eltern und schulische Integration. In: WOCKEN, H./ANTOR, G. (Hg.), Integrationsklassen in Hamburg: Erfahrungen, Untersuchungen, Anregungen. Solms-Oberbiel (Jarick) 1987 (a), 125-202.

WOCKEN, H.: Sozialisation behinderter Kinder. In: WOCKEN, H./ANTOR, G. (Hg.), Integrationsklassen in Hamburg: Erfahrungen, Untersuchungen, Anregungen. Solms-Oberbiel (Jarick) 1987 (b), 203-275.

WOCKEN, H.: Schulleistungen in Integrationsklassen. In: WOCKEN, H./ANTOR, G. (Hg.), Integrationsklassen in Hamburg: Erfahrungen, Untersuchungen, Anregungen. Solms-Oberbiel (Jarick) 1987 (c), 276-306.

WOCKEN, H.: Bewältigung von Andersartigkeit. Untersuchungen zur sozialen Distanz in verschiedenen Schulen. In: GEHRMANN, P./HÜWE, B. (Hg.), Forschungsprofile der Integration von Behinderten. Bochumer Symposion 1992. Essen 1993 (a), 86-106.

WOCKEN, H.: Sonderpädagogische Entwicklungslinien. In: GEWERKSCHAFT ERZIEHUNG UND WISSENSCHAFT BADEN-WÜRTTEMBERG (Hg.), (Sonder) Pädagogische Förderkonzepte. Aktuelle Entwicklungen in der Bundesrepublik Deutschland. Stuttgart (Süddt. Pädagogischer Verlag) 1993 (b), 1-14.

WÖHLER, K.: Behinderung als Systemerzeugnis. In: ALBRECHT, G./BRUSTEN, M. (Hg.): Soziale Probleme und soziale Kontrolle. Opladen (Westdeutscher Verlag) 1982, 112-123.

WOLF, H.E.: Soziologie der Vorurteile. Zur methodischen Problematik der Forschung und Theoriebildung. In: KÖNIG, R. (Hg.), Handbuch der empirischen Sozialforschung, Band II, Stuttgart (Enke) 1969, 912-960.

WOLFENSBERGER, W.: The prinziple of normalization in human services. Toronto, Canada (National Institute of Mental Retardation) 1972.

WOLFENSBERGER, W.: The definition of normalization: Update, problems, disagreements, and misunderstandings. In: FLYNN, R.J./NITSCH, K.E. (Eds.), Normalization, social integration, and community services. Baltimore (University Park Press) 1980, 71-115.

WOLFENSBERGER, W.: Die Entwicklung des Normalisierungsgedankens in den USA und in Kanada. In: BUNDESVEREINIGUNG LEBENSHILFE FÜR GEISTIG BEHINDERTE E.V. (Hg.), Normalisierung – eine Chance für Menschen mit geistiger Behinderung. Marburg (Eigenverlag) 1986, 42-62.

WORLD HEALTH ORGANIZATION (WHO): International classification of impairments, disabilities, and handicaps. Genf 1980.

WRIGHT, B.A.: Physical disabiity – A psychosocial approach. New York (Harper & Row), 2. erw. Aufl. 1983.

Y

YUKER, H.E. (Ed.): Attitudes toward persons with disabilities. New York (Springer) 1988 (a).

YUKER, H.E.: The effects of contact on attitudes toward disabled persons. Some empirical generalizations. In: YUKER, H.E. (Ed.), Attitudes toward persons with disabilities. New York (Springer) 1988 (b), 262-274.

Z

ZIELNIOK, W.J.: Einüben von Freizeittechniken in Sonderschulen für Lernbehinderte. In: KANTER, G.O./SPECK, O. (Hg.), Pädagogik der Lernbehinderten. Handbuch der Sonderpädagogik, Band 4. Berlin (Marhold) 1977, 521-526.

ZIELNIOK, W.J.: Soziales Lernen bei geistig Behinderten im Freizeitbereich. Geistige Behinderung 19 (1980), 143-153.

ZIELNIOK, W.J.: Zielaspekte einer Freizeitförderung für geistig behinderte Menschen. In: ZIELNIOK, W.J./SCHMIDT-THIMME, D. (Hg.), Gestaltete Freizeit für Menschen mit geistiger Behinderung. Theorie und Realisation unter integrativem Aspekt. Heidelberg (HVA-Edition Schindele) 1990a, 19-32.

ZIELNIOK, W.J.: Gestaltete Freizeit – schulischer Bildungsauftrag. In: ZIELNIOK, W.J./SCHMIDT-THIMME, D. (Hg.), Gestaltete Freizeit für Menschen mit geistiger Behinderung. Theorie und Realisation unter integrativem Aspekt. Heidelberg (HVA-Edition Schindele) 1990b, 49-63.

ZIELNIOK, W.J./SCHMIDT-THIMME, D.: Gestaltete Freizeit für Menschen mit geistiger Behinderung. Theorie und Realisation unter integrativem Aspekt. Heidelberg (HVA-Edition Schindele) 1990.

ZIMMERMANN, R.: Behinderte in der Kinder- und Jugendliteratur. Berlin (Spiess) 1982.

ZIMMERMANN, R. /KAGELMANN, H.J.: Reaktionen gegenüber Behinderten. Kritische Bemerkungen zu G.H. Neumann. Die Rehabilitation 17 (1978), 77-85.